TEACHER EDUCATION

全国百所高校规划教材
教师教育精品教材

教学技能

JIAOXUE JINENG

陈旭远　主　编

北京师范大学出版集团
BEIJING NORMAL UNIVERSITY PUBLISHING GROUP
北京师范大学出版社

图书在版编目（CIP）数据

教学技能/陈旭远主编. —北京：北京师范大学出版
社，2015.8（2025.1重印）
ISBN 978-7-303-18355-5

Ⅰ.①教… Ⅱ.①陈… Ⅲ.①教学法－师范大学－教材
Ⅳ.①G424

中国版本图书馆CIP数据核字（2015）第003639号

JIAOXUE JINENG

出版发行：北京师范大学出版社 https://www.bnupg.com
　　　　　北京市西城区新街口外大街12-3号
　　　　　邮政编码：100088

印　　刷：保定市中画美凯印刷有限公司
经　　销：全国新华书店
开　　本：787 mm×1092 mm　1/16
印　　张：26.75
字　　数：562千字
版　　次：2015年8月第1版
印　　次：2025年1月第7次印刷
定　　价：45.00元

策划编辑：王建虹　　　　　责任编辑：杜永生
美术编辑：李向昕　　　　　装帧设计：焦　丽　锋尚设计
责任校对：陈　民　　　　　责任印制：马　洁

本书使用指南

全书栏目

本课程的研究方法

作为一门具有一定理论基础的应用型学科，教学技能既有一定理论性，更有很强的实践性。因此，对于教学技能的学习除了掌握基本的相关理论以外，更重要的是关注应用实践，将理论与实践有机地结合起来。通过对基本理论的认识、对教学技能的运用，不断提高教师的教学实践水平。

一、本课程的学习方法

（一）加强对教学技能理论认识的学习

在教学技能课程学习过程中，首先对教学技能的基本概念、课程结构有一个整体的理解，形成对教学技能学科的整体形象；其次，对每一种技能的内涵与特征、类型与发展有一个清晰的认识，形成对教学技能的基本理解；最后，应该全面掌握教学技能的基本理论，不断总结和完善教学技能的理论视角，形成合理的学科意识。

（二）积极关注教学技能实践的有效运用

在学习过程中要积极关注教学技能的实际运用，首先是通过总结归纳相关法则和实践结合起来，在教学技能的学习过程中，学习者通过对自己已有的教学技能的总结提炼、为当前的理论学习提供一个重要的论证，同时运用所学课程中的相关理论分析和解释自己已有不明确的教学技能，其次可以深入小学中小学课堂教学实践中，通过课堂观摩、课后分享等活动、运用相应的描述和概括某一教学技能的基本特征、应用范围以及注意事项等，并为教师修养技能的改进和完善提供帮助。同时，积极关注教学技能实践的有效运用，将有助于提高教师对自身发展教学技能的切身体验，提高自身发展教学技能的理论水平。

二、本课程的研究方法

本课程学习的具体研究方法很多，主要有以下几种。

（一）文献分析法

文献法是对相关的文献进行搜集、分类、解释并初步形成一定认识的研究方法。在教学技能的研究中，通过对已有的研究文献的具体内容进行搜集整理，对某一研究领域的基本概念与特征、主要类型、注意事项等进行归纳和提炼，形成对某一教学技能的研究全貌的整体把握。

（二）观察法

> **本课程的研究方法**：如何学习本课程，并进一步展开研究，方法至关重要。

简要目录

第一章　教师为什么一定要具备课堂教学技能？/ 1

第二章　有的放矢的备课 / 17

第三章　引人入境的导入 / 51

第四章　多元的课堂学习方式 / 95

第五章　展现教师魅力的讲授 / 117

第六章　启迪智慧的提问 / 145

第七章　事半功倍的学习策略 / 183

第八章　声形并茂的语言 / 211

第九章　画龙点睛的板书 / 239

第十章　和谐高效的课堂教学管理 / 259

第十一章　立竿见影的反馈与评价 / 283

第十二章　兴趣盎然的作业 / 307

第十三章　余味无穷的结课 / 327

第十四章　成就专家的教学反思 / 351

第十五章　小型变奏的说课、听课与评课 / 377

参考文献 / 397

关键术语表 / 399

后　记 / 404

> **简要目录**：一个层级的简要目录让你一眼览尽全书的章目要点。

详细目录

第一章　教师为什么一定要具备课堂教学技能？

第一节　课堂教学技能 3

　一、什么是课堂教学技能？.......... 3

　二、教师为什么一定要具备相应的课堂教学技能？.......... 4

　三、教师必备的课堂教学技能有哪些？.......... 6

第二节　课堂教学技能的学习特点 11

　一、综合性 11

　二、操作性 11

　三、实践性 12

　四、情境性 12

　五、艺术性 12

第三节　教学技能与几个相关概念的关系 13

　一、教学知识是教学技能形成的基础和前提 13

　二、教学技能是教学能力形成的基础之一 13

　三、教学概念是教学技能的内核和根据，决定了教学技能的价值选择 13

　四、教学艺术是教学技能的创造性表现 14

第二章　有的放矢的备课

第一节　备课的价值、类型与程序 21

　一、教师为什么一定要备课？.......... 21

　二、备课的层次与类型 24

　三、怎样备好一堂课？.......... 28

第二节　备课中的几个紧要的处理 31

　一、三维目标的细化与整合 31

　二、用教材教还是教教材？.......... 35

　三、如何处理备课中的预设与上课中的生成？.......... 37

第三节　教案的撰写与设计 40

　一、教案撰写的要求 40

> **详细目录**：三个层级的详细目录为你提供更具体的页码索引，并展现作者阐释每个章节的角度。

关键术语表

综合实践活动	comprehensive practice activity	综合实践活动是以学生的主体性活动组合为中心组织的，密切联系和学生生活实际的实践性课程，是我国前中小学生的必修课程。
研究性学习	research-based learning	研究性学习是指学生基于自身兴趣，在教师指导下，从自然、社会和学生自身生活中选择确定研究专题，主动地获取知识、应用知识，解决问题的学习活动。
社区服务和社会实践	community services and social practice	社区服务和社会实践是学生在教师指导下，走出教室，参与社区和社会实践活动，以获取直接经验、发展实践能力、增强社会责任感为主旨的学习领域。
劳动与技术教育	labor-technology education	劳动与技术教育是以学生走获得积极劳动体验、形成良好技术素养为主要目标，且以操作性学习为特征的学习领域。
信息技术教育	information technology education	信息技术教育是以培养和学生掌握适应信息时代所需要的信息素养为基本目的的教育，在这种教育中，信息技术是教育的内容，又是教育的手段。
综合实践活动设计	comprehensive practice activity design	综合实践活动设计是依据综合实践活动的理念、学校资源状况和学生发展需要，对活动主题、目标、内容、过程、方法等进行设计和规划的过程。
综合实践活动资源	integrated practical activity resources	综合实践活动课程资源是中学综合实践活动涉及并展开需要的人力、物力，以及自然资源和社会资源的总称。
评价指标体系	evaluation system	评价指标体系是指由表征评价对象各方面特性及其相互关联的各个指标所构成的具有内在结构的有机整体，一般由评价项目和评价值置两个方面构成。

> **关键术语表**：书后会对全书的关键术语做一个整体呈现，并配上英文和解释。

章前栏目

本章概述：学习每章之前，先了解一下它的内容概要。

章结构图：这张"地图"助你在第一时间把握本章知识结构。

章学习目标：清楚了解目标，学习才能更高效。

读前反思：反思的问题将带你进入新的知识探索。

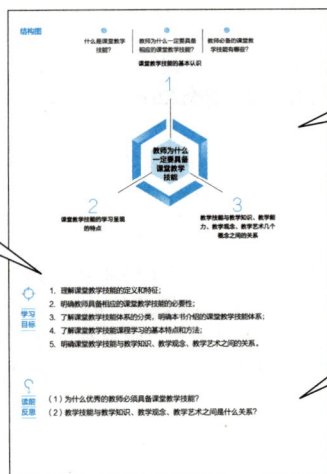

章内栏目

节学习目标：完成节学习目标，才能实现章学习目标，直至掌握全书内容。

案例：丰富的案例助你更好地掌握理论，并在实践中灵活运用。

名家语录：这里有教育家、哲学家、思想家……听一听他们的真知灼见吧。

章后栏目

本章小结：它概述了本章的重要知识点，为你的复习和回顾提供方便。

关键术语：章后为你提供了本章的关键术语，包括它的英文名称。

批判性思考：这里，会以提问的方式引导你进一步思考。

章节链接：知识之间是有联系的，章节链接为你提供了这种指引，它能让你的知识更加融会贯通。

体验练习：练习能深化你对知识的学习，并助你查漏补缺。

在线学习资源：扫一扫二维码，你就可以轻松浏览为你精心准备的在线学习资料。

补充读物：它为你的学习提供了更广阔的阅读空间。

作为一门具有一定理论基础的应用学科，教学技能既有一定理论性，更有很强的实践性。因此，对教学技能的学习除了掌握基本的相关理论以外，更重要的是关注应用实践，将理论与实践有机地结合起来。通过对基本理论的认识、对教学技能的运用，不断提高教师的教学实践水平。

一、本课程的学习方法

（一）加强对教学技能理论认识的学习

在教学技能课程学习过程中，首先对教学技能的基本概念、课程结构有一个整体的理解，形成对教学技能学科的整体把握；其次，对每一种技能的内涵与特征、类型与发展有一个清晰的认识，形成对教学技能的基本理解；最后，应该全面掌握教学技能的基本理论，不断总结和完善教学技能的理论视角，形成合理的学科意识。

（二）积极关注教学技能实践的有效运用

在学习过程中要积极关注教学技能的实际运用。首先是通过总结归纳法将相关理论与实践结合起来，在教学技能的学习过程中，学习者通过对自己已有的教学技能的总结提炼，为当前的理论学习提供一个重要的佐证；同时运用本课程中的相关理论分析和解释自己尚不明确的教学技能。其次可以深入中小学课堂教学实践中，通过课堂观摩、课后分享等活动，运用相应的理论描述和概括某一教学技能的基本特征、应用范围以及注意事项等，并为教师教学技能的改进和完善提供帮助。因此，积极关注教学技能实践的有效运用，将有助于提高教师对教学技能运用的切身体会，提高自身发展教学技能的理论水平。

二、本课程的研究方法

本课程学习的具体研究方法很多，主要有以下几种。

（一）文献分析法

文献法是对相关的文献进行搜集、分类、解释并初步形成一定认识的研究方法。在教学技能的研究中，通过对已有的研究文献的具体内容进行搜集整理，对某一研究领域的基本概念与特征、主要类型、注意事项等进行归纳和提炼，形成对某一教学技能的研究全貌的整体把握。

（二）观察法

在教学技能研究中，观察法主要用于在课堂教学过程中，对教师课程教学技能运用的观察和认识。通过对常态课、示范课和翻转课堂等不同类型的课堂进行观察，掌握教师课堂教学技能运用的第一手资料，并对这些资料进行分析整理，进一步认识教学技能运用的实际效果。

（三）调查研究法

在课堂教学技能的研究中，通过对一线教师和学生的问卷、访谈、深入观察等途径搜集整理有关教师备课、导入、讲授、提问、结束、评价和管理等技能的运用现状、困惑疑难等作出相应的客观评估和解释，并能够提出具体的、明确的有效建议和策略。

（四）案例分析法

案例，也称个案、个例，是一种通过引入情境，进行分析、推断、归纳并最终解决实际问题的事件描述。事件必须是真实发生的、包含问题或者疑难的、具有典型性的。本课程通过对一个个案例的剖析，提高关于教学技能理解的针对性、生动性，为帮助教师教学技能的改进提供重要参考样例。

（五）叙事研究法

作为一种常见于文学领域的叙事，更关注故事背后的意义。因此，教育中的叙事研究法也是不过多追求概念、逻辑和实证，更关注日常生活的教学经验。教育叙事研究是通过故事的形式将教学技能运用的研究成果展现出来，并对故事背后的意义进行阐释。这种阐释不仅仅可以使学习者获得对教学技能运用的技巧和存在的问题有深入的理解，也可以帮助学习者不断反思自己的教学实践。在实践中，学习者可以自如地选择自己的教学技能，并及时发现新的问题、总结新规律，不断推进教学技能课程研究的深入。

简要目录

第一章　教师为什么一定要具备课堂教学技能? / 1

第二章　有的放矢的备课 / 17

第三章　引人入境的导入 / 51

第四章　多元的课堂学习方式 / 95

第五章　展现教师魅力的讲授 / 117

第六章　启迪智慧的提问 / 145

第七章　事半功倍的学习策略 / 183

第八章　声形并茂的语言 / 211

第九章　画龙点睛的板书 / 239

第十章　和谐高效的课堂教学管理 / 259

第十一章　立竿见影的反馈与评价 / 283

第十二章　兴趣盎然的作业 / 307

第十三章　余味无穷的结课 / 327

第十四章　成就专家的教学反思 / 351

第十五章　小型变奏的说课、听课与评课 / 377

参考文献 / 397

关键术语表 / 399

后　记 / 404

第一章　教师为什么一定要具备课堂教学技能?

第一节　课堂教学技能 3
　　一、什么是课堂教学技能? 3
　　二、教师为什么一定要具备相应的课堂教学技能? 4
　　三、教师必备的课堂教学技能有哪些? 6
第二节　课堂教学技能的学习特点 11
　　一、综合性 11
　　二、操作性 11
　　三、实践性 12
　　四、情境性 12
　　五、默会性 12
第三节　教学技能与几个相关概念的关系 13
　　一、教学知识是教学技能形成的基础和前提 13
　　二、教学技能是教学能力形成的基础之一 13
　　三、教学观念是教学技能的内核和依据,
　　　　决定一切教学行为的价值选择 13
　　四、教学艺术是教学技能的创造性表现 14

第二章　有的放矢的备课

第一节　备课的价值、类型与程序 21
　　一、教师为什么一定要备课? 21
　　二、备课的层次与类型 22
　　三、怎样备好一堂课? 28
第二节　备课中的几个要素的处理 31
　　一、三维目标的细化与整合 31
　　二、用教材教还是教教材? 33
　　三、如何处理备课中的预设与上课中的生成? 37
第三节　教案的撰写与评价标准 40
　　一、教案撰写的要求 40
　　二、教案的一般格式 41
　　三、教案的评价标准 45

第三章　引人入境的导入

第一节　走近课堂导入：新视野下课堂导入的功能与价值...............53
　　一、导入是课堂教学的有机组成部分..................53
　　二、导入是有效课堂教学的开端...................53
　　三、导入是促进学生意义建构的桥梁.................54
　　四、导入，不仅仅是一种技能....................54
第二节　认识课堂导入：课堂导入的内涵与发展...........55
　　一、何谓"课堂导入"？.......................55
　　二、课堂导入的模式演变.......................56
　　三、课堂导入的基本理论依据....................57
第三节　反省课堂导入：课堂导入的现状...............60
　　一、课堂导入的现状.........................60
　　二、传统课堂导入中存在的问题..................63
第四节　新视野下课堂导入的基本思路与实施要点.........65
　　一、课堂导入的基本思路.......................65
　　二、课堂导入的组织和实施要点..................68
第五节　课堂导入的实施策略.....................71
　　一、教师主导型的导入策略.....................71
　　二、师生共同行动的导入策略....................79
　　三、学生积极行动的导入策略....................86

第四章　多元的课堂学习方式

第一节　课堂学习方式概述......................97
　　一、学习方式的内涵与特征.....................97
　　二、课堂学习方式的分类与发展..................98
第二节　自主学习方式的运用....................100
　　一、自主学习的内涵与特点....................101
　　二、自主学习方式在运用中存在的问题.............102
　　三、自主学习方式的应用策略...................103
第三节　合作学习方式的运用....................104
　　一、合作式学习的内涵与特点..................104
　　二、合作学习方式在运用中存在的问题.............105
　　三、合作学习方式的应用策略...................106
第四节　探究学习方式的运用....................107
　　一、探究学习的内涵与特点....................108
　　二、探究学习方式在运用中存在的问题.............109

三、探究学习方式的应用策略 ………………………………… 109
第五节 信息技术背景下的学习方式变革 ……………………… 111
一、翻转课堂学习 …………………………………………… 111
二、混合式学习 ……………………………………………… 112
三、泛在学习 ………………………………………………… 112

第五章 展现教师魅力的讲授

第一节 "是非"话讲授 ………………………………………… 119
一、何谓"讲授" …………………………………………… 119
二、教学不能没有讲授 ……………………………………… 120
三、讲授不是万能的 ………………………………………… 122
四、为讲授"正名" ………………………………………… 123
第二节 形式多样的讲授 ……………………………………… 126
一、讲述 ……………………………………………………… 126
二、讲解 ……………………………………………………… 127
三、讲读 ……………………………………………………… 128
四、讲演 ……………………………………………………… 129
第三节 有所讲,有所不讲 …………………………………… 130
一、避免两种极端倾向 ……………………………………… 130
二、何时讲,何时不讲 ……………………………………… 131
三、讲应侧重哪些内容 ……………………………………… 133
第四节 讲亦有道,讲就要讲好 ……………………………… 135
一、熟练把握教材,透彻理解教学内容 …………………… 135
二、明确目的,理清思路 …………………………………… 136
三、调动学生的学习主动性 ………………………………… 136
四、重视学习者的已有经验 ………………………………… 137
五、掌控讲授时间,及时反馈 ……………………………… 137
六、学会举例 ………………………………………………… 138
七、学会打比方 ……………………………………………… 139
八、学会强调 ………………………………………………… 140
九、学会使用连接词和过渡句 ……………………………… 140
十、注重语言的规范性和艺术性 …………………………… 140

第六章 启迪智慧的提问

第一节 认识提问:作用、内涵与基本特征 ………………… 147
一、提问的作用 ……………………………………………… 147

二、提问的内涵 148

三、提问的基本特征 150

第二节　提问的进展：类型与模式 151

一、提问的类型 151

二、提问的模式 152

第三节　反审提问：现状与问题 156

一、教师提问的认知水平低 156

二、教师提问的等待时间过短 157

三、教师提问中存在大量的IRE提问模式 158

四、教师提问程式化，缺乏对学生思维的关注 158

五、教师是课堂提问的权威，教师把握着提问的主动权 159

第四节　为理解而提问：有效提问的目的与特征 160

一、什么是有效提问 160

二、有效提问的目的及特征 161

第五节　学会提问：有效提问的基本策略 164

一、认识提问的重要性，精心准备提问内容 164

二、转变角色理念，营造平等尊重的课堂文化 164

三、让提问成为启迪思维的"台阶" 167

四、问题切合学生实际生活，做到三位一体的统一 170

五、问题需具有明确的指向性 171

六、通过等待时间激励学生思考 172

七、有效把握提问的契机 174

第七章　事半功倍的学习策略

第一节　学习策略概述 185

一、学习策略的界定 185

二、学习策略的分类 186

三、学习策略与学习方法的区别 188

第二节　认知策略 189

一、复述策略 189

二、精细加工策略 193

三、组织策略 196

第三节　元认知策略与资源管理策略 198

一、元认知策略 198

二、资源管理策略 200

第四节　学习策略的训练 202

一、学习策略训练的原则 203

二、学习策略训练的方法..............................204
三、学习策略训练的步骤..............................206

第八章 声形并茂的语言

第一节 教学语言：师生沟通的桥梁..............213
一、教学语言的含义..............................213
二、教学语言的意义..............................214
第二节 教学口语：声如玑珠落玉盘..............215
一、教学口语的特点..............................215
二、教学口语的基础..............................216
三、教学口语的要求..............................217
第三节 教学体态语：此时无声胜有声..............223
一、体态语的含义与类型..........................223
二、教学体态语的功能............................224
三、教学体态语的基本要求........................227
四、教学体态语的运用技巧........................229

第九章 画龙点睛的板书

第一节 板书的含义与功能..........................241
一、板书的含义及内容............................241
二、板书的功能..................................242
第二节 板书设计的原则、类型与书写..............245
一、板书设计原则................................245
二、板书的类型..................................248
三、板书的书写..................................252
第三节 板书设计存在的问题与技能提升............253
一、教师板书常见问题............................253
二、板书设计的技能..............................253
三、板书设计的方法..............................255

第十章 和谐高效的课堂教学管理

第一节 内涵与外延：课堂教学管理的概念辨析......261
一、课堂教学管理的内涵..........................261
二、课堂教学管理的外延..........................266

第二节　传统与现代：课堂教学管理观念的转变 270
　　一、传统课堂教学管理的问题 270
　　二、现代课堂教学管理体系的构建 272
第三节　和谐与高效：现代课堂教学管理的策略 274
　　一、促进学生健康成长的策略 274
　　二、促进和谐沟通的策略 275
　　三、创设有归属感的课堂环境的策略 277
　　四、提高教学效率的课堂教学管理策略 278

第十一章　立竿见影的反馈与评价

第一节　教学信息的交流与传递：教学反馈的含义和特征 286
　　一、教学反馈的含义 286
　　二、教学反馈的特征 286
第二节　信息交流的清晰指向：教学反馈的分类 290
　　一、教师反馈、同伴反馈和自我反馈 290
　　二、学生集体反馈和学生个人反馈 290
　　三、形成性反馈和终结性反馈 291
　　四、证实性反馈和指导性反馈 291
　　五、口头反馈、书面反馈和计算机反馈 291
　　六、即时反馈和延时反馈 292
第三节　教学效果提升的手段：教学反馈的途径与方法 292
　　一、教学前反馈 292
　　二、观察反馈 293
　　三、提问反馈 294
　　四、学习指导反馈 296
　　五、学生参与反馈 296
　　六、课堂作业反馈 296
　　七、其他方式 296
第四节　教与学行为的判断：教学评价的含义与功能 297
　　一、教学评价的含义 297
　　二、教学评价的类型 298
　　三、教学评价的功能 299
第五节　教学效果的检验：教学评价的方法 300
　　一、测验 300
　　二、课堂观察 301
　　三、档案袋评价 302

第十二章　兴趣盎然的作业

第一节　作业及其功能 309
　　一、作业的内涵 309
　　二、作业的功能 310
第二节　作业的类型 312
　　一、书面作业 313
　　二、口头作业 313
　　三、多媒体化作业 314
　　四、实践型作业 314
第三节　作业的设计、批改与讲评 316
　　一、作业设计的基本原则 316
　　二、作业批改、讲评应注意的问题 320

第十三章　余味无穷的结课

第一节　画龙点睛的结课类型 330
　　一、重视知识归纳的结课 331
　　二、重视技能训练的结课 332
　　三、重视生活实用的结课 333
　　四、重视理性追求的结课 334
　　五、重视个性成长的结课 335
第二节　恰到好处的结课方式及择用要求 336
　　一、结课基本方式和而不同 336
　　二、结课方式择用要求 344
第三节　结课的“病态”表现 346
　　一、“时间把控不准”的结课现象 346
　　二、“首尾照顾不周”的结课现象 347
　　三、“陈旧无趣泛滥”的结课现象 347

第十四章　成就专家的教学反思

第一节　心灵的对话：教学反思的涵义 353
　　一、反思的内涵 353
　　二、教学反思的内涵 354
第二节　专业成长的启迪：教学反思的特征 356
　　一、实践性 356

二、批判性 ………………………………………………………… 357

三、主体性 ………………………………………………………… 358

四、过程性 ………………………………………………………… 359

五、研究性 ………………………………………………………… 359

第三节 专业视角的审视：教学反思的分类 ……………………… 360

一、范梅南等人关于反思水平的划分 …………………………… 361

二、斯巴克斯-兰格等人对教学反思水平的划分 ……………… 362

三、哈顿和史密斯反思水平的划分 ……………………………… 362

四、维灵腾和奥斯汀（B.Wellington & P.Austin）

教学反思水平划分 …………………………………………… 363

第四节 改变教师的行走方式：教学反思的形式 ………………… 363

一、教学日志 ……………………………………………………… 364

二、教学叙事 ……………………………………………………… 367

三、教学案例 ……………………………………………………… 371

四、教后记 ………………………………………………………… 373

第十五章 小型变奏的说课、听课与评课

第一节 说课 ………………………………………………………… 379

一、说课及其类型与价值 ………………………………………… 379

二、说课的基本内容 ……………………………………………… 381

三、说课的注意事项 ……………………………………………… 386

第二节 听课 ………………………………………………………… 387

一、听课及其意义 ………………………………………………… 387

二、听课的基本要求 ……………………………………………… 388

三、听课的注意事项 ……………………………………………… 389

第三节 评课 ………………………………………………………… 390

一、评课及其功能 ………………………………………………… 390

二、评课的内容与视角 …………………………………………… 391

三、评课的注意事项 ……………………………………………… 392

参考文献 …………………………………………………………… 397

关键术语表 ………………………………………………………… 399

后　记 ……………………………………………………………… 404

第一章

教师为什么一定要
具备课堂教学技能?

本章概述

　　本章主要介绍和讨论"什么是课堂教学技能""教师必备的技能有哪些""课堂教学技能学习呈现什么特点""技能与教学知识、教学观念、教学艺术之间的关系"这四个问题。这四个问题是教师和师范生了解和学习本门课程的基础。不仅能够对本学科的性质和内容有整体性的认识，同时对本门课程的基本学习方法也有明确的认知。

结构图

ⓐ 什么是课堂教学技能?

ⓑ 教师为什么一定要具备相应的课堂教学技能?

ⓒ 教师必备的课堂教学技能有哪些?

课堂教学技能的基本认识

1

教师为什么一定要具备课堂教学技能

2 课堂教学技能的学习呈现的特点

3 教学技能与教学知识、教学能力、教学观念、教学艺术几个概念之间的关系

学习目标

1. 理解课堂教学技能的定义和特征;
2. 明确教师具备相应的课堂教学技能的必要性;
3. 了解课堂教学技能体系的分类,明确本书介绍的课堂教学技能体系;
4. 了解课堂教学技能课程学习的基本特点和方法;
5. 明确课堂教学技能与教学知识、教学观念、教学艺术之间的关系。

读前反思

(1)为什么优秀的教师必须具备课堂教学技能?

(2)教学技能与教学知识、教学观念、教学艺术之间是什么关系?

第一节
课堂教学技能

🎯 学习目标

了解什么是课堂教学
技能；明确教师必备
的课堂教学技能。

一、什么是课堂教学技能？

（一）什么是技能？

技能在教育心理学中是指顺利完成某种任务的一种活动方式或心智活动方式。它是通过练习获得的。技能分为动作技能和心智技能。动作技能是为顺利完成某项任务而合理组织起来的实际动作。例如，画画、编织、游泳、艺术体操、驾驶汽车等。心智技能也称为智力技能，它是顺利完成某项任务而组织起来的一系列心理活动，包括感知、记忆、思维、想象等心理活动。例如，构思文章、阅读、速记等都是心智技能。在许多活动中，动作技能和心智技能常常要结合起来，例如，写文章，既有动作技能（写，敲键盘），又有心智技能（想，构思）；踢足球、打篮球、打乒乓球也不仅仅是动作技能，不仅仅是单纯的动作，同时也要思考如何踢、给谁传球、如何投的问题，这就是心智技能。因此，完成任何一个具体的任务时，都离不开这两种技能的配合。动作技能需要心智技能的调节和控制，心智技能需要通过动作技能来完成。

（二）什么是课堂教学技能？

教师的课堂教学技能是在课堂教学中，依据教学理论，运用专业知识，为顺利完成教学任务并能促进学生学习发展而采取的一系列教学行为方式。要完成课堂教学任务，既有动作，也有心智活动，更主要的是复杂的心智技能。从表现形式上看，它既可以看到外部的机体操作，如板书、板画、操作教学媒体、做演示和实验等，但更多的是借助于教师语言在头脑中进行的智慧活动方式，如思考、判断、决策等。一般来说，教学中的动作技能也是在内在的心智技能操作下完成的。从这个意义上说，我们可以看到教师的教学技能具备这样几个特点：

1. **课堂教学技能是与完成某项课堂教学任务相联系的。**

离开了课堂教学活动就无法谈到课堂教学技能。也就是说，一定的课堂教学技能必须要借助一定的课堂任务来完成。通过课堂任务的完成情况来看你技能的好坏，素质的高低。

2. **教学技能是一种行为方式，是可以表现出来的，因此，是可以被观察和记录到的。**

教学技能表现为一系列的行为方式，并且其外在特征是明显的。不管你是教学之前的准备方面的技能：比如说写学期教学计划、写教案，还是教学实施方面的技能，比如说课堂教学的导入技能、提问技能、举例技能、讲授技能、变化技能等，都是可见的，可以被观察到、记录到，可以用来分析和反思你运用得如何。正因为这样，我们的教学技能训练才有可能。我们通过设计一系列的练习任务，运用微格教学的方式，按照给定的标准来分析你的相应技能的状况。

表1-1　教师表扬技能观察表

		表扬方式			表扬类型				
	时间	口头	身体语	书面	中立肯定	语气惊喜	价值判断	延伸挖掘	其他

通过这个观察表，可以记录课堂上老师进行了几次表扬，每一次表扬发生的时间，其中不同的表扬方式各发生了几次，以及不同的表扬类型各有几次。再辅以其他的记录方式，来记录学生对教师表扬的反映，教师针对不同学生的表扬语气等，对教师的表扬技能进行全面的评价。

3. 教师所表现出的教学技能水平是有差异的

每个教师表现出的技能水平不同，有的高，有的低，产生这种差异的原因是多方面的。例如，心理素质、专业知识水平的高低、训练的标准等，但是通过恰当的练习，教学技能的水平是可以提高的。

二、教师为什么一定要具备相应的课堂教学技能？

生活中我们可能见到这样的现象：一个师范院校毕业的学生，与一个综合性大学毕业的学生，同样求职的时候，为什么我们没有表现出突出的优势？从这一点上推论，有人认为读了师范院校，似乎没有什么价值。但是，这两个学生在后续的长期的职业生涯发展中，会发现在专业成长的速度上、对教学设计的理解上、课堂管理的能力、教学研究的能力等方面，彼此将产生差异。一个是在教育教学理论指导下完成教育教学任务，一个是在学科知识指导下完成的经验化的对教育问题的处理。这就是师范教育所给予学生的丰富的教育教学理论知识、教育能力的优势。之所以在面试求职时没有显现出这样的优势，实际上是和当前的师范教育"重专业、轻职业；重学术、轻师范；重理论，轻实践；重知识，轻技能"的问题有关。

1. 教师职业技能是教师素质的重要组成部分

教育的关键是教师，要提高教育、教学质量，教师必须具备基本的职业技能。教师的素质是由学术性、职业性和人格性三个因素决定的。学术性主要是指教师的专业素养，职业性主要是指教师的职业技能、心理学素养和教育观念。人格性主要是指教师的品德和人生修养。从现代教学论的发展来看，当今国际教育界的一个共同认识是教师同医生、律师一样，也是一种专门职业，一种必须经过严格的、持续不断的专业训练而获得专业知识和专门技能的职业。欧美国家在20世纪70年代后，一个取向是"能力为本位的教师教育"。在强调教师理论知识素养的同时，更注重培养教师的实际教学能力。我国无论是在1992年国家教委[39]号文件以及1994年2号文件中都提出要对高师学生切实加强教师职业技能训练，并且印发了《高等师范学校学生的教师职业技能训练基本要求》。特别强调学校各级领导要把加强学生的教师职业技能训练作为深化教学改革、提高师范生培养质量的重要内容来抓，同时学校要配备专兼结合的指导教师，对学生的教师职业技能训练予以必要的指导。在2012年颁布的《教师资格考试》面试大纲中，也可以看到对教师教学能力的要求：例如，对教师的仪态仪表，语言表达，教学设计部分要求教师能够做到：教学材料处理恰当，教学目标明确，重、难点突出；能够基于小学生的知识基础和生活经验合理设计教师活动；学生活动设计有效，能引导学生通过自主参与、合作探究的方式达成学习目标；教学实施部分要求要：教学结构合理，条理清晰，能较好地控制教学节奏；知识讲授准确，能基本完成教学任务；能够根据学生认知特点和学科教学规律，选择恰当的教学方法；能够根据教学需要运用教具、学具和现代教育技术辅助教学；板书工整规范、布局合理。

2. 教学技能是教学能力的重要组成部分

教学能力是指教师顺利完成教学活动的主观条件或心理特征。它主要包括学科知识和对教学活动认识的知识、将知识运用于实践的行为方式学科技能和教学技能，运用知识、技能解决问题的调节因素智力，以及能力形成的环境条件。教学技能是顺利完成学科教学任务的行为方式，是受思想支配而表现出来的外部行为及内部思维活动，由动作技能和心智技能两部分组成。教师既要掌握专业的技能及其他操作技能，又要掌握有关教育、教学的技能。

3. 教学技能是搞好教学工作的基础

教学既是一门科学，也是一门艺术，它是建立在教师具有广博的知识和熟练的教学技能基础之上的。一个教师如果没有深厚、广博的专业基础知识，他的教学只能是照本宣科，生搬硬套，没有熟练的教学技能就谈不上教学的艺术，不能让学生对学习产生兴趣，不能有效地促进学生的学习。技能是完成教学任务最基本的行为方式，是形成技巧和艺术的基础。例如，课堂上教师应该用什么样的言语来和学生沟通比较好呢？有这样两个老师：这位老师说："现在我要大家拿出课本来，翻到第86页。我不想听到任何的讲话声！你们首先阅读第十四课的说明，然后再阅读的基础上完成列出的问题……"另外一个老师说："JACK似乎已经准备好了。我们是不是像JACK一样，我们现在开始讨论诗歌好么？这些诗歌我们昨天觉得有趣极了，让我们翻倒86页……"

这两种讲话的方式，我们在课堂上都经常见到。究竟哪一个比较可取呢？比如说第一个老师，他是把自己摆在一个中心的位置上："我要你们翻到86页"；第二个老师是从学生的情境出发，将自己加入到学生与课程的关系中去：让我们翻倒86页……"尽管我们不知道两位教师的其他情况，但是我们能够感觉到老师说话语调的不同：第一个老师和学生之间是有距离的，属于管理式的老师；而第二位老师似乎和学生之间建立了某种联系，营造出一种体贴的谈话方式。这也是教师的一个基本的能力，课堂教学中的语言表达能力和教学机智问题。怎么通过教师言语的调和来实现教学机智。通过这样两个小例子，大家可以感受得到，无论是从教学设计的角度，还是教师与学生沟通的角度看，都离不开教师的基本技能。因此，可以说，教师职业技能训练，对于提高你的课堂教学效果是很重要的。因此，加强职前和职后教师的技能训练是对其教学工作的最基本训练。

4. 当前课程改革的要求

现在的教育改革，为教师的职业技能训练提出了更加迫切的要求。除了传统的三字一画的训练外，更增加了新的内容：比如，具备课程开发的能力；增强对课程的整合能力；提高信息技术与学科教学有机结合的能力。在很长一段时间里，教师很重视教学基本功的练习，如朗读、板书、绘画等。传统的教学基本功是一笔宝贵的教育财富，应当继续保持和发扬。为适应新课程的需要，教师新的技能将应运而生，比如，搜集和处理信息的能力、课程开发和整合的能力、将信息技术与教学有机结合的能力、广泛利用课程资源、指导学生开展研究性学习的能力等等。比如，地理课程增加了电子地图、遥感技术等最新科技发展的成果，教师对这些新知识、新领域、新发展要有所了解。

过去，中小学课程统一内容、统一考试、统一教材、教参、统一标准，教师过分依赖教科书和教学参考书，影响了创造性的发挥。如今，新课程使教学过程中教师可支配的因素增多了。课程内容的综合性、弹性加大，教材、教参为教师留有的余地加大，教师可以根据教学需要，采用自己认为最合适的教学形式和教学方法，决定课程资源的开发、利用。为此，教师要具备一定的课程整合能力、课程设计能力和课程开发能力，而对教科书的依赖程度将越来越低。长期以来，教师的主要任务是讲授别人编写成的、甚至连教学参考书也备齐的教科书，而学校课程的开发要求教师不仅会"教"书，还要会"编"书，为教师提供了一个创造性发挥教育智慧的空间。

三、教师必备的课堂教学技能有哪些?

作为教师，到底应该具备哪些必备的课程教学技能？这实际上是对课程教学技能体系的认识。由于教师的教学行为的复杂性，加之人们理论背景的差异和认识角度的不同，在研究中，不同的学者对于课堂教学技能的分类有着不同的认识。下面介绍几种典型的观点。

（一）教学活动的过程维度

教学是教师与学生交往互动、共同发展的过程，是师生之间沟通的社会实践活动。学校中学科教学的主要作用就在于以这种活动为源泉，引发学生的文化冲突。研究者认为，教学活动过程包括两个系统："教"的系统和"学"的系统。

"教"的系统包括计划、实施、总结三个阶段。在计划阶段，教师对教学进行准备，设计教学方案等，可以称为"教学设计"；实施阶段，教师通过师生交往互动，促进学生建构知识，称为"师生互动"；总结阶段，教师通过教学目标完成情况，检验教学设计方案的得失，进行反思，称为"总结反思"。因此，"教"的系统包括教学设计系统、师生互动系统、总结反思系统。相应的，"学"的系统也包含这三个子系统。每一个阶段的不同系统要求教师掌握不同的技能。

（二）教师的工作结构维度

教学是学校的中心工作，也是教师专业活动最重要的一个方面。从教师在教学工作中的主要环节来看，教师的教学技能可以归结为备课、上课与评课。（如图1-1）[1]

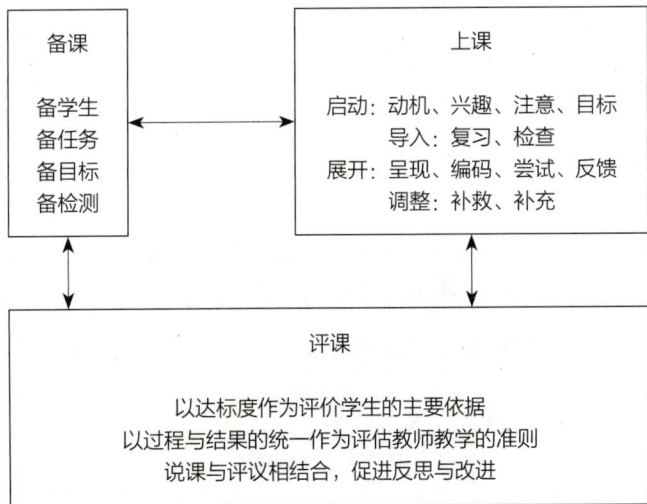

图1-1　教学工作主要环节

1. 莫尔的体系

肯尼斯·莫尔（Kenneth D.Moore）是按照教学开展的顺序来进行分类的。他认为教师的教学技能可以分为特殊的教学技巧和一般的教学技巧。一般的教学技巧主要分为教学之前的技能（pre-instructional skills）、教学之中的技能（instructional skills）、教学之后的技能（post-

---

1　严先元. 教师的教学技能. 北京：中国轻工业出版社，2007：5

instructional skills）。[1]

（1）教学之前的技能

莫尔认为有效教学的关键是计划，只有计划好了才能上好课。计划是一个连续的决策过程。在这个阶段，必须要循序回答以下问题才能做出决定。

● 要教学的内容是什么？

● 所期待的学习者的成果是什么？

● 需要什么样的教学材料？

● 导入教学科目的最好方式是什么？

● 对预期的学习来说，什么是最好的教学策略？

● 这节课如何结束？

● 如何评价学生？

对整个教学之前的计划过程的详细考察可以看出这是一个要求许多技能的过程。具体说，包括：

● 进行精确的观察；

● 写下目标；

● 选择教学材料；

● 策划合适的认知情境（创设课堂导入）；

● 选择恰当的教学策略；

● 确定合适的结尾；

● 确定和实施恰当的评估方法。

莫尔进一步指出，无论是预备教师还是有经验教师，都需要发展这些技巧并精益求精，这样才能让计划过程更加有效，也能提高学生的学习效率。

莫尔的教学计划过程可以用如下的图来表示：

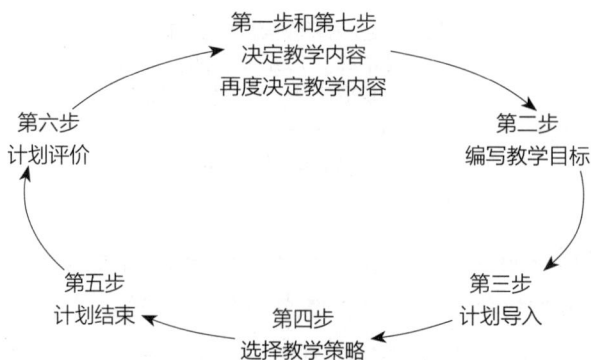

第一步和第七步
决定教学内容
再度决定教学内容

第二步
编写教学目标

第三步
计划导入

第四步
选择教学策略

第五步
计划结束

第六步
计划评价

图1-2　教学计划过程

1　[美]肯尼斯．莫尔．课堂教学技巧．刘静译．北京：人民教育出版社，2012：9-13

（2）教学之中的技能

主要是把计划付诸实施的技能：主要包括建立认知心向（导入）、交流、使用刺激变化、有效使用强化、使用提问技术、课堂管理、结束、评价目标等技能。

交流能力是教学的核心，如果教师不能与学生进行交流，就无法有效地教学。莫利进一步指出，如果教师不能吸引学生的注意力，激发和维持学生的兴趣，他就无法与学生有效地交流，因此，刺激变化、提问、强化对交流技能至关重要。

（3）教学之后的技能

主要是评价技能。这类评价有两个步骤：第一，收集有关信息，根据教学目标对收集到的信息进行分析；第二，对学生的学习成就做出判断。评价具体包括数据收集技术、使用量表技术、数据分析技术等。虽然评价技能是在教学之后使用，但是它必须在教学之前就详细地计划和准备好。

2. 美国学者罗伯特·海涅克（Robert Heinich）和米歇尔·莫兰达（Michael Molenda）提出了课堂教学的"ASSURE"流程，他们按照教学的时间顺序把课堂教学技能分为六大类：（1）分析学习者特性；（2）陈述目标；（3）选择、调整、设计教学材料；（4）利用教学材料；（5）要求学习者反应；（6）评价。这种分类基本按照备课、上课、评课的流程来划分的。

3. 美国弗吉尼亚大学教授詹姆斯·库柏把教学过程分为计划、实施、评价三个阶段，从技能上的划分上包括作为决策者的教师、教学计划、教学目标、让学生参与学习、提问技能、概念学习和高水平思维、理解性教与学的技术、合作学习和评估等。[1]

（三）教师的教学行为方式维度

该种分类主要从教学系统中师生双方信息交换与文化传播的过程来划分技能体系的，以交流的意图、方法作为分类的依据。该种观点认为，课堂教学过程是一个信息传播的过程，但是课堂教学的信息传播不同于一般的大众传播，也不同于大规模的教育传播，它是一种有组织、有计划、目的性非常强的面对面的人际传播。要使这种传播有效，就必须使传、受双方同时进入传播过程，通过相互作用来实现传播的目的。传播的最终效果不是由教学传播过程的某一要素决定的，而是由组成信息传播过程的五个要素及其相互关系共同决定的。从信息源：教师来看，教师的技能、态度、知识水平、社会文化背景都有可能对传播效果产生影响。从学生接受者角度看，学生先前的知识结构状况、学习的兴趣、动机、智力水平、认知发展水平、身心状态（疲劳、焦虑、情绪等）。从信息内容看：内容是否具有逻辑体系？是否符合学生的特点？从传播信息的渠道看：用什么媒体？图片、幻灯、录像、电影。不同的媒体对人的感官刺激不同，效果也不同。从传播者教师的角度看，教师的相应技能水平高低

1　James M. Cooper, *Classroom Teaching Skills*, Houghton Mifflin Company, 1999

直接影响着传播的效果。例如，为了传播的有效，首先要吸引传播的受体对内容感兴趣，就产生了教师的导入技能；保证传播效果的教学语言技能、板书技能、教态变化、教学演示、讲解、提问、反馈强化、结束、组织教学。

（四）其他分类

1. 爱伦的体系

爱伦，微格教学的创始人。爱伦根据便于学习者练习、便于理论工作者研究和便于对教学效果进行评价的原则，把教师的教学技能分为不同的技能群，每个技能群下面又包含若干其他技能：

（1）提问技能（提问的数量、开放性提问、高层次提问、探询提问、提问措辞）

（2）强化与控制技能（正面与反面强化，言语与非言语强化，鼓励，暗示，沉默，选择个体学生，目光接触，观察，解决冲突）

（3）举例技能（相关例证，类比，比喻，正反例）

（4）运用教学手段技能（随手教具，教学设备，黑板及其他书写板）

（5）课堂结构技能（导入，结束，课堂内过程评估）

（6）组织合作学习技能（合作学习的组织实施，小组学习的观测和评估，学习对子的组织合指导）

（7）运用教学原理技能（……）

（8）试误技能

2. 英国新犹斯脱大学的布朗

布朗认为教师的教学技能可以分为8项基本技能：导入和结束；概念教学；教学的生动性；解释；倾听；提问与提示；强化；参与讨论。

3. 英国的特罗特

特罗特提出6项技能：变化技能；导入技能；强化技能；提问技能；例证技能；说明技能。

4. 澳大利亚学者

澳大利亚的学者提出6项基本技能：强化技能；一般提问技能；变化技能；讲解技能；导入和结束技能；高层次提问技能。

从以上的分类体系可以看出，课堂教学技能分类体系与各国的历史、文化、课堂教学状况、培训对象等因素都有关系。比如说，随着现代科学技术的发展，教育改革的不断深入，课堂教学技能体系也会随之发生变化。比如说增加现代化教学手段的应用技能和教学研究、教学反思的技能。

第二节
课堂教学技能的学习特点

🎯 **学习目标**

了解课堂教学技能的
学习呈现什么特点。

要了解课堂教学技能的训练和学习呈现什么特点，首先了解课堂教学技能这门课的性质和特征。它的性质和特征决定了我们这门课的学习方法。

一、综合性

课堂教学技能是一门高度综合的课程，是与其他一些课程高度融合、不可分割的。师范生课堂教学技能的训练必须以前期的相关课程的学习为基础，例如教育学、课程论、教学论、相关学科的教学论（数学教学论、语文教学论、英语教学论等）。因此，绝不是单纯的技能训练。目前，全国很多师范院校都在从多方面探索教师职业技能训练的新途径，但是还没有形成系统。比如说，普通话训练课放在现代汉语课里，占的比例很小；班主任工作和教育教学技能分别设在有关的教育学和各科教材教法课里。由于各种技能都穿插到相关的课程之中，使得教师职业技能的训练很难成为一个系统。

二、操作性

课堂教学技能是一门操作性强的课程。与教师职业技能相关的一些课程，比如说教学论、班主任、教育学、心理学等课程，这些课程的目标是传授知识和培养能力，而教师课堂教学技能课的目标侧重技能的训练和形成。如教育学侧重从理论上阐释教育工作中的一般规律、原理和方法，研究教育的本质、教育目的、教育制度、教学工作、思想教育工作、课外活动以及学校管理等问题，而教师课堂教学技能中的教学技能是教育学理论的具体应用，是其实践活动的落实与补充。有人说教师职业技能表现位H2M（H（head，hand）头和手，M（mouth）口）教师的职业技能不仅与教师头脑思维紧密相连，而且和教师的口和手也是紧密联系在一起的。头，具体指教师的道德、知识、思维等方面的修养和智力技能；手，指教师动手操作的技能，如毛笔字、钢笔字、粉笔字的书写、计算机的操作、电化教具、仪器的使用等技能；口，是指教师口语表达技能。这三个方面，都离不开具体的操作和训练，只有通过操作，掌握了各项职业技能，才能熟练地驾驭教学中的各个环节。

三、实践性

　　教师职业技能只有反复训练，才能将知识转化为技能，从而掌握其规律，熟能生巧，渐入佳境。一般来说，教师的基本技能，比如说语言技能、书写技能、多媒体使用、班主任工作技能等，这些技能的形成都不是纯理论的讲授所能形成的，必须坚持理论与实践结合，在培养和训练上下功夫。任何一种教师职业技能，都源于实践，是优秀教师教学实践经验和智慧的结晶；同时，无论哪一种教师职业技能，都要应用于实践。从备课、讲课到组织教学，每一个环节里都不能离开教师的职业技能。

四、情境性[1]

　　教学技能是表现在教学活动中的一种操作化行为，它依附于教学的具体情境，离开了运用这种技能的情境去记取一些关于技能的知识或要领，是不可能真正获得技能的。"去情境化"的技能学习，只能记住一些呆板的教条而难以具有实践的品格。因此，教学技能的学习应当镶嵌于具体的情境中，借助微格教学、案例研究以及行动参与等方式才有效。

五、默会性

　　著名英国科学哲学家波兰尼曾把人类的知识分为"显性知识"和"默会知识"。除了那些能用符号明确表述的"显性知识"以外，教师拥有一种独特的知识，是凝结在行动中、积淀在经验里的、只可意会而难以言传的"默会知识"。教学技能是教师实践取向的"默会知识"中最主要的组成部分，在实际的教学活动中，教学技能往往是在关于技能理论知识没有成为"焦点意识"的情况下，按照"教育实践的逻辑"很顺畅而自然地加以应用的，如表现为决策的直觉、面对复杂情境的机智、自觉的调节教学的进程、处理常规问题的"习惯"等等。

　　基于以上对教学技能训练课程特点的分析，课堂教学技能训练的基本目标：第一，技能的掌握和提高离不开有关理论的指导，提高对掌握课堂教学技能必要性的认识，通过课堂教学技能训练，掌握课堂教学技能的有关知识和理论。第二，通过训练熟悉并掌握各种课堂教学技能，达到能够顺利、准确运用的熟练化程度。第三，增强训练意识，掌握课堂教学技能的训练方法，并激发创新意识，不断巩固、完善有关的教学技能，形成一套具有独特风格的课堂教学技能体系，形成相应的教学能力。

1　严先元. 教师的教学技能. 北京：中国轻工业出版社，2007：3

第三节
教学技能与几个相关概念的关系

🎯 **学习目标**

理解课堂教学技能与教学知识、教学能力、教学观念、教学艺术几个概念之间的关系。

一、教学知识是教学技能形成的基础和前提

知识是人们对客观世界的正确认识，是客观世界在人脑中的反映。作为教师，应该具备相应的知识，比如学科专业知识、教学理论知识等。但是，一个知识很丰富的人不一定是教学技能水平很高的人。我们有时会碰到"知识渊博，却表达不清""茶壶里煮饺子，有东西倒不出来""专业知识水平很强，教学效果却不一定好"等情形，正说明了这一点，对教师而言，具有一定的教学理论和学科专业知识是掌握教学技能的基础。

二、教学技能是教学能力形成的基础之一

能力在心理学上的定义是顺利完成某项活动的个性心理特征，也包括完成一定活动的具体方式和相应的心理要素。由此可见，要发展教学能力，既要有一定的教学理论和学科知识，也要进行教学技能的训练。离开教学技能，就无法形成教学能力。从掌握知识和技能到形成能力有一个转化和迁移的过程，知识和技能是形成能力的基础。

三、教学观念是教学技能的内核和依据，决定一切教学行为的价值选择

教师技能是重要的，但是更加重要的是教师的教学观念。观念是指人对客观事物的认识和看法，是人对某种事物认识的价值取向。某种观念一旦形成，就会左右人们的行为和活动。教育观念是指人们对教育问题的认识和看法。大到对教育目的、功能、作用的认识和看法，小到对某一教育现象、过程、方法的认识和看法，统称为教师的教育观念。教育观念具有先导性，它对教育实践有着巨大的指导作用。先进的教育观念产生积极的教育行为，使教育活动成功；落后的观念则产生消极的行为，导致教育的失败，甚至伤害学生。因此，从这个意义上说，技能只是为教师提供一些实用的技术、技能、策略和方法。重要的是这些技能用来干什么。是强化学生死记硬背，反复训练；还是用来培养学生的探究能力、反思能力。就像鲁迅说：中国人用罗盘看风水，欧洲人用罗盘航海；中国人用鸦片抽烟，欧洲人用鸦片治病；中国人拿火药制造爆竹，欧洲人拿火药制造大炮。教学技能是中性的，它是工具，但是不能解决价值问题。如果教学技能服务于不同的教学观念，就会产生不同的效果。

教学观念是教学技能的内核和依据，它指导教师的一切言行；而教学技能只是教师教学观念的一种物化和表现形式。一定的教学技能必然是在一定的教学观念指导下进行的。

比如说，中国老师和外国老师同样教学生写作文，但是因为教学观念不同，所采用的教学技能、教学的思路都会有所不同。[1]

中国老师教作文，是为了教会学生写文章，增强学生的书面表达能力。中国老师教作文的时候，愿意强调要写真人真事，要有真情实感。

而英美的老师，通过作文来培养学生的创造力和想象力，所以他们在作文教学中，不但鼓励学生大胆想象虚构，而且着重引导学生去创造。这种教学方法不但要教会学生写故事，而且鼓励他们无中生有，凭想象去虚构一个合情合理的故事。比如说，要注意到故事发生的时间、地点、人物、环境、气候、宗教、风俗习惯等。这一点就要求学生一定要知道比书本上多的东西。

这就是教学观念导致的教学组织方式和策略的差异。所以，观念是影响教师技能选择的根本原因。你的心中有学生，你的技能选择会从学生的角度出发，考虑学生的兴趣、爱好、能力，比如用温和的口气和学生建立良好的关系。你心中只有知识和书本，你就会想方设法让学生死记硬背这些没有生命的东西。所以，关键在于你有什么样的教学观念。

因此，教师教育不仅要改变教师的行为方式，而且要改变教师的教学观念。正如叶澜教授所言："教学改革要改变的不只是传统的教学理论，还要改革千百万教师的教学观念，改变他们每天都在进行着的、习以为常的教学行为。这几乎等于要改变教师习惯了的生活方式，其艰巨性就不言而喻了。"[2]

四、教学艺术是教学技能的创造性表现

课堂教学艺术一般是指教师富有创造性地运用各种手段唤起学生的兴趣，使学生愉快、主动地获取知识，并得到深刻印象的教学方式。[3]教学艺术是教师本身所具有的独特的创造力和审美价值定向在课堂教学领域的结晶，是一个教师在长期的课堂教学实践中累积起来的"教学经验""教学技能"发展的高级阶段和理想境界，是教师知识和技能高水平发挥的表现，是教师在教学过程中创造性劳动的集中表现。所以，从这个意义上说，教学技能是教学艺术活动的基础，教学艺术是教学技能的创造性表现。教师教育追求的终极目标是培养教师形成对教学的创造性设计的能力。正如培训专家肖沃斯所言："任何培训的目的并不是简单的生成外部可见的教学步骤，而是生成对这种实践进行适当地、综合地选择和运用的能力。"[4]

1　杨桂青，主编. 英美精彩课堂. 北京：教育科学出版社，2005：185
2　叶澜. 让课堂焕发出生命活力. 教育研究，1997（9）
3　孙菊如，等. 课堂教学艺术. 北京：北京大学出版社，2006：1
4　肖锋. 学会教学——课堂教学技能的理论与实践. 杭州：浙江大学出版社，2004：4

本章小结

本章主要向大家介绍了"课堂教学技能的定义""教师学习课堂教学技能的必要性"，通过教师技能分类体系的介绍，明确作为教师应该具备的教学技能，了解课堂教学技能学习的特点，明确技能与知识、观念教学观念、教学艺术之间的关系。

总结 >

Aa 关键术语

教学技能 | 教学艺术
teaching skill | teaching art

🔗 章节链接

本章是这本书的第一章，是师范生和教师认识本门学科的内容体系和学习方法的基础，因此有助于后面所有章节的学习。

应用 >

批判性思考

有人说，很多综合性大学的学生没有接受过系统的教学技能训练，也可以当教师，也可以完成课堂教学任务。你怎么看待这个问题？

体验练习

结合自己过去受教育的经历，选择自己印象深刻的教师，谈谈教师具备课堂教学技能的意义。

拓展 >

☕ 补充读物

1　周晓庆，等编．教师课堂教学技能与微格训练．北京：科学出版社，2013

　　遵循教师成长规律，适应高等院校师范专业教育课程改革趋势，适合我国基础教育改革有目的、有计划地训练和提高师范生或在职教师的课堂教学技能的要求，重点对师范生各种教学技能进行专项训练，最后通过评价与反馈达到巩固和提高的目的。

2　刘芳，李颖，主编．教师职业技能训练教程．北京：北京师范大学出版社，2014

本书结合教师职业的工作需要，全面系统地讲解了教师开展教育工作所必备的各种技能，包括口语表达技能、书面表达技能、教学工作技能和教育工作技能，以及教育教学研究技能几个方面。并从技能训练与实际操作的角度，分别安排了相应的知识模块与训练方法，集理论性与实践性为一体。

在线学习资源

1．中小学教育资源站　www.edudown.net

2．教育部全国中小学教师继续教育网　www.teacher.com.cn

3．人民教育出版社　www.pep.com.cn

4．新世纪课程网　www.xsj21.com

第二章
有的放矢的备课

本章概述

　　本章主要介绍和讨论"教师为什么一定要备课""备课的层次与类型""怎样备好一堂课""三维目标的细化与整合""用教材教还是教教材""备课的预设与生成""教案的撰写与评价标准"这七个问题。通过这七个问题，教师能够意识到教学过程中充分备课的价值，并且能够掌握相应的方法恰当地处理备课中的几个要素，学会备课。

结构图

a	b	c
教师为什么一定要备课（对教师的价值；对学生的价值）	备课的层次与类型（学期备课、单元备课、课时备课）	怎样备好一堂课（要素、程序）

备课的价值、类型与程序

有的放矢的备课

备课中的几个要素的处理　　　　　教案的撰写与评价标准

a	b	c	a	b	c
三维目标的细化与整合	用教材教还是教教材	如何处理备课中的预设与生成？	撰写要求	一般格式	评价标准

学习目标

1. 意识到备课对教师课堂教学的重要意义；

2. 从方法上明确怎样备好一堂课；

3. 明确在备课过程中如何把三维目标进行细化与整合；

4. 在讨论"用教材教还是教教材"的过程中，树立正确的对待教材的态度；

5. 能够处理好备课的预设和上课的生成的问题；

6. 能够把备课的成果通过撰写教案的方式表达出来。

读前反思

1. 教师备课是可有可无的过程吗？备课的价值是什么？

2. 你是否了解教师备课的完整过程？你个人觉得在备课过程中，你非常困惑的是什么？你处理得非常好的环节是什么？

3. 教案设计好了，我只要执行教案就可以了。这种观点对不对？

4. 如何评价一份教案的质量？

教学是一种有目的、有计划的活动，因此，在教学活动之前，有必要进行充分的准备，在头脑中或以书面的形式对课程进行预先的设计与计划。我们称之为教学设计。教学设计是为课堂教学过程的展开与推进提供蓝图，它不仅要为形成课堂教学中师生的互动提供前提保证，更要为促进课堂教学中的"人"的主动发展提供前提保证。

因此，作为课堂教学重要组成部分的教学设计，需要为课堂教学活动的组织与开展进行整体的策划和综合设计。所谓整体策划，是指教师要对一个学年、一个学期、一个教学阶段或一个教学单元做出有目的和有计划的整体思考，使每节课的教学设计既能体现长远目标的追求又能体现近期目标的递进要求；所谓综合设计是指教师要对每节课的教学进行具体思考，学生现有的教学起点是什么，如何确定教学要达到的具体目标，为达到目标需要选择什么样的教学内容作为资源和手段，选择什么样的教学策略来有效地开发和利用资源，以及如何组织和形成师生之间多向有效的互动，何以知道目标是否具体地得以落实。教学设计需要用整体综合的思维方式来认识和处理学生、教师、教学内容等教学要素之间的关系。

这种对教学活动实施的前期准备，我们也可以称之为备课，备课是教学设计全部过程的体现。教师在经过精心的设计和充分的准备后，通过教案的方式来表达自己的教学思考和教学准备的结果。备课技能是一种教学准备技能，指教师在一定教学理论的指导下，在教学实践中经过反复练习而逐步形成的迅速、准确、娴熟地运用教育理论知识和学科专业知识等为课堂教学做好准备，及时、有效地完成备课任务的一系列备课活动方式的总称。

🔍 案例1

小陈是一名刚毕业参加工作的语文教师，很有当教师的天赋，年轻、活泼、有感染力、言语表达清晰、耐心，喜欢孩子。这天，他要去讲第一堂课，内容是：最后一课。为此，他做了充分的准备，查阅了很多资料，整个教案设计也自认为满意。但是，令他非常困惑的是：精心准备了教案，也制作了课件，并且上课之前也试讲了好几遍，甚至把教案都背熟了，可实际的课堂教学效果并不尽如人意。同事的听课感受是：好像在备教案。确实，他一离开教案，就不知道要说什么、写什么。而为了体现课堂教学中的师生互动，他要学生小组交流问题，本来只是要让他们对文中人物的复杂心情进行描述，同学们也回答积极，但是说着说着就吵起来了，结果引发了课堂争执。

可以说，陈老师遭遇的这些问题，和备课的成败有直接的关系。他是否真正理解了如下的问题：如何根据学生的需要来进行教学设计？如何了解学生的需要、经验？一个高效的教学方案应该包括哪些步骤？哪些内容？设计教案时要注意哪些方面的问题？

🔍 **案例2**

在学校的语文教研室里，老师们都在埋头备课或批改作业。一位参加工作不到一年的小于老师正在写一节新课的教案。写下课题后，按照常规，第一项内容便是教学目标。他根据教学参考书中有关本课教学目的的要求，在"教学目标"一栏中写：1. 通过阅读课文，培养学生分析课文，理解课文的能力；2. 通过分角色朗读课文，培养学生有感情地朗读课文的能力。写完后，他突然觉得每节课都要写这样的教学目标，每课的目标又常常大同小异，而且写到教案上就算完成任务了。实际上课的时候，无非是朗读课文，分析课文，做练习等老一套模式，与写好的教学目标似乎毫不相干。想到这里，他不禁抬起头问坐在对面的王老师："您觉得每堂课都写教学目标有必要么？您讲课时考虑过教学目标么？"

王老师听完后笑着说："教学目标当然是必要的。我在讲课的时候总是着眼于学生的语文基础知识目标，我觉得无论学生将来做什么，打好语文知识的基础都是非常重要的。"王老师的话引起另外两位老师的注意。

"我也很重视语文基础知识的教学。"张老师补充说。"但我更注重培养学生的阅读和写作能力。我认为能力的培养是更重要的。"

"你们二位的看法我都同意。但我认为，语文课最重要的目标是培养学生对文学作品的鉴赏能力。因此，我力求每一节课的教学目标中都使学生获得美的享受和情感的陶冶。"坐在门口的赵老师说。

听到这里，小于老师又陷入深深的思考：几位老师说得都有道理，但又不尽相同。那么，语文教学的目标到底应该是什么呢？课文教学要培养学生什么样的素质呢？今后自己的语文课教学目标应该怎样写呢？

这个案例反映了教师在备课过程需要处理的一个核心问题：如何确定课堂教学目标。案例中的新手教师小于老师在教学目标的设计中存在着几个典型的错误：第一，他对教学目标的内涵理解有偏差。他用教学参考书中对教师的教学要求代替教学目标，所陈述的是教师的教学行为而不是学生的学生效果。第二，他对教学目标在教学过程中的作用完全不了解。他把在教案中写"教学目标"一栏当走过场，实际教学并不考虑教学目标。他甚至公开对写教学目标的必要性提出质疑。第三，他写的教学目标在实际教学中之所以不能发挥应有的作用，是因为他的教学目标在陈述上是含糊不清的，因而不可观察，不可测量，难于操作。第四，他对教学目标所应包含的领域、各个层次缺乏认识。另外三位教师在讨论中也是各执一端：王老师强调语文基础知识目标（认知领域较低层次目标），张老师注重培养学生的阅读和写作能力（认知领域较高层次目标），而赵老师认为最重要的是对文学作品的鉴赏（情感目标）。

第一节
备课的价值、类型与程序

🎯 **学习目标**

意识到备课对教师课堂教学的重要意义；明确备课的基本层次与类型，掌握基本的备课的程序并且能够结合具体的内容进行备课。

一、教师为什么一定要备课？

正如美国教育学家 Janice Skowron 所说，"课堂之间的一个关键性区别就在于潜在的规划。"[1] "凡事预则立，不预则废""一盎司的预防等于一磅的治疗"类似于这样的格言和谚语很多，都是在强调做事过程中计划和准备的重要性，在教学过程中尤为如此。良好的课堂效果只能建立在充分的设计基础之上，老师应该清楚自己要完成什么，要学生做什么，要带给学生什么样的效果，怎样引导和帮助学生获得最佳学习状态，取得最佳学习效果，而这一切都有赖于教师的备课活动。"好的教学计划会避免无数在你班上可能出现的问题。"备课就是为上课做好准备。它是教师教学工作、教学活动的起始环节。教学实践反复证明：教师备好课是上好课的根本前提，是加强课堂教学的计划性、预见性，充分发挥教师主导作用，提高课堂教学质量和效率的重要保证。备课是教师用来确定如何最佳的选择、组织和传递一种学习经验的过程，从而使教师和学生的成就与满意度最大化。也就是说，在他们开始教学之前，优秀的教师会考虑两件事情：教什么以及怎么教，以使教学和学习对所有人来说都是有价值的。

（一）备课对教师的价值[2]

很多新手教师觉得备课、制订计划是一个浪费时间、单调乏味的事情，但我们怎么强调计划的重要性也不过分。谢弗逊（1987）指出，无论是对于教师的课堂行为还是学生所接受到的教育性质与结果，教师在教育计划中所作出的决定都具有深远的意义。

当教师严肃地思考他们的学生应该知道什么、应该能做什么以及这些学习怎样发生时，其结果是使教育更富有创造性，消除了那些没有价值的教学行为。这种深思熟虑能使教师从长时间的习惯和个人偏见中摆脱出来，使他们能充分地发挥想象力。一旦他们形成一个优秀的教育计划，教师就能产生更多的自信心、安全感和将计划付诸实践的热情。一旦教师制订了深思熟虑的计划或者对教学进行了全面的思考，他们就会具有更好的感觉，对随后进行的

1　Janice.Skowron. *Powerful Lesson Planning—Every Teacher's Guide to Effective Instruction*（*2ⁿᵈ Edition*）.London：Corwin Press,Inc,2006.1

2　[美]Donald R. Cruickshank, Deborah L. Bainer, Kim K. Metcalf. 教学行为指导. 时绮，译. 北京：中国轻工业出版社，2003：107-108

教学抱有更大的热情。

（二）备课对学生的价值

深思熟虑的计划能促进学生的学习，因为它促使我们考虑学生的不同背景、兴趣以及学习习惯，更能吸引和维持学生的注意力，促进学生的学习，提高他们对教育目标和有用资源的满意度。因此，计划能提高学生对教学的兴趣，愿意学习，以及对教学的满意度。而且，一个经过了深思熟虑计划的课堂，能使时间的价值最大化，使困惑和挫折最小化。

备课的重要性

计划的重要性——无论是长期计划还是每日计划——再怎么强调都不过分。职前教师需要看看详细的教育计划是怎样支持学生的学习过程的。职前教师还应该观察到，这些现场督导者（合作教师或指导教师）是怎样选择有效的教学策略来完成教学内容、满足学生的学习需要的。

在很多职前教师的经验中，最初几周的每日计划应该来源于职前教师和现场督导者观点的共享。

计划会设置一种模式，当职前教师的计划得到了提高，当他们在计划中形成了更多的独立性时，这种模式也是可以改变的。许多新手教师从细节性的课程计划中受益，但是他们在制定能实施的稳定方案时仍然需要帮助。这就要求为设备齐全的班级提供8种或者更多的计划。

每个计划应该是灵活的，以应对那些在班上不可避免要出现的变化。职前教师应预见到在教学策略中存在的潜在困难，做好处理那些潜在困难的准备。这种预演会减小在课堂中出现变化的可能性。

——[美]Donald R. Cruickshank, Deborah L. Bainer, Kim K. Metcalf. 教学行为指导. 时绮译. 北京：中国轻工业出版社，2003

备课是指挥员在组织一场战役前所进行的必不可少的筹划。为了组织好战役，我总是反复思考，反复推敲，直到找出自己认为比较满意的设计方案为止。备课是一项极其细致复杂的脑力劳动，容不得半点马虎。只有踏踏实实、认认真真地备好课，才能取得应有的教学效果。

——斯霞. 我的教学生涯.上海：上海教育出版社，1982：21

二、备课的层次与类型

备课有多种不同的分类，按照备课的目的、任务、时间的安排，可以分为学期（学年）

备课、单元备课、课时备课，或者从教学的计划和准备角度叫作备课的长期计划、中期计划、短期计划。如下图所示[1]。

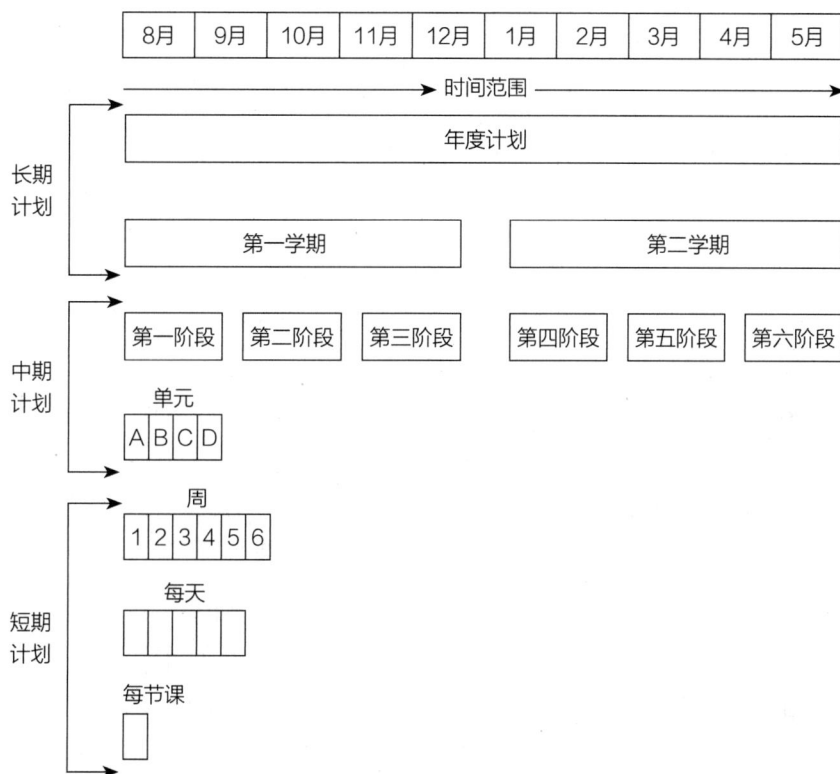

图2-1　教学计划与备课

　　正像每个人制订的假期旅行计划一样，你计划去南方度假，这是你的长期计划；于是你确定沿途你要参观的城市，你所走的路线，在不同的景点大约花多少天，这是你的中期计划；最后，对于每一天和每一个景点，你想做哪些特定的事情或者看什么特定的景点，从而确定每日路线和每小时路线，这就是你的短期计划。作为教学，教师的备课也会涉及教学的长期计划、中期计划、短期计划。教师需要为不同阶段的教学做准备。

　　下面的表格提供了不同阶段的教育计划的主要目的、计划形式、信息资源。可以为教师制订不同层次的教学计划提供参考。[2]

1　[美]Donald R. Cruickshank, Deborah L. Bainer, Kim K. Metcalf. 教学行为指导. 时绮，译. 北京：中国轻工业出版社，2003：124

2　[美]Donald R. Cruickshank, Deborah L. Bainer, Kim K. Metcalf. 教学行为指导. 时绮，译. 北京：中国轻工业出版社，2003：137

表2-1

类型	目的	有帮助的信息资源	计划形式	判断计划有效性的标准
年度计划	1. 建立一年的一般性内容 2. 建立基本的课程顺序 3. 将资源材料排序、储存	1. 学生（数量及特点） 2. 课程指导（学校目标） 3. 资源的有用性 4. 对特定课程和材料的个人性经验	一般性的条目，列出基本内容和每一科目中的可能观点	1. 计划的综合性 2. 与自我目标、学校目标一致，适合学习者
学期计划	1. 列出学期的细节性内容 2. 建立周进度表，与目标和学期重点保持一致	1. 与学生的直接接触 2. 学校进度表安排的时间限制 3. 资源的实用性	1. 将年度计划的纲要具体化 2. 将活动和时间具体化的周进度表	1. 纲要：全面、完全和具体 2. 进度表：包容性与学期的目标一致 3. 适合学习者
单元计划	1. 形成一个序列，是围绕某个主题或话题建立的、良好组织的学习经验 2. 在适宜的水平呈现全面的、整合的、有意义的内容	1. 学生的能力、兴趣等 2. 材料、课程的长度、调整时间 3. 供活动使用的器材 4. 划分目标	1. 活动和纲要中的内容 2. 安排好顺序的活动列表 3. 计划书中的注意事项	1. 组织和顺序平衡，纲要的延伸 2. 与年度、学期目标一致 3. 与参与学生的兴趣一致
每周计划	1. 在每周进度表的框架内列出每周的活动 2. 因为被打断和特殊需要而调整进度 3. 保持持续性和活动的规律性	1. 学生在数天前、数周前的表现 2. 规定性的学校打断（如集会、假期）	1. 活动的名称和时间进入了计划书 2. 用恰当的标准把一天划分为不同的时间段	1. 计划的综合性 2. 周进度表被遵循的程度 3. 为特殊的时间限制而制订的弹性计划 4. 适合目标与学习者
每日计划	1. 为第二天设置和组织课堂 2. 将没有确定的活动因素明确化 3. 让每日进度表适合最后一分钟的教育 4. 使学生为每日活动做好准备	1. 按使用的资料对教育的分类 2. 活动的时间 3. 一天开始时对班级部署的评价 4. 持续的兴趣、投入和热情	1. 将每日计划写在黑板上并讨论 2. 准备和组织教室里的材料和设备	1. 关于内容、材料等的最后准备与确定 2. 学生所表现出的投入、兴趣与热情
课堂计划	1. 与先前进行的课堂相联系 2. 进行新的、特别设计的任务 3. 评价达到的程度 4. 设计下一堂课，与更广泛的计划相联系	1. 对先前课堂的评价 2. 计划更大的单元 3. 来自班级的反馈	（在教案部分讨论）	1. 学习者对目标的完成度 2. 在课堂中，课堂结束，有时在课堂之后的评价

我国学校的教学计划，主要涉及学期（学年）计划、单元计划、课时计划。

（一）学期（学年）备课

学期（学年）备课是在学期（学年）开始前后一段时间内，在钻研教材（包括课程标准、教材和阅读参考资料）的基础上，制订出全学年的课程教学计划。目的在于明确整个学期（学年）教学工作范围和完成任务的方向，对学期（学年）的教学工作做出通盘安排。

制订学年学期教学进度计划是教学活动中的重要一环。苏霍姆林斯基认为：每一个教师都要有一个教学的"远景计划"。他说："这是一个重要的努力目标，教师可以每年翻阅和思考这个纲领来检查自己的工作：什么已经做到，什么还有待去做，根据远景计划完成的情况，可以判断学生的知识质量。"学年、学期的教学进度计划是课堂教学的总目标，课堂教学任务能否顺利完成，能否达到预期的目的，关键取决于学年、学期教学进度计划的制订，它对教师课堂教学具有指导和鞭策的重要作用。

现在让你写一份学年学期教学进度计划，该从何入手？如何写呢？每一种教学计划都有它的构成。明确其中的每一项内容，对于掌握制订学年、学期教学进度计划的技能起着决定性的作用。

1. 制订学年、学期教学进度计划的基础

（1）课程标准。课程标准是教师制订学年、学期教学进度计划的主要依据。教师首先应当明确课程标准总的教学目的和任务，了解本学科的教学内容安排以及教学中应当注意的问题。

（2）了解学生的学习状况。学生的学习水平差异很大，制订学年、学期教学进度计划应该立足于大多数学生的实际水平，兼顾优秀学生和学习能力较差的学生，了解他们的学习水平和学习方法。比如，与前任任课教师交谈，与个别学生谈话，查阅学生的档案以及试卷、作业、笔记等。

（3）了解学生的来源。学生的来源是指学生所处的家庭的社会环境。学生所处的家庭社会环境有比较大的差异。对中小学来说，这种差异在地域上的表现不明显，主要表现在家庭状况上。这些因素会造成学生个性的差异，因此，也是教师制订教学计划应该考虑的基本因素。

（4）物质因素的考虑。个别学科，例如，物理、化学、生物、地理、历史、自然等，要结合自己学科的特点，考虑学校在教具方面的配备情况，电教设备（幻灯片、地理挂图、药品、仪器、仪表等）的使用情况等。

2. 学年、学期教学进度计划的构成部分

（1）本学年、学期教学的总目标和总要求

这是教师完成教学任务的前提条件。这一点，主要通过参考课程标准来完成。但是在课程标准中，是一个学段的目标，所以教师需要掌握将课程标准中的目标进行细化的技术。

（2）对学生情况的简要分析

学生是学习的主体，教师只有了解了他们的状况，教育工作才能有的放矢，避免盲目性。因此，教师应该根据本地的实际情况，采取一定的措施，了解学生的学习情况和生活情况。如果教师有能力编制一些题目作为测试题，对学生进行摸底，把学生的具体情况进行具体量化，这样可以得出更加科学的结论。

（3）学年、学期教学的重点和难点

根据教材内容和学生的实际情况，确定一个学期教学的重点和难点内容。

（4）提高本学年、学期课堂教学质量的主要措施

这个措施主要来源于钻研教材和对学生情况的了解。例如，某教师根据教学的重点所采取的措施如下。教学的重点是：加强知识的教学，使学生正确理解概念和法则。那么教师所采取的措施是：教学中，从学生已经有的知识出发，通过实物、教具或者具体的事例引导学生理解并掌握有关概念。对一些容易混淆的问题，可以通过分析、对比等方式，揭示它们的联系和区别。

（5）教学课题的课时分配以及进度

主要是教材的课时分配、阶段复习、测验的时间安排，可以按照周数粗略地安排一下，以便能够科学合理地安排教学时间。

表2-2　学期教学进度计划范例

学科		周学时		任课年级		任课教师	
本学期教材分析							
本学期学生状况分析							
教学目标							
本册教学重点难点							
为完成教学任务，根据学生实际采用的措施							

学期教学进度表

表2-3　初一语文学科教学进度表[1]

时间	教学进度
8月30日—9月3日	新闻两则（2）；芦花荡（2）；蜡烛（1）
9月6日—9月10日	……
9月13日—9月17日	……
9月20日—9月24日	《老王》（2）；《写作》（2）；说"屏"（1）
9月27日—9月30日	《中国石拱桥》（2）；《苏州园林》（2）；《桥之美》（1）
10月11日—10月15日	《故宫博物院》（2）；《写作》（2）；《你的社会所见》（1）

1　摘自某校七年级语文教学计划。

续表

时间	教学进度
10月18日—10月22日	《大自然的语言》（2）；《奇妙的克隆人》（2）；《生物入侵者》（1）
10月25—10月29日	《阿西莫夫短文两篇》（2）；《写作》（2）；《大道之行也》（1）
……	……
12月13日—12月31日	总复习

（二）单元备课

单元备课是在一个单元或者一个课题的教学之前进行，对本单元的内容进行的整体规划。主要解决下面的问题：

1. 进一步熟悉和掌握本单元的教学内容、教学目的、教学要求和教学重点；

2. 根据本单元的重点、难点，确定教学的重点、详略部分和教学活动的序列；

3. 处理好本单元教学的课时安排、活动步骤以及习题、实验等；

4. 研究本单元的教学方法；

5. 以单元为单位，把讲、读、写、练、实验和实践恰当地结合起来，通盘考虑学生的能力。

形成一个单元或者几个单元计划，这可能是一件耗时很多的事情，尤其是对新手教师来说，在缺乏对整个教材体系了解的基础上，设计单元计划是有一定难度的。但它是一个值得进行的练习，因为它产生了一系列的观点和资源。[1]

1. 单元计划一旦形成，它就能为短期的计划——一周、一天或者一节课，提供清晰的指导。

2. 好的单元计划能使你更加意识到学习者的独特品质。

3. 单元计划促使你进行想象性的思考：怎样帮助学生以一种整体的、各个学科相联系的方式来学习一些主题或内容。通过使用单元，你能将书写、阅读、报告等整合到学习活动中来。

下面的表格是某校《长方体体积》[2]单元备课基础上形成的对单元内每一课时的学习任务的确定以及不同层次的学习材料的准备。该单元的教学目标定位是："培养学生对体积大小、多少、计量的直觉和敏感性，也就是建立与体积有关的空间观念。"

1　[美]Donald R. Cruickshank, Deborah L. Bainer, Kim K. Metcalf. 教学行为指导. 时绮，译. 北京：中国轻工业出版社，2003：130

2　该案例来自于东北师范大学附属小学。

表2-4

课时内容	学习任务	思维水平	不同层次学习材料
第1课时 体积和容积	任务二：探究等积变形的规律	直观、描述	橡皮泥、量杯、体积相同容积不同的自制容器两个
		抽象	学习卡（自愿选择操作材料）
		演绎、严谨	
第2课时 比较体积大小	任务一：比较三个长方体ABC的大小	直观	黄豆若干、纸盒
		描述、抽象	大小均匀的正方体若干
		演绎、严谨	学生自制的带格子的长方体
第3课时 体验"立方厘米"	任务三：用立方厘米测量规则图形的体积	直观、描述	1立方厘米正方体若干；棱长为5厘米的正方体若干
		抽象	尺子、棱长为5厘米的正方体若干
		演绎、严谨	
第4课时 长方体体积公式	任务：推导长方体（正方体）体积公式	直观、描述	1立方厘米的正方体若干；学生自制的长方体A和正方体B每人2个
		抽象	学生自制的长方体和正方体每人2个
		演绎、严谨	思考：根据之前学习的知识，说说怎么计算长方体的体积？把想法写在任务卡上
第6课时 单位换算	任务：1分米^3=（ ）厘米^3	直观、描述	1立方厘米的正方体若干、容积为1立方分米的容器若干
		抽象	带有格子的学生自制的棱长为10厘米的正方体每人一个；体积为1立方米的长方体框架3个
		演绎	借助单位换算的知识解决
		严谨	借助长度、面积、体积单位的含义解决

（三）课时备课

课时备课是根据单元备课所明确的教学目标、任务、要求、重点、难点及其相应教学方法，进一步从每节课的实际出发，认真研究和解决单元备课各项计划的具体落实，最后写出文本的教案。例如，课堂提问什么；板演回答什么，新课如何导入，如何引起学生的兴趣；学生在课堂上的活动如何组织等。

三、怎样备好一堂课？

活动练习

设想一下，如果安排你上一节课，你在上课前会想什么，将做什么样的准备。请把你想到的事情的关键词写在卡片上，并将这些事情归归类，整理出一个有说服力的顺序，越详细越好。

如果你不是单独一个人，而是和你的小组成员共同完成这个任务，尝试分析一下每个人选择的备课要素和备课程序有什么不同。

在完成上述活动的过程中，你会发现，每个人所列举的备课的要素不同，备课的顺序也许会不同。其实各个步骤背后都隐藏着有关备课的各种教学理念。有人列举了教师备课的十个问题：

备课的十个问题

问题1：上一节课哪些还未解答的疑问、哪些还没完成的任务、哪些难点或矛盾会影响到下一节课？如何注意到它们？

问题2：学生可能拥有哪些与教学主题相关的前提知识、经历和兴趣？必须考虑到学生的哪些个人进步要求？

问题3：这节课的主题是什么？结构如何？可以分为哪些分主题？

问题4：要完成的任务是什么？学生上完这节课和上课前相比，应该有哪些进步？

问题5：哪些教学步骤是必要的？这些步骤该如何合理安排？

问题6：哪些教学行为模式可用来解决布置的任务？学生已经掌握了还是还需要练习？

问题7：有哪些教学组织形式？哪些较适合集体讲授，哪些适合小组或独立完成？学生习惯合作吗？

问题8：要怎样安排座位？现有哪些教学媒体和材料？还需要准备哪些？

问题9：该如何评价这节课？和学生一起，还是和指导教师或同学们一起？观察者应该特别注意课堂教学的某些方面或某些学生吗？

问题10：我具备必要的专业知识吗？哪些优点我可以运用到课堂上？我还需要特别准备些什么？

——[德]希尔伯特·迈尔. 备课指南. 夏利群译. 上海：华东师范大学出版社，2013：40

上述的10个问题可以说涵盖了教师备课的基本内容，这10个问题在现实备课中不会按照这个顺序逐一得以解答，而是错杂在一起解决的。在中国，对于备课的内容，教育界一般用"三备"来概括：备教材——研究教材，了解教学目的，把握教学资料；备学生——了解学生的知识掌握情况和思维、学习特点，预测教学中可能出现的问题；备方法——根据教学内容特点和学生特点来选择教学所用的方法，进行教材组织和呈现。德国教育学家希尔伯特·迈尔的阐释则更加具体，他将备课设计过程分解为六个方面的结构，这六个方面分别是：目标结构（为了什么）、内容结构（教什么与学什么）、时间结构或过程结构（以什么顺序）、方法结构或行为机构（怎么样或用什么）、社会结构或关系结构（谁和谁）、空间结构（在哪里）。他用六边形来代表这六个结构之间的关系：

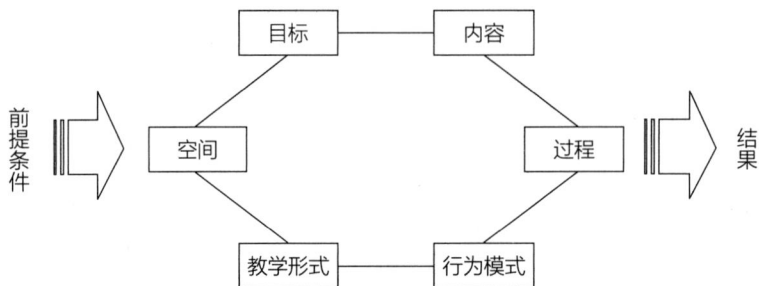

图2-2　迈尔的备课设计六边形[1]

那么，对这10个问题进行归类和整合，教师在备课中核心要处理的问题及程序如下：了解学生、钻研教材、确定教学目标、选择教学方法、制订学年和学期教学计划、制订课时教学计划、确定教学重点难点等。以教学设计的理论为基础，这些核心要素可以按照如下的操作程序来进行：

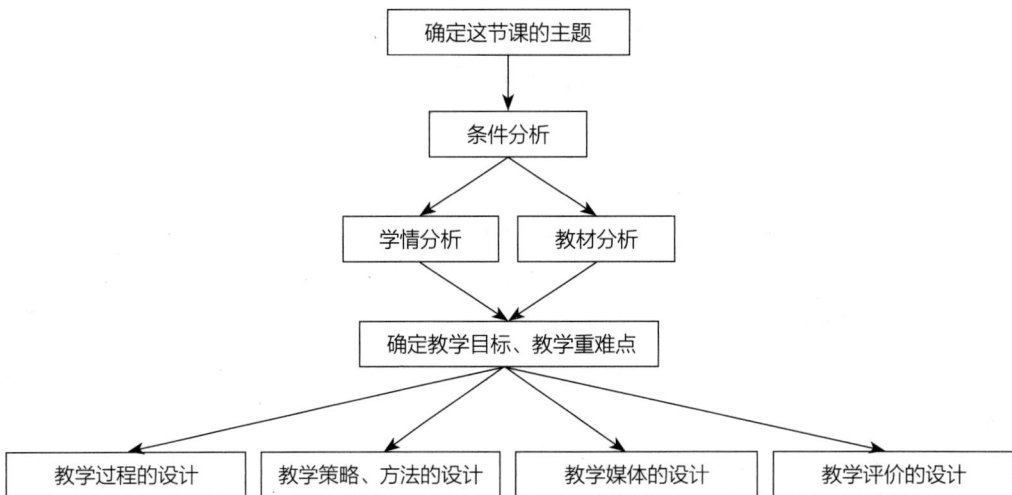

图2-3

就备课原则而言，澳大利亚教育学家科林·马什提出了四个方面的基本理解：（1）备课要考虑重点，并考虑其呈现方式；（2）备课要能够调和不同的重点和目标，协调个人学习与集体学习、原则与政策、教师兴趣与动力等方面内容；（3）备课的规划要有反思性批判精神，对自己的教学活动进行反思；（4）备课的规划要有冒险精神，要敢于灵活运用各种方

1　[德]希尔伯特·迈尔. 备课指南. 夏利群，译. 上海：华东师范大学出版社，2011：39

法，其中包括他们不太擅长和熟悉的。[1]这四方面基本概括了备课过程的基本原则。

第二节
备课中的几个要素的处理

🎯 **学习目标**

明确在备课过程中如何把三维目标进行细化与整合；在讨论"用教材教还是教教材"的过程中，树立正确的对待教材的态度；能够处理好备课的预设和上课的生成的问题。

一、三维目标的细化与整合

（一）三维目标的含义

教育部《基础教育课程改革纲要（试行）》对课程目标从"知识与技能""过程与方法""情感态度与价值观"三方面提出了要求，构成了新课程的"三维目标"。

第一维目标：知识与技能目标，主要包括人类生存不可或缺的核心知识和学科基本知识，包括事实、概念、原理、规律等。基本能力——获取、收集、处理、运用信息的能力、创新精神和实践能力、终身学习的愿望和能力。技能是指通过练习而形成的对完成某种任务所必需的活动方式，一般包括智力技能和动作技能。

第二维目标：过程与方法目标，主要包括人类生存不可或缺的过程与方法。过程是指为达到教学目的而必须经历的活动程序，指应答性学习环境和交往、体验。方法是指师生为实现教学目标和完成教学任务在共同活动中所采用的行为或操作体系，这里主要是学生的学习方法，包括自主学习、合作学习、探究学习、发现式学习、小组学习、交往式学习等。

第三维目标：情感与态度价值观目标，情感是指学生的情感体验，是人对客观现实的对象和现象的刺激所产生的心理反应，它分为积极情感和消极情感。对于学生，情感不仅是指学习兴趣，学习责任，更重要的是乐观的生活态度、求实的科学态度、宽容的人生态度。态度是学生对事物的看法，是在学习活动中形成的。价值观是学生对人生基本问题的看法和态度，不仅强调个人的价值，更强调个人价值和社会价值的统一；不仅强调科学的价值，更强调科学的价值和人文价值的统一；不仅强调人类价值，更强调人类价值和自然价值的统一，从而使学生的内心确立对真善美的价值追求以及人与自然和谐和可持续发展的理念。

---

1 [澳]科林·马什. 初任教师手册. 吴刚平，何立群，译. 北京：教育科学出版社，2005：84

新课程确立了知识和技能、过程与方法、情感态度和价值观三位一体的教学目标，这是新课程推进素质教育的集中体现。

（二）三维目标的关系

三维目标是学生全面发展的三大支柱，是一个整体性的存在。首先，知识与技能目标是达成过程与方法目标、情感与态度目标的基础，是学生经历、体验学习过程，形成学习方法的前提；也是提高能力、培养情感、形成态度和价值观的载体。其次，过程与方法是掌握知识与技能以及形成情感态度价值观的中介机制，也是实现三维目标的关键。最后，情感、态度与价值观目标是掌握相应的知识与技能、逐步形成科学的过程与方法的动力，它对前两个目标具有明显的调控作用。

知识与技能维度的目标立足于让学生学会，过程与方法维度的目标立足于让学生会学，情感、态度与价值观维度的目标立足于让学生乐学，三维的课程目标应是一个整体，三方面是相互联系、融为一体的，任何割裂知识的技能、过程方法、情感态度与价值观的三维目标的教学都不能促进学生健全发展。

"三维目标"不是"三种目标"，也不是"三个目标"，三维目标之间是相互依存、相互支持的关系。任何割裂三位一体的教学都不能促进学生的发展，因为不同维度的目标对学生的成长和发展有着不同的作用。知识与技能是过程与方法、情感态度与价值观目标实现的载体。情感态度与价值观是实现知识与能力、过程与方法目标的动力系统。过程与方法是连接知识与技能、情感态度与价值观的纽带，而要达到知识与能力、情感态度与价值观的目标都要在过程中实现。

北京师范大学郭华教授认为，三维目标不是三块，而是一个整体。不是要在知识、技能上加上情感，因为在整个教学过程中，情感、态度、价值观是始终存在的，只不过我们过去没有关注而已。虽然价值观是个人对社会的一种认识及态度，但是对于价值观问题往往存在一个相对当时社会而言比较正确的取向，而这种态度是应该由教师客观地传授给学生。此时教师的价值观念一定要有正确的取向，否则会对学生的价值观取向产生误导。

（三）整合三维目标

《基础教育课程改革刚要》对三维目标的整合提出了明确的要求："改变课程过于注重知识传授的倾向，强调形成积极主动的学习态度，使学生获得基础知识与基本技能的过程同时成为学会学习和形成正确价值观的过程。"

课程目标根据知识和能力、过程和方法、情感态度和价值观三个维度设计。教学目标是课程目标的一个重要部分，它是教学活动的出发点及归宿，直接决定了教学活动要围绕三维目标来展开，因此必须将三维目标思想贯穿于整个教学设计过程中，从而达到基于教学事件的兼容式整合。这便要求课程设计人员与教学事件为基础，使三维目标之间相互支持、相互依存的关系变成现实，实现三维目标的整合。

所谓三维目标，"整"是整理，"合"则是组合，三维目标的整合就是把知识和能力、过程与方法、情感态度和价值观三个维度按照一定的方式组合成一个有机的整体。三维目标不是一个均等的存在，要求教师对三维目标的陈述要灵活。

二、用教材教还是教教材？

教材是构成教学活动的重要要素，是教学内容的载体，是教师教和学生学习共同的依据，是教师的教与学生的学的中介。教材体现了课程的基本理念和课程标准的要求，是完成教与学双边活动的重要工具。

（一）备课一定要钻研教材

"教材，教材，教学的素材。"备教材是教师上好课的前提，脱离了教材的教学活动不能称其为教学活动，只能是师生之间无目的的人际交往。通过钻研教材，教师可以更好地把握本学科的内容体系和组织结构，把握知识的前后联系；明确本学科的重点、难点，与相邻学科的关系等。作为教师和学生共同完成教学活动的重要文本资料，教师必须不断钻研教材，把握教材的系统性，遵循教材的逻辑性，保证教学内容的科学性。同时，教师钻研教材的目标还在于开发教材中蕴含的丰富的教育资源，扩展教学内容，使教学成为生动的超越文本的生成性建构活动。

对于教材的钻研，每个人会有不同的方法，要在领会编者意图的基础上，做到细致的思考。小学数学名师邱学华在自己的三级备课方法中谈到"备教材"的方法及重要性。第一层次，制订学期教学计划时，首先要认真学习教学大纲，全面通读小学数学的各册教材。教师不能只懂得自己所教的一册教材，应该掌握教材体系，了解教材的来龙去脉，前后联系，能够以全局观点驾驭、分析自己所教的一册教材，做到得心应手，运用自如。第二层次，制订单元教学计划时，应该深入钻研本单元的教材。主要是弄清楚本单元的基础知识和要培养的基本技能，明确教材的教学要求、编排顺序和本单元教材的重点、难点。通过习题，掌握每节教材中例题和习题的配合情况，对系统的难易程度、数量多少和前后联系做到心中有数。第三层次，编写教案时，认真钻研本课教材。要明确教材的安排系统和重点、难点及关键，特别要研究练习题。

名师谈教材的使用

"搞戏剧的人有句行话，叫做'剧本、剧本、一剧之本'。情境教学同样以教材为本，备课开始就要反复阅读教材，必要时还要朗读教材。别小看小学语文教材都是些篇幅不长的文章，但文章蕴含的思想、作者渗透在字里行间的情感以及语言技巧，不是粗读一两遍就可以全面掌握的。最要紧的是教材蕴含的思想，教师必须揣摩清楚作者写这篇文章着意表现的是什么，即教师必须掌握教材的中心。这似乎是老生常谈，但确是任何一种教学模式备课的重要起点。""把握了中心，就要进一步把握教材的重点、难点、特点。而教材语言的掌握，与教材的重点、难点、特点的把握几乎是同步的。教材的特点往往是在教材语言技巧上的体现，或是章法上的技巧，或是修辞手法上的技巧，或是选词造句上的技巧。"

——李吉林. 小学情境教学. 北京：人民教育出版社，2003：6

""课本，课本，教学之根本。'因此，掌握和驾驭教材是备好课的首要条件，也是教师一项重要的基本功。"

——邱学华. 邱学华尝试教学课堂艺术. 北京：教育科学出版社，2000：44

"教学参考书写得再具体、再详细，也不能代替自己钻研教材。有的青年教师有了参考资料就不去研读课文了，他们认为写参考书的人水平比自己和其他老师高，不必再花工夫去钻研教材。这种想法和做法是把别人的劳动直接代替自己的劳动。长此以往，必定会影响自己业务水平和教学质量的提高。"

——斯霞. 我的教学生涯. 上海：上海教育出版社，1982：21

"在备课过程中，教材的特点不是一般性地说说，而是要深入钻研，掌握它不同于类似文体、类似题材的个性。教师千万不能被教材牵着鼻子走，要努力驾驭教材，实现教学目的。选为教材的每篇文章由于社会背景、个人经历、写作意图等的不同，有各自的写作思路，各自遣词造句的特点。钻研教材时当然应该清楚它们的来龙去脉，深究底里，准确而深入地掌握教材。"

——于漪. 于漪语文教育论集. 北京：人民教育出版社，1996：138

（二）钻研基础上的调适型使用

新课程要求教师变"教书者"为"课程实施者"，为此，教科书之于教师，只是选用、处理，用来发展学生的文本之一，教师要变"教教科书"为"用教科书"。面对教材，可这样用也可那样用，可多选用，也可少选用，可用这种版本的教材也可用那种版本的教材，甚至自编教材。

同时，教学中师生都要把教材视为研究的材料、对话的谈资，绝不奉为"圣经"。要培育学生挑战权威的精神，要敢于对教材，教师说"不"，敢于质疑、修正、变异、创新等。这样才有利于培育学生的创造性，造就创新型人才。

在正确教学目的的指引下，教师如何以教育目的为教学活动的中心，灵活地使用教材，使之为教学所用，改变以往以教材为中心的错误观念，从而做到"创造性地理解和使用教材"，从过去"教教材"转变为"用教材教"呢？

1. 处理教材的依据[1]

教材往往是专家编写的、供教师使用的内容文本，但是如何使用取决于教师的专业发展水平。一般来说，新手教师往往照本宣科，完完整整地依据教材的内容和呈现的序列来实施教学，对教材不进行必要的处理，缺乏对教材进行批判的态度，甚至有些迷信教材的权威性。专家型教师一定会对教材进行处理，能结合自己对课程标准的理解、学生的实际学习情况、学校的现实条件和学习目标，进行适当的加工与改进。

课程标准是教材编写的依据，教材是课程标准的具体化的内容载体。但是在课程标准到教材转化的过程中，难免会出现部分信息失真。因此，教师在研究、改进教材内容时，必须依据课程标准进行二度课程资源的开发与设计。一般来说，课程标准是国际对学生学习此科目必须达到的标准的统一的最低要求。课程标准规定了各个科目所要求实现的课程目标、课程内容以及评价的内容和基本标准，它无疑是教学、教材和评价的出发点和归宿。在我国，课程标准更是编写教材的主要依据，也是检查和评定学生学业成绩、衡量教师教学质量的重要标准。

现场条件也是教师处理教材的一个依据。当教师处理教材时，依据课程标准，主要是考虑内容的必要性维度。而现场条件着重考虑的是可能性维度，如学生的认知准备、教师自身的优势以及可得到的课程资源等问题就是现场条件中的重要因素。

2. 处理教材的策略[2]

处理教材内容是一种情境化的行动，教师必须"用教材教，而不是教教材""用教材教"意味着教师在准备教学时要采取相应的策略来处理教材，将凝固的"符号化"的书本知识激活。具体而言，有如下的策略：

（1）对教材进行结构加工

所谓教材的结构加工，是从学生"认知"这个维度对教材内容进行结构化重组，充分挖掘不同学科内容所蕴含的不同学科结构群对于培养主动、健康发展的人的价值。

● 以"条状重组"方式对教材进行结构加工

所谓"条状重组"的结构是指"把教科书中以纵向的'点'为单位的符号系统按照其内在的逻辑组成由简单到复杂的结构链，使学生主动地把握贯穿单元教学前后的知识结构"。这种结构加工比较强调知识结构间的纵向关联性。根据知识结构间的内在关联性，我们既可以跨年段对教材文本进行"条状重组"，也可以跨单元对教材文本进行"条状重组"，还可

1　崔允漷. 有效教学. 上海：华东师范大学出版社，2009：122
2　吴亚萍，王芳. 备课的变革. 北京：教育科学出版社，2007：61

以在单元内对教材文本进行重组。

●以"块状重组"方式对教材进行结构加工

"块状重组"的结构加工是"把教科书中以横向的'点'为单位的符号系统，按照其内在类特征组成一个整体，使学生先整体感悟认识再局部地把握知识"。这种结构加工比较强调类知识结构间的横向关联性，因为某一类事物在被认识的过程中蕴含相同的思维方式，教学就可以打破'点'状模式，把具有类特征的内容整合到一个单元，凸显点状知识背后的共通的思维方式。这种对教材的处理方式，可以丰富学生对具有类结构特征知识内涵的整体认识和结构把握，提升学生的分类、比较、概括、抽象的能力。

●以"条块融通"方式对教材进行结构加工

"条块融通"的方式对教材进行结构加工，就是打破条状知识与块状知识之间的界限，进一步拓展我们对于知识整体的教学视野。"条状重组"和"块状重组"分别根据知识结构间的"纵向"或"横向"关联性，把一个个的知识点串成结构链或组成结构块，体现了对教材文本的结构加工原则。但是，如果把这些结构链或者结构块放到整个年级乃至整个学段的教学中，它仍然是一个局部的结构，因此，我们需要把视野从单元整体结构拓展到整个年级乃至整个学段的教学中来策划和整合教材。这样就能够打破单一、凝固、割裂的教学格局。

（2）教材内容的生命激活

所谓教材内容的生命激活，是教师在对教材内容结构化重组基础上，从关注学生作为活的生命体的主动发展需要的维度，跨越时空，实现符号化的书本知识与过去、现在和未来的沟通，与学生经验世界、人类生活世界的沟通，充分挖掘知识原有的、鲜活的生命态对于培养主动、健康发展的人的价值。

●实现书本知识与现实生活的沟通

书本知识源于人类的生活世界，同时又是对人类生活经验的抽象。而在人们的抽象思维过程中，存在着把经验的丰富复杂性和动态过程还原为简单的抽象，然后又把这种抽象误认为是具体的存在的危险。因此，把书本知识回归其生命态，很重要的一点是沟通其与人类生活世界的联系。

●实现书本知识与学生个人经验的沟通

"如果所沟通的知识不能组织到学生已经有的经验中去，这种知识就变成纯粹言辞，即纯粹感觉刺激，没有什么意义。那么这种知识的作用，不过唤起机械的反应，只能运用发音器官重复别人的话，或用手写字或做'算术'。"[1]因此，强调书本知识与学生的个人经验建立联系，在强调学生系统知识在教学中的地位和育人价值的前提下，挖掘学生已有的经验对学

---

1 杜威. 民主主义与教育. 王承绪，译. 北京：人民教育出版社，1984：200

生成长的价值。

三、如何处理备课中的预设与上课中的生成?

(一)教学设计是一种"教学构想"[1]

教学设计应该只是一种构想,而不是一份施工蓝图;施工蓝图要十分细致周全,不能留下任何空白死角。教学则不然,教学设计是教师为学生规划学习过程,规划主要是发生在不同学生头脑中的事情,即使教师进行了深入调查,也无法完全弄清所有学生的情况。所以,在教学中,改变甚至完全抛开事先写好的教学步骤是常有的事,而且事先设计的越具体,越周详,有可能需要改变的越多。

因此,教学设计应该向构想靠拢。教师不是工程师,不能按照图纸施工,也不是电视导演,按照分镜头剧本去工作,而是节目策划,是与学生共同规划未来的人。教师应该在学习了解学生上下功夫,提高自己的现场反应能力。在设计教学时,多想一想可能发生的问题与可以采取的对策。这种预警式的构想越多,越贴近实际,在实际教学活动中就会越主动,在变化中就越应付自如。

(二)课堂是一个充满复杂性的场合

从教学设计的角度说,教师应该要清醒地认识课堂与课堂教学的复杂性,并对此有充分的思想准备。课堂教学不是教师教学行为模式化的场所,而是教师教育智慧充分展现的场所。重新认识课堂,也就是在重新认识教师和学生生活的舞台。教学设计要针对课堂的复杂变化,为各种"可能"和"不确定性"留下空间,当难以预测的变化发生时,不会惊慌失措,依然能够引导学生创造出精彩。

(三)要有一个弹性化的教学方案

教学首先要有预设,对学生所学的内容可能达到的程度有一个预期的展望。预先拟定的教案,蕴含着教师的经验与智慧,是教师发挥主导作用,使学生成为学习主体,提高教学效益最重要的前提。但是,教学又是一个生成的过程,课堂教学的生成是永恒的,教学不是预设不变的。课堂教学不应该是一个封闭的系统,也不应该是拘泥于预先设定的固定不变的程式。预设的教案在实施的过程中需要开放性地纳入弹性灵活的成分。教师不能围绕死的教案转,应该在师生互动中有所创造和超越。从"教案剧"向"创造剧"转变。因此,在备课时,要考虑到预设,但同时又能关注生成,随时利用生成性的资源。

---

1 文喆. 关于教学设计的若干思考. 人民教育,2003(13-14)

　　动态生成与预设成功两者之间是相互联系、相互作用、相辅相成的关系。一方面，预设成功是学生有效学习的基础。另一方面，课堂生成又是课堂有效学习的发展。教师在按计划实施预案时，能随时捕捉到学生的疑问、创意和个性化的想法，因势利导地调整教学程序或重组教学内容，学生的生命活力得以张扬，主体性得到发挥，教学会收到事半功倍的效果。

　　为了把预设与动态生成统一起来，就需要设计弹性化的教学方案。叶澜教授在"新基础教育"实验中提出："在教学过程中强调课的动态生成，但并不主张教师和学生在课堂上信马由缰地展开教学，而是要求有教学方案的设计，并在教学方案设计中就为学生的主动参与留出时间与空间，为教学过程的动态生成创设条件。教学过程的设计重在如何开始、如何推进、如何转折等的全程关联式策划。至于终点，何时戛然而止，并不是绝对的，重要的是水到渠成，不是硬性规定步子大小与全班齐步行进。过程的设计也要有'弹性区间'，可以通过不同的作业、练习、活动来体现。"[1]

　　例如，在下面《好大一棵树》一课的教案中，教师对教学中学生可能出现的问题，就进行了充分的预设。该课是东北师范大学附属小学六年级数学《好大一棵树》的一节综合实践活动课。该课设计的一个基本出发点是给六年级学生提供一个现实的生活背景，综合应用数学知识解决问题，运用数学的思维方法解决问题。

　　本课课题：好大一棵树

　　教学模式：实地测量记录、探索交流

　　教学目标：

　　1．运用已有知识测量大树的直径、周长、高度、树叶数量，估算每平方千米树木棵数；亲身经历数据收集、整理的全过程，体会数据调查的真实性，在数据收集过程中发现问题，找出解决问题的方法。

　　2．根据测量结果做产生氧气量的相应计算。

　　3．通过问题解决的过程，体现数学的实用性、学法的多样性，并能科学的使用相关仪器用于解决问题。

　　教学准备：

　　教师：设计调查报告　提供噪声测量仪　含氧量测试仪

　　学生：直尺　卷尺　学生分组

　　教学过程：

　　1．交代调查的对象、目的、方式

　　我们已经了解了树木的价值，从自身做起做爱护树木的小卫士减少浪费。现在我们要对

1　叶澜. 重建课堂教学价值观. 教育研究. 2002（5）

成年一棵大树做一些测量，包括它的直径、高度、占地面积……

2．明确要求

（1）测量时要尽量准确。

（2）记录要及时。

（3）测量过程记录要认真。

（4）发现问题要积极动脑。

（5）小组同学要团结。

（6）注意安全。

（7）认真填写调查报告。

3．对调查数据进行整理

4．小组之间进行交流

调查报告

时间：	地点：		小组成员：	
调查项目		用具	测量过程	
树木直径				
树木高度				
树叶个数				
噪声指数	用具：	树木稠密区：		树木稀少区：
空气含氧量	用具：	树木稠密区：		树木稀少区：
树木棵数（每平方千米）				
说明测量过程：				
备注：				

在设计教学过程中，教师对学生在测量过程中可能遇到的问题进行了充分的预设。例如，由于树叶的形状是不规则的，学生如何测量树叶的面积呢？教师预设了学生的三种解决方案：第一，把树叶看成一个近似的三角形。第二，把树叶变形，转化成我们学过的规则图形（长方形、四个三角形的组合图形等）。第三，算出10片树叶的总面积，再求出每片树叶的平均面积。例如，由于一棵树的叶子非常多，如何估算一个大树有多少片树叶？教师预设

的方案是让学生先通过目测、估算等方式，对一平方米形成表象；第二步通过目测的方式估算一平方米有多少平树叶，形成对大树的感受；第三通过观察、实验、测算和估算等方式，运用面积、比率知识、方程等知识计算整棵树大约有多少片树叶。最后通过四则运算、选择合适的计量单位等计算出整棵树树叶的总面积大约是多少平方米。

第三节
教案的撰写与评价标准

🎯 学习目标

掌握教案的格式及撰写要求，能结合具体的内容进行备课并且撰写教案。

将教学前的思考与决定以文本的方式呈现出来，即为"教案"，或者叫教学设计的文本。如何撰写教案？教案中包含哪些要素？如何评价一份教案的质量？一般来说，由于教师的经验、习惯做法、学习活动的性质以及学校对教案的管理要求的不同，导致教师的教案会有明显的个性化倾向，有些教师喜欢写出详细的教案，而有些教师只是写出几条作为备忘。

一、教案撰写的要求

1. 要关注各个教学要素的内在一致性

教学活动是由多种教学要素所构成的一个复杂系统，从一定的意义上说，教学设计过程就是在系统科学方法的指导下，对这诸多要素进行系统安排和统整组合的活动。整体性要求教学设计活动对教学活动诸多构成要素进行综合与整体的规划与安排，要根据教学设计的目标要求，全面考虑和分析教学活动的各个要素，力求使它们在达成教学目标的过程中能够有机地配合，充分体现教学设计的完整性与整合性特点。

在撰写教案时，从教学目标的确定，到实现目标的各种手段的设计和选择，都要紧紧围绕使每一个学生在现有的基础上有所发展来设计，使各个教学要素之间保持内在的一致性。最好不要单纯地记录教案的各个要素，而应该在脑海中结合设想的情境全面而综合地预演一遍。

2. 教案的撰写可以因人而异

教案是写给讲师自己看的，因此可依自己习惯弹性表达。一般来说，有经验的资深教师可以写简略一点，缺乏经验的新教师应当详细写，详略程度视需要而定。可利用记号或图案来标示重要性。从实际的教学情况看，教案在实施时只是起到提示与备忘的作用，它不可能作讲稿。

3．教案可以集体讨论，由教师个人编写

教案一般情况下应该由教师个人编写，但为了提高教学水平，集思广益，各个学校里会有相应的集体备课。集体备课应该在个人备课基础上，交流编写教案的经验，解决疑难问题，然后进一步修订个人教案，使之更加充实和完善。

4．要追求教案设计的创造性

教师进行教学设计活动并不是简单的机械性或重复性劳动，而是一项发挥教师才智、焕发生命活力的一种具有个性化特点的创造性活动。为了能够满足学生多样化的学习需求，教学设计非常强调教师要能够针对教学的具体情况灵活地、创造性的设计教学。同时，由于每位教师的教学经验、教学风格、教学方式等方面都有着鲜明的个性化特征，因此教师的教学设计及其方案都会在不同程度上体现本人的个性化风格和色彩。

二、教案的一般格式

教案可以采用的格式是多种多样的。除非学校里有规定的格式，否则你可以选择你喜欢的教案格式。

下面是对国外教案基本结构要素的一个简单梳理。

表2-5　课堂计划的精选格式[1]

卡拉翰（Callahan, 1971）	业余教育中心，1977	DAF（department fo air force,1984）	伊比（1992）	加涅＆布里格斯（1988）	亨特（Hunter, 1985）	Donald R. Cruickshank（2003）
1. 课堂主题 2. 一般性目标 3. 具体性目标 4. 导言 5. 内容 6. 活动 7. 材料 8. 总结 9. 评价 10. 作业	1. 课堂主题 2. 目标 3. 导言 4. 教育方法 5. 学习活动 6. 资源 7. 评价 8. 总结	1. 目标 2. 主要课堂部分 3. 教育方法 4. 支持性材料 5. 课堂的开始和结束 6. 课堂最后大纲 7. 步骤 8. 评价	1. 标题 2. 学科 3. 年级水平 4. 描述 5. 目标 6. 需要的材料	1. 目标 2. 事件、活动 3. 需要的资源 4. 提醒和暗示	1. 目标 2. 设置导言 3. 输入和示范 4. 检查学生的理解程度及指导下的练习 5. 独立性练习	1. 目标 2. 资源 3. 设置导言 4. 方法 5. 评价 6. 结束

1　[美]Donald R. Cruickshank, Deborah L. Bainer, Kim K. Metcalf, 教学行为指导. 时绮，译. 北京：中国轻工业出版社，2003：131

从上面的梳理中可以看出，一份教案所包含的要素有多种。同样的研究，陕西师范大学南纪稳通过对发表在中国知网（www.Cnki.net）中的70份教学设计文本进行文本分析，对教学设计文本中出现的各要素进行频次登记，并以样本容量70为基数计算出各要素出现的频次与研究样本的百分比，统计结果如下表。[1]

表2-6　优秀教学设计文本结构要素频次统计表

项目	内容主题	教学目标	教学内容分析	学生情况分析	重点难点	教学方法	教学准备	多媒体运用	教学过程	作业	设计理念	设计意图	板书	教学反思	课时安排	学生总结
次数	30	66	21	9	64	20	37	45	69	9	15	25	17	10	19	1
%	43	94	30	13	91	29	53	64	99	13	21	36	24	14	27	1

在这一数据统计基础上，提出优秀教学设计文本包含的几个核心要素：教材内容分析、学生情况分析、设计意图说明、教学反思、教学主题或教学内容、教学目标、教学重难点分析、教学方法设计、教学用具准备、多媒体运用、明确的教学程序设计、板书设计、作业设计、课时安排、学生评价。

一般来讲，有如下几种格式：

1. 文字式

按照前述分析的备课的基本环节和要素，文字式教案一般按照先后程序呈现如下要素：课题名称、授课班级、授课时间、课的类型、教材分析、学生分析、教学目标、教学重点和难点、教学过程、板书设计以及教学反思。

文字式教案案例见附件一。

2. 表格式

表格式教案比较常见，下面列举的是两类不同的表格式教案。第一类，按照教案的必须要素一一呈现。在教案的核心部分即教学进程部分，按照教学在时间上的顺序划分阶段：导入、呈现、运用、总结，详细陈述主要的教学行为和教学组织形式。如采用怎样的教学组织形式（个别教学、小组教学、全班教学、自由活动等）；学生和教师要做的事，如何运用黑板，如何运用各种材料，如何做笔记、如何布置作业、如何应用评价技术等。

教学反思或备注部分可以把教案中其他部分不容易包含的信息和评论，对问题与困难的

1　南纪稳. 优秀教学设计文本的特征分析. 长春：2014年两岸三地课程会议论文集，2014：168

预想，课的某一点上可以采取的行动过程，可能根据班级或时间因素对材料进行省略或扩充，对课的效果的反思等，都可以加入这个部分。

第二类表格与第一类不同之处在于，在教学过程的设计，更强调教师对学生学习行为的指导。将教师的指导行为与学生的学习行为划分，一目了然，更便于教师课堂中开展教学活动。

表2-7　表格

科目		主题	
班级		任课教师	
教材分析			
学生分析			
教学目标			
教学重、难点			
教法			
教具			
教学进程	阶段1：导入 阶段2：呈现 　　分阶段1 　　分阶段2 　　分阶段3等 阶段3 阶段4		
教学反思（备注）			

表2-8　表格

学科		课题		
班级		时间		
教材内容分析				
学情分析				
教学目标				
教学重、难点				
教法、学法				
教学手段				
教学过程与时间分配	教师指导行为	学生的学习行为	教学设计及目的	教学手段
组织教学				
阶段一：导入新课				

续表

阶段二讲授新课 分阶段1 分阶段2				
小结				
巩固练习				
布置作业				
板书设计				
课后反思				

表格式教案案例见附件二。

3. 基于课程标准的教案格式

华东师范大学崔允漷教授提出"基于标准的"教案格式。这种格式的典型特征是目标的来源是课程标准，评价设计先于教学设计，以及指向学生学习的质量。[1]

表2-9 基于标准的教案

课题名称：

相关标准陈述：

标准陈述从年段基准中而来，和上课内容息息相关；

标准陈述是具体的，包含内容标准和表现标准。

教学目标——学生的学习结果：

教学目标要描述在这一堂课的教学中可以观察到的学生表现行为或结果；

教学目标要引导学生去证明标准陈述中的知识或技能。

检测这些表现或成果的评价活动方案：

评价的手段和工具要能检测出学生是否达到预期的学习结果。

教学活动方案：

教学活动的安排应该是能指引学生去证明自己的学习结果。

基于标准的教案案例：[2]

1 崔允漷. 课程实施的新取向：基于课程标准的教学. 教育研究，2009（1）

2 崔允漷. 有效教学. 上海：华东师范大学出版社，2009：132

表2-10

内容标准：理解牛顿定律，用牛顿运动定律解释生活中的有关问题	
本节课学生掌握目标后的表现： 1. 综合各种信息，运用运动学知识求出加速度； （对于本节课来说，学生能正确使用皮尺测量位移，用秒表测量时间，并能运用运动学公式求出加速度） 2. 根据牛顿第二定律，求出合力；或能利用力的分解知识，求解特定的力； （对于本节课来说，能画出受力分析图，求出合力和滑动摩擦力；能利用滑动摩擦力与动摩擦因素的关系求出动摩擦因素） 3. 理解公式、定律与具体情境下的联系； （对于本节课来说：能把相应的公式与现场资源结合起来，如用皮尺来测量位移等） 4. 分析各种信息，创造合理的实验方案； （对于本节课来说，方案设计简便，程序清晰合理） 5. 应用实验方案，正确的执行实验操作； （对于本节课来说，能正确使用实验器材，如读数、保持弹簧秤读数不变拉动木块等） 6. 能进行准确计算 （对于本节课来说，能有效地选择合适的公式进行计算，计算结果在误差范围内）	本质问题： 1. 应用牛顿定律解决问题的"桥梁"，是速度或合力，还是加速度？ 2. 如何求加速度？

表现性任务的设置：
请利用下列材料：木块、弹簧秤、秒表、木板（长约1米，宽约0.5米）、皮尺，在本节课内请先设计出一个实验方案，再测量出木块与木板之间的动摩擦因素

学习活动设计（节选）：
1. 要求学生完成本节课的表现性任务；
2. 要求学生利用自评表完成自我评价；
3. ……

　　该教案是在课程标准要求的基础上，设置了一个表现性任务，该任务的评价目标就是学生必须达到的学习目标。这个教案与传统教案的区别表现在以下几个方面：

　　第一，关于标准的陈述。突破了传统教案的目标的笼统性，清晰地指明了预期的学生表现或成果。

　　第二，检测这些表现或成果的评价活动方案。该教案事先设计了表现性任务，整节课就以此为主题展开，它不仅是学生的学习活动，也是评价任务，从而更好地监测学生的学习。

　　第三，关于学习活动的设计。是与表现性任务融为一体，充分地体现了以学生为中心的教学思想。

三、教案的评价标准

　　对于新手教师和专家型教师在严格程度上看也许会稍有不同，但标准本身不会改变。以下是四条基础的标准：[1]

1　[德]希尔伯特·迈尔. 备课指南. 夏利群，译. 上海：华东师范大学出版社，2013：107

表2-11

（1）权威性	（2）和谐性	（3）开放性	（4）专业正确性
这个设计方案适合你本人吗？它是独立的、创造性的设计，还是抄袭了现有的方案？	分析出来的教与学的条件和教学方法决策相互协调吗？还是设计方案有缺陷？	学生在你的设计方案里是主动的合作者还是对手？考虑过其他可选方案吗？	设计方案里的专业学科方面、学习心理方面、一般教学法和专业教学法方面的假设都正确吗？

（1）权威性：即强调教案真实、可靠。即教案要符合你的个人性格，而且有利于你充分发挥现有的教学能力。强调教案的原创性，能够根据教学内容本身的特点、学生的实际情况来设计教案。有研究表明，在职前教师阶段，这个标准可能会导致教师面临一些压力，因为教师要在尽可能短的时间内学习大量的东西，而且要不断地接受评价。

（2）和谐性：强调教案的各个部分和要素之间的协调一致。

◆ 那些从条件分析里得出的结论可靠吗？

◆ 那些目标决策、内容决策和方法决策相互协调吗？

◆ 计划的教学过程里包含的方法过程可靠吗？

◆ 检验学习成果时会检查本课重点吗？

（3）开放性：如果学生有机会在课上运用他们的兴趣、经验和能力，课即是"开放的"。强调教学的预设性，能够对课堂上学生的各种反应做灵活的应对。

（4）专业正确性：强调教案不应该有任何专业上的错误。

本章小结

本章通过介绍教师备课的必要性、备课的层次与类型、备课的基本要素及程序等问题，教师能够意识到备课在教学过程中的重要性，掌握基本的备课程序与方法。通过"三维目标的细化与整合""用教材教还是教教材""备课的预设与生成""教案的撰写与评价标准"等问题，教师能够深入处理备课中的目标定位、教材使用、教案设计与撰写等问题，学会备课。

总结 >

Aa 关键术语

备课	年度计划	学期计划	单元计划
lesson preparation	annual program	semester plan	unit work plan

条件分析 condition analysis	学情分析 analysis of students	教材分析 textbook analysis	教学目标 teaching aims； instructional objectives
教学策略 teaching strategy /instructional strategy		教学过程 teaching procedures	教学评价 teaching evaluation
三维目标 Three-dimensional objects		教学设计 teaching designs	课程标准 curriculum standards

🔗 **章节链接**

　　备课是教师为上课做好准备，是上好课的前提，是对课的整体设计和安排，因此会涉及到如何导入、学生用怎样的方式进行学习、讲授什么内容、如何提问、板书如何设计、作业如何设计、反馈与评价等诸多的问题，因此本章的内容对后续的导入、学习方式、讲授、提问、学习策略、板书、课堂管理、反馈与评价等内容都有一定的相关性。

应用 >

⚡ **批判性思考**

　　1. 有人说，有经验的老教师对教材已经了如指掌，就没有必要备课了。你怎么看待这种观点？

　　2. 在教材的使用上，有人说"这些教材都是国家审定通过的，绝对权威，我只要原封不动地使用就可以了"；也有人认为，哪一个版本的教材都有不尽如人意的地方，可以根据情况适当调整；更有教师认为，在有些内容的教学上，可以不用任何一个版本的教材，完全由教师自己设计。你怎么看待这几种观点？试举例说明。

　　3. 在三维目标的整合中，教师面临着很多问题，例如，如何把握情感、态度、价值观这一发展性目标与知识技能目标之间的权重？是否要求在每一节课中都体现三维目标？情感、态度、价值观维度的教学目标如何评价？你能否结合实际的案例谈谈在备课过程中如何更好地整合三维目标？

✎ 体验练习 ....

　　请结合自己的专业，自选基础教育领域的某一内容，进行教学设计并撰写教案。把撰写完成的教案在小组内进行陈述，要求阐明教学目标、教学内容、教学程序、教学方法与学习方法、教学评价等要素的设计，并进行互评、修订。

📋 教学一线纪事 ....

　　一般来讲，备课从形式上可以分为个人备课和集体备课，集体备课是目前我国中小学重要的一种备课模式。绝大多数学校已经将集体备课作为提升教学质量，实现教学目标，整合教学资源的手段，对此都有相关的制度要求。下面呈现的是吉林省某小学的集体备课记录单。

F小学集体备课记录单

时间		地点	
学科		年级	
主发言人		发言主题	
参加人员			
讨论内容			

拓展 ＞

☕ 补充读物 ....

1　方贤忠，编著. 教师专业发展的4项基本技能：备课、说课、观课、评课. 上海：华东师范大学出版社，2013

　　新课程背景下的教师专业发展，最有实践价值的成长阶梯是教学实践活动。《教师专业发展的4项基本技能(备课说课观课评课)》以现代教师专业发展的理念为指导，从理论架构、呈现特征、内容构成与操作要点等几个方面，用贴近教师专业的语言，对备课、说课、观课、评课作系统分析与阐述，并配以大量的实践案例作为实证，以期这4项基本技能能有力促进教师读者在阅读、读懂、会用中，成长自我、发展自我。

2　余文森. 有效备课·上课·听课·评课. 福州：福建教育出版社，2010

　　教学的有效性是所有教育教学改革的共同追求，提高课堂教学质量是当前教学理论和教学实践关注的热点问题。本书作为《有效教学的丛书》中的一本，从教学工作和教学流程角度来谈有效教学。

3　（美）斯考隆（Skowron, J），著. 陈超，郄海霞，译. 教师备课指南——有效教学设计. 北京：中国轻工业出版社，2009

　　本书作者詹尼斯·斯考隆博士是一位享有很高声誉的教育咨询专家，本书是她多年理论研究和实践工作的总结。她根据不同的哲学理论和教育基本原理，结合丰富的教学咨询和教学实践经验，总结了四种教学模式：基本教学、综合教学、差异教学、基于问题的学习和教学，详细探讨了每一种教学模式的基本特征、实施方式和评价手段，为广大教师开展教学提供了有效的指导。

4　赵才欣，韩艳梅，等编著. 如何备课. 上海：华东师范大学出版社，2009

　　备课是教师最基本的教研工作，备课能力是一个教师最基本的业务能力，这是不言而喻的道理。但是，在知识转型和教育改革背景下，新课程全面推出后的今天，教师的这个能力遭遇到了时代的挑战，如何备课变成了一个新的研究命题。本书结合新课程改革的背景，对备课的研究领域、工作流程、备课策略、教案、备课质量评价等问题进行系统的分析与训练，并且对中小学的各门学科从备课要求、单元分析示例、教学设计借鉴等三个部分进行案例分析。

在线学习资源

1. 中小学教育资源站　www.edudown.net

2. 教育部全国中小学教师继续教育网　www.teacher.com.cn

3. 人民教育出版社　www.pep.com.cn

4. 新世纪课程网　www.xsj21.com

第三章

引人入境的导入

本章概述

　　导入是一节课的起始环节，是课堂教学必不可少的组成部分，更是课堂教学给人的第一印象。对于课堂教学而言，导入是序幕，是桥梁，也是路标。进入新主题的教学之时，给予学生适宜的引导，学生方能清楚地了解教学的目标和走向，找寻到新旧知识间的联系并主动进行意义的建构。有鉴于此，在本章中，我们将从课堂导入的重要性着手，基于导入模式的发展，结合建构主义理论、有意义学习理论及脑与学习的相关理论，着重探讨新视野下课堂教学导入的组织要点与实施策略，以期对导入形成一个较为全面的认识。

结构图

ⓐ 导入是课堂教学的有机组成部分　　ⓑ 导入是有效课堂教学的开端　　ⓒ 导入是促进学生意义建构的桥梁　　ⓓ 导入，不仅仅是一种技能

新视野下课堂导入的功能与价值

课堂导入的内涵与发展

ⓐ 何谓"课堂导入"?　　ⓑ 课堂导入的模式演变

ⓒ 课堂导入的基本理论依据

课堂导入的实施策略

ⓐ 教师主导型的导入策略

ⓑ 师生共同行动的导入策略

ⓒ 学生积极行动的导入策略

1
2
5
引人入境的导入
3
4

课堂导入的现状

ⓐ 课堂导入的现状　　ⓑ 传统课堂导入中存在的问题

新视野下课堂导入的基本思路与实施要点

ⓐ 课堂导入的基本思路　　ⓑ 课堂导入的组织和实施要点

学习目标

1. 导入的功能与价值;
2. 导入的基本理论依据;
3. 导入的组织与实施要点;
4. 导入的实施策略。

读前反思

1. 导入在课堂教学中扮演着怎样的角色? 如果没有导入环节, 课堂教学会是什么样?
2. 你认为怎样的导入有助于推动课堂教学的发展?

第一节
走近课堂导入：新视野下课堂导入的功能与价值

🎯 **学习目标**

认识导入在课堂教学
中的重要性；明确课
堂导入所发挥的作用
和价值。

一、导入是课堂教学的有机组成部分

德国教育家第斯多惠指出：教学艺术的本质不在于传授，而在于激励、唤醒、鼓舞。课堂教学是一个由多个具体环节组成的完整过程，而导入正是这些环节中的第一步。上课伊始，学生的注意力尚未集中，对新知识的接受还未做好充足的心理准备，这时，良好的导入便为解决这一问题提供了充分条件。有效的导入就是要创设教学情境，唤起学生的学习兴趣，使学生在需要、动机和目标的推动下，主动运用已有知识，有针对性地探索问题的解决策略，真正进入新知识的学习情境中。

积极的思维活动是课堂教学成功的关键。成功的导入能引发学生生理、心理上的愉悦反应，启发人的思想，活跃人的思维，诱发学生对知识的渴求，起到先声夺人、引人入胜的效果；失败的导入则易使人无精打采、昏昏欲睡。由此可见，导入环节往往奠定了整节课的基调，影响着后续教学环节的开展，其成败直接影响着整堂课的教学效果。然而，导入又是一个相对独立的环节，有其特有的目的和价值。在这一环节中，教师的主要意图在于在课刚开始的时候就紧紧"抓住"学生，使学生了解本节课的教学目标和主要内容，带着主动参与学习的热情，以高度注意的状态进入新知识的学习，从而产生积极正向的连锁反应，使后续的各个教学环节能够顺利开展。

二、导入是有效课堂教学的开端

20世纪上半叶，西方的教学科学化运动引起了各国教育界学者对教学的进一步关注，人们意识到教学也是科学，可以用科学的方法对其进行研究。学者们由此开始运用观察、实验等方法来研究教学问题，并在此背景下提出了有效教学。课堂教学的有效性不仅体现在学生经过课堂学习后获得具体的进步或发展，也见诸课堂教学的方方面面，体现在课堂教学的整个过程。

当前，有效课堂教学主要指涉三个方面：一、教师通过引发学生的学习兴趣和学习动机，在学生"想学""愿学""乐学"的基础上展开教学；二、教师不仅自己要明确教学目标，也要让学生清楚课堂教学的目标取向，让学生知道要"学什么"，清楚要"学到什么程度"；三、教师在课堂教学中要采用学生易于理解和接受的教学方式。有效教学中对学生的主体

性、学生学习的动机以及教学的目标等方面的重视和强调，是贯穿于课堂始终的。

导入是引领学生逐渐走入新主题和新知识学习的重要环节，该环节有效与否，直接影响着后续的教与学。高效的导入能为整个课堂营造一种生动活泼、积极向上的氛围，使学生身心愉快、积极主动地参与到课堂教学中，使教师能迅速把学生带进与教学任务和教学内容相应的情境，进而对学生的学习加以适当的引导。从组织好纪律、吸引学生注意力、激发学生的学习热情着手，良好的导入开启了有效教学的大门。

三、导入是促进学生意义建构的桥梁

以皮亚杰为代表的建构主义认为，学习是在一定的情境下，借助他人（包括教师和学习伙伴）的帮助而实现的意义建构的过程。在人与环境、人与人等相互作用的过程中，学习者不断修正原有的知识结构，将新信息、新经验融入到原有的知识结构中，从而形成更丰富导入、更深层的认知结构。由于事物的复杂性和问题的多面性，要全面了解事物的内在性质、把握事物之间的联系、形成对所学知识的全面而深刻的意义建构是很困难的。基于此，建构主义认为，学习总是与一定的社会文化背景相联系的。如果让学习者在实际情境下进行学习，就能让他们充分调动自己原有认知结构中的相关经验，与当前要学习的新知识相联系，从而赋予新知识以某种意义，将新旧知识较好地联系起来。这就指向了课堂教学中"情境"创设的重要性。建构主义认为，"情境""协作""会话"和"意义建构"是学习环境中的四大要素，其中，"情境"是首要因素，学习情境必须有利于学生对所学内容的意义建构。而"意义建构"则是整个学习过程的最终目标。通过学习，学习者最终能建立起关于事物的性质、规律及事物之间的内在联系。依据建构主义学习理论的教学模式，教师是意义建构的帮助者和促进者，教师要创设情境，引导学生进行协作学习和会话交流，即便是同一教学内容，也可以在不同时间、不同情境下，为不同的教学目的，用不同的方式对其加以呈现。换言之，要使学习者可以通过不同的方式进入同样教学内容的学习，从而获得对同一事物或同一问题的多方面认识与理解。而进入教学的过程，通常是通过导入来完成的。

导入环节拉开了课堂教学的序幕，也往往奠定了一节课的基调。在导入中，采用多样化的形式，例如通过旧知识引入新知识、或创设相应的情境、或向学生抛出问题等，有利于开启学生的思维，引发他们思考，让他们在旧知识的基础上进一步联系、升华，从而更好地接受新知识，自然地实现新旧知识的连接和过渡，实现对知识的意义建构。

四、导入，不仅仅是一种技能

教师是课堂教学的组织者和引导者，他们对教学过程的整体把握及对具体环节的设计，直接影响到课堂教学的实施。对于教师来说，每一个教学环节都需要仔细斟酌、反复推敲，导入环节也不例外。教师需要对导入的原则、结构和方法等有着清晰的认识，并能将其熟练地运用于教学实践中，这是教师进行课堂教学所必须掌握的技能之一。然而，课堂教学是一项教师与学生之间的双向运动，教师引导着教学的进行，但无法决定教学过程的运行轨迹。课堂上，学生的情绪、态度、语言、行为等都将对教师产生影响，教师也会随之产生情绪、感受等方面的变化，进而对课堂教学的过程乃至效果产生影响。

因此，单纯将导入视为教师的一种教学技能并不可取。导入环节不是教师在教学过程中的独角戏，而是一个师生互动的过程。如果没有引起学生的共鸣和积极回应，教师的导入技能再高超也难以发挥其应有的作用。从这一角度而言，导入绝不仅仅是一种技能，更是一种理念。作为课堂教学的首要环节，导入的作用并不仅仅在于拉开一堂课的序幕，更重要的在于将学生带入适合于学习的情境中，搭建起学生意义建构的桥梁，激发学生深入学习的欲望。一个小小的开头，蕴含着教师对知识的理解和把握，熔铸了教师的智慧。这不仅能体现教师的能力，更能反映教师的整体素养，是教师教学理念的外显。导入不是程式化的步骤，虽然只有短短几分钟，却需要教师充分发挥自己的智慧，这首先需要教师把导入内化成教学的一种理念，是自然的而不是刻意的。

第二节
认识课堂导入：课堂导入的内涵与发展

🎯 学习目标

理解"课堂导入"的含义；了解课堂导入模式的发展；熟悉课堂导入发展的理论依据。

一、何谓"课堂导入"？

课堂教学是一个环环相扣的过程。导入是教师在课堂的开始阶段，围绕教学目标和教学任务，运用简洁而行之有效的方式引起学生注意，激发学生对所要学习内容的兴趣和学习动机，引导学生进入特定的学习状态，逐步建立新旧知识间联系的教学行为方式。在导入环节中，教师需要让学生明确教学目标，产生学习期待和参与需要，做好接受新知识的认知准备和心理准备。这要求教师能迅速营造一种融洽的教学基调和课堂氛围，把学生带进与教学目标和教学内容相应的情境中。

"万事贵乎始"，课堂教学亦是如此。一堂课若从一开始就没上好，未能明确教学的方向，未能紧扣本节课的教学内容，未能充分调动学生学习的积极性，学生就会听得索然无味，难以进入特定的教学情境，更难以全身心投入到后续的学习中。成功的课堂导入建立在学生前知识经验的基础上，在简短的时间内，通过多样的形式迅速而巧妙地引入所要学的内容，启发学生思考，使其充分发挥主观能动性。概言之，导入是一个承前启后的过程，集针对性、承接性、启发性、简洁性、趣味性、多样性于一体，能迅速集中学生的注意力，激发学生的求知欲，搭建起师生情感交流与互动的桥梁。

二、课堂导入的模式演变

诸多教学理论为课堂导入提供了基本的理论支撑，如杜威的教育哲学、皮亚杰的认知主义学习理论、建构主义理论、奥苏贝尔的有意义学习理论、脑与认知科学等。这些理论在对课堂教学进行阐述的时候，或多或少为教学具体环节及过程提供了依据。

20世纪70年代，澳大利亚学者C. Turney认为，在新教学内容的开始阶段，吸引学生的注意力是非常重要的，由集中注意力进而产生的求知欲是学习动机中最活跃、最现实的成分。C. Turney带领的研究小组在微格教学模式的研究中指出，课堂导入是一个从引起注意，到激发动机，到构建教学目标、明确学习任务，最后建立联系的过程。与此提法颇为相似的是德国学者Hillbert Meyer在其80年代的著作《*Unterrichtsmethoden*》（《课堂教学教法》）中所指出的课堂导入的结构：引起注意—激发动机—组织指引—建立联系—引发探究。[1] 这些研究者们大都认为，导入要使学生进入良好的心理准备状态，构建学习目标，使学生能全神贯注地有意义地开展学习。另外，导入要建立新旧知识之间的联系，才能顺利地导入新课。

20世纪80年代，英国学者Roger Gower和Steve Walters对英语课堂教学技巧进行了研究。他们认为可以采用许多种方法开始课堂，例如师生自由交谈、将课堂教学与社会生活联系起来等。他们指出，教师应选取现实生活中学生熟悉且能引起他们兴趣的话题进行导入设计，利用报纸、杂志等各种媒介激起学生的兴奋点，让他们注意到所要学习的内容，自然而然地过渡到新知识的学习中。[2] 以这些社会化的课堂活动来开展导入，既能让学生在轻松活泼的氛围中建立起友好关系，又能自然地学到该堂课的新知识。

教学的整体结构应该包括问题的解决，并保证能发展出更高水平的理解力（Robert M. Gagne，1985）。加涅详细说明了九个相关的"教学事项"，包括：吸引注意力；告诉学习者学习的结果是什么；激发学习者回忆先前的学习经历；呈现教材；提供学习指导；引发行为；提供反馈；评估行为；提高保持力和迁移。[3] 他认为，这些教学事项会根据特定的内容和预期的结果发生改变。这九个事项中的前四个，都是教师进行导入时需要关注的点。

1　希尔伯特·迈尔. 课堂教学教法（实践篇）. 上海：华东师范大学出版社，2011

2　Roger Gower，Steve Walters. *Teaching Practice Handbook*. London：Heinemann Educational Books Ltd. 1983

3　George W. Gagnon, Jr. & Michelle Collay. 建构主义学习设计. 北京：中国轻工业出版社，2008

威利斯将任务型的课堂划分为三部分：任务前、任务中和任务后。在整个任务型教学框架中，任务前是教学过程中耗时最短的阶段，其目的就在于为接下去的任务做好铺垫。导入即属于这一阶段，其主要作用是完成任务实施前的准备工作。威利斯指出，在任务前阶段，教师的教学可以按照以下三个步骤进行：（1）教师向学生明确介绍学习主题以及学习任务；（2）教师激活与主题相关的单词词组；（3）教师明确给予指示。在任务前阶段，教师需要向学生明确以下三方面内容：学生需要在课堂中完成的任务、他们完成任务所需的时间以及完成任务后他们所获得的收获。

亚洲也有学者对课堂教学进行了调查研究。Nirmala Rao, Emma Pearson, Kai-ming Cheng, Margaret Taplin（2013）[1]通过对印度和中国的小学课堂教学的调查发现，印度的课堂通常以简要复习已学知识、检查学生对新主题的已有认识，或通过1~2个例子介绍新主题开始。中国的课堂上，教师也会采用类似的方式开始教学。此外，我国的许多教师通常会借助幻灯片等多媒体呈现材料，将学生的注意力吸引到屏幕上来，或是借助多种教学资源（例如教师自制的教具）吸引学生，或是直接向学生解释新概念，通过这些方式将新主题介绍给学生。

伴随着课程改革的浪潮，近年来，国内的教育学者对课堂导入也给予了越来越多的关注，对导入的研究在一定程度上呈现了多元化的趋势。国内的研究从主要集中于探讨"导入的作用""导入的原则""导入的重要性""导入的方法"等逐渐转向于研究导入的思想内涵及导入在实践中的运用，同时结合学科教学，探讨不同学科的课堂导入的策略与具体方法。相关研究成果中，有许多是一线教师结合自己的教学经验总结概括而成的，尚未形成相对系统的整体。

三、课堂导入的基本理论依据

1. 建构主义学习理论

课堂教学是一个师生双向互动的过程。学生具有自身的主观能动性，对于教师在课堂上传递的信息，他们存在一个选择性接受的过程，而非一味地被动接受。同时，学习者通过与周围环境的相互作用，逐步建构起关于外部世界的知识，在不断接收信息、吸收信息的过程中，他们的认知结构得到丰富和发展。

以让·皮亚杰（Jean Piaget）和利维·维果茨基（Lev Vygotsgy）为代表的建构主义认为，"同化"和"顺应"是个体吸收外界知识的两种基本方式，也是个体获取知识时的两个必经

1 Nirmala Rao, Emma Pearson, Kai-ming Cheng, Margaret Taplin. *Teaching in Primary Schools in China and India*. London：Routledge，2013：53-69

过程。同化，即个体遇到与自身原有经验相吻合的信息时，直接吸收进来整合到自己已有的认知结构中。顺应则发生在外部环境发生变化时，当新环境的信息与个体原有的认知结构存在一定差别，个体无法将新信息同化，其原有的认知结构便会被打破，发生重组或改造。

在课堂教学中，新旧知识的呈现对于学生而言都会产生信息的刺激。当学生接触到知识信息的刺激时，会依据个体已有的知识经验对其进行筛选，从而产生同化或顺应。课堂导入环节通常是新旧知识的交结点，教师可以根据建构主义的"同化"与"顺应"原理，兼顾新旧知识，使学生在接收信息的过程中能自发或自觉地与已有知识相关联，进而建构起两者之间的联系。

基于建构主义学习理论，美国学者乔治·加侬（Gagnon, G.W.）和米歇尔·柯蕾（Collay, M.）提出了建构主义学习设计（Constructivist Learning Design, CLB），主要对标准化教学中的一些关键问题进行探讨。CLB以建构主义学习理论的假说和程序为基础，是一种在现实世界中自然而然地发生的关于如何进行学习与教学的思维方法。[1]研究者认为，课堂教学由许多环节组成，教学的成功与否取决于这些组成部分是否能顺畅、恰当地连接起来。而在传统课堂教学中，各个环节似乎被人为地分了段。从这一角度而言，导入常被看作是课堂教学的一个独立的环节。但我们要明白，导入不是完全脱离于其他教学环节、自成一体的一个阶段，而是课堂教学整体的一个部分，其目的和作用都是服务于整节课的。

CLB由六个基本部分组成：情境、小组、桥梁、任务、展示和反思。实际的课堂学习活动就是围绕这六个部分的反复循环展开的。其中情境是通过描绘"学习情节"的目标、任务与形式，预先设定学生参与的议程，创立一种积极的、有干扰力的气氛是构成CLB的整体要素所绝对必需的。在课堂上，为推动学生展开深入的学习，学生和教师之间必须建立一种社会支持和相互帮助的文化，在班级中营造一种信任、安全和分享的氛围。[2]而一节课的开始环节所营造的氛围，往往是整节课氛围的基础。

2. 有意义学习理论

美国教育心理学家奥苏贝尔（David Ausubel）根据学习内容把学习分为机械学习和有意义的学习。他指出，学生的已有知识对学习新知识具有积极的作用，个体能在新旧知识间搭建起沟通的桥梁。有意义学习强调新旧知识之间的联系，两者间的联系既受学习者原有知识背景的影响，也受所要学习材料的本身性质的制约。

基于上述这一观点，奥苏贝尔提出了"先行组织者"的概念。先行组织者是指在学习任务之前呈献给学习者的引导性材料。为学生提供先行组织者的目的在于利用之前学习过的旧知识，帮助学习者解释、联系、整合当前学习任务中的材料。这种引导性的材料既可以是讲

---

1 George W. Gagnon, Jr. & Michelle Collay. 建构主义学习设计. 北京：中国轻工业出版社，2008
2 同上

解性的，也可以是比较性的。

　　先行组织者可以分为三类：上位组织者，指所呈现的材料在包容性和概括性上均高于所要学习的新内容，那么，材料即为上位观念。若材料在包容性和概括程度上均低于当前所要学的新内容，组织者便类属于新的学习内容，为下位组织者。并列组织者，即材料与新学习内容之间具有某些相关的甚至是相同的属性，两者不存在类属关系，而是并列的关系。在课堂教学中，教师可以将先行组织者这一概念充分运用于导入环节中，根据新旧知识间的类属或并列关系，采取相应的教学策略。

3. 脑与学习理论

　　在过去的几十多年里，诸多心理学和教育学的研究者致力于对脑及其功能的研究，脑与认知科学的新进展引起越来越多教育者的关注。研究者们试图探求脑科学与教学之间的联系，以便在脑与认知神经科学研究的基础上，为教育实践提供指导。

　　基于脑的课堂教学要求我们对脑与学习有一个基本的认识和了解。脑科学研究表明，脑的机能与学习存在密切的关系。从生理方面来看，大脑功能的发挥有高峰时期和低谷时期，大脑的峰谷交替运行机制能为教师组织教育教学提供重要的依据。在一节课的不同时间段，学习者大脑注意力的集中程度各不相同。[1] 学生进入课堂学习的第一高效期为上课开始的十几分钟，这一时期也正是进行课堂导入的绝佳时机。教师需要抓住大脑的运行节律，把握这一高效期，通过有效的方式引起学生的注意，让学生知晓学习目标和学习预期。Friedman（1983）指出，注意环节包括集中注意力于说话者以及话语中传递的信息。这时需要"听"，就要开启"停止"模式。也就是说，学生需要停止讲话、停止坐立不安、阻止思想神游，同时专注于讲话者所讲的内容。[2] 简言之，就是要清除学生周围会对他们造成干扰的一切事物，这对教师开展课堂导入无疑具有一定的借鉴意义。

　　学习是一种带有情感的认知活动，课堂教学的对象是具有丰富情绪情感的人。不同情绪状态对个体学习的效率影响是不同的，积极情绪能通过促进某种化学激素的分泌来促进学习，消极情绪也会通过同样的作用过程阻碍学习。当学习者对某种情境产生情绪性反应时，其大脑的边缘系统就会起主要作用，影响到个体注意力的投入程度，进而强烈地影响到意识加工。[3] 因此，与学习的材料和内容建立情绪联系是建构学习意义的首要途径，通过形式多样的导入充分调动学习者的积极情绪，能使学习更容易发生。大脑中已有的学习经验是学习者接受新刺激并产生学习的基础，也是意义产生的来源。研究者还指出，脑是意义建构者，脑的学习是一个寻找与创建意义的过程。脑会对有意义和无意义的信息和情景做出不同的反

1　李金钊. 基于脑的课堂教学. 上海：华东师范大学出版社，2013
2　Kenneth D. Moore. *Classroom Teaching Skills*. Baskerville：The Clarinda Company，1992：157
3　Patricia Wolfe. 脑的功能——将研究结果应用于课堂实践. 北京：中国轻工业出版社，2005

应，对于呈现的信息，脑会自动进行辨别，登记熟悉的信息，同时探寻新奇的刺激。[1]这里所说的意义，并不是学习内容本身所固有的，而是学生将新的学习与过去的学习和经验联系在一起的结果。[2]只有大脑感受到学习材料对学习者的意义，能满足学习者的某种需求，学习材料才能被纳入学习者已有的知识结构中。因此，教师在进行课堂导入时，要给学生提供"意义建构"的机会，不仅要导向学生将要学习的内容，更要重视学生的学习准备，以学生的"先学"为基点，在新旧知识间建立起有机的联系。

第三节
反省课堂导入：课堂导入的现状

🎯 学习目标

明确课堂导入的目的；熟悉国内外常见的课堂导入形式；了解当前课堂导入的特点。

一、课堂导入的现状

1. 导入的目的

学校的日常教学过程模式大同小异，有学者将其归结为教学法基本三部曲："引入""处理"和"确定成果"（希尔伯特·迈尔，1987）。[3]导入作为教学过程的第一步，可以引导学生进入新主题或新的学习任务。纵览课堂教学的发展历程，在实际教学中，绝大多数教师都会注意到导入环节的设计和组织。教师们在设计与组织课堂导入的时候，出发点通常在于集中学生注意力、检查学生的知识掌握情况、引发学生质疑、激发学生好奇心、调动学生对新主题的兴趣、实现新旧知识的过渡等。实践证明，课堂导入在收心、激趣、启思、再现、联结、指向[4]等方面具有巨大的价值，这也获得了教育工作者的一致认可。

此外，导入的结构亦从另一方面体现了教师开展导入的目的。导入的结构一般包括五个部分（彭小明，郑东辉，2012；周晓庆，王树斌，贺宝勋，2013）：一、集中注意。教师要充分调动一切可行因素，吸引学生集中注意力于教学活动，继而层层推进。二、激发动机。三、组织指引。教师要积极引导学生的思维走向，给学生指明学习的方向，使学生明确学习任务，带着学习目的进行学习。四、建立联系。知识具有系统性、连贯性与普遍联系性，要

1 李金钊. 基于脑的课堂教学. 上海：华东师范大学出版社，2013
2 David A. Sousa. 脑与学习. 北京：中国轻工业出版社，2005：54
3 希尔伯特·迈尔. 备课指南. 上海：华东师范大学出版社，2011：30
4 李同胜，王统永. 课堂教学技能训练教程. 山东：山东人民出版社，2012

通过导入建立新旧知识间的联系。五、引发探究。这是课堂导入的最终目的所在，通过教师的指引，学生能充分发挥能动性，积极探索未知，主动参与到课堂教学活动中。

2. 常见的课堂导入方式

（1）国外课堂教学导入的形式

依据不同导向的课堂教学模式，教师所采用的导入方法也各不相同。对此，研究者亦有诸多不同的倾向。

学习目标主导型教学法的代表人物认为：教师告诉学生学习目标，学生就可以了解学习的大致方向。因此，他们所倡导的导入，倾向于在开始教学时便直接告诉学生本节课的教学目标是什么。加涅（1985）提出的课堂教学模式也倡导在课堂开始，要通过告知学习者目标来引起学生的注意。格雷尔（1979）建议教师尤其是新手教师尽量多运用"告知性的课堂引入"，即在开课时用简洁的语言说明学生要做的事，或者直接把课堂教学计划流程写到黑板上（如图1）。[1] 此外，与经验相结合的课堂教学代表者认为，课堂一开始就应该探讨学生的主观经验，否则将无法达成这个理念的上级目标。[2]

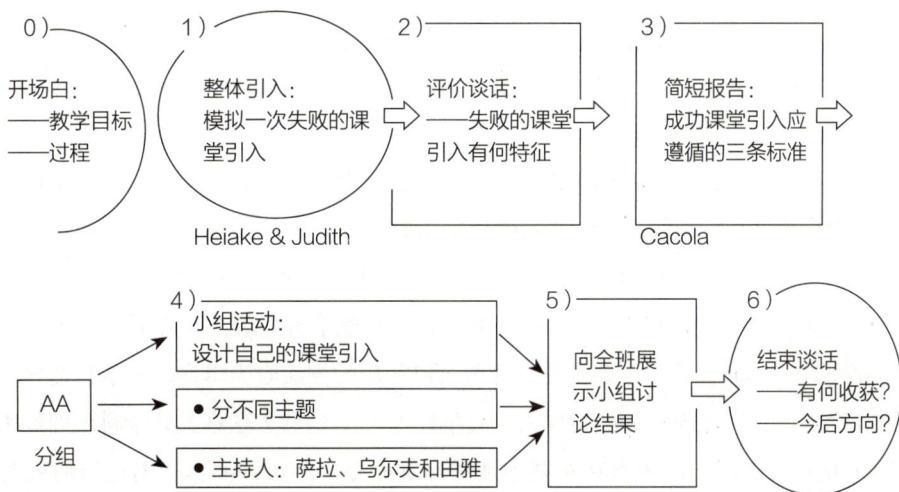

图3-1 （图来源于：希尔伯特·迈尔. 备课指南. 上海：华东师范大学出版社，2011：33）

课堂导入的实际运用情况往往与教师的经验密切相关。资深教师惯用的课堂导入方式显然可以追溯到他的专业理解、专业技能以及他对课堂和学生的理解程度上（希尔伯特·迈尔，1987）。因此，在实际的课堂教学中，导入就显得更加多元化，同时显现着教师的个人风格。有的教师会放弃烦琐的动机提示，直接切入正题，迫使学生集中注意力；有的教师可

---

1 希尔伯特·迈尔. 备课指南. 上海：华东师范大学出版社，2011：38
2 希尔伯特·迈尔. 课堂教学教法（实践篇）. 上海：华东师范大学出版社，2011

能不紧不慢地走进教室，询问学生情况，东拉西扯，等气氛到位才正式开始讲课；有的教师喜欢推论，利用概念阐述的方式导入课堂；有的则喜欢归纳，采用实例、事件、知识运用等导入；有的教师习惯借用引导对话引入新主题，让学生尽情猜测和杜撰，指导某位学生说出新主题，并把新主题作为小标题写到黑板上。[1]

方法小课堂

在黑板上写下上课流程有诸多好处，首先，这有助于教师时刻提醒并明确自己的教学进程，并以此为依据；其次，迟到的学生能够较快地了解到上课的进展，不至于从进课堂开始就迷糊地不知教师所云，跟不上教学进度；另外很重要的一点是，学生可以从教师那里看到教和学的过程是如何组织的，这能帮助他们一步步转向"自我调节的学习"。

——希尔伯特·迈尔. 备课指南. 上海：华东师范大学出版社，2011：38

（2）国内课堂教学导入的方式

国内关于课堂导入方式的介绍较为丰富。近年来，不仅有许多学者对导入的方法进行了探讨和归纳，同时也有许多中小学的一线教师结合自己丰富的教学经验，对导入实施进行了反思，总结出一些行之有效的方法。

有学者指出，课堂教学是一门艺术，作为其中的重要一环，导入也应具有艺术性，以更好地引人入胜（孙菊如，2006）。从艺术性角度而言，导入的具体方式有：开门见山式、温故知新式、巧设悬念式、直观演示式、激疑导入式、因势利导式，还可以利用游戏、故事等创设情境，或借用名言启迪思考。[2] 其中许多方式与其他学者的看法存在异曲同工之妙。如卫建国、张海珠（2008）认为，课堂导入环节可以采用的方法颇为丰富，包括直接导入、复习导入、悬念导入、直观导入、经验导入、故事导入等[3]。这些方法在具体学科中的运用也得到了一些研究者的认同，吕颜海在对高中地理课堂的导入方法和实施策略进行研究时便发现，通过复习设问导入、故事导入、悬念导入、视频导入等方法都能取得良好的效果[4]。李同胜，王统永（2012）则认为，除了前面所述的几种方法，还可以通过问题引领、组织活动、类比联想、制造冲突、游戏竞赛、联系生活、现场取材等方式和技巧展开导入[5]。

彭小明、郑东辉（2012）以导入中所使用的媒介为依据对导入方法进行了划分。[6]这其

---

1 希尔伯特·迈尔. 课堂教学教法（实践篇）. 上海：华东师范大学出版社，2011
2 孙菊如. 课堂教学艺术. 北京：北京大学出版社，2006
3 卫建国，张海珠. 课堂教学技能理论与实践. 北京：北京师范大学出版社，2008
4 吕颜海. 高中地理课堂导入教学方法与实施策略研究. 山东师范大学研究生论文，2010：22-27
5 李同胜，王统永. 课堂教学技能训练教程. 山东：山东人民出版社，2012
6 彭小明，郑东辉. 课堂教学技能训练. 北京：高等教育出版社，2012

中包括了文学手段导入法（戏剧、诗歌、散文、小说等）、艺术手段导入法（绘画、雕塑、建筑、音乐、舞蹈、戏剧、电影、曲艺等）、现代技术导入法（幻灯、电影、电视等）、活动游戏导入法（角色扮演）、实物模型导入法、复习旧知导入法（对话、习题）、设疑质疑导入法（创设问题情境）、开门见山导入法（讲述或设问，直截了当，如标题、理解、简介等）等。

从导入涉及的维度对其方法做一番归纳别具特色。李经天和王小兰（2012）指出，教学导入的方式可以概括为知识导入、情感导入、趣味导入和操作导入。[1] 其中，进行知识导入的具体方法有温故导入、摘录导入、检查预习导入、引用导入等；情感导入可以采用谈话导入、直观导入、情境导入的方式；趣味导入则要避免平铺直叙，创设吸引学生的情境，例如通过表演导入、游戏导入来使学生从无意注意自然且迅速地过渡到有意注意；操作导入则包括动手操作、设疑问难等具体方法。这种归纳方式为前面所阐述的更为具体的导入方法提供了一些上位概念，划分脉络显得更为清晰。

不同的研究者从不同角度出发对导入的具体方法所作的阐述各具特色。综合前面所述的国内外的各种导入方法，不难发现，这些方法大都是从教师的行为角度出发的，都在说明教师在课堂教学中采用了什么媒介、从何处切入展开导入。

二、传统课堂导入中存在的问题

当前，大多数课堂导入仍旧沿袭传统的导入模式。在教师进行课堂导入的过程中，不免显现了一些常见的问题。

1. 课堂导入未得到教师足够的重视

课堂教学由多个环节组成，作为开始环节的导入需要短时而又高效地进行。无论对教师还是学生来说，短短四十余分钟的课堂里，教学重难点的讲解、分析与学习往往占据着最主要的地位，需要较多的时间和精力，这就造成了教学主体内容学习以外的其他环节的比重被削减。这种情况在中小学课堂中极为普遍，且越是高年级，这种问题越为突出。纵使课堂教学强调导入作为的作用，却似乎停留于表面，将其作用简化为整顿课堂纪律、检查学生旧知识掌握情况、引入新主题的这几个方面，导入的承上启下功能的发挥，也通常被化成简单的过渡。

教师在课堂教学实践中对各环节的把握和支配存在着个体差异。就导入来说，有些教师为了节省时间，将原本就费时不多的导入环节以一两句话简略带过，甚至忽略这一环节，直接进入到后续的教学环节中。这种情况下，导入便成了一种机械任务。有些教师则依据自己的灵感和经验进行导入，花费了过多的时间，显得冗长繁杂，喧宾夺主，影响整节课的教学

1　李经天，王小兰. 教师教学技能训练教程. 武汉：华中科技大学出版社，2012

进程。这些行为不仅丧失了导入的价值，降低了课堂教学的效率，而且会对学生的学习造成不良的影响。尽管导入在整个教学过程中所占的课时比例不大，但其作用是不容忽视的。如果教师为了"导入"而导入，长此以往，便容易将导入等同于一种简单的技能或作为课堂教学的一个简单环节，同时会造成导入的理论与实践层面的断裂，使导入流于形式。

2. 课堂导入缺乏明确的目标

导入要引导学生进入课堂，这种"进入"不是刻板地按照教学计划拉着学生走，而是有明确的目标和方向的，否则，导入便会失却针对性。导入的针对性和方向性，源于教师对整节课内容的清晰认识和把握。教师自己要明确这节课的目的，才能引导学生学习的方向，让学生经过导入环节后能清楚地了解整节课的教学目标。

然而，在实际教学中，有些教师将导入简单地等同于新旧知识间的过渡，仅仅为了引出新的学习主题而进行，既未对旧知识作详尽的回顾，也没有明确而具体地指出该节课的教学目标。有些教师则为了追求形式上的新颖，生搬硬套，或只凭个人感觉出发，未考虑到学生的接受能力，导致导入的内容偏离课的主题，缺乏与教学内容的主体间的连贯性。这样的导入会让学生不知所措，不仅不能让学生集中注意力，反而会打乱学生的思维，让他们难以找到新旧知识间的联系，无法指向更深层次的意义建构。

3. 课堂导入的形式过于单一

如前所述，研究者们对课堂导入进行探讨的时候，提出了不少导入的具体方法。但落到实际的教学中，教师才是课堂教学的设计者和组织者，其个人知识和思维必然会影响教师对教学目标和内容的理解，影响教师设计的思路，进而影响教学的实施。不同的教师在具体策略及方法的选用上会由于个体差异而呈现出不同的特点。一些教师认为，导入不需要搞得那么"悬乎"，那么"花里胡哨"，[1] 受这种观念影响的教师采用的导入方法可能较为单一，缺乏新意，长期使用同样的导入策略，让学生产生"审美疲劳"。例如，许多教师在进行导入的时候都会使用这么一种语言模式："这节课我们来学习……"，这种导入形式无疑是直接的，在某些课堂上使用能起到开门见山的效果，但不适合反复使用。这一问题在一些较为年长的教师身上更为常见。

课堂教学是多变的，在导入这样一个看似简单的环节中，学生同样需要接受丰富的信息刺激，而不是日复一日、一成不变的简单过渡。依据不同的教学内容和教学目标，结合学生的特点和差异，教师采用的导入形式也应兼具多样性和差异性。"善始者，事成半"，教师要能舍弃"以不变应万变"的念头，在课堂的开始就花上足够的心思，寻找新旧知识间的点滴联系，变换不同的形式来引起学生的注意，调动学生的情绪，启发学生思考，课堂教学方能达到事半功倍的效果。

---

1 郭芬云. 课的导入与结束策略. 北京：北京师范大学出版社，2010：43

第四节
新视野下课堂导入的基本思路与实施要点

🎯 学习目标

领会新视野下课堂
导入的基本思路；
明确课堂导入的基
本原则；熟悉并掌
握课堂导入的组织
和实施要点

一、课堂导入的基本思路

　　基于个体教学理念、知识水平、教学技能等各方面的差异以及对所要教授内容的不同理解，不同教师在选择开始课堂的角度时往往会有不同的考虑：有的教师会从考察学生对已有知识的掌握程度着手；有的教师意在了解学生对新内容的预习情况；有的教师会直接呈现本节课的主题，意图让学生从上课一开始就明白该堂课的学习目标和教学计划；有的教师则会抛开这些，关注课堂氛围与学生的情绪状态。不论从何种角度入手，教师通常会把导入的目的和最终落脚点归结于引入新知识。

　　实际上，除了上述几个方面，课堂导入还具有更深层次的意义。作为课堂教学的有机组成部分，导入是与课堂教学全过程相契合的。因而，教师在进行导入设计及实施导入的时候，不能将其与整个教学过程割裂开来，单纯地为了导入而导入，应把导入置于教学整体中，为接下来的环节做好铺垫。据此，导入的切入点不应局限于引入该堂课所要介绍的新知识或新技能，而要在结合具体教学目标的基础上，着眼于教育的长远目标，落脚于学生的生活与实践，使导入与课堂教学的其他环节构成一个有机的整体，也与学生的生活成为一个有机整体。

1. 创设适宜的课堂教学情境

　　教学情境是教师在教学过程中运用各种手段和方式创设的一种适教和适学的情感氛围。[1]在我国的教育教学中，自古以来就注重教学氛围的适宜性，但在20世纪90年代以前，并未有专门的"教学情境"一说，也尚未形成对"教学情境"的系统性论述与研究。20世纪90年代中期以后，随着情境认知与学习理论的发展，人们对课堂教学情境的认识和研究有了更为系统、全面的发展。

　　在建构主义学习理论的四要素中，第一个要素即为"情境"。建构主义认为，情境是课堂教学的基本要素，一切教学行为都包容于情境之中（如图2）。这就要求教师为学生创建一个适合学习的情境，使学生的主动性和积极性在良好的教学情境中得以激发，使他们产生继续

1　顾明远. 教育大词典（第1卷）. 上海：上海教育出版社，1990：189

深入钻研某一主题或了解另一主题的动力[1]，这不失为提高课堂教学实效的有效途径之一。

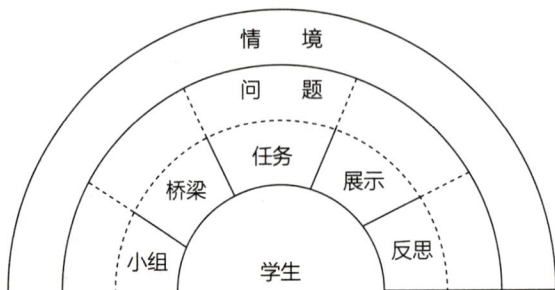

图3-2 （图来源于：李金钊. 基于脑的课堂教学. 上海：华东师范大学出版社，2013）

对于教师来说，教学情境的创设融于教学的全过程，从开始进行课堂教学，甚至在课堂教学开始之前，教师就需要为营造有利于促进学生对所学内容进行理解的情境做准备。导入是教学之始，也是创设良好情境的关键环节。教师从设计导入开始，就要带着创设情境的理念和意识，以学生已有认知与经验为依据，选择切合学生年龄特点、为学生所喜闻乐见，同时又能引起学生的认知冲突的内容用于导入，引导学生进入新知识的学习。

2. 明确课堂教学的目标指向

理想的课堂教学是由环环相扣的步骤构成的，每个步骤相对独立而又共同构成一个整体，这个整体是围绕学习主题和教学目标而存在的。教学目标是教师开展课堂教学时所要努力的方向。有学者认为，教师需要让学生了解新主题的范围、维度，以及新主题的学习方法和教学程序。在导入阶段，教师便可以引导学生熟悉已确立的教学目标。这在德国各个联邦州的多数学校法律条文中已得到明确的规定：教师有告知的义务；教师必须和学生共同探讨课堂内容、计划和安排"（参见萨克森州学校法律）[2]。

导入不应为了短期内提升学生的学习动力而在有趣但肤浅或无关痛痒的细节上纠缠不清。相反，具有示范性和针对性，能够直达主题核心的导入才是优质的导入。如果教师在上课开始时在黑板上写下学生这节课将要学的内容，可以引导学生直接进入新主题。这样，学生就可以与教师共同思考、共同规划随后的课堂教学进程，在监督教学设计实施情况的基础上，学生还可以针对问题提出修改建议。

3. 实现知识间的联结，指向深层次的思维建构

从学习发展的角度而言，学生所受的教育、所获得的信息与经验都会在其大脑中留下印记[3]，他们的原有知识、态度、兴趣和立场的总和构成了他们的原有认识。这些原有认识和经

1　George W. Gagnon, Jr. & Michelle Collay. 建构主义学习设计. 北京：中国轻工业出版社，2008
2　希尔伯特·迈尔. 课堂教学方法（实践篇）. 上海：华东师范大学出版社，2011
3　李金钊. 基于脑的课堂教学. 上海：华东师范大学出版社，2013：5

验具有重要的价值，它们调节着学生在课堂上的思维感觉和行为（Hauke,1987）。学生进行意义建构时，首先会提取自己已有的经验，而后才能在已有经验与新的信息刺激之间建立联系。个体的意义建构使他们得以用自己的方式理解事物，这是教师进行课堂教学前必须加以考虑的。因此，让信息有意义的有效途径之一，就是将新知识与旧知识、新概念与已知概念进行联系或比较，将不熟悉的信息与熟悉的信息联系起来，而这种联系的建立恰好可以在导入环节中开始落实。导入中，通过再现与新知识密切联系的旧知识，能够唤起学生对新主题的原有认识和原有经历[1]，避免新知识出现的突然性。

此外，教学知识与学生实际生活之间的联系也可以作为一个重要的切入点。例如语文、数学、英语等学科，在我们的实际生活中处处可觅其踪迹。联系生活中的实际问题来开启教学，一方面，可以提升学生的学习兴趣；另一方面，能够引导学生积极思考所学知识在生活中的运用，加深他们对知识的理解，更好地促进学生进行意义建构。

不论从新旧知识之间的联系入手，还是由实际生活开启教学，导入的指向都应是明确的。教师要通过适当的措施和方法，迅速引导学生进入预定的教学"轨道"。"轨道"在这里并不是指精确的与教师预先设计的毫无差池的教学过程，而是一种大的方向，指向本节课的教学目标，指向学生的思考，指向学生的意义建构。

4. 引起学生的情感共鸣

早在20世纪中期，苏霍姆林斯基便指出，如果教师不想方设法使学生产生情趣高昂和智力振奋的内心状态，就急于传授知识，那么这种知识只能使人产生冷漠的态度，而不动情感的脑力劳动会带来疲倦[2]。学习者的认知活动与心理活动有着不可分割的联系，学生的情绪情感会影响其学习的动机，进而影响学习活动的效果。积极的情绪情感能够激发学生学习的积极性，推动学生的认知发展。反之，在学习的过程中，如果教师所讲的内容没有使学生在情绪上受到感染，在情感上产生共鸣，学生就会缺少接受新知识的主动性，这节课的学习便会成为一种负担。

教师在上课伊始，选择与主题相切合的内容，运用恰如其分的教学方式，既有助于收拢学生上课前放飞的心，也有利于引起学生对新知识、新内容的热烈探求。与情境创设所不同的是，以引起学生情感共鸣为切入点，更强调的是对作为教学主体的学生的能动性的激发，意在促使学习者产生自发的学习动力，积极参与到课堂教学中。而情境要素强调的则是整体课堂氛围的营造，是大的教学环境的创设。当然，从学生情绪情感角度切入展开教学，并不意味着完全迎合学生的喜好，教师对导入内容及方式的选择应是经过理性判断的，既能与新主题相契合，又符合学生的认知特点，可以给学生带来丰富的情绪情感体验。

1　希尔伯特·迈尔. 课堂教学方法（实践篇）. 上海：华东师范大学出版社，2011
2　苏霍姆林斯基. 给教师的建议. 北京：教育科学出版社，1984

二、课堂导入的组织和实施要点

课堂导入要取得理想的效果，讲究"得法"。这种"法"，不仅指所选择的具体方法要具有恰当性和适宜性，亦指设计、组织和实施导入的全过程要合乎一定的原则。这样，导入才能营造出理想的课堂教学氛围，充分激发学生的学习动机，为师生进行新内容或新主题的学习奠定良好的基础。

1. 课堂导入的基本原则

提及课堂导入的原则，我们往往会想到"目的性""针对性""启发性""简洁性""趣味性""承接性"等字眼。的确，这些原则得到了诸多学者及研究者的认可。

课堂教学是一种目的性较强的活动，教师上每一堂课之前都要确定该堂课的教学目标。导入作为教学的其中一个环节，同样是为教学目标服务的。因此，导入需要紧扣教学目标，针对教学内容，只有兼容这两者的导入才是好的导入[1]。同时，导入还要针对学生的生理、心理发展水平、认知发展水平，并结合教师自身的性格、知识水平、教学理念与技能等特点进行设计与组织。目的性和针对性是设计与组织导入时需要关注的两个基本点，脱离了这两个原则，导入便容易流于形式，不但不能发挥奠定课堂教学基础的作用，更会影响到教学的效果。导入连接着新旧知识，是引导学生从已有认知进入新认知的过渡阶段，具有承接性。而教师组织导入，其主要目的之一就是启发学生发现新问题，产生解决问题的欲望，起到抛砖引玉的作用[2]。（李同胜，王统永，2012；郭芬云，2010；董善玉，2010；卫建国，张海珠，2008；孙菊如，2006）

在这些具有高度概括性的原则以外，彭小明、郑东辉（2012）从更为细致的角度阐述了导入环节中需要注意的问题。比如在导入时，要结合学生的年龄特点，注意加强学生非智力因素的培养；导入中要时刻注意通过所呈现的内容、使用的言语等引导学生思考问题；导入要避免单一化，形式丰富的导入有助于学生克服高焦虑。[3]此外，导入还应遵循艺术性、机智性、实效性创新性等原则（董善玉，2010；卫建国、张海珠，2008；孙菊如，2006）。

2. 课堂导入的组织与实施要点

新视野下的学校课堂，不仅需要与传统课堂相承，更需要融合新的教育理念，与时俱进。课堂教学的每个环节皆是如此。因此，教师在进行导入时，既需要参照前面所述的已得到普遍认同的原则，也要结合新的教学理念，以更好地进行导入的设计、组织与实施。

（1）踏准学生大脑的节律

脑与学习的相关研究表明，大脑有自己的运行节律。个体的大脑运行节律影响着个体的

1　郭芬云. 课的导入与结束策略. 北京：北京师范大学出版社，2010：22
2　卫建国，张海珠. 课堂教学技能理论与实践. 北京：北京师范大学出版社，2008
3　彭小明，郑东辉. 课堂教学技能训练. 北京：高等教育出版社，2012

注意程度，而学生的注意力是否集中，会进一步影响学生学习活动的进行。关于一节课中的大脑运行节律，研究者呈现了这样的研究结果：一节课中，大脑并非始终处于注意力高度集中的状态。在40分钟的课堂里，高效期占30分钟，低沉期占10分钟，开始和结束两个时间段是相对高效学习期（如图3）。[1] 由此可见，在一堂课中，对开始和结束这两个时间段要充分加以利用。而在教学伊始，选择适合于学习者的方式来给予学生刺激，是引导他们获取信息和经验、进行认知加工和意义创造的重要时机。

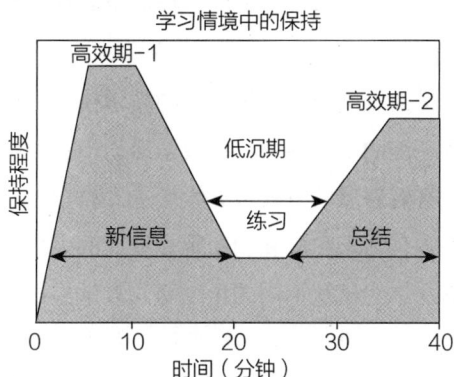

图3-3 （图来源于：李金钊. 基于脑的课堂教学. 上海：华东师范大学出版社，2013: 78）

由此可知，课堂里的高效期是有限且不连续的。而课堂的重心更多地在于主体内容的教学上，因此，其他环节的时间安排需要拨冗去繁，才能使课堂的每一分钟都得到充分的利用。导入只是课堂教学的一个前奏或序曲（董善玉，2010），教师要注意对导入时间的控制，在此环节用时不宜过长，在一节课开始大约20分钟左右的高效学习期里，利用3~5分钟的时间迅速导入，能让学生带着较为集中的注意力，进入到课堂教学主体部分的学习中。

（2）提供多通道的信息刺激

在短短几十分钟的课里，学生的注意力是不稳定的，从上课开始约20分钟内，是学生注意力集中的第一个高效学习期。在这期间如果能安排不同类型的学习活动，为学生提供丰富的刺激，有助于激活学生大脑的不同兴奋区域，持续激发他们的学习兴趣，并使其维持较高水平的注意，这对整节课的教学将产生巨大的影响。

此外，脑科学研究表明，人有不同的学习偏好，有些人偏爱视觉学习，有些人偏爱听觉学习，有些人在运动中的学习效果可能是最好的，这些学习偏好实际上对应着不同的信息输入渠道。[2]考虑到学生的这种差异，教师在课堂导入环节应兼顾不同学生的需要，综合利用视觉、听觉、触觉等为学生提供多通道的信息刺激，创设多感官学习环境，增强学生的体验和感受。

---

1 李金钊. 基于脑的课堂教学. 上海：华东师范大学出版社，2013：78
2 李金钊. 基于脑的课堂教学. 上海：华东师范大学出版社，2013：21

然而，将导入的内容通过多种通道传递给学生，并不意味着教师需要在一节课里把所有可用的方式或渠道一并用上。导入不是繁杂冗长的信息堆积或信息杂糅，而是要选择最切合学生特点的渠道作为导入内容呈现的载体，不同通道的综合运用应是自然的、整合的、流畅的。例如提出问题，紧接着呈现一段视频，启发学生带着问题去观看视频，这其中便兼顾了听觉、视觉通道，让学生在接受大量信息刺激的同时积极动脑筋思考；但如果为了给学生提供大量刺激，在短短的几分钟导入里又是PPT、又是视频、又是录音，或者再加上游戏，则会如一锅乱炖，学生接收到的信息显得繁杂琐碎，他们也就难以进行有效的意义建构。

（3）力求创新与突破

面对不同学科带来的大量信息刺激，中规中矩的教学模式或许能调动学生一时的学习兴趣，却难以让学生长期保持高涨的学习热情。在教学活动中，教师要把握学生喜欢新奇事物的特点，采用多种不同的、富有新意的方式引导学生进入教学。就导入环节来说，选择切中教学内涵和目标的内容是基本，力求突破和创新则是导入的生命力所在。因此，教师在设置与实施导入时要避免一成不变，尝试从不同的角度切入教学主题，让学生带着新鲜感走进课堂，进入不同主题的学习。

在导入中追求创新，并不意味着教师可以天马行空地把导入设计得"前无古人"，也并非要采用一切新奇的形式或手段。譬如教师在导入中通过示范游戏、示范表演、示范演唱、戏剧性表演、实验、制作拼贴画、邀请专家参与课堂等方式，就能把死板的客观事实变成生动的教学行为，创造一种开放的课堂情境，通过自身行为去引导学生积极主动地接触新主题。这种导入相较于传统导入而言就是一种突破，对学生的自我尝试能力的培养、创造力和想象力的启发、学习积极性的激发以及教学效果的提升，都具有积极的促进作用。

此外，课堂教学的最后通常会涉及对教学的评价。导入作为课堂教学的首要环节，由于其耗时较短，在评价中往往容易被一句带过，甚至被忽略。而实际上，若能对导入进行考量，作出具体且有效的评价，有助于教师了解自己的导入行为，能为教师调控教学过程设计、进一步修改和完善导入提供参照。进行导入评价时，我们需要以教学目标为依据，对导入的过程及其效果进行价值判断。此前我们所述的几点原则与实施要点，同样也是进行导入评价、保证评判客观性的主要依据。

第五节
课堂导入的实施策略

🎯 学习目标

了解课堂导入实施策略的多样性和灵活性；熟悉并掌握各种课堂导入策略；初步学会采用合适的策略设计课堂导入。

导入策略是教师在教学活动开始之时，引领学生进入课堂教学的过程中所使用的具体措施及方法。正所谓"教无定法"，由于知识内容的不同、课型的不同、现代教学技术的发展，以及师资水平、受教育对象等的不一致性，课堂教学并不存在固定的形式，一节课的开头也没有固定的方法。在实际的教学中，如何导入需要教师综合考虑以上各方面情况进行灵活调整。

人的要素是导入系统的基本要素之一。如何更好地结合学习者的发展程度和需要来开展导入是我们需要仔细考量的问题。基于建构主义学习理论以及脑与学习的理论研究，结合传统的课堂导入方法，在此，我们选取了一些较具代表性的案例，主要依据教师与学生在导入中的主动性程度的不同来对导入策略作一简要的分析和阐述。

一、教师主导型的导入策略

传统教材中的导入理念及建议大多是从教学主题和教师角度出发进行阐述的。受传统课堂教学理念的影响，导入通常是在教师的主导下展开的，有经验的教师总是十分重视一节课的开端和知识的转折与衔接，他们会采取一定的策略和方法精心设计导入。[1]但导入环节要想取得良好的效果，需要教师跳出惯有的思维模式，从不同角度对导入进行思考，采用灵活多样的方式开始一节课。

1. 开门见山，直指课堂教学目标

在诸多导入策略中，开门见山相较于其他策略而言是最为直接的一种导入。该方法指在开始教学时，教师直接阐明教学目标、学习方向、教学主题及教学过程计划，使学生迅速进入学习状态。西方学者称该策略为"告知性引入"或"开宗明义介绍课堂主题"（约亨·格雷尔，莫妮卡·格雷尔，1979）。因其具有直奔主题、简洁明快、针对性强的特点，是教师在课堂教学中较为中常用的导入策略之一。

希尔伯特·迈尔明确指出，教师有义务告诉学生预先设想的内容和计划好的课堂教学进程。这种观点和基于脑的课堂教学模式所倡导的理念颇为相似。基于脑科学的相关研究，

---

1 郭芬云. 课的导入与结束策略. 北京：北京师范大学出版社，2010

"友善用脑"[1]课题组提出了友善用脑的教学流程，其中明确呈现了上课一分钟，教师需要明白告知学生本节课的学习任务，以便学生明确学习目标。[2] 李金钊基于对脑的学习过程的认识，提出了"三段十步"教学安排，也同样指出教师在开始教学时就要告知学习目标，引起学生注意。在具体的操作中，教师可以采用口头语言表达的方式，通过叙述或设问提纲挈领地告诉学生本节课的教学重点和难点，呈现一些即将涉猎的主题、题目或例子，公布学习内容的概要；也可以采用书面语言，将教学过程计划在黑板上写出来，让学生清楚地看到"教学动向"，知道课堂教学的流程。

🔍 案例1

初中实验课《检测生物组织中的糖类、脂肪和蛋白质》上，教师用这样一段话开始了教学："通过前面的学习，大家知道生物组织中含有糖类、脂肪和蛋白质，要想从生物组织中提取这些物质，我们首先必须学会如何检测生物组织中的糖类、脂肪和蛋白质。今天，我们一起通过实验来学习这项技能。"

　　——郭芬云. 课的导入与结束策略. 北京：北京师范大学出版社，2010：47

🔍 案例2

迈尔在中学任教时养成了一种习惯，课前几分钟或者上课刚开始便在黑板上把计划好的流程写下来。譬如以"课堂导入的导入"为教学主题，他将在黑板上呈现如下的流程：

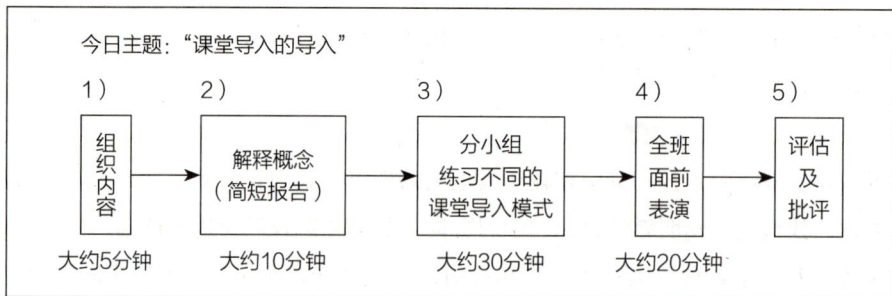

今日主题："课堂导入的导入"

1) 组织内容	2) 解释概念（简短报告）	3) 分小组练习不同的课堂导入模式	4) 全班面前表演	5) 评估及批评
大约5分钟	大约10分钟	大约30分钟	大约20分钟	

　　——希尔伯特·迈尔. 课堂教学方法（实践篇）. 上海：华东师范大学出版社，2011：97

1　"友善用脑"：最早由新西兰学者Christine Ward（1993）提出，在全世界很多国家得到了推广应用。该研究基于脑科学的研究成果，融合脑科学、心理学和教育学的知识。1997年美国教育研究工作者Lowell W. Biller 发表题为*Cultivating A Brain Friendly Classroom* 的文章，呼吁学校转变观念，建立友善用脑的课堂。

2　李金钊. 基于脑的课堂教学. 上海：华东师范大学出版社，2013：116

　　在这两个案例中，一位教师采用了口头表达的方式，直接向学生说明了本节课的学习内容；另一位教师则将教学流程清晰地呈现在黑板上，让学生对课的基本流程有着直观的认识，便于他们了解整节课的走向。

　　由于这种导入策略跳过了由旧知识到新知识的过渡，仅是一种简单的认知，因而在课堂开始并不能给学生深入思考的机会，这也正是该方法的局限所在。如果长期采用这种直接导入的方式，难以有效集中学生的注意力或调动学生积极参与。因此，教师使用告知性导入策略时需考虑教学内容及教学对象的特点。相较而言，这种方法更适合年龄较长的学生，对年幼学生而言可能容易成为一种例行仪式。

2. 创设情境，调动学生学习积极性

　　建构主义学习设计是从"情境"这一元素开始的，其原因在于选择一个强有力的情境是教师在为学生设计学习情节、帮助他们建构相关主题的意义时，做出的最重要的决定。[1] 在开始上课时为学生创设良好的教学氛围，能引起学生的情感体验，帮助学生迅速而正确地理解教学内容，促使教师和学生就新主题和新内容展开对话和交流，同时有助于激活学生的前知识经验，使他们产生认知冲突，激发他们的探究欲望。

　　情境是一种具体的场景，也是一种氛围，是专门为学生学习如何通过共同思考来创建意义而选定的。教师在创设情境之前，应明确设计该情境的目的是什么，学生在这样的情境中要完成什么。良好的情境会把学生的学习与现实生活经验联系起来，对于学生来说，与他们的日常生活相关的情境更富有意义，这样的情境是符合他们的理解水平的。

　　在明确所要创设的情境的目的后，教师紧接着要确定一个能够实现教学目标的主题，这个主题也将是学生在学习中需要完成的任务，是情境的具体化表现。教师可以将其具体化为一个需要解决的难题、一个等待回答的问题、一个有待做出的决定、一个需要确定的结论、一个有待鉴别的特征、一个需要制定的定义、一篇需要写作的论文、一个需要完成的生理挑战，或者是任何涉及学习的活动。[2]

　　创设情境的具体方法是多样的，在课堂教学开始呈现一个与学生原有认知相冲突的情景，向学生提出有待解决的问题，播放有助于理解教学内容的图像、视频或录音，向学生提供丰富的网络学习资源、实物材料[3]，讲述一个与新知识相关的故事等，只要与所要学习的内容有所联系、有助于学习者理解并掌握学习内容的氛围设计与创造，都属于情境创设的范畴。

　　（1）巧提问题，激发学生求知欲

　　以问题开启教学，是一种简单而又实用的策略。一个富有挑战性的问题通常能使学生顿生疑惑，产生进一步思考和学习的欲望，与此同时，学生的注意力也自然而然地被吸引到了

1　George W. Gagnon，Jr. & Michelle Collay. 建构主义学习设计. 北京：中国轻工业出版社，2008：28
2　George W. Gagnon，Jr. & Michelle Collay. 建构主义学习设计. 北京：中国轻工业出版社，2008：29
3　陈德军. 新课程理念下情境创设在中学物理课堂教学中的应用于研究. 上海：华东师范大学出版社，2008

教学内容上。

🔍 **案例3**

小学三年级，科学的第一节课上，教师问学生，"同学们，你们知道这些问题的答案吗？植物和动物有什么不同？为什么孩子长得像爸爸妈妈？为什么指南针会指向南北？"紧接着，老师说道："自然界这些纷纭众多的科学现象看起来十分平常，但仔细想想又充满了奥妙。这些问题的答案就在我们将要学习的科学课中。"

——郭芬云. 课的导入与结束策略. 北京：北京师范大学出版社，2013：78

学科的第一节课通常是绪论课，在一门学科的开篇课上，导入的好坏直接关系到学生对该门课程的认识程度和求知欲。小学生初次接触《科学》这门课程，会让他们生发出新鲜感。教师在此抛出一连串的问题，其用意并不在于让学生马上回答这些问题，而是要激发学生对该学科的兴趣，形成要"一探究竟"的心理需求，这为课程的后续学习打下了基础。

就新主题与新内容提出问题是一种能迅速调动学生学习热情的策略。教师运用该策略需要注意的是，要结合学生的认知特点和年龄特征，使问题化抽象为形象、化枯燥为有趣，过于高深或晦涩的问题不仅不利于调动学生兴趣，反而会使学生望而生畏。

（2）以悬念激发学生好奇心

我国自古就有"学起于思，思源于疑"的说法，许多思考和认识都是从学习者碰到认知冲突、或很想解开某个疑问开始的。正如心理学家布鲁纳所说的，"思维永远是从问题开始的。"从心理学角度而言，悬念是一种心理机制，通过设置有待解决的问题，使学生产生一种未完成感，引发学生的认知需求和情感需求，从而使学生自觉进入到追求问题解决的旅程。

🔍 **案例4**

进行小学语文课文《惊弓之鸟》的学习时，教师是这样开始的。

师："现在，空中飞着一只大雁，大家想想，用哪些方法能把它打下来？"

生："用箭射。"

"用枪打。"

"用弹弓。"

……

师："大家说的都是好方法。可是，古时候有个射箭能手更赢，他只拉弓不用箭，'嗖'的一声就把大雁射下来了。这究竟是怎么回事呢？答案就在课文中。让我们一起来看看《惊弓之鸟》。"

——杨莲菁. 导入. 上海：上海教育出版社，2004：286

《惊弓之鸟》一文分为两个部分：一、事情的结果——更羸不用射箭，只要拉弓就能射下大雁；二、更羸为什么能这样做。案例中的教师抓住了教材本身的特点，同时较好地把握了激发学生好奇心和学习动机的兴趣点。[1]教师在此设置的悬念，是学生迫切想知晓答案的，也是不学习课文一下子难以解决的，这能有效地引导学生主动去学习课文并进行思考。

这一策略要求教师在进入学习活动时便提出带有悬念性的问题。需要注意的是，悬念的设置一定要结合学生实际，从学生出发，既不至于让学生一眼看穿，也不能让他们无从下手。教师要准确拿捏悬念的"度"，既能使学生处于暂时性的困惑状态，又能引导他们思考、琢磨，带着探究的热情进入剥茧抽丝的过程中。

（3）找寻生活"热点"，引起学生共鸣

采用教学生活化的策略，以鲜活的生活内容为载体引出新主题，将学生的学习与社会生活的大背景联系起来，有效地拓展了学生学习的时空，能让他们置身于真实的生活情景中，更好地感受到学习的意义和价值。

🔍 **案例5**

高中政治的《税收调节作用》一课中，税收的特征和作用是学生要理解的重要知识点。教师结合国家燃油税费的改革问题，考虑到很多学生家里都有自备车，同时有不少学生家庭可能正在考虑买车这一现象，进行了教学设计。在导入阶段，教师从车展入手，直击大多数学生的关注热点，拉近了课堂教学与实际生活的距离。

——李金钊. 基于脑的课堂教学. 上海：华东师范大学出版社，2013：192

政治课的学习中，理论知识较多，通常很难引起学生的学习兴趣。在进行教学设计时，教师更应着眼于身边事，寻找生活中的"热点"，使讨论的问题与学生可感知的社会活动及现实生活联系起来。教师在导入时所创设的情境无论是现实生活的延续，还是基于现实而又跳出现实的场景，都应以学生的生活或已有经验为依托，紧扣教学内容，将课堂内外有机联系起来，让后续主题的引出水到渠成。

（4）巧述故事，启发学生思考与想象

利用故事导入是调动学生积极性的有效方法之一。进入新主题的正式学习之前，讲一

1　杨莲菁，王钢. 导入. 上海：上海教育出版社，2004：286

些和教学内容有关的小故事，可以有效吸引学生的注意力，调动他们的情绪。[1] 教师可以利用学生尤其是低年级学生爱听故事的天性，根据新主题以及新内容的特点和需要，选择联系密切的有趣故事，或者自编情节巧妙的故事，向学生娓娓道来。这样既可以避免平铺直叙，又能使学生对新主题产生亲切感，激发学生的好奇心和一探究竟的求知欲，促进学生积极思考。

🔍 案例6

德国，老师给刚进入初中的孩子上的一堂生物课《"当阿波罗遇上露娜"——生命的标志》。该单元的第一个目标是，把生命的魅力拓展到蜘蛛这种不怎么可爱的动物身上。教师利用一个自编的故事《当阿波罗遇上露娜》开始了教学，该故事一共两段，故事的背景是美国的阿波罗登月，其中露娜是虚拟出来的月球上的一个居民，故事主要讲述了被带上月球的蜘蛛在月球上的织网行为，这是蜘蛛生命的标志。教师先是叙述了故事的第一段，在她叙述的同时，让学生边听故事边根据故事情节简单画出"月球上的蜘蛛"为主题的图。紧接着，教师叙述了故事的第二段。

——希尔伯特·迈尔. 备课指南. 上海：华东师范大学出版社，2011：91-92

（5）利用图像与视频激发学生兴趣

人的眼睛含有将近70%的身体感受器，我们通过视觉获得的信息比其他任何感觉渠道获得的都要多。视觉有助于个体保持信息，同时可以帮助增进理解。脑科学研究证明，意象对学习和记忆有促进效应。[2] 基于人脑的这一机能，我们可以利用视觉加工策略，采用直观呈现的方式，为学生呈现与教学内容相关的图片、视频、实物、模型等，以这种最为直观且有效的方式开启课堂，这在一定程度上能降低学生学习的难度。

🔍 案例7

学习《天气预报》一课之前，教师录制了呼呼的风声、哗哗的雨声、隆隆的雷声，并在网上找了相关的图片，进行整理、剪切和设计，做成了一个短小的教学视频。教师预先在黑板上贴出了一些不同天气的图片。上课了，教师首先给学生播放了这段教学视频。使学生在整体上感知课文内容。视频中风、雨、阳光等自然现象与绿树、湖泊等景观相融合，加上逼

---

1 Ronald L. Partin. 教师课堂实用手册. 北京：中国轻工业出版社，2006：66
2 Patricia Wolfe. 脑的功能——将研究结果应用于课堂实践. 北京：中国轻工业出版社，2005

真的配音，使学生有身临其境之感。

    ——卫建国，张海珠. 课堂教学技能理论与实践. 北京：北京师范大学出版社，2008：30

🔍 **案例8**

    物理课上，老师继续进行"机械能守恒定律"的教学。该节课是在学生学习了动能、势能和功能的关系后，探讨动能和势能相互转化的一节课。首先，教师播放了一段视频，这段视频记录了游乐园的过山车这一真实场景，随后，教师呈现了动车进站设计的坡度以及体育运动类的图片（滑雪、撑杆跳、蹦极），让学生了解动能和势能是可以相互转化的。这时教师引出问题：动能和势能相互转化时遵循什么样的规律。

    ——李金钊. 基于脑的课堂教学. 上海：华东师范大学出版社，2013：161

    上述案例中，教师充分利用了多媒体的特点，发挥了"声、光、影、像"的作用，避免了直接进入相对抽象的文字表达的学习，将其转换为直观的形象，丰富了学生的感官体验，并使学生看到，这些现象其实就存在于我们的生活中。运用图片、视频或将两者相结合，在进行抽象概念的学习中能发挥巨大的作用。对于一些概念，采用再多的话语可能都无法将其描述清楚，这时教师就可以多提供具体事例，化抽象为具体，这有助于促进学生的理解。

    此外，各学科的教学内容中有不少配有相应的教学短片或录音，这些引导性材料是教师可以直接拿来用的。利用相关的、包摄性较广的、最清晰的、最稳定的引导性材料，是促进学生学习和防止干扰的最有效的策略（奥苏贝尔）。[1] 教师在进行主体内容的教学之前，将这些引导性材料呈现给学生，能帮助学生将新的学习要素与已有认知结构中密切相关的部分联系起来，从而有意义地学习新的内容。

    （6）丰富导入形式，吸引学生注意力

    教学活动要吸引学生注意力，就需要教师结合学生易被新奇事物吸引的特点，采用各种不同的、富有新意的形式引导学生进入教学。可用作导入的载体有许多，选用的载体不同，导入的形式也就产生了相应的变化。在此，我们仅撷取其中的部分，希望能以小窥大。

🔍 **案例9**

    带领学生开始学习苏轼的《水调歌头·明月几时有》时，教师播放了王菲演唱的《明月

---

[1] 张珩. 美国先行组织者模式在语言阅读教学中的运用及启示. 西南大学研究生论文，2013

几时有》，学生们认真地听着，陶醉在美妙的旋律中。伴随着对音乐的欣赏，教师自然地引入了要学习的词，"早在千年前，就有诗人写下了这一首美丽的词。"

——李金钊. 基于脑的课堂教学. 上海：华东师范大学出版社，2013：152

音乐是一种极富情感的表达媒介，也是较容易引起听众共鸣的一种有效手段。在教学中，以学生的听觉为先导，以音乐为传递信息的载体，这种方式的运用实际上非常普遍，很多老师通过播放乐曲来调动学生的情绪[1]。在进入新主题的学习之前，播放一段音乐，既让学生在轻松、愉快的艺术氛围中得到放松，带着愉悦的心情进入学习，又能帮助学生发散思维，激发学生的想象力和创造力。

譬如案例中教师在进行古典诗词教学时对音乐的运用就是一个很好的例子。教师借助流行歌曲，通过"听歌曲"的形式，在悠扬旋律的伴奏下，让学生沉浸于歌曲及诗词所营造的意蕴中，感受作品的魅力，有效地激发了学生的学习兴致。

🔍 **案例10**

在小学低年级的美术活动"动物"中，教师选取了典型的押韵故事《棕熊，棕熊，你看到了什么？》作为活动的主线，让学生以棕熊的视角来选择自己想画的动物。进行教学设计时，教师给这个故事创作了一段简单的旋律。开始上课了，教师先给学生朗读了故事，"棕熊，棕熊，你看到了什么？我看见了一只黄色的鸭子在看着我。棕熊，棕熊，你看到了什么？我看见了一只粉红色的鲑鱼正看着我……"然后，教师又把这个故事唱了一遍。她要求学生要仔细倾听不同种类、不同颜色的动物"看着我"。

——George W. Gagnon, Jr.& Michelle Collay. 建构主义学习设计. 北京：中国轻工业出版社，2008：212

在开始讲课前，教师设计一段朗读，朗读的内容可以是课文的重要片段，可以是现成的故事或童谣，也可以是教师结合所要学的内容自编的歌谣。朗读与歌曲是感染学生情绪的有效途径。例如在上述案例中，教师朗读了故事后，又将其唱了一遍，对于低年级的学生来说，其中的趣味性是显而易见的。在激发了学生的兴趣之后，教师提出的要求对学生而言也就成了一种乐趣。

1 Ronald L. Partin. 教师课堂实用手册. 北京：中国轻工业出版社，2006：65

二、师生共同行动的导入策略

1. 巧抓兴趣点，激发学生学习动机

一系列研究证实，动机是影响学习者投入到学习情境中的注意力数量的关键因素。Marian Diamond，Janet Hopson（1998），Raymond Wlodkowski，Judith Jaynes（1990），Madeline Hunter（1982）等研究者都指出了动机在学习中的重要性，[1] 并建议教师要尽可能参照学生的兴趣点进行教学设计，以激发学生的学习动机。导入是激发学习者动机的关键一环。如果在导入环节中能促使学生形成对学习的积极认知倾向，学生便会有对所要学习的内容进行持续钻研的兴致，这种兴致会成为学生学习的动力，推动其后续学习活动的发展。因此，学生学习兴趣的激发显得尤为重要，正如苏霍姆林斯基所言，"教学的起点，首先在于激发学生学习的兴趣和愿望。"教师若能在导入环节通过多样化的方式引起学生的兴趣，既能顾及学生的情感体验，又能有效地调动学生思维的积极性，让学生自觉进入新知识的学习。

或许教师思考得更多的是，在实际的导入中，我们可以选择哪些内容、采用哪些具体的方法来引起学生的情感共鸣，以带动他们更好地投入到学习中。这其实也是沃尔夫冈·克拉夫斯基在其教学法分析中指出的问题："哪些属于特别的案例、现象、任务、事件、形式元素，通过体现这些内容，可以让这个教育阶段的孩子觉得有趣，产生疑问，可以接受或觉得生动形象。"[2] 激发学生学习兴趣的方法是多样的，具体来说，用悬念带动思维、以游戏引趣、在表演中丰富体验等，采用诸如这些方式用于开始教学，都能在一定程度上促进学生内心感兴趣的与将要学习的内容的巧妙结合。

（1）顺延学生的问题，调动学生亲身体验

🔍 **案例11**

仓鼠威利

乔治很生气。当他星期五把喷水壶放在窗台上的时候里面盛满了水，现在里面几乎什么都没有了。在上科学课之前他没有时间到洗手间打水浇植物了。科学课一开始，乔治就举手发言，抱怨水不见了。"是谁用了我的水?"他问道，"是不是有人把它喝了? 还是有人把它洒了?"班里谁也没有碰那把水壶，于是W老师问学生们他们认为水跑到哪里去了。

玛丽有一个看法：如果别人没有动它，那一定是他们的宠物仓鼠威利夜里从笼子里

---

1 David A. Sousa. 脑与学习. 北京：中国轻工业出版社，2005：53
2 希尔伯特·迈尔. 课堂教学方法（实践篇）. 上海：华东师范大学出版社，2011

跑出来把水喝光了。全班同学决定检验玛丽的看法对不对。他们决定把喷水壶盖上，那样威利就不会喝到水了。孩子们执行了他们的研究计划，第二天早晨他们发现水位没有下降。孩子们现在证明了他们的解释是有道理的。W老师让孩子们考虑一下是否有与这一观察结果一致的其他解释方法。他们能够肯定威利夜里从笼子里跑出来了吗？孩子们对此很有把握。

W老师问："你们凭什么肯定？"孩子们想出了一个妙主意来让她相信威利跑了出来。W老师趁机给同学们更多的接触水消失现象的机会。之后，孩子们通过多种实验和观察发现了水消失的真正原因。

——（美）国家研究理事会. 国家科学教育标准. 戚守志，等译. 北京：科学技术文献出版社，1999：165

导入是一个相对独立的环节，教师在教学的时候也需要带着导入的意识去引导学生。然而在很多情况下，导入并不是一种刻意的行为，教师要善于利用学生在学习过程中的关注点和兴趣点，因势利导。譬如在该案例中，乔治上课一开始的抱怨完全来自于生活，提出困惑的同时，他表达了自己对这个现象发生原因的猜测。W老师在此之前并没有意料到这一情况的发生，她可能自己准备好了开始教学的内容和方式。面对这种突发状况，老师并没有无视学生的困惑，或是应付式地对学生的问题作出回答，而是通过反问的方式，将主动权交给学生，支持学生去验证自己的猜想和假设。

该案例中，探究性问题来自于学生真实的生活，而不是教师刻意设置的。教师顺着学生的困惑，及时将问题迁移到新主题中，保护了学生的兴趣和好奇心，同时又充分调动了学生学习和探索的积极性。

（2）快乐游戏，引领学生进入学习情境

游戏是中小学生生活中常见的一种娱乐形式，当教师把这种方式运用到教学中，其意义便不仅仅在于营造一个轻松活跃的氛围，给学生带来愉快的情绪体验，同时也是完成教学目标的一种手段。游戏本身带有较强的趣味性，这一特征使得这种方式能迅速地吸引学生的注意力。对于刚从课间进入课堂的学生来说，继续做个游戏可能比直截了当地进入主题学习更容易接受，如果教师在课堂开始能组织学生做一个与教学主题密切相关的游戏，学生会在不知不觉中进入学习的情境，进而自觉地投入到学习过程中。

使用游戏导入法，教师需要注意的是，要避免将游戏的目的简单化，只将其当成是活跃课堂氛围的手段，在游戏中，同样可以融入需要学生思考的问题，让学生在游戏的过程中去寻找答案。我们来看看程老师是怎样使用这一策略的。

方法小课堂

进入数学的排序教学时，教师可以在上课开始引导学生玩几个需要运用思考方式的游戏：

A. 你能猜出我的特点吗？

找3位来自不同民族背景的学生，他们至少要有3个相似的特点（如戴眼镜、穿网球鞋、卷头发、相同的身高等），让他们到教室的前面来。让全班学生猜一猜你为什么选择这3个人组成这个小组。记录下学生找出的特点。如果学生找出的特点比你找出的还要多，你不必感到惊讶。

B. 你能猜出我的分类计划吗？

从你所研究的文化中，搜集10种物品。把这些物品分成三类，让学生猜一猜你为什么这样分类。

C. 你能猜出我的排序原则吗？

从你所研究的文化中提出数名重要人物，按照三种方式为这些人物排序。看学生能否发现你排序的原则。

——David Lazear. 多元智能教学的艺术. 吕良环等译. 北京：中国轻工业出版社，2004：73-74

案例12

体育课上，程老师教学生"立定跳远"。上课铃响了，他站在学生面前，问学生："有谁知道青蛙是怎么走路的吗？能不能示范给大家看看？"接着，他请一位学生学做青蛙走路的动作，然后问学生："大家能说说青蛙走路的动作是怎样的吗？"学生异口同声："青蛙是一跳一跳走路的。"

接下来，程老师让所有学生一起做了个《青蛙过河》的游戏，并请他们想一想，青蛙跳的时候，两条腿是怎样的？游戏结束后，老师让学生交流并总结出：青蛙跳的时候是两只脚一起离地，又同时着地。随后，程老师自然地引出了学习任务。

——李经天，王小兰. 教师教学技能训练教程. 武汉：华中科技大学出版社，2011：14

（3）体验表演，让学生在行为中融会贯通

个体对事物的认识通常是从感性认识开始的。表演是一种化抽象为具体的呈现方式，对于课本中形象鲜明的人、事、物，若通过表演呈现，有利于学生进入到相应的情境中，站在角色的角度进行思考，在轻松的氛围里自然地将课本知识与生活经验、与新主题联系起来。

🔍 **案例13**

《同学之间》是小学语文S版教材第九册第二单元末尾的一篇作文训练。作文要求学生根据题意，写一件发生在同学之间的事。教师是这样引入题目的。"上课以前，老师先请同学们欣赏一个小品。请大家认真观看，想一想这个小品主要讲了一件什么事？"

（学生表演小品《同学之间》，小品内容为作文中的"例文"。其余学生观看小品。）

小品表演完了，教师问学生："谁来说说刚才这个小品主要讲了什么？"

（学生用一两句话概括小品的主要内容。）

师："今天，我们就要试着把发生在同学之间的一件事写下来。"（教师板书题目：同学之间）

——杨莲菁，王钢. 导入. 上海：上海教育出版社，2004：252

低年级学生对新鲜的事物充满了好奇，这种好奇能激发他们更进一步地学习。在呈现作文主题前，教师让学生以小品表演的形式引出题目，既调动了学生的情绪，营造了轻松的课堂氛围，又让学生通过观看表演，形成了具体的感性认识，产生表达的欲望。与常见的直接出示作文题目的方式相比，这一策略对学生审题更有帮助。

（4）师生对话，引导学生思维方向

教师基于将要教学的新主题和新内容，在进行教学设计时确立一个与主题紧密联系的话题，结合学生的学段特点、兴趣点以及原有认识，设计适合于谈论的问题，在课堂开始与学生进行对话，这为学生提供了表达的机会，能让他们的语言表达能力在与教师的实际交流中得到发展。相对于其他导入策略而言，采用对话讨论导入更具有普适性，几乎适用于各学科的课堂教学。

🔍 **案例14**

人教版高中英语必修1第一单元的主题为"Friendship"，教师对Reading部分"Anne's Best Friend"展开教学时，就该主题与学生进行了对话。

Teacher: Glad to see you again, my dear friends. Today we'll talk about friendship, but before that I'd like to know who your best friend is.

Student A: My best friend is Tina.

Teacher: What does she look like?

Student A: She is tall and thin. With long hair and big eyes, she is charming and beautiful. As a kind and sweet girl, she likes to help others as much as possible.

When I am in sorrow and failure, she often encourages me and stay with me till I feel better.

Teacher: Well, she is truly a good friend. And both of you should cherish the friendship. Ok, what's your opinion about friendship?

Student A: In my opinion, just like the saying goes, "A friendship in need is a friend indeed.", friendship is very important in our life. It can help us to face danger and difficulty especially with a good friend.

Teacher: All right, that's your opinion. Really, we should learn to help each other, understand each other and love each other so that we can get a best friend. Ok, is there something different?

......

——彭小明，郑东辉. 课堂教学技能训练. 北京：高等教育出版社，2012：79

　　教师在与学生的这段对话中，首先抓住了学生感兴趣的话题，这无疑调动了学生表达的积极性。在他们的对话中我们也可以看到，两人的对话是具有层次的，教师引导学生由自身联系到课文，形成了自然的过渡。

　　使用该策略时，教师与学生是"平等对话"的关系，平等的对话才能相互感染，促进学生表达，了解他们对问题的真实想法。与此同时，教师要时刻保持"引导"意识，与学生交谈时不宜过度发散，当学生出现偏离话题的表达时，要及时将学生拉回话题的聚焦点。此外，教师与学生对话时还需要注意以下几点：1）教师应引用并提及学生的原有认识。2）教师应提及学生的语言、思维和世界观问题（不要求教师模仿学生学生的语言，而是要求教师学会理解学生的语言）。3）教师应设身处地考虑学生的行为逻辑，同时表明立场，遵循自己认为有意义的教学目标。4）教师应创造让学生感觉舒适的课堂气氛，使学生乐意表达他们对新主题的原有认识。[1]

2. "提取式"学习：建立新旧知识间的连接

　　通过练习或问答来复习已学知识和内容，也就是我们常说的"温故知新"，是教师常用的一种开始教学的方法。这种导入方法在国内外课堂教学中得到了广泛的运用。

　　各种新知识的学习都是在回忆旧知识的基础上，从已有知识和经验不断拓展而来的。认知神经科学认为回忆是从记忆中提取信息的过程。"提取"在学习中的作用已得到美国普渡大学的学者Jeffrey D. Karpicke的实验证明：提取对巩固学习具有非常重要的促进作用，反复提取的联系比以概念图为代表的细化学习、比重复学习更能提高学习效果。基于脑的课堂教

1　希尔伯特·迈尔. 课堂教学方法（实践篇）. 上海：华东师范大学出版社，2011：94

学由此提出，提取式学习比"精加工"学习更有效。[1]

　　的确，"提取"学习的过程就是对已有知识进行复习的过程，这对学习者来说，是检测和应用知识的机会，能使学生在"温故"的基础上，减少面对新知识时产生的陌生感，同时会让学生自发地将新旧知识进行对比，找出两者的异同，建构起两者间的意义联系。

　　德国学者迈尔用一个形象的比喻说明了复习中的注意事项：课堂复习就像小说的续集，简短说明到目前为止的小说进度[2]。在利用复习导入时，教师要找准新旧知识的联结点，挖掘新旧知识的相互联系，要通过有选择性、有针对性的旧知识复习，为新知识学习做好铺垫。

　　（1）在操作练习中巩固已有知识

　　在引导学生进行复习的时候，教师要注意不要让复习沦为纪律仪式，要尽量放弃缺乏想象力的口头复习，诸如直接问学生"我们上次讲到哪里""说说我们上节课学了什么"等。在这一过程中，我们可以采用语言表达，也可以尝试将语言转换成更为直观的图像表达，将图像表达转换为行为过程，让学生去寻找图像表达或行为过程与客观知识是否相一致。

🔍 **案例15**

　　教师佳比·舍斯娜和古斯哈文中学八年级的学生在手工课上用纸板做了一台针孔相机。佳比·舍斯娜当着所有学生的面，展示如何放入交卷，并将相机调到可拍摄状态。这是他们之前学过的内容。她故意忽略了调准光圈的步骤，许多学生立刻举手，指出她的错误。

　　——希尔伯特·迈尔. 课堂教学方法（实践篇）. 上海：华东师范大学出版社，2011：96

　　教师在课堂开始演示此前学生学过的知识，实际上是对已学内容所做的一种操作性练习。佳比可以选择多种方式开始这一节课，即便同样是复习，她还可以采用口头语言进行，比如问学生"在使用照相机前要做哪些准备工作？需要注意些什么？"。但如果采用口头问答这种复习形式，那么导入环节便不像短短30秒或一分钟的演示，能让学生立刻发现问题所在。问答式的复习也很难让教师评估学生或学生评估自己是否已经掌握了相应的知识。

　　（2）在活动中提高学生复习的有效性

　　在课的开始对前面所学内容进行复习是必要的，但刻板的回忆或练习可能是令人厌烦和没有效果的，尤其是当复习活动由教师主导的时候。从脑科学的角度而言，主导复习工作的人是树突增长的人。[3]复习的主要目的是让学生迅速建立起新旧知识间的联系，对于学生而言，复习既有检查旧知识的作用，也是很有趣的体验，只有让学生切实参与到这个过程中，

1　李金钊. 基于脑的课堂教学. 上海：华东师范大学出版社，2013：21
2　希尔伯特·迈尔. 课堂教学方法（实践篇）. 上海：华东师范大学出版社，2011：96
3　Patricia Wolfe. 脑的功能——将研究结果应用于课堂实践. 北京：中国轻工业出版社，2005

才能增加复习活动的有效性。

案例16

在学期头六周后，一位几何学老师计划每周进行一次复习，直到学期结束。但她并不亲自执行这个复习，而是由学生来做。这个老师给每个学生指定一天，学生可以选择前面已学的任何内容呈现给班上的同学。学生还需要完成一张表，写明自己选择了哪部分内容、选择该部分内容的原因，以及他们所要用到的材料和道具。这位老师发现，学生选择了各种各样不同的呈现方式，从木偶剧到卡通片、猜谜语和小型戏剧。最好的结果是，她认为学生对几何学的兴趣及理解都得到了极大的提升。

——Patricia Wolfe. 脑的功能. 北京：中国轻工业出版社，2005：155

复习可以采用学生乐见的、富有激励性、易于调动他们积极性的形式进行，譬如将复习活动化。如果学生参与了复习活动的设计或建构的话，复习的效果会增加。例如在上述案例中，教师让学生自主设计复习活动，他们每个人采用的形式或许都是不一样的。在这一过程中，学生亲自把关，有助于他们进一步巩固已有知识，并促进他们树立规范意识。

（3）调动学生已有经历，联系新知

检查作业是复习的又一种表现形式。如果采用该方式进行导入，教师并不需要检查学生所有课外作业的完成效果，此时，检查针对新的教学目标布置的作业才是有意义的，譬如预习式练习。如果作业和新主题没有直接关联，应该将检查放到课外进行。在课堂开始对学生的作业进行检查，目的不在于对学生的学习成果作出评判，而在于了解学生进入新知识学习的准备达到了何种程度，是有所了解还是全无准备。与检查作业有异曲同工之妙的是通过测试导入。教师可以让学生做一个教学主题有关的小测验，这要求教师在给出正确的答案之前，要精心设计学生回答问题的方式[1]。这两种方式有助于教师更有针对性地进行后续各环节的教学。

方法小课堂

新主题小测验

让学生两两配对，告诉学生指导语："对于我们将要学习的教学内容，你了解多少，请告诉你的同伴。"90秒之后，两个人互换，重复以上的过程。90秒之后再互换，然后60秒互

换，最后30秒互换，结束活动。

——Ronald L. Partin. 教师课堂实用手册——新老教师教学与管理策略. 徐富明，等译. 北京：中国轻工业出版社，2006：64-66

🔍 **案例17**

初中的语言艺术活动《童话故事》，目的是让学生分析童话故事，能逐步理解这个文学领域的核心元素和一般主题。教师设计的学习主题是学生要仔细考虑他们先前与童话故事有关的经历，发展他们对童话故事的定义，并鉴别出一系列在童话故事中发现的一般元素。开始课堂教学时，教师为学生描述了自己与童话故事的亲身经历，并要求学生朗读他们头一天撰写的有关童话故事的个人回忆。

——George W. Gagnon, Jr.& Michelle Collay. 建构主义学习设计. 北京：中国轻工业出版社，2008：218

三、学生积极行动的导入策略

实际上，导入并不是教育者单方面的活动，而是一个双向靠拢的过程：一方面，教师应该将教学主题和内容处理得方便学生独立掌握；另一方面，学生也应主动向新主题靠拢，表现出一定的好奇心和急迫感。[1] 除了教师主导的导入和师生共同行动的导入，学校课堂也应有由学生自行导入新主题的情况。这种情况较少发生。传统的课堂教学往往强调教师要掌控并调整学习的进度，因此，以教师单向主导的课堂导入较之于学生主导的课堂导入无疑具有绝对的优势，教师从导入环节开始就掌握着课堂的走向。但在当前的教学理念中，学生是课堂教学的主体，学生在学习中需要充分发挥主观能动性，成为积极的行动者。此外，脑与学习方面的新进展亦表明，学习活动的开展需要充分考虑学习者的认知发展水平与特点。亦有研究者指出，"从学生角度出发的课堂导入才是优质的课堂导入"（希尔伯特·迈尔，2011）。从这一层面而言，学生主动参与的课堂导入具有巨大的价值。作为一种新的导入理念，值得我们关注并朝之努力。

1. 鼓励学生自我展示，促进意义建构

在传统的课堂教学模式中，或许许多人都形成了这么一种固有思维，认为新主题的导入一定要置于课堂开始，先于其他教学环节。实际上，导入不仅仅是课堂开端的短短几分钟或十几分钟，导入也可以是一个需要花费较长时间的前期准备过程。早在1968年，迈尔便提出，在课堂教学之前早作准备，逐渐向学生呈现与新主题相关的内容，可以使课堂更生动、

---

1 希尔伯特·迈尔. 课堂教学方法（实践篇）. 上海：华东师范大学出版社，2011

更丰富。

事实上，在实际的教学实践中，提前几周甚至几个月的时间实施新主题的导入的情况并不少见。教师在前一个课时的主题与内容结束时，教师在学习新主题前几天，大多会向学生提出预习新主题的要求，或为学生提供一本导读书目、一篇导读文章，或要求学生就某个话题搜集各种渠道的信息。上课开始，学生可以将自己的预习程度向大家作一展示，譬如发表自己对主题的看法，清楚地表述自己对于新主题和新内容已经知道些什么。为了更好地记录和展现学生所知的内容，教师可以允许学生把关键词写到黑板上，或写到卡片上，将卡片贴出来，与跟大家一起分享自己对新主题的初步理解。

🔍 **案例18**

吉尔伯特先生打算让学生开始研究月相。根据他的观察经验，他知道月相是具有挑战性的，因为会受到云的影响。但他相信，对现象亲自进行观察研究能使学生更加深入地学到很多东西。吉尔伯特先生首先让学生写下对月亮已有的认识和还存在的疑问，汇编成一个班级记录。他们一起确定出对月相理解至关重要的六个项目：我们对月亮已知的东西（月亮会改变形状；月亮比地球小；人类已经在月球上行走）；我们对月亮的疑问（如何在白天看见月亮？为什么月食不能更经常地发生？导致月相的原因是什么？）。基于这些记录，吉尔伯特先生逐渐引导他们意识到观察的重要性和必要性。

　　——罗星凯，等译. 科学探究与国家科学教育标准. 北京：科学普及出版社，2013：48

吉尔伯特先生通过让学生直接展示自己对新主题的已知，引导学生作了一个梳理，明确了哪些是已知而未得到证实的，哪些是他们一无所知的，那么，进一步学习的重要性便不言而喻，他们接下来的学习方向也得到了明确。

案例为我们呈现的是学生通过书面方式进行的表达。实际上，口头表达与书面表达之外，学生还可以采用多种形式进行展示，诸如围绕主题进行角色扮演、小组表演、情景模拟等。教师不需要过多干涉学生的这种表达，或对学生的表演进行评判，对于学生来说，这是他们展现自己对新主题认识的机会，向大家展示的内容是他们自主学习的成果。这有助于促使学生积极主动地去接触新主题，准备相关的材料。从建构主义的角度来说，这是一个学生主动进行意义建构的过程。

2. 鼓励学生间深度对话，促进思维发散

近年来，小组合作式学习得到了越来越多的关注。在合作学习中，教师给学生下达任务，进而由学生自由讨论。传统的问答方式往往是教师与学生一对一的互动，学生间并无直接的交流，而小组讨论则为学生提供了主动参与和相互交流的机会。在开始新主题的学习之

前，教师可以要求学生讨论他们已经知道了什么，布置完任务后，教师由说者变成了旁听者，学生可以充分发挥自主性，采用头脑风暴、绘制心理地图等形式畅所欲言。最后，小组既可以发表他们的一致看法，也可以表达不同的观点。讨论导入为学生提供了一个轻松、自主的学习环境，能促进学生相互了解、相互学习，促进思维发散。

🔍 案例19

在赫尔（Hull）先生的物理课上，大多数单元他都是以一个或多个简短的探究性问题开始的，以便让学生去思考接下来要调查研究的情境、问题和设想。在学习"力"这一课时，刚上课，他便问学生："刚听到'力'这个词时你想到了什么？"学生开始讨论他们已经知道了什么。经过讨论，学生给出了他们的答案。他们的回答有："万有引力是力""力是让人做他不想做的事""像推一辆小汽车一样，推力是力""在某个物体上的推动或拉动是力"……

——罗星凯，等译. 科学探究与国家科学教育标准. 北京：科学普及出版社，2013：58

3. 鼓励学生围绕新主题表达自己的观点和想法

上政治、历史等课之前，学生或多或少具有自己的观点，不论这些观点片面与否，不妨将其原封不动地展现出来，大家一起讨论研究[1]。例如，历史教师为了更好地向学生讲解一个主题，他可能需要花上整整一节课甚至更多的课外时间请学生就该主题的历史背景作一了解，以便更好地整理出发展顺序。在进入新主题的课堂教学之前，教师可以让学生自由发表自己的看法，谈谈如"我认为这一历史事件发生是由于……""该历史事件发生与……是密切相关的""如果……，可能就不会发生这一事件"等话题，大家一起讨论这些观点是否合理。

教师在这种导入中可以做的是，提前几天或几周甚至几个月为学生布置任务，请学生就将要学习的某一主题进行课外自主学习，在上课时先由学生表达自己对该主题的想法或观点，并提出要求：在课上的表述主要围绕该节课的新主题，与新主题间要有所联系。教师应致力于营造一种宽松的课堂环境和氛围，使学生勇于表达自己的情感、想法和观点，而不必担心这些想法是否会遭到质疑或受到批评。教师在这样的导入中只需要表达自己对学生所述内容的重视程度，便是对该环节最好的促进。

---

1 希尔伯特·迈尔. 课堂教学方法（实践篇）. 上海：华东师范大学出版社，2011：106

案例20

在组织学生就"生活"进行交流的活动前，教师让学生假想他们穿越时空隧道到了20年以后，并向他们提出两个问题："20年后你们将如何生活？""现在你生活中最重要的事情是什么？"上课开始，学生自由回答这些问题。在听同学回答的时候，其他学生要对听到的答案进行思索。同时，教师鼓励学生把这些答案进行归纳，写出陈述报告或观察报告。

——David Lazear. 多元智能教学的艺术. 北京：中国轻工业出版社，2004：159

4. 鼓励学生参与教学过程，将导入交给学生

从新主题、新内容，到导入的形式，学生可进行自主探究的方面有很多。抛开传统的教师要控制课堂教学进程的理念，如果教师能够赋予学生充分的探究机会，往往能取得意想不到的效果。

🔍 **案例21**

一位年轻老师教授《老王》一文。安排学生课下预习课文的同时，她要求学生根据自己对文章的理解设计一段导语，上课时向大家展示。有这么两则导语听来别具一番特色：

A. "流年似水，当一切随时间淡去，却有一抹回忆始终萦绕心头。当那个身影渐行渐远，那份不安却与日俱增。是感激吗？是欣慰吗？是歉疚吗？请看杨绛先生的回忆性散文——《老王》。"

B. "一篮鸡蛋，一瓶香油，这是多么微不足道的一份礼物。然而在那个物质极端匮乏的年代，又是多么宝贵的一份礼物。更宝贵的，还有礼物背后那份无言的信任和感激，还有人力车夫老王那颗金子般的心！"

——邹欣. 关于课堂导入的两个指向性. http://www.docin.com/p-761448027.html

我们看到的这两则导语是成功的，其中饱含学生的情感，蕴含着学生对课文的理解。学生进行导语设计的过程绝不仅仅是简单的预习过程，更是他们凭借自己已有的知识与思维能力，挖掘文章内涵并加以运用的综合体现。这背后更值得思考的是这位年轻教师的做法。她一反常规，由教师躬身设计每一个教学环节转变为让学生更多地参与到教学过程中来，这种做法调动了学生学习的兴致，提高了学生的预习效率。当然，这并不是说让学生设计导语能够成为课堂导入的主要方法，但其作为一种尝试，该教师的做法无疑是创新且成功的。

将导入交给学生，这种"权力的下放"对教师来说并不是完全的"放手"，即便是交给学生，这种任务也应是学生乐于接受且是学生可以解决的。教师在此时充当了更重要的"伯

乐"与"引导者"的角色。比如上述案例中，教师让学生设计导语，实际上综合考虑到了调动学生参与性和学生已有的语言表达、思维能力等多方面因素，这时的"下放"方为一种调动学生积极参与的有效策略。

朱雷云：新课堂的导入，提倡学生来主持，老师拿着"火把"，待学生把预学中准备好的"干柴"往讲台上一放，师生共同进入燃烧状态。那种"燃烧老师，照亮学生"的行为并不受新课堂欢迎。

—— 李同胜，王统永．课堂教学技能训练教程．济南：山东人民出版社，2012：105

随着课堂教学模式的发展，导入也将越来越灵活化。未来的导入，将不再局限于课堂内，而是课堂内外的有机统合。与此同时，导入的主体也将越发多元化。让学生充分发挥主动性，参与到教学内容的选择与制定中，这样的导入，势必焕发出一种不同于往昔的活力。

本章小结

导入是的一节课首要环节，是课堂教学的有机组成部分，该环节的开展是否有效，直接影响着课堂教学后续环节的开展，影响着课堂教学的整体效果。有效的导入是新旧知识间的桥梁，能启发学生思考，实现新旧知识间的连接和过渡，促进学生进行意义建构。

国内外诸多研究者对课堂导入进行了专门的探讨，并建立了导入的理论基础。与个体大脑运行机制相对应，一节课开始的十几分钟是课堂学习的第一高效期，这一时期正是进行课堂导入的最佳时机。教师应充分利用这一高效期开展导入，为学生提供丰富的信息刺激，调动学生的积极情绪，在同化或顺应的作用下，学生将建立起新旧知识间的联系。

课堂导入通常包括五个部分：集中注意、激发动机、组织指引、建立联系、引发探究。受教师教学经验、教学理念、专业技能等方面的影响，不同教师采用的导入方法往往各不相同。传统的课堂教学中，教师通常采用开门见山式导入、温故知新式导入、直观演示式导入、设置悬念导入、经验导入、游戏导入等多种方法。总体来看，当前大多数课堂导入依旧沿袭传统的导入模式，其中也表现出一些问题，例如导入未得到教师足够的重视，教师简化或忽略导入环节；导入缺乏明确目标；导入形式过于单一等。

导入与课堂教学的其他环节共同构成了一个有机整体。教师在进行导入设计及实施的时候，应将其置于教学整体中，为接下来的环节做好铺垫。在导入中，教师要努力为学生创设一个适宜的课堂教学情境，明确教学目标，从学生的原有知识、态度、兴趣、生活等方面切入，采用多样化的导入方式，为学生提供多通道的信息刺激，唤起学生对新主题的原有认识和经历，促进学生的意义建构。

　　一节课的开头没有固定的方法。在导入实践中，教师需要综合考虑具体的知识内容、学生发展程度与需要等选择合适的导入策略。其中，教师主导下的课堂导入既可以开门见山地呈现课堂教学目标，也可以通过提出问题、设置悬念、巧述故事、联系生活热点等方式引导学生进入特定的教学情境。导入不是教师单方面的技能展示，而是一个师生双向互动的过程，因而在导入中，教师可以与学生亲密互动，通过游戏、对话、表演、操作等方式开启课堂。此外，也可以鼓励学生自我展示、进行小组合作学习，让学生真正参与到教学过程中，将导入交给学生。

总结 >

Aa 关键术语

导入 lead-in	有效课堂教学 effective classroom teaching	先行组织者 advance organizer	课堂教学情境 classroom teaching context
意义建构 meaning construction	课堂导入模式 lead-in mode of classroom teaching	课堂导入策略 classroom teaching lead-in strategy	

章节链接

　　在教学实践中，导入是开启课堂的首要环节，也是教师需要重视并掌握的基本教学技能之一。本章内容基于课堂导入的理论基础，详细介绍了多种导入策略，是对第一章教师必备课堂教学技能中"启动"这一技能的展开与细化。同时，导入策略的选择与课堂学习方式、提问、教学语言密切相关。因此，建议本章的学习与第四章《多元的课堂学习方式》、第六章《启迪智慧的提问》，以及第八章《声形并茂的语言》的学习相结合。

应用 >

体验练习

　　1. 以下是几个课堂导入的案例，请结合本章内容进行评析。

　　（1）高中语文《想北平》

　　师：在人类情感世界的锦囊里，有一颗由甜蜜、温馨和苦涩凝结而成的珍珠，它就是乡情。一条弯弯曲曲的小路，一棵遍身疤痕的老槐树，一声熟悉的吆喝，一碗热腾腾红枣粥，都能引发游子浓浓的思乡之情。人在江湖，身在旅途，身体和心灵的归宿却永远指向生于斯长于斯的那片故土。乡土情结是人类普遍的情感，老舍的《想北平》，就是对乡情最好的诠释。

（2）初中物理《自感现象》

请一位胆大的男生上台参与实验。在电路连接正常的情况下，让学生双手分别抓住小灯泡两端的接线柱，老师操作，断开电路，学生不会有任何感觉。经过几次实验以后，学生会觉得不神奇。然后，把小灯泡取下，让学生分别抓住小灯泡两端的接线柱，老师操作，断开电路，学生会发出尖叫，拿开双手。看到台上学生的反应，其他学生会感到好奇。这时，请参与实验的学生描述自己的感受，从而引入新课。

2. 导入在课堂教学中具有什么价值？如何设计导入才能体现其价值？

3. 导入是否应以教师设计和组织的为准？学生在导入中可以发挥怎样的作用？

4. 导入的策略有很多，请结合自己的教学实践，思考除了本章所述的几个策略，还可以采用何种策略进行导入。

5. 结合所列举的导入策略，与自己所教学科相结合，设计一个3~5分钟的课堂导入，并对自己设计的导入进行实践。

拓展 >

补充读物

1　希尔伯特·迈尔. 课堂教学教法（实践篇）. 上海：华东师范大学出版社，2011

《课堂教学方法·实践篇》是德国著名教育家和教学法专家希尔伯特·迈尔所著课堂教学方法系列之一，与《课堂教学方法·理论篇》共同构成一个系统。实践篇与理论篇两册书章节编号是连续的，实践篇的问题和目标已在理论篇的前言和引言部分有所描述，在延续理论篇所述的基础上，实践篇更有针对性地对教学实践进行了阐述。无论是新教师还是资深教师，该书都能提供一定的参考和借鉴。

2　George W. Gagnon, Jr. & Michelle Collay，宋玲，译. 建构主义学习设计. 北京：中国轻工业出版社，2008

《建构主义学习设计》一书紧紧围绕设计学习情境、组织学习小组、搭建学习桥梁、确定学习任务、安排学习结果展示、引导学习反思这六大教学步骤展开论述，为广大教师提供了一个利用建构主义理论，围绕学生的学习和课程标准设计教学的模板——建构主义学习设计（CLD），并介绍了大量的实践策略和教学实例，指导教师如何扮演好学生学习的引导者角色，促进学生的自主发展，使教学效率达到事半功倍的效果。适合中小学一线教师、教师培训人员及教育研究者等阅读和使用。

3　Ronald L. Partin，徐富明，等译．教师课堂实用手册．北京：中国轻工业出版社，2006

《教师课堂实用手册》一书着眼于课堂教学的大环境、课程、教学模式与学习团体，简明扼要地介绍了创建支持性的学习环境、创建成功的课程、教学的变式、创建一个学习型团队等内容。

4　李金钊．基于脑的课堂教学．上海：华东师范大学出版社，2013

脑科学正深刻地改变着教育与教学，脑科学的教学应用是当今教育研究的热点之一，也是提高中小学课堂教学效益的一条有效途径。《基于脑的课堂教学》介绍了基于脑的课堂教学的意义与价值、研究现状、教学基本依据、教学框架设计、教学策略、教学评价以及研究展望等内容，用57个课堂教学实例展示了基于脑的课堂教学的实践应用，为教师呈现了一些脑与认知科学的研究成果，提供了一个基于脑的教学的实践框架，方便教师开展探索性和验证性的实践。该书有助于引导教师关注脑科学研究成果，使教师走上基于脑的教育之路——一条实证教学的道路。

5　郭芬云．课的导入与结束策略．北京：北京师范大学出版社，2010

《课的导入与结束策略》依据便捷、实用的原则，以课堂教学中导入与结束环节的教学策略为主线，结合中小学课堂教学中导入与结束的典型案例，从不同课型、不同角度对导入与结束策略进行了梳理与剖析，兼具理论意义、实用性与可操作性。

6　Kenneth D. Moore. Classroom Teaching Skills. Baskerville: The Clarinda Company, 1992

《课堂教学技巧》主要围绕教学计划、教学实施和教学评估三大部分对课堂教学进行阐释，其中涉及的教学技巧适合于各个年级、各个教学科目的教师。该书的宗旨在于以一种详实且易读的方式，让职前教师和在职教师都能在本书中获得最重要的教学技巧。本书每一章开头都列出了具体的学习目标，帮助学习者带着清晰的目的进入学习。每一小节都提供了学习任务，并提供答案，有助于学习者自测学习效果。各章节提供的网络链接更是为学习者拓展技能提供了必要的途径。具有很强的灵活性，是一本实用的教师课堂教学技巧操作手册。

💻 **在线学习资源**

1. 新思考　http://www.cersp.com/

2. K12教育空间　http://www.k12.com.cn/

3. 中国教师站　http://www.cn-teacher.com/

第四章

多元的课堂学习方式

本章概述

　　本章内容中，第一节主要介绍学习方式的内涵与特征，"学习方式"与"学习方法"之间的区别，并介绍学习方式的不同分类。在第二节中，主要介绍自主学习方式的内涵、特点、存在问题以及运用策略。第三节主要介绍合作学习方式的内涵、特点、存在问题以及运用策略。第四节主要介绍探究学习方式的内涵、特点、存在问题以及运用策略。第五节介绍在信息技术背景下的其他学习方式。

结构图

ⓐ 学习方式的内涵与特征 | ⓑ 学习方式的分类与发展

课堂学习方式概述

1

其他学习方式的运用

ⓐ 翻转课堂学习

ⓑ 混合式学习

ⓒ 在线学习

5

自主学习方式的运用

ⓐ 自主学习方式的内涵与特点

ⓑ 自主学习方式运用存在问题

ⓒ 自主学习方式的应用策略

2

多元化学习
方式的选用

3

合作学习方式的运用

ⓐ 合作学习方式的内涵与特点 | ⓑ 合作学习方式运用存在的问题 | ⓒ 合作学习方式的应用策略

4

探究学习方式的运用

ⓐ 探究学习方式的内涵与特点 | ⓑ 探究学习方式运用存在的问题 | ⓒ 探究学习方式的应用策略

学习目标

1. 明确学习方式的内涵与特征，能够辨析"学习方式"与"学习方法"之间的区别；
2. 了解学习方式的不同分类；
3. 明确自主学习、合作学习、探究学习的特点与运用步骤，并能在教学中恰当应用；
4. 了解在现代信息技术发展的今天，学习方式的革新与发展的其他方式。

读前反思

　　信息时代带来知识爆炸，知识更新的速度已经远远超出了我们知道的速度，"知道什么"已经不再重要，重要的是"如何知道"。因此只有具备一定的学习能力，形成正确的学习方式，才能跟得上时代发展的步伐。世纪之交的课程改革重点之一，就是要让学生学习产生实质性的变化，提倡自主、探究与合作的学习方式，逐步改变以教师为中心、课堂为中心和书本为中心的局面，使学生从单一、被动的学习方式，向多样化的学习方式转变。

第一节
课堂学习方式概述

🎯 **学习目标**

通过本节内容的学习，使学习者理解学习方式的内涵、特征，学习方式与学习方法的区别；了解课堂学习方式的分类与发展历史。

一、学习方式的内涵与特征

1. 学习方式的内涵

正如教育领域的其他学术术语一样，人们很难给学习方式下一个确切定义。心理学视域中的学习方式（learning style，又称学习风格）是人们在学习时所具有或偏爱的方式，即学习者在研究解决其学习任务时所表现出来的具有个人特色的方式。在教育学视野中的学习方式指"学生在完成学习任务过程时基本的行为和认知的取向，因此学习方式不是指具体的学习策略和学习方法，而是学生在自主性、探究性和合作性方面的特征。自主性、探究性和合作性形成学习方式的三个基本维度"。[1] 国内对学习方式的分类基本依据了课程改革提出的三分法，即"自主、合作、探究"。随着课程改革的推进，人们对学习方式的关注增多。比如，王道俊教授将学生的学习方式分为五种："读中学、研中学、做中学、生活中学、交往中学，并认为它们之间相互开放、相互渗透。对学生的成长来说，它们各有作用，都是不可或缺的。"[2] 而伴随着教育改革与教育技术进步诞生的翻转课堂学习、混合式学习、泛在学习等，使学习方式不断创新。

2. 学习方式的特征

学习方式本身并无优劣之分，任何一种学习方式都有其长处与优势，同时也存在劣势和不足。学与教互动且不可分割，学习方式与教学方式也是共存且互动的关系。学与教的方式相匹配将有利于促进学生的学习。我们一直倡导的自主、体验、探究、合作、交往等学习方式，都有各自的特点和作用，但在教学过程中应当构成一个有机联系的整体，不能割裂开来。另外，强调这些学习方式不是要彻底排斥接受、训练等其他学习方式，这些学习方式也并非在所有的学习领域或学习过程中都要同时运用。学习方式在超越教学模式和教学策略的同时，也继承他们的精华。所以在学习方式的研究与开发中，既有以往教学模式的知识习得追求，也有新型终身教育思潮的"学会学习"与建构主义的"知识及其意义建构"参与，更有信息技术滋养的"网络化学习"关照。

---

1 钟启泉，等. 基础教育课程改革纲要（试行）解读. 上海：华东师范大学出版社，2001：247
2 王道俊，郭文安. 主体教育论. 北京：人民教育出版社，2005：37-38

3. 学习方式与学习方法的区别

学习方式是学习活动的组织方式和表现形式，与学习方法有明显区别。第一，学习方式包括学习方法、学习形式。学习方法有好坏、优劣、多少之分，但学习方式只有是否适当之分。第二，学习方法指向学习者个体层面，而学习方式往往涉及师生两个层面，学习方式一定要与教师的教学方法结合起来，并且彼此一致，才能取得良好的教学效果。第三，学习方法受到学习动机、加工水平、策略运用的影响，学习方式更多地依赖于学习内容、学习要求、学生特征等。因此教师在教学中，能否依据学习内容和学生特点选用适合他们的学习方式将决定课堂教学效果。

二、课堂学习方式的分类与发展

依据不同的划分标准，学习方式可以分为不同的类型。这些学习方式都有其自身的价值，也有适用的条件。它们之间并不是二元对立、非此即彼的关系。

1. 发现学习与接受学习

在学生的学习方式上，历来有多种多样的主张和做法，但从教育心理学的角度讲，国外将各种主张和做法大体上划分为两大类：接受式学习和发现式学习。[1]接受式学习和发现式学习的历史十分悠久，可以说自从有了学校就有了接受式学习，至于发现式学习也可以追溯到古希腊的苏格拉底。在接受学习中，学习内容是以定论的形式呈现出来的，学习的途径是同化，学生是知识的接受者。而在发现学习中，学习内容时以问题形式间接呈现的，学习的途径是顺应，学生是知识的发现者。对接受式学习进行系统研究的是美国当代认知心理学家奥苏伯尔。他认为，接受式学习是学生通过教师呈现的材料来掌握现成知识的一种学习方式。在这种学习方式中，学生所学知识的全部内容基本上是由教师以定论的形式传授给学生的，学生不需要进行任何独立发现，而只需接受或理解。然而，接受式学习并不都是机械的和被动的，奥苏伯尔所主张的是有意义的接受式学习。传统学习方式过分突出和强调接受与掌握，忽视了发现和探究。

2. 机械学习与有意义学习

有意义学习是指符号表达的新观念与学习者认知结构中的有关观念建立起实质性的、非人为的联系。如果学习者获得的新内容无法与已有的知识建立联系，这种学习就是一种机械学习。有意义的接受式学习是指学生以思维为核心的一种理解性的学习。其特点是学生身与心、认知与情感、逻辑思维与直觉等和谐统一以及在学习过程中的投入。这种接受式学习的过程，实质上是学生积极主动地对教师所传授的知识进行选择、理解、整合和内

1　张承芬. 教育心理学. 济南：山东教育出版社，2001：123

化的过程，并在这一过程中使新知识纳入到自己原有的认知结构之中，以达到对新知识的把握和理解。

3. 维持性学习与创新性学习

创新性学习的提法源自20世纪50年代的创新思维研究，维持性学习的提法源于1979年罗马俱乐部出版的《学无止境》。这两类学习的划分依据是对学习内容进行认知加工后，是否生成新颖的、有价值的思维产品。维持性学习旨在获取人类已有的经验、知识，因此是一种传递式的学习，目的是帮助个体适应社会；创新性学习旨在生成新的思维产品，产生新知识，诱发革新，促进社会进步。

4. 体验学习与学术学习

体验学习是基于杜威的做中学的教育和勒温的行动学习思想提出的。体验学习需要的是学习者通过直接的体验、反思形成的观点和知识的过程。学校教育活动，尤其是中小学生的学习，往往通过亲身体验的方式完成更容易取得理想效果。与它相对应的是学术学习，它是不需要经过直接经验的体验，而是通过间接经验学习获得大量信息的过程，因此学术学习能够保证在相对时间内最大限度地获得理论性知识。

5. 情境学习与抽象学习

情境学习是由莱夫和温格于20世纪80年代提出，它认为学习是情境性的，并提出了情境认知理论。情境认知意味着知识的学习必须来源于真实情境，知识的建构需要社会互动和协作，只有这样知识才对社会生活具有指导意义。抽象学习是一种去情景化的学习，因而习得的知识具有惰性。学校课堂中的学习，大部分都是这种抽象的符号知识。

6. 合作学习与独立学习

从学习社会学角度讲，学习存在独立与合作两种形式。在竞争性的学习中，学生会意识到个人目标与同伴目标之间的相互排斥，容易使学生产生他人的成功意味着自己的失败的心理，形成独立学习的习惯，这种学习方式容易形成损人利己的思想。在应试教育的背景下，课堂教学采用的方式仍然是独立性学习，学生养成的是被扭曲了的竞争意识和与之相应的利己行为。独立学习，虽然独立经历学习全过程，学习过程贴近学生的认知风格与学习习惯，但是失去了课堂学习的本质特征（教学交往）和互动生成的基础。而合作性学习则是注重了学生的社会性发展，培养学生的合作意识，形成与别人相处与交往的基本技能。

7. 自主学习与他主学习

从人性的角度说，人是主体性与客体性的统一，能动性与受动性的统一，也是独立性与依赖性的统一。因此，学习可以分为自主学习和他主学习。他主学习把学习建立在客体性、受动性、依赖性的统一上。自主学习则是把学习建立在主体性、能动性、独立性的一面上，这两种学习方式都是客观存在，都有存在的合理性。要强调的是：他主学习不能成为学生学习的主导方式，只能是一种辅助方式，他主学习要不断转向自主学习，他主学习是一种过渡性学习。

传统的课堂教学基本上还是以讲授——接受为主，学生学习基本靠听讲、背诵、做题、考试，完全处于被动学习状态。教师关注的是如何把知识、结论准确地给学生讲清楚，学生关注的是如何准确无误的将背诵的知识写在试卷上，因此学习方式的选用将直接影响学生的成长。自主、合作、探究的学习方式的最终目的在于学生个性的自由发展，学生的主体性得到彰显。自主、合作、探究的学习方式有着丰富的内涵，可以从不同的角度去理解。它不仅是一种学习方式，还是学生学习中的精神状态，也是教师在教学过程中追求的理想的课堂氛围。

🔊 名家语录

"自主、合作、探究学习是时代精神的反映，是以培养创新精神和实践能力为核心的素质教育的必然要求。自主、合作、探究是一种品质，必须大力弘扬和彰显，并渗透到其他各种学习方式中去。"

——余文森（福建师范大学）

第二节
自主学习方式的运用

🎯 学习目标

通过本节内容的介绍，使学习者理解自主学习的内涵、特点，自主学习方式在运用中存在的问题，自主学习方式的应用策略。

自主学习是一种主动、独立学习，是自主学习的核心品质。自主学习方式最早可以追溯到苏格拉底的"产婆术"，后来的柏拉图、亚里士多德、卢梭和斯宾塞等人，也分别从自我反思、自我调控等方面强调了学生的自主学习。20世纪初，自主学习研究进入初步实验阶段，较有代表性的观点包括杜威倡导的反省思维、"做中学"、设计教学法等和新行为主义心理学家斯金纳创立的程序教学法。20世纪50年代，瑞士心理学家皮亚杰在建构主义学习理论中，系统地阐述了自主学习的思想。同一时期的美国心理学家奥苏贝尔从学生内部心理过程的角度出发，提出了认知同化学习理论。20世纪60年代后期，随着信息加工心理学和人本主义心理学等的兴起，对自主学习的研究逐渐深入，也逐渐系统起来。美国心理学家罗杰斯提出了"以学生为中心"的人本主义教育思想，要求学校教学以学生为中心，在教学中贯彻人本主义精神。教师是学生学习的促进者，而不是权威者，他们应为学生提供日益增多的自我指导的机会。到了20世纪90年代以后，"主体教育思潮逐渐形成，在教育理论界及实践界的影响也与日俱增，越来越多的教育实验以主体教育理论为指导思想。"[1]强调学生的主体性，也强调具体学习技能、技巧、习惯的培养，自主学习的理念和方式得到了重视。

一、自主学习的内涵与特点

（一）自主学习的内涵

自主学习是个别化学习，是一种以人本主义心理学为基础的现代学习理论。其主要内容是指个体自觉确定学习目标，制订学习计划，选择学习方式，调控学习过程，评价学习结果的过程和能力。广义的自主学习是指人们通过多种手段和途径，进行有目的有选择的学习活动，实现自主性发展。教育家鲁洁说："人的心智结构并非纯先天的、自我存在的、固定不变的，它有一个形成发展的过程，这个过程也是人自身建构的过程。这是人通过他的自我意识，既将自己作为主体，又将自己作为客体，通过这样一种主客体交互作用而形成的。他还不断地把已经形成的自我心智结构作为内在实践的客体，当这一客体不能满足作为主体自身发展的需要时，他又会以一种主动的势态，把自己各方面的本质力量激发整合起来，积极推进已有心智结构按所需要的方向发生相应的变化，实现预期目的的对象化、现实化。原有的心智结构也就在这种新的互动关系中而失去其现实性。我们每个人就是在这种不断建构、不断改建中发展的。"[2]自主学习的本质在于个体建构。就中小学生而言，学校应该给学生提供充分的学习自主权有利于学生成长的教育资源，以营造张扬个性、发展自我的活动天地。

（二）自主学习的特点

由于未成年的学生在知识、技能、方法等方面相对缺乏，思想意识还未成熟，导致学校中学生的自主学习更为复杂。

1. 自主学习离不开宽松、民主的教育氛围。

教师与学生是最重要的学校成员，师生关系也是学校教育活动中最重要的人际关系，自主学习使传统的师生关系得以瓦解，学生有学习权利意味着教师知识权威形象的动摇。

2. 学习目标的制定具有自主性

学生可以根据自己的知识储备和能力水平制定合理恰当的学习目标。学生自己确定学习

---

1 钟启泉，张华，主编. 世界课程改革趋势研究（上卷）. 北京：北京师范大学出版社，2001：10，38
2 李英. 我国主体教育实验的回顾、反思与展望. 教育理论与实践，2001（9）：9

目标，制订学习计划和步骤。

3. 学习内容具有可选择性

学习内容应依据学生的自身知识结构、能力基础和兴趣而定。学生自主性学习意味着学习内容的自主权，学习内容的选择要服务于学习目标。自主学习的方法具有多样性和灵活性特征，学生为完成学习任务，达到学习目标，可以通过多条渠道、多种途径获得自己所需的信息，并根据自己的认知风格和学习习惯安排学习活动。

4. 学习资源具有丰富性

学校必须借助当前信息化社会的优势，丰富和建立各种信息资源库，并为学生自主学习提供资源的渠道。

二、自主学习方式在运用中存在的问题

自主学习是一项系统工程，是由诸多因素组成的，学生的年龄和阅历、基本知识和基本技能的积累、社会生活视野的开阔、思维方式的形成、学习习惯的养成等每一项都制约着自主学习方式的实施，也因此自主学习方式在运用中存在一些问题。

1. 学生缺乏问题意识

由于长期的应试教育的影响，学生迫于外在的压力进行学习，学习的积极性和好奇心被慢慢消磨，也就失去了问题意识，因而很难产生自主学习的愿望。传统的学习在很大程度上属于受外来动机驱使的学习，学生缺乏对知识的渴望和奋斗的精神。还有不少学生认为在学校的主要任务就是为了考试而学习，只要学习成绩好就行了，学习能力的培养无关紧要。因此即使教师放松对学生的控制，学生却缺乏自主学习的能力。

2. 教师不敢放手

由于受传统的教学观念和应试教育的影响，教师习惯于控制课堂，不放心学生自主学习，仍然以教师讲授为主，甚至担心自主学习会影响教学任务的完成。其实，课堂上教师讲得越多、越细、越深，学生就学得越苦、越累、越烦。长时间地灌输，学生还会产生思维惰性。新生代学生堪称"抱大的一代"，而教师接受的又完全是"他主教育"，让一位习惯于做保姆工作的教师，一夜之间变成"甩手掌柜"，其难度可想而知。

3. 自主学习的盲目性

学习者虽然具有了自主学习的机会，但是却不具备科学的学习策略，具有一定的盲目性。学习策略是个体在学习活动中用以提高学习效率的行为方式。任何学习者在学习活动中都会使用学习策略，但是科学程度往往不同。自主学习如果缺乏正确的学习方法和学习策略，就会具有一定的盲目性，并不能将知识转化为相应的能力。

三、自主学习方式的应用策略

自主学习不仅是一种学习方式，更是一种学习理念。自主式学习没有明确的步骤，需要教师结合教学内容和学生的自主学习能力来确定学习步骤。

1. 为学生提供学习策略

学生的自主学习需要一定的前提条件，具体包括：学生要有一定的知识积累，必须有明确的学习任务或主题，学习目标容易被学生理解，学生掌握一定的学习方法，并能根据学习任务的要求改变学习方法。为学生提供学习的思维策略、鼓励深入学习、组织能力训练等，向学生提供有效的学习策略信息。

2. 教给学生如何使用学习策略解决问题的方法

在教学过程中，学生所获得的学习策略指导，必须是能在真实的语境中加以具体说明，在实践中加以运用，在不同情境中得到迁移。自主学习能力不是封闭于某一学科的自学能力，而是开放的动态体系，它体现在各个学科中的建构学习，这些方面的自主能力可以相互迁移、相互促进、共同提高。

3. 提供学习机会，激发学生自主学习意识

鼓励学生不局限于已有内容，而对扩展学习有关知识进行深入思考，按照他们自己的思维方式和先前的理解对其进行重新组织，使学生成为自己学习的提供者。教师尤其需要注意的是，自主学习不只是一些学习好的学生的事情，每个学生都可以参与其中。只要引导得法，也能够唤起全体学生的学习潜能。

🔊 名家语录

自主学习是建立在学生一定知识积累基础上的较高层次的学习活动，更是一种学习态度的体现，是学生被教师和求知欲激励后的一种主动学习过程，所以激情感染应该是自主学习的基础，是激发学生求知欲的重要途径。

——窦桂梅

第三节
合作学习方式的运用

🎯 **学习目标**

通过本节内容的介绍，使学习者理解合作学习的内涵、特点，合作学习方式在运用中存在的问题，合作学习方式的应用策略。

在合作性学习中，学生会意识到个人目标与集体目标的相互联系，个人目标的实现是集体目标实现的前提，因而会在集体成员的共同努力下，取得最终的成功，容易形成和谐的人际关系。研究结果表明，合作学习可以使学生获得一系列重要的结果，包括"养成态度与价值观""传播亲社会行为""去自我中心化""整合身份"以及"促进高级思维发展"等。

一、合作式学习的内涵与特点

1. 合作式学习的内涵

合作学习于20世纪70年代首先兴起于美国，并在70年代中期至80年代中期取得了实质性进展，很快在欧美各国及日本等国流传开来。我国自20世纪90年代初期起，在课堂教学中开始引入。到底什么是合作学习？一些教师对它的认识含混不清，甚至认为合作学习就是将教师一言堂转变为学生"自己做'，将教师传授转变为学生自主探究。这种观点显然窄化了合作学习的内涵，不利于教师的教学活动组织。所谓合作学习，是指"学生在小组或团队中为了完成共同的任务，有明确的责任分工的互助性学习。[1]合作学习对提高教学质量和改善学生心理有着重要的作用。小组之间以及成员之间可以自由交流、有序展示，通过质疑、点评、总结、创新等环节帮助学生展示个人智慧和群体成果，使学生获得积极、快乐的情绪体验。小组合作学习让所有学生参与到课堂学习中，更大程度地满足学生自主、探究学习的愿望和需求。

2. 合作式学习的特点

合作学习体现了学习的交互性、互助性和分享性，特别是在建构主义思潮的影响下，知识的形成是情境建构的结果，更使合作学习体现出了学习的建构性特点。在学习过程中，通过师生交往、生生交往，并在学习小组中互相启发、互相协作、互相鼓励，完成小组学习任务，小组成员共同分享学习成果和经验，协商、讨论所遇到的问题。

---

1 王坦. 合作学习论. 北京：教育科学出版社，1994：18

二、合作学习方式在运用中存在的问题

1. 合作学习中重形式轻内容

人们可能把合作学习方式窄化成了对课堂教学行为改变的追求，鉴于此变教师讲授为小组讨论，变个别提问为小组汇报，变课堂桌椅的秧田式排列成为圆桌会议式来摆放。几乎当前绝大多数课堂教学所采用的合作学习方式都是小组合作学习，不少教师将合作学习等同于小组学习，甚至将小组学习等同于圆桌学习。只关注到教学的形式，却没有关注到合作学习的效果和对合作学习内容的设计。

2. 合作学习中重学生学习，轻教师引导

由于对合作学习内涵理解存在偏差，许多教师在学生合作学习时成了旁观者，学生的合作学习则成了纯粹意义上的自学。在一些合作学习中，每一个学生个体都在合作、参与，做教师的却未尽职责，学生们仿佛是在一种"无教师"状态下进行学习。事实上，由于年龄特征与知识结构等因素的制约，学生们要进行那种无教师指导的纯自主的学习往往是不现实的，他们在合作学习的过程中仍然需要教师适时的点拨与启发，因此，教师指导的缺位在很大程度上影响学生合作学习的有效进行。曾经在一节小学课堂上出现过这样一种情形，老师让学生展开合作学习，顿时课堂上开始了争论，此起彼伏。随后进行小组汇报，当一个小女孩汇报发言时，一个小男孩从座位上跳了起来，他挺着胸，理直气壮地说，她讲的话都是我刚才说的，不是她的，说完得意洋洋地回座位上了。小女孩显得很尴尬。但是老师没有给出任何评价和引导，这样的合作显然失去了合作学习的本质。合作不只是学习方法，还是学习内容；不只是一种学习方式，更是一种对待生活的态度。真正的合作意味着彼此接纳欣赏、互相取长补短和共同携手进步。在接纳别人的同时，学生还应该学会欣赏别人，而这些离开了教师的引导显然就失去了应有的意义。

3. 合作学习中参与度不均

一些学校的小组合作学习虽然设计的很精心，但是学生在合作学习中的参与程度却严重不均。在小组合作学习时，学习成绩优异或者性格外向的学生往往频频举手发言，积极参与课堂讨论，甚至成为学生小组中的小领导，而其他学生成为追随者，懒于思考，坐享其成。在这样的合作学习中，只有少数学生成为小组学习的中心，大多数学生则被边缘化，游离于学习过程之外。因此小组学习为这些学生提供的参与机会是不均等的，使合作学习失去了原有的意义。

4. 作而不合

就目前的中小学生社会行为发展水平而言，学生普遍缺乏合作意识。教师尽心设计的合作任务，由于学生缺乏合作精神而得不到很好的完成。他们虽然被教师安排在不同的小组中，但实际上依然各自为政，只是表达个人观点，却不愿意听取他人看法。合作研究结束后，在各个

小组的成果汇报环节，小组代表发言的观点也往往不能代表本组成员的观点，而是小组代表的个人观点。因此这种作而不合的合作学习，虽然形式上看着热闹，但效果却无从谈起。

三、合作学习方式的应用策略

1. 选定问题

合作学习首先需要确定学习的内容或任务。教师一定要选择好的问题，值得学生一步一步地探索。如果选择需要探索的问题只是对不对、对/错了吗，错了……这样的问题，那就没有必要了。问题的选择可以由教师依据课程内容而定，也可以从学生提出的问题中选择，但必须具有一定的问题性，是一个值得探究的问题。

2. 确定小组规模，划分学习小组

小组的规模不宜过大，一般4~5名学生一组最佳。同时按照学生的学习水平、智能情况、性格特征、操作能力等将学生分成若干个异质学习小组，使学生可以取长补短。可设置如发言人：负责阐述小组的主要结论或答案；监督员：负责敦促每个小组成员发表自己的见解；记录员：负责记录小组讨论的结果；联络员：负责与教师或其他小组进行联络；操作员：负责活动中有关制作或实验操作；信息员：负责整理大家搜集的资料或将现在学习的概念与过去已学过的联系起来。小组内角色可以设置为轮换制，使每个成员都有锻炼和展示的机会。

3. 展开讨论，搜集资料

合作学习的核心是沟通与交流，而学习材料是沟通与交流的媒介。教师一方面可提供一些学习网站，让学生在网上获得学习材料，在讨论学习中进行交流。另一方面可以根据学习内容，提供学生搜集资料的方案。在搜集资料、探索实践的过程中，难免会出现学生之间观点不一致，面临无从下手等问题，在这个过程中，需要教师的积极引导，增强学生的合作意识。

4. 提交小组学习结果

学习小组把本组的学习、研讨结果呈现给全班，教师总结、评价各组的学习，必要时对学习内容进行补充讲解。教师要指导学生学习交流与沟通的技能。指导学生在发表自己意见的观点和看法前要独立思考、整理思路，在别人发表意见时要注意倾听。各个小组汇报的水平可能参差不齐，一定会有表现突出的小组，也存在表现不佳的小组，教师要鼓励其他小组学习优秀小组的长处，找到差距，加强组际之间的学习，这样小组学习才能起到示范、引导的作用。将个人之间的竞争变为小组之间的竞争，把小组总体成绩作为奖励或认可的依据，形成"组内成员合作，组间成员竞争"的新格局，以实现"不求人人成功，但求人人进步"的教学评价目标。

为了避免合作学习的表面化、形式化，使合作学习更加有效，教师需要注意以下几个问题：从两两合作开始，小组合作分工明确；小组代表发言；全班交流；组际互动。第一，实

施合作学习要培养学生的合作技能，小组内成员应合理搭配，以保证在性别、兴趣、能力等方面的差异性和互补性。学生所拥有的信息不同，"信息差"的存在使学生为获得彼此的信息而积极地交往。第二，明确小组分工，小组长的作用非常关键。平日要多与学生交流，倾听学生的心声，帮助他们解决小组内的困难。定期组织小组长交流经验，互通有无，定期评选最受欢迎的小组长、最负责任的小组长。鼓励小组长在代表小组发言汇报时，要有集体感，代表小组的观点，不要说"我认为……"而要说"我们小组认为……"合作学习是一种目标导向活动，目标互赖是合作学习取得成功的重要条件，个人目标实现与否，直接影响着小组目标的实现与否。

📢 名家语录

"小组合作学习的理论假设是：与他人合作的教学目标或任务可以促成学生间的合作，更有效地激发学生的自我意识，引导学生尊重他人并且自尊，培养学生的主动参与精神和合作观念，使学生习得社会交往技能。它是学生在真正的集体中获得个人生动活泼发展的有效途径。"

——郭华（北京师范大学）

第四节
探究学习方式的运用

🎯 学习目标

通过本节内容的介绍，使学习者理解探究学习的内涵、特点，探究学习方式在运用中存在的问题，探究学习方式的应用策略。

　　转变学习方式要将学习过程中的发现、探究和研究等认识活动凸显出来，使学习过程更多地成为学生发现问题、提出问题、分析问题和解决问题的过程，因此，新课程倡导发现学习、探究学习、研究性学习。

　　最早提出在学校科学教育中要用探究方法的是教育家杜威。他认为科学教育不仅仅是要让学生学习大量的知识，更重要的是要学习科学研究的过程或方法。他主张教学应当遵循以下步骤：设置疑难情境、确定问题、提出假设、制定解决问题的方案并实施等。从1950年到1960年，探究已经成为一种教学方法。特别是著名教育家布鲁纳在《教育过程》的报告中，率先提出了发现法，教师应引导、鼓励学生自己去发现。后来芝加哥学派的施瓦布提出了更有操作性的教学方法——探究性学习方法，得到了教育界的广泛认同。后来建构主义的学习观提出知识不能简单地通过教师传授获得，而应该在一定的社会文化背景下，借助教师和学生的互动进行建构。因此，探究学习是人们在总结发现式学习和有意义学习的经验基础上，提出的一种以学习自主探究为主的学习方式。课程改革特别强调将探究性学习方式，渗透到学生学习的所有学科、所有活动中。

一、探究学习的内涵与特点

（一）探究学习的内涵

探究学习或称发现学习、研究性学习，意指学生在教师的指导下可以像科学家那样，通过亲身实践，探索发现新的事物以及隐藏其背后的规律的一种学习方式。学生的探究学习与科学家的探究发现是有区别的，儿童的科学探究是他们的一种学习方式，强调的是学习过程，它不追求研究未知的知识，更强调学生亲身经历，动手动脑的探索发现过程。其目的在于构建知识，形成科学观念，领悟科学方法。

（二）探究学习的特征

1. 问题性

学习是探究性学习的重心，探究是探究性学习的手段和途径。因此探究式学习需要探究的内容不是书本知识，而是生活中一个值得研究的问题。任何探究性学习的开始都是从提出问题开始的，因此问题本身成为探究的任务。探究性的问题既赋予了学生选择学习内容的权力，也要求学生承担达成课程目标的任务，当学生感到背负一种责任时，他的主观积极性便得到极大的调动，自主学习、积极探究就有了积极的内在动力。

2. 过程性

正是因为学生的探究活动不同于科学家的科学研究，因此学校教育中的探究活动与关注探究的结果相比，更注重探究的过程。教学始终坚持"以人为本""以学生为中心"的理念，使学生在探究的过程中养成了良好的探究意识和科学素养。探究学习强调探究过程而不是接受和记住现成的知识，要求学生从各种特殊事例归纳出结论，并用它来解决新问题。教师的职责在于为学生的探究过程提供条件和帮助，充当学生学习的组织者和指导者，使学习过程更多地成为学生发现问题、提出问题、分析问题和解决问题的过程。

3. 开放性

首先，探究学习的内容不是特定的知识体系。强调理论与社会、科学和生活实际的联系，关注环境问题、现代科技对当代生活的影响以及与社会发展密切相关的重大问题。教师有时为了统摄活动过程，往往预先设定了教学目标和探究的主题，而且在实施过程中不允许学生偏离设定的研究方向。泰勒《课程与教学的基本原理》一书中指出，一个学习目标可以由不同经验来实现，一个经验可以实现多个学习目标。这里的经验是指学习活动。所以我们在问题确立的时候，不一定非要根据某个固定的标准来制定，不同的内容可以达到同一个目标。其次，探究性学习的开放性还体现在学生探究学习的结果是开放的，探究出的答案不一定具有固定、统一的标准。

二、探究学习方式在运用中存在的问题

1. 教师控制探究过程

探究学习成为人们关注和研究的热点，很多中小学教师开始尝试运用探究的方法，让学生习得知识，但是这当中也出现了一些问题。实际教学中，教师们有时候是摆着探究的框架，但仍然限制着学生的思维。一些教师不敢放手让学生自主探究，还是会牵着学生的鼻子走。甚至一些教师仍然穿新鞋，走老路，将探究性学习引导到解题上，仍然走不出考试评比的囚笼。

2. 过分追求有较高研究价值或社会价值的选题

一些教师过分强调探究性学习的选题具有较高的研究价值，总是为选题问题发愁。甚至找到教授、专家们来确定探究活动的选题，忽视了学生感兴趣的、利于学生探究、发现的一些生活中的问题。

3. 问题设置缺乏探究空间

并不是任何内容都可以通过探究性学习方式进行，有效地探究问题的设计具有探究空间。不少教师为了探究而探究，将一些封闭性问题、过难或过于简单的问题作为探究性问题留给学生。这些问题的设置并没有给学生留有充分的探究空间，对学生的学习显然是不利的。

三、探究学习方式的应用策略

探究式学习是学生通过自己再发现知识形成的步骤，以获取知识并发展探究性思维的一种教学方式。对于教学过程而言，作为结果的知识固然重要，但更重要的是获得知识的过程。在发现探究式学习中，学习内容是以问题形式间接呈现出来的。在教师指导下，学生从各种特殊事例中归纳出一般法则，并用之来解决新问题。这一过程通常要经过以下几个阶段：设置问题情境、发现问题、提出假说、验证假说、运用结论解决新问题。

1. 设置问题情境

在具体情境中使学生产生兴趣，并结合已有的经验，确定可能调查的问题。问题是探究式学习的源泉，通过学生对客观世界的观察，发现问题，提出问题。一个足以引发探究的问

题，可以激发学生的求知欲望，并能生成相关的另一些问题。在新版教材中，每一课的后面都有一个小栏目，即活动与探究，不仅有分析材料等探究活动，也包括了不少可能引起争议的问题使学生探究，比如提供两种不同的观点要求学生判断：他们谁说的有理？在学习完历史课《秦始皇》一课，老师可以让学生分成两组，进行辩论，学生可以认为秦始皇是功大于过，或者过大于功。为了支持自己观点，学生可以根据问题搜集材料，到图书馆、到网上寻找证据。

2. 提出预测或假设

学生针对所要研究的特定问题或疑问，预测性地提出一些最有可能的方案。为了证实或拒绝他们预测的答案，他们需要获取证据对问题做出解释。教师要引导学生亲历探究过程，为学生的自主活动提供机会和空间，不要"越俎代庖"，代为探究，更不能以"讲授探究"代替"亲历探究"。

3. 收集资料

通过各种途径、形式搜集资料。对资料进行筛选、归类、统计、分析、比较等来整理资料。科学以实验证据为基础来解释问题，学生在探究活动中通过测量、反复观察、实验调查以及记录等方法，来获取证据。在科学活动中，学生需要运用获取的证据帮助他们对科学现象进行解释。这是学生在以事实证据为根据而形成的解释，是对探究问题的回答。

4. 整理分析数据，得出结论

使用有关的设备和材料进行试验、调查、观察、检索、记录和分析资料，找到假设与相关因素之间的逻辑关系。在探究过程中形成个人见解，包括描述现象，解释获得的信息，从而证实、抛弃或改变假设与预测。学生个人情况不同，家庭条件也不一样，探究学习的方式千差万别，要让学生学会分享探究方法、经验和资料，而不要一味追求探究的结论是否正确。

5. 反思过程，形成反馈

评价和反思也是探究学习的重要环节，同时也贯穿在整个探究学习过程之中。不仅要针对探究结果进行反思，同时要做阶段性评价与反思。在反思的环节，一定要让学生参与其中，看到不同的探究方式和探究结果。通过反思探究学习的整个过程，概括方法形成策略，积累学习经验、发展学习能力。

🔊 名家语录

不论自然科学，还是人文社会科学，学科本质是探究。学科之"鱼"，只能通过探究结成的"网"来捕获，体验供给"氧气"，以使学科之"鱼"保持鲜活并不断生长。

——张华（华东师范大学教授）

第五节
信息技术背景下的学习方式变革

🎯 **学习目标**

通过本节内容的学习，使学习者了解在信息技术时代，学习方式的革新，在课程改革倡导的自主式、合作式、探究式学习方式以外，存在的其他学习方式。

科学技术的迅猛发展使得网络技术、信息技术影响着传统学校教育。在信息技术环境下，学习方式从数字化学习过渡逐渐发展到泛在学习，这期间学习方式发生了重大的变革，也对以往课堂学习方式产生了冲击。

一、翻转课堂学习

知识在以往任何一个时代从未像今天被人们所重视，它在经济增长和社会变迁中地位的突现，不仅改变着人们的生产方式和生活方式，而且改变着人们的思维方式和学习方式，这是对教育的严峻挑战。近年来，"翻转课堂"作为一种创新型的教学模式风靡全球，引发了国内外教育教学领域研究者们的广泛关注。所谓"翻转课堂（Flipped Classroom 或 Inverted Classroom）"，就是由教师创建视频，学生在家中或课外观看视频中教师的讲解，回到课堂上师生面对面交流和完成作业的这样一种教学形态。[1] 简单地说，"翻转课堂"就是将原本在课上进行的教学活动放在课下，课上的时间则用来解决小组和个人的问题或是讨论、做实验。

传统的课堂教学方式是教师用一个版本的教学设计对所有学生进行授课，忽视了不同学生个体的能力差异，导致传统课堂的集体授课无法兼顾学生的个性。在翻转课堂中，学生拥有学习自主权，可以根据自己的兴趣、水平选择合适的时间进行学习。学生掌握学习的内容和进度，同时将遇到的问题和困惑记录下来，在课堂上与教师、同学共同讨论交流，这其中融合了探究性学习、合作性学习和自主性学习等多种学习方式。学习方式的变革要求教师要改变传统的课上讲授，课下练习的授课思路，选择适合于时代发展、学生发展的教学方法开展活动。

🔊 **名家语录**

信息技术对促进自主学习和自主能力的发展具有重要的价值和可行性。探讨信息技术与自主学习的结合，是时下自主学习研究和应用的新视角和新课题。运用IT支持自主学习，关

1　刘荣. 翻转课堂：学与教的革命. 基础教育课程，2012（12）：28

键要围绕自主学习/自我调节能力的构建，认识和把握其与信息技术的匹配应用关系。

——钟志贤（江西师范大学）

二、混合式学习

混合式学习一词来源于英文的"Blended learning"或"Hybrid learning"，黎加厚认为，混合学习是指对所有的教学要素进行优化选择和组合，以达到教学目标。教师和学生在教学活动中，将各种教学方法、模式、策略、媒体以及技术等按照教学的需要娴熟地运用，达到一种艺术的境界。[1]混合学习意味着不同的传递媒体（基于非技术的和基于技术的）、不同的学习事件（自定步调的和协作学习的）、电子绩效支持（教学）和知识管理（信息）的混合。混合式学习的思想影响到教学结构的改变，即教师观、学生观、教材、教学媒体、学习方式等的改变。在混合式的学习现场中，学生可以参与到教学实践中，基于学生本身的需要、需求创造学习环境，因此更满足于不同个体的学习需求差异，体现学习的自主性。

三、泛在学习

随着技术设备的体积越来越小，可携带的数位学习工具（Tablet PC、PocketPC、PDA）或者可以装载数位资讯内容的装置日趋成熟，新的信息社会开始逐渐考虑以泛在学习取代传统课堂学习。广泛来说，只要能让学生随时随地进行学习的活动皆可称为泛在学习。泛在学习技术将推动无所不在的学习意识。无所不在的学习代表的不仅是数字化的学习，而且具有移动的特点，能够做到正确的地方及正确的时间进行的正确学习，无所不在的学习技术带来一场新的学习革命。

泛在学习既是一种学习环境，又是一种学习方式。因此泛在学习被称为打开终身教育之门的学习方式。[2]学生只要能利用手边的手机、电脑等电子设备作为学习工具，通过无线传输下载学习内容，就可以学习，摆脱时空的局限性，并突破了传统教学中以教学者为主的教学模式，摆脱时空的局限。突破传统课堂学习方式，以学生为中心，使学生掌控自己的学习步调，满足不同的学习需求。泛在学习可以使学习者通过不同的方式，在不同的年龄阶段，以不同的学习获得教育。一些学者认为，泛在学习创造了无缝学习环境，将更有利于实现终身教育，构建学习化社会。

由此可见，今后的课堂学习方式将更加倾向于学生自主选择、探究和合作的学习方式，

1　黎加厚. 关于"Blended Learning"的定义和翻译. http://www.jeast.net/jiahou/archives/000618.htm1（2004）

2　张雪，李子运. 打开终身教育希望之门的学习方式——泛在学习. 继续教育研究，2010（2）

学生将运用个性化、多样化、信息化的学习方式完成越来越多的学习内容。学习方式如同社会生活中的生产方式、生活方式和思维方式一样，也存在着一个对传统方式的变革和向现代方式的转化问题。当技术越来越多地成为教育教学发展的依靠力量时，教师更应该具备敏锐的问题意识，预见未来的教育，顺应社会转型带来的学习方式的变革。学习方式对教师而言，就是一种教学方式。教学方式建立在学习方式基础之上，并引导着学习方式的形成。教与学的统一性要求教师的教学必须适应正在变化着的学习方式。

本章小结

随着课程改革的推进，人们对学习方式的关注增多。依据不同的划分标准，学习方式可以分为不同的类型，不同类型的学习方式各有特点和优势。自主、合作、探究式的学习方式是课程改革倡导的学习方式，也是提高教学效率的可行方式。在教学实践中切勿为了迎合课程改革的理念，忽视实际效果的改革学习方式。学习方式有效运用不仅体现为一种理念，也是一种教学能力。在信息技术对学校教学产生冲击的今天，更需要教师认识多种学习方式。

总结 >

Aa 关键术语

学习方式	自主式学习	合作式学习	探究式学习
learning approach	autonomous learning	cooperative learning	inquiry learning

章节链接

本章主要介绍了学习方式的内涵与特征，对自主学习、合作学习、探究学习等内容进行了详细介绍。这些内容与第六章《展现教师魅力的讲授》和第七章《事半功倍的学习策略》中的部分内容有密切联系。

应用 >

批判性思考

1. 自主学习与应试学习真的水火不容吗？
2. 自主、合作、探究式学习，灵丹妙药？

✏ 体验练习

1. 在我国常用的学习方式有哪些？具体的运用策略有哪些？
2. 概述学习方式变革的历程。
3. 谈一谈如何进行有效的合作学习。
4. 教师如何引导学生选择适合自己的学习方式？
5. 信息技术教育的发展为传统的学习方式带来哪些变革？

🔍 案例研究

在一堂教学内容是"圆的周长"的公开课上，教师为了体现新课程标准倡导的以学生自主探究、合作学习为主的教学理念，在这堂课上，教师利用准备好的材料安排对学生所带的圆的周长进行测量，教师为了让学生能够精确地得出结论，就让学生先探究一下如何进行圆的周长的测量。这一下学生可来劲了，都在争先恐后地进行操作活动，争论不休，花费了大量的时间。一节课的教学内容没有完成，下课铃声就响了。

请就此案例，谈一谈如何使探究式学习更有效？

📝 教学一线纪事

教师在一次课堂教学中提出这样一个问题："如何评价李世民？请同学们讨论一下。"课堂上学生组成小组形式进行讨论，热闹非凡，但仔细观察时便会发现，每个组中会有一两个学生主导着讨论，频频发表自己的意见；其他学生要么在听，要么根本就不参与进去，而是自己看书，自觉不自觉地成了陪衬。讨论停止后，老师提出"哪位同学起来发表一下见解？"起来回答问题的也是学习能力、表现欲望较强的某几个学生，当学生没有回答全面时，教师为了节省时间，直接将答案说出。

案例中的小组合作学习并没有取得让人满意的效果，请分析其中存在的问题，以及教师应当如何引导学生进行小组合作学习？

拓展 >

☕ 补充读物

1. [美]戴尔·H·申克，著. 韦小满，等译. 学习理论：教育的视角. 南京：江苏教育出版社，2003

　　本书第一章中的三个学习实例贯穿了以后的几章节，提供了学生对学习理解的整体观点，还介绍了许多同学习有关的话题，这些知识旨在帮助学生更好地理解学习的过程。此外，学生还将获得有关学习过程发展更多信息的最新资源。

2　吴永军. 新课程学习方式. 南京：南京师范大学出版社，2005

　　本书力求把理论阐述与案例结合起来，力求做到既有比较深刻的理论分析，使广大教师在阅读时接受理论的熏陶和营养，不至于狭隘地理解学习方式；又力求用大量的、主要学科的案例来展现新课程学习方式的操作样式，使广大教师易懂易学，以便在今后的教学生涯中，设计有利于学生发展的学习方式。

3　潘洪建. 有效学习与教学——9种学习方式的变革. 北京：北京师范大学出版社，2013

　　基础教育课程改革和教师教育改革呼唤学习方式和教学方式的深刻变革。本书基于学习方式基本问题的阐述，聚焦自主学习、合作学习、体验学习、探究学习、操作学习、游戏学习、服务学习、表现性学习、反思性学习9种学习方式的理论基础、操作策略、教学策略，以及学习方式在学科教学中的具体运用。本书兼顾通识原理与学科应用，精选经典案例，理论阐释精当，实践操作切实，为中小学的有效学习和有效教学提供了较强的理论指导和操作依据。

在线学习资源

1．中小学教育资源站　www.edudown.net

2．教育部全国中小学教师继续教育网　www.teacher.com.cn

第五章

展现教师魅力的讲授

本章概述

　　本章介绍讲授技能，包括"'是非'话讲授""形式多样的讲授""有所讲，有所不讲"和"讲亦有道，讲就要讲好"四节。这四节分别介绍：讲授的内涵、特点、优势与局限；四种常用的讲授方式；讲授的适用范围；讲授的基本要领。

结构图

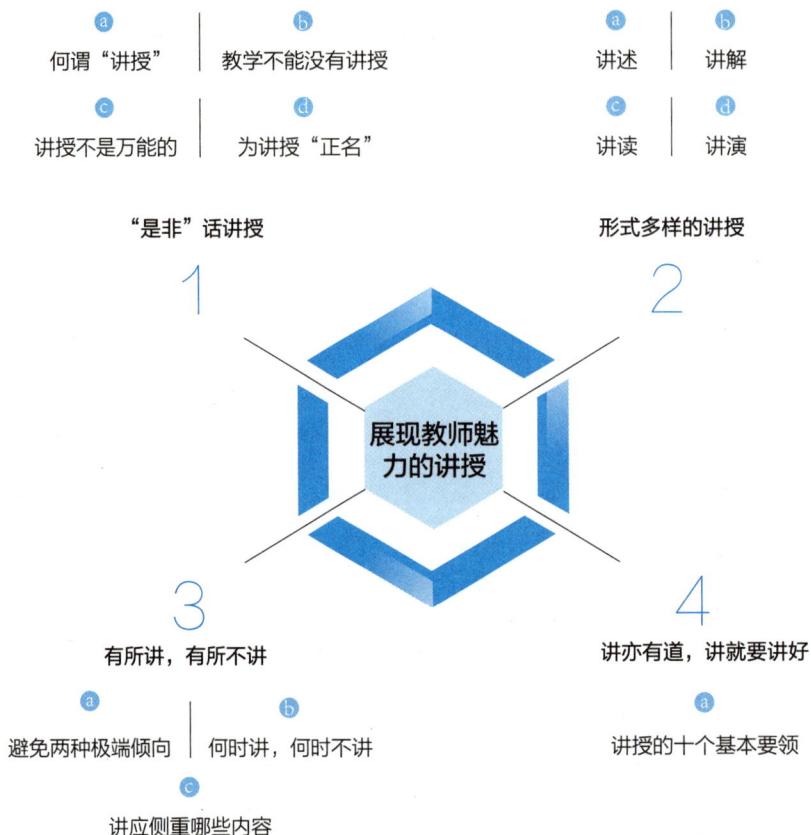

何谓"讲授" ⓐ　教学不能没有讲授 ⓑ　　　　讲述 ⓐ　讲解 ⓑ

讲授不是万能的 ⓒ　为讲授"正名" ⓓ　　　　讲读 ⓒ　讲演 ⓓ

"是非"话讲授　　　　　　　　　　　　形式多样的讲授

1　　　　　　　　　　　　　　　　　2

展现教师魅力的讲授

3　　　　　　　　　　　　　　　　　4

有所讲，有所不讲　　　　　　　　　　讲亦有道，讲就要讲好

避免两种极端倾向 ⓐ　何时讲，何时不讲 ⓑ　　　讲授的十个基本要领 ⓐ

讲应侧重哪些内容 ⓒ

学习
目标

1. 准确理解"讲授"的概念。在理解讲授特点的基础上理解讲授技能的含义；
2. 了解讲授的优势和局限，能够客观地认识和评价讲授在课堂教学中的地位和作用；
3. 了解四种常用的讲授方式，知道讲述、讲解、讲读和讲演的适用范围和基本要求，能够根据教学的实际需要恰当选择和运用；
4. 明确讲授的适用范围，在教学实践中能够有所侧重地确定讲授内容；
5. 掌握讲授的基本要领，能结合自身的学科教学不断提高讲授技能。

读前
反思

　　张老师刚参加工作不久，他的教学基本采取教师讲、学生听的方式。李老师听了张老师的课后，提醒他：新课程提倡发挥学生学习的主动性，教师讲授不能太多。听了李老师的建议，张老师有点不敢讲了。可是，教师不讲，如何完成教学任务呢？在新课程背景下，讲授法真的毫无用武之地了吗？如果讲授法仍然有用，那么怎么运用才更加科学、有效呢？带着这些困惑和疑问，张老师开始了他对讲授的再认识。

第一节
"是非"话讲授

一、何谓"讲授"

准确理解"讲授"的概念，知道讲授既是一种教学方法，也是一种教学技能；在理解讲授特点的基础上理解讲授技能的含义；了解讲授的优势和局限，能够客观地认识和评价讲授在课堂教学中的地位和作用，能够辨析教学实践中常见的关于讲授的错误观点或片面认识。

"讲授"一词有两种所指，一是教学方法，二是教师的教学行为方式。讲授作为一种教学技能，是就教师的行为方式而言的，而若揭示其内涵，需从教学方法的角度理解。

《教育大辞典》中对讲授法的定义是："讲授法亦称'口述教学法'。教师通过口头语言向学生传授知识的教学方法。"[1]《中国大百科全书》教育卷中把讲授法定义为"教师通过口头语言向学生描绘情境、叙述事实、解释概念、论证原理和阐明规律的教学方法。"[2]其他定义与以上两定义在内涵上基本一致。从名称上看，讲授法强调"讲"和"授"。具体分析，它有如下特点：

1. 学习内容属于间接经验

讲授的内容以定论呈现，对于学习者而言，属于间接经验。学习者不需要发现，只需要接受和理解教师讲授的内容即可。教师讲授时，对应的学生学习方式属于接受式学习。这与探究法（以获取直接经验为主）和陶冶法（以情境感知为主）不同。

2. 教师是主导者

使用讲授法时，教师是信息的呈现者，学生是信息的接受者，教师在教学过程中发挥重要作用。教学内容、教学进程、讲授的方式等均由教师决定，而且教师的知识储备、讲授技能、教学态度等都会影响学生的学习效果。

3. 口头语言是主要媒介

讲授内容以信息的形式经由教师的发音器官发出，被学生以听觉器官接收，进而作用于大脑。教师的口头语言是信息传递的媒介，学生的学习属于言语学习。这与演示法、参观法（以直观感知为主）、实验法和实习作业法（以实际训练为主）不同。

4. 信息单向传递

在讲授过程中，信息从教师至学生，属于单方向传递。这一特点把讲授法进一步与其他

1　顾明远. 教育大辞典（简编本）. 上海：上海教育出版社，1999：176
2　中国大百科全书编委会. 中国大百科全书（教育卷）. 北京：中国大百科全书出版社，1985：142

的教学方法区分开来。例如，问答法和讨论法借助的教学媒介虽然也是口头语言，但它们的信息流是双向的。

5. 教师需要对教材内容进行转化

讲授不是照本宣科。如果教师讲的内容与教材上的内容完全一样，"讲"就变成了"读"，这不属于讲授。讲授法包括讲读法，讲读过程中有"教师读、学生听"的环节。单论此环节，不算讲授，必须伴有教师针对所读课文而做的解释、分析、拓展以及评论等，才算讲授。也就是说，讲授必须包含教师对教材内容的转化。这种转化也被称为"二度消化"，称谓不同，但都是为了使教材内容更易于学生理解和掌握，帮助学生理解和掌握得更加系统、深刻、高效。这是讲授的重要价值。

👁 **思维拓展**

"二度消化论"

教师对自己所教的内容必须经过二度消化。第一度消化是在他自己当学生或搞科研时，针对自己存在的问题，结合自己的特点、条件，对输入的教学信息进行的加工。其目的是为了求得自己的理解。而第二度消化则是在他成为教师以后，针对学生存在的问题，结合学生的特点、条件，对即将输出的信息所进行的加工。其目的是为了让学生更好地理解、记忆和运用。不管是书的作者或是别的什么人来讲课，如果讲的和书上写的完全一样，就是"照本宣科"。这就不能算做是合格的讲授了。

——杜和戎. 讲授学——让人变得更聪明的学问. 北京：华语教学出版社，2007：13-14

根据对讲授法特点的分析，我们把讲授技能理解为：教师对教学内容进行理解和转化，借助口头语言单向传递知识，促进学生间接经验发展的一种教学行为方式。

虽然在定义中厘清了讲授与其他方法或技能的逻辑界限，但在教学实践中，讲授很少"自立门户""单兵作战"。正如讲授法要与其他方法结合使用一样，讲授技能与提问、演示、板书等其他教学技能之间也是相互配合的。从更广范围看，讲授技能属于教师语言技能。因此，讲授技能除了具有自身特点和要求外，也具有教师口语技能的特点，应遵循教师口语技能的要求。教师口语技能在本书第八章另有论述。

二、教学不能没有讲授

从教育发展的历史和学校教学的现实看，讲授法是使用最早、应用最广的教学方法。现实中常有人用"讲课"一词来代替"上课"，虽然这种指代有失严谨，但也间接体现了讲授的普遍和常用，在课堂教学中不可或缺。不排除少数几节课或个别教学环节没有讲授，但一门课程或一个学科整体的教学若没有讲授，是不可想象的。在原始社会，言传身教是基本的教学方法，尤其在没有文字的情况下，讲授是经验传承的基本方法。后来出现了专门的学校，从奴隶社会到封建社会，讲授一直是学校教育中"传道、授业、解惑"的主要方式。到了16世纪，资本主义工商业的发展催生了学校教育的班级授课制，讲授的优势更加凸显出来。讲授的优势具体表现为以下方面。

（一）效率高

讲授能使学生在较短的时间内获得大量、系统的文化科学知识。人类社会在长期的历史发展过程中积累了丰富的文化科学知识，学校教育的功能之一是向年青一代传递这些知识。以教师讲授的方式把知识传授给学生，可以使学生省去自己重新发现这些知识的时间，避免认识过程中不必要的曲折和困难。而且，讲授较少受到教学规模的限制，这使它在班级授课制的背景下被广泛应用。传授间接经验，大规模施教，这两点确保了讲授的高效性。

（二）有助于学生对知识的掌握

学生获取间接经验，除了听别人讲授，也可以自主地从书本上学习。但由于学生的年龄、思想、认识等方面还不够成熟，加上书面语言在知识传递上的一些局限，可能会导致学生无法理解知识，或者理解得比较肤浅、零散。以听讲的形式学习，尤其当讲授者是专业的教学人员时，学习过程会更加简捷。教师闻道在先，术业有专攻，能够比较全面、准确地领会本专业领域的知识。由于了解教育与心理的规律和方法，教师能从促进学生学习的角度对知识加以解读。教师通过合乎逻辑的分析、论证，生动形象的描绘、陈述，耐心的启发、诱导，能使学生对知识有清晰、深刻、系统的认识，使深奥、抽象的书本知识变得更加简明、易懂。

（三）对物质条件要求较低

讲授以口耳相传的方式进行，对设施和器材的要求低，成本少，经济易行，在不同经济发展水平的地域和学校都可以广泛运用。

正是因为讲授具有以上优势，所以尽管"讲授法在国内外历次教育改革中不断地被批判。可是，每一次改革的尘埃落定，人们总是会发现，虽然改革可能在某个方面成就斐然，但讲授法却涛声依旧，而且比那些人们试图用来取而代之的方法更有生命力。"[1]

---

1 丛立新. 讲授法的合理与合法. 教育研究，2008（7）

进入班级授课制阶段，讲授法发生了革命性的演变，与班级授课制、科学知识为内容的学科课程的联袂使得讲授法完成了质的飞跃，成为最基本和最主要的、在学校课堂中占据主导地位的教学方法。讲授法今天在学校中的主要地位，并不是某个人、某些人的意愿或偏好，而是社会和教育进程的历史选择。简单地说，因为社会与科学的进步，才有了系统的科学知识；才需将这些系统的科学知识不间断地一代代传递下去，才需要普及教育，才需要有高效率的教学形式和方法来完成这种任务。自从人类进入现代社会，这种任务已经成为社会发展的基本条件。直至今日，只有以讲授为主，与班级授课制、学科课程联袂，才能完成这一任务。

——丛立新．讲授法的合理与合法．教育研究，2008（7）

三、讲授不是万能的

以上所列优势使讲授在教学实践中占有重要地位，教学没有讲授是万万不能的。不过，讲授并非万能的，它的局限性也很明显。

（一）不利于培养学生的主动性和创造性

教师向学生讲授知识，属于单向的信息传递，不易调动学生主动性、积极性。长期使用讲授法可能使学生产生依赖心理，导致"老师讲什么，就学什么""老师讲到什么程度，就学到什么程度""明明自学能学会的，老师不讲就不学"。这种依赖心理会抑制学生学习的独立性和创造性。讲授在培养学生的探究精神和创新精神方面的作用有限。

（二）不适合动作技能和情感态度的培养

讲授在知识传授方面有其优势，但不能保证学生具有运用知识的实践能力。也就是说，即便在认知领域，讲授所能促进学生的发展也是有限的。而对于学生在动作技能和情感领域的发展，更是如此。如果培养和提高学生的动作技能，必须给学生练习和操作的机会；培养学生的情感态度，则需要给学生创造感受和体验的机会。荀子曾言："不闻不若闻之，闻之不若见之，见之不若知之，知之不若行之，学至于行而止矣。"促进学生的全面发展，仅借助讲授是不可能的，必须与其他方法综合使用。

（三）信息保持率低

从单位时间内的信息发送和接收来看，讲授无疑是高效的，但信息在学生头脑中的保持率未必高。由于学生注意力不可能长时间保持高水平，加上知识信息本身的干扰，所以当讲授时间过长时，信息的保持率会很低。根据约瑟夫·特雷纳曼（Joseph Trenaman）的研究测试，教师讲授的最初15分钟后，学生记住讲授内容的大约41%；讲授30分钟，学生能记住25%，而讲授40分钟，学生则只能记住20%。[1]也就是说，讲授所持续的时间越长，信息保持率就越低。

四、为讲授"正名"

讲授法从古沿用至今，期间经受许多批评和质疑。有些批评和质疑针对讲授法的局限和缺点而提出，也有部分批评和质疑源于对讲授法的误解。这些误解，要么是以偏概全，把讲授法的局限扩大化，要么是把讲授法的不当操作所带来的负面效果视为讲授法本身固有的缺点。为了客观认识讲授法的功用，促进讲授法的合理利用，我们要为讲授"正名"。

（一）讲授就意味着"注入"和"灌输"吗?

有人认为运用讲授法就是注入式教学，使用讲授法有悖启发式教学的思想。不可否认，讲授法"如果在运用时不能唤起学生的注意和兴趣，又不能启发学生的思维和想象，极易形成注入式教学。但不能简单地把两者等同看待。"[2]启发式教学与讲授法是两个不同层次的教学方法。启发式和注入式居第一层次，属于原理性的教学方法。而讲授法、谈话法、演示法等属于第二层次，是技术性的教学方法，均接受原理性教学方法的指导。[3]注入式是教学方法的指导思想，是教育者从主观愿望出发而不顾学生实际的强行贯注和机械训练。以注入式的思想指导讲授，讲授就可能变成灌输；反之，以启发式的思想指导讲授，讲授就具有启发性。因此，不能把讲授法与注入式画等号。

📎 背景知识

"启发"一词源出孔子的"不愤不启，不悱不发"。《学记》提出："君子之教，喻也"，主张"道而弗牵，强而弗抑，开而弗达"。朱熹将教师的启发喻为"时雨之化"，用"指引者，师之功也""示之始而正之于终"阐明教师的启发作用为引导、指正和释疑。古希腊苏格拉底倡导的"问答法"（也称"产婆术"）被认为是欧洲最早的启发式。我国《教育大辞典》

---

1 转引自：Wilson, K. & Korn, J. H. Attention during lectures: Beyond ten minutes. *Teaching of Psychology*, 34（2）：85-89
2 中国大百科全书编委会. 中国大百科全书（教育卷）. 北京：中国大百科全书出版社，1985：142
3 黄甫全，王本陆. 现代教学论课程. 北京：教育科学出版社，1998：254-255

（简编本）中对"启发式教学"的解释是："遵循教学规律，运用各种教学方法，充分调动学生学习主动性、积极性的一种教学类型。与'注入式教学'相对。"

（二）讲授就是"以教师为中心"吗?

在建构主义学习理论盛行的今天，讲授法的合理性再次遭到质疑。教师讲，学生听，从信息源的决定者来看，学生具备很少的主动权，似乎学生的学习是被动的。然而事实未必如此。教师讲授过程中的学生学习也可以是积极建构的过程，这一点恰恰可以从建构主义心理学理论中得到支持。根据建构主义理论，在信息的选择、输入、分析的过程中，听是主动建构的过程。学生在倾听的过程中会根据已有经验对信息做出主动的理解和分析。某些理论倾向把教学划分为"教师中心"和"学生中心"，这种二元对立的划分正在被越来越多的研究者反思。从关注教师和学生谁为中心转向"以学习为中心"，似乎更具建设性。而在促进学生学习方面，讲授法还是大有作为的。

（三）讲授不利于因材施教吗?

讲授可以用于个别教学，也可以用于集体教学。当在集体教学中使用讲授，尤其是班额较大的时候，很难照顾学生的个别差异。同一位教师面对众多不同的学生，有的同学理解得比较快，有的同学理解得比较慢，但所有学生都要跟着教师的讲授进度来学习。理解快的同学会感觉学习没有挑战性而不认真听讲，理解慢的同学则可能因为跟不上教师的节奏而对自己失去信心。可见，在集体教学中使用讲授，不易贯彻因材施教的原则。但这种局限不是讲授自身固有的，而是由集体教学或班级授课制的组织形式导致的。在个别教学中使用讲授法，就比较容易照顾学生的差异。讲授是否便于因材施教，不可一概而论。

（四）讲授一定是机械学习吗?

机械学习是美国当代著名的认知心理学家奥苏贝尔（David Ausubel）提出的概念。奥苏贝尔对认知领域的学习进行了分类。根据学习进行的方式，他把学习分为接受学习（receptive learning）和发现学习（discovery learning）。在接受学习中，学习内容基本上是以定论的形式传授给学生，只要求学生将内容加以内化，纳入自己的认知结构之中，以便将来能够再现或派上用场。发现学习不是把学习内容以定论的方式呈现给学生，而是要求在把最终结果并入认知结构之前，先要从事某些心理活动，如对学习内容进行重新排列、组织或转换，然后再同接受学习一样，将之内化，以便将来再现或运用。也就是说，在接受学习和发现学习中，学生都要经历将教学内容加以内化的过程，只不过前者的学习内容是教师以定论的形式传授给学生，而后者的学习内容需要学生自己去发现。

　　根据学习材料与学习者原有知识之间的关系，奥苏贝尔把学习分为有意义学习（meaningful learning）和机械学习（rote learning）。有意义学习过程的实质，就是符号所代表的新知识与学习者认知结构中已有的适当观念建立非人为的和实质性的联系。所谓非人为的和实质性的联系是指新的符号或符号代表的观念与学习者认知结构中已有的表象、已经有意义的符号、概念或命题的联系。例如"狗"这个文字符号与儿童认知结构中已有的狗的表象建立联系，则说明"狗"的符号学习获得了实质性的心理意义。这是最简单的有意义学习。复杂一些的如"等边三角形"，则必须将新知识与学生原有的"三角形"和"等边"的概念和表象建立联系，才能获得新概念的意义。而机械学习是指学习者只是记住了一些符号，但并未理解符号所代表的意义。

　　以上四类学习的关系如图5-1所示。发现学习可能是机械的（如迷宫学习），也可能是有意义的（如学习科学概念）；接受学习可能是机械的（如记乘法表），也可能是有意义的（如弄清概念之间的关系）。学习是否有意义并不取决于学习的方式是接受还是发现，而是取决于新知识是否能与学生认知结构中原有的观念发生实质性、非人为的联系。认为学生接受教师的讲授必然是机械学习，这是一种误解。

		学习方式	
		发现	接受
材料与认知结构的关系	机械	机械的发现学习	机械的接受学习
	意义	有意义的发现学习	有意义的接受学习

图5-1　四类学习的关系

第二节
形式多样的讲授

🎯 **学习目标**

了解四种常用的讲授方式，知道讲述、讲解、讲读和讲演的适用范围和基本要求；能够根据教学的实际需要恰当选择和运用。

讲授强调"讲"和"授"，但具体的讲授方式又不尽相同，较为常用的有讲述、讲解、讲读和讲演四种。

一、讲述

讲述是指教师运用语言对事物进行系统的叙述或描述，从而帮助学生从整体上理解和掌握知识的讲授方式。讲述重在"述"，主要应用于陈述性知识的讲授中，能在较短的时间为学生提供认识素材、丰富学生知识和促进学生的理解。

讲述可分为叙述式和描述式。二者相同之处在于，它们都侧重说事，而不在于释理。叙述适合呈现事件的来龙去脉、前因后果；描述适合介绍事物的基本特征与整体状况。二者的区别是：叙述式的语言简洁明快、朴实无华；描述式的语言细腻具体、形象生动。

🔍 **案例1**

对"虎门销烟"的讲授

1839年6月3日，林则徐主持的闻名世界的虎门销烟开始了。他派人在广州城南虎门滩的高处挖了两个大池，长宽各15丈，池前开了个洞口，池后一条进水沟。先引入海水，撒入食盐，再把收缴来的鸦片切碎，抛入水中，浸泡半天。然后，放进生石灰，利用生石灰和盐水的化学变化销毁鸦片。等退潮时打开池前的洞口，池子里面经过腐蚀分解的鸦片渣子随潮水冲入大海。两个池子交替使用，一连23天，把所有的鸦片全部销毁了。在这个过程中，林则徐从始至终在海滩上监督，怀着对外国侵略者坚决斗争的激情和对鸦片深恶痛绝的义愤，男男女女，老老少少，成群结队地来到虎门海滩。当他们看到池水翻滚、烟雾腾空的时候，拍手称快，欢呼雀跃。

——胡淑珍. 教学技能. 长沙：湖南师范大学出版社，1996：91

上面是一位历史教师讲述虎门销烟的片段。在这段讲述中，教师基于教材上的简短的两句话，根据史实补充了一些内容，既有对事件、地点、人物、过程的叙述，又有对销烟细节的描述，具体、生动地再现了虎门销烟的场景。

二、讲解

讲解是指教师通过解释、举例、分析、归纳、演绎、论证等方式，帮助学生理解概念、认识规律、掌握原理。讲解与讲述不同，讲述通过叙述或描述来呈现事物的整体状况，而讲讲解侧重于"解"，通常涉及对概念的解读，对原理的论证，对问题的剖析，对步骤或方法的分解等。

🔍 案例2

对《白杨礼赞》题目的讲解

礼，是顶礼或敬礼；赞，是赞美。《白杨礼赞》这个题目的意思是，对白杨树顶礼赞美。但要说明的是：顶礼，是佛教的最高礼节，顶礼的人跪下，用头顶着受礼人的脚。所以，这个题目表达了作者对白杨树极为崇敬的深情。

——孙和平，尤翠云，王玉. 教师口语实训教程. 武汉：武汉大学出版社，2012：209

上面这位语文教师对课文题目的讲解，诠释准确，语言干净明了，让学生心知其故。"礼赞"一词不进行解说，学生就会糊糊涂涂地过去了，但经这一解说，就引起了重视，为课文的学习起了导向作用。同时，"礼赞"一词就不会用错了。在教学名词、概念或者生字、生词时，讲解是一种常用的方式。下面是一个语文教学中讲解生词的案例。

🔍 案例3

对"聪明"的讲解

著名特级教师霍懋征在教小学生学习"聪明"一词时，非常富有教学智慧，可谓教学艺术的经典之作。在课堂上，她先是这样问："你们愿意做聪明的孩子吗？愿意的，请举手！"霎时间，每个学生都争先恐后地举起了手。接着，她告诉学生："每个人都有四件宝，如果学会了运用这四件宝，人就会聪明起来。这四件宝是什么呢？我暂时不讲，先让你们猜几则有关人体器官的谜语。"每当学生猜中一则谜语，她就要学生讲讲这个人体器官的作用。随后，霍老师又说，在上课时，要仔细看，但不要东张西望；要认真说，但不要随意说话。总之，要多听、多看、多想、多说。在猜谜语之后，霍老师就剖析字形说："'聪'字，左边是耳朵的'耳'；右上方是两点，代表两只眼睛；右边中间是'口'字，就是嘴；右下方是个'心'，代表脑。这四件宝合在一起，正好是个'聪'字。'聪'字后面之所以加个'明'字，是因为这四件宝要天天用，月月用，天长日久，你们就会聪明起来。"翌日，霍老师在上课时首先发问："四件宝，都带来了吗?"学生们大声说道："带来了!"

> ——李如密.特级教师霍懋征的"聪明"教学法.小学教学研究，2013（13）

此外，讲解也适用于步骤、方法和原理性的知识教学。例如下面案例中对应用题解题思路的讲解。

🔍 案例4

一道应用题的讲解

副食品公司运到白糖650千克，运到的红糖再加230千克，就和白糖数相等。问运到红糖多少千克?

教师：我们已经知道，运到的白糖是650千克，运到的红糖数，再加230千克才和白糖相等，这样我们可以列出这样的式子：红糖千克数+230千克=白糖千克数。因为题目告诉我们白糖是650千克，我们可以列出这样的式子：红糖千克数+230千克=650千克。这个式子告诉我们，必须在白糖的千克数650千克里减230千克，才可以求出红糖的千克数。这样，我们就可以列出这样的式子：650-230=420（千克）。

> ——国家教育委员会师范教育司.教师口语.北京：语文出版社，1996：258

三、讲读

讲读是教师在讲述或讲解过程中指导学生阅读或诵读有关内容，有讲有读的讲授方法。通常是一边读一边讲，以讲导读，以读助讲，随读指点、阐述、引申、论证或进行评述。讲读法的特点是以"读"为基础，辅以讲授，讲不离文、解不离句，目的是帮助学生更好地理解所读内容。讲读教学主要用于语文和外语教学，其他课程有时也用于教材中的重点句段教学，以强化基础知识。例如上海市育才中学总结的"读读、议议、练练、讲讲"模式，就是讲读教学的一个范例。该模式认为"读"是基础，"议"是关键，"练"是应用，"讲"则贯穿始终。

讲读主要有五种方式。一是范读评点式。一篇课文由教师和优秀学生分段范读，范读一段，评点一段。二是词句串讲式。在朗读课文时，联系具体的语言环境分析词句，筛选重点词句板书。三是讨论归纳式。读到容易引起学生思考激发学生探究的地方，提出讨论题，学生发言后，教师作小结。四是比较对照式。读完课文后，将文中的人与人、事与事、物与物进行比较，在同中求异或在异中求同的过程中讲授知识，进行思想教育。五是辐射聚合式。把讲读的课文向先前已学过的文体相同、主题相近、写法相似的课文辐射，再聚合成知识规律。下面中学语文《师说》一课中的一段讲读。

🔍 **案例5**

《师说》讲读片段

（古之学者必有师。）入手就点出从师的重要。学者，求学问的人。"必"字加强语气。（师者，所以传道受业解惑也。）从三方面说师的作用，极为全面。传道，当时是传授儒家之道。受业，传授学业。解惑，解答疑难问题。者，有表示停顿、提起的作用，助词。也，用在句末，表示判断语气。（人非生而知之者，孰能无惑？）就上句"惑"字加以生发，以引出下面的议论。孰，谁。（惑而不从师，其为惑也，终不解矣。）扣紧"惑"字，阐明从师的必要。而，转折连词。其，代词，他的。以上为第一层，先从师的作用说明从师的重要，然后又从人的智力发展过程不可能"生而知之"，进一步强调从师的重要。

——郝瑞经. 微格教学训练引导. 北京：中国文联出版社，2007：62-63

上面这个片段中括号内的文字是教师范读，其他文字为教师的讲授。教师的讲授主要是对文章写作特点和思想内容的评点。评点的语言准确、中肯，要言不烦，一语破的，体现了传统评点法的特点和运用要求。片段中也有对字词意义和用法的解说，对古汉语语法知识的介绍，这些内容也具有讲解的特点。可见，不同的讲授方式往往是交叉综合运用的。

四、讲演

讲演是教师就教材中的某一内容或某一专题，通过体态语等辅助手段进行有理有据、首尾连贯的论说，中间不插入或很少插入其他的活动。在讲演中，"讲"和"演"都很重要，教师不但要把自己的见解以言语的形式表达出来，还要运用眼神、手势等体态语来配合自己演说的内容，从语言到动作类似于正式的演讲，但较之于正式的演讲又随意一些。与讲述、讲解和讲读相比，讲演涉及的知识面广、内容系统深入、所用时间较长，更加适用于对年龄较大的学生的教学。

第三节
有所讲，有所不讲

一、避免两种极端倾向

教学没有讲授是万万不能的，但又不能夸大讲授的作用。对待讲授，要避免误入两个极端：一是"过度讲授"；二是放弃对讲授的合理运用。

所谓"过度讲授"是指在教学过程中，教师频繁地用讲授替代其他更适合当时教学内容和情境的教学方法。究其实质，过度讲授是频繁地不当讲授。当频繁到整节课如此、堂堂课如此时，就成了"满堂灌""一言堂"。教学方法多元，每一种方法都有其适用的范围。有的教师用讲授法取代其他方法，以讲代问，以讲代练，以讲代演，以讲代做，以讲代思，所有的内容一律通过教师讲、学生听的方式来展开教学。这种做法把教学完全变成了知识的灌输，剥夺了学生通过其他方式发展经验的机会。过度讲授是把讲授绝对化、万能化了。在不少教师看来，学生的学习是靠老师教会的；好的教师就是"会讲课"，能把学生"讲懂"；只有教师讲得多，学生才能学得多。教师多讲，学生多学；教师少讲，学生少学；教师不讲，学生就不学。表面上看，这是对讲授的误用、滥用，而究其根底在于教学观念的偏差。片面强调效率、过分重视知识发展、忽视学生学习的自主性，是导致教师过度讲授的内在原因。

过度讲授不利于学生的发展，学习效果未必好，不仅学生学得累，教师教得也累。近年来，在倡导尊重学生主体性、教学方式多元化的教育改革背景下，过度讲授的局面似乎有所改观。不过，在批评过度讲授时，出现了另一个极端——放弃对讲授的合理运用。有人认为，教师讲得越少越好，少讲才能多学，少讲才能体现对学生的尊重。甚至有的教师和学校追求不讲。"讲授不是万能的，但没有讲授是万万不能的。"放弃对讲授的合理运用也是有悖教育规律的。教师的引导作用和学生主体地位同样不可或缺。教师不能放弃课堂中的话语权或缺失必要的话语。

过度讲授和放弃对讲授的合理使用，都是没有把握好讲授的"度"。那么，究竟讲多少合适呢？多未必不合适，少未必好。如果学生已懂得的，教师还在反复讲；可说可不说的话，教师却在津津有味地说，这时的"多"就是不合适的；教师循循善诱、析毫剖芒、纵横捭阖、淋漓透彻，学生兴趣盎然、受益匪浅，这时的"多"便是精彩的。教师对教学内容理解不全面、不深刻，蜻蜓点水般地给学生讲几句，内容简略，这时的"少"是不得要领、敷衍应付；教师厚积薄发，要言不繁，切中要点，发人深思，这时的"少"便是恰到好处的。可见，多与少不是绝对的。有的学校有意识地限制教师的讲授，甚至硬性地规定教师讲授不得超过多长时间。不可否认，这样做的意图是好的，旨在扭转"教师一言堂""学生始终静听"的不良局面，促进教学方式和方法的多元化，促进学生积极主动的发展。不过，单纯从讲授时间和内容数量上提出要求，甚至把师生话语量模式化，难免偏颇。一节课讲授时间的长短没有固定的模式，应该根据教学目标、教学内容、学生实际情况和教学条件、整个单元乃至一学期利用的学时等诸多因素来统筹决定。如果非要制定一个时间框架，就是要避免两种极端："一点也不讲"和"一讲到底"。对讲授的关注应该从"数量"转移到"质量"上。单纯地关注"讲多少"，建设意义不大；更多地应该去思考"讲什么""怎么讲"。

国际动态

教师一定要比学生讲得少吗？

20世纪60年代，美国学者弗兰德斯（N. A. Flanders）基于大量课堂观察研究提出了"三分之二律"，即课堂时间的三分之二用于讲话，讲话的时间中有三分之二是教师讲话。[1]20世纪90年代，TIMSS（Trends of International Mathematics and Science Study）1999数学录像研究通过分析7个国家和地区的八年级数学课，其中包括我国香港地区的100节课。发现被调查的课堂都呈现教师说得多、学生说得少的状况。[2]新近的一项研究分析了2008年全国小学优秀课例评比活动中获得一等奖的数学课，发现教师话语量多于学生话语量，师生平均话语量之比是2.3∶1。[3]综上可见，教师讲得比学生多的情况是较为普遍的。

二、何时讲，何时不讲

既不能过度讲授，又不应放弃对讲授的合理运用，这意味着教师在教学中应有所讲、有所不讲。那么，哪些内容不应讲或者不必讲呢？有人认为课堂教学要做到"三不讲"：第一，学生已经会了的内容，教师不讲。如果讲，便是重复教学，浪费时间。第二，学生通过

1　Flanders, N. *Analyzing Teacher Behavior*. Reading MA: Addison-Wesley,1970:171
2　Hiebert, J., Gallimore, R., Garnier, H., et al. *Teaching Mathematics in Seven Countries: Results From the TIMSS 1999 Video Study*. U.S. Department of Education. Washington, DC: National Center for Education Statistics, 2003
3　Ma, Y. & Zhao, D. *Features of exemplary lessons under the curriculum reform in china: a case study on thirteen elementary mathematics lessons*. In: Proceedings of the 12th International Congress on Mathematics Education（ICME-12）. Seoul: ICME, 2012：1173-1190

自学或合作学习能学会的内容，教师不讲。教师讲学生通过自学能会的内容是剥夺学生自主学习的机会，不利于培养学生自主学习的能力和态度。学生自主学到的内容会掌握得更牢固，尤其是自主探究发现知识，不仅获得了结果，也经历了探究的过程。第三，教师讲了以后学生也不会的内容，教师不讲。如果讲，就是浪费时间，等于做无用功。"三不讲"值得肯定之处在于把教学聚焦于学生的学。"学生已经会的，教师不讲"和"讲了也不会的，不如不讲"都强调教师的教要促进学生的学，如果不能促进学，教便无意义。"学生自学能会的，教师不讲"的另一层含义是"学生自学无法学会的，教师再讲"，它不仅强调了教要促进学，而且体现了"先学后教"，其潜台词是"不依赖于教的学，优于依赖于教的学"。与前两个"不讲"相比，它侧重强调自主学习。

"三不讲"有一定的道理，不过也不可一概而论。有学者针对"三不讲"提出质疑，认为：教师适当讲学生已会的内容，可以温故知新，也有助于拓展提升；很多内容可以通过自学而学会，但考虑到教学的效率，这些内容不能全让学生自学，有必要让教师讲授，帮助学生消化理解，避免学生走弯路；学习是循序渐进的，有些内容不可能一听就懂、一学就会，现在虽然没有学会，但可能作为将来"学会"的铺垫和积累。这种质疑主要基于两点考虑。一是对"学会"的界定。布鲁姆（Benjamin Bloom）等人曾对认知、动作技能和情感这三大领域的教育目标做过详细的层次划分。学习目标是分层次的，"学会"具体达到哪一层次？是否希望强化、拓展和提升？是追求眼前效果还是从长计议？仅用"学会"界定学习状态或结果，不够具体。第二点考虑是教学时间。学生在学校教育中的学习以间接经验为主。尽管间接经验也可以通过自主阅读、同伴交流而获得，但与教师讲授相比，在效率方面无疑要相差很多。教学不得不在"教学效率"和"学生自主"之间权衡。片面追求效率必然会削减甚至剥夺学生自主学习的机会；罔顾学习效率而完全让学生自主，也不是为学生负责的表现。这就决定了现实中教学不应是效率至上的，学生的自主也应该是有限的。

基于上分析，在判断某一内容该不该讲授时应综合考虑。首先要考虑内容能否促进学生发展，促进学生什么素质的发展，在何种水平上促进素质发展。如果不能促进学生发展或者仅是重复原有水平，则此内容不仅无讲授的必要，也没有使用其他方法教学的必要。其次，要考虑内容适合使用何种方法教学，不讲通过讲授无法解决的问题（如高层次认知能力的培养、动作技能的训练、直接体验的获取等）。当内容属于讲授力所能及时，根据学生自学能力、教学时间和条件来决定是否采用讲授。包括两种情况：（1）学生有能力自主学会，且时间充足、条件有保障时，优先考虑学生自主、合作和探究式的学习；（2）内容不适于学生自学，或时间有限、条件不足时，以接受式学习为首选，使用讲授。

观点争鸣

对所谓"三不讲"的质疑

最近对老师在课堂上的讲话限制颇多，其中就有所谓"三不讲"，意思就是：不讲学生已经会的、不讲学生通过自学也能会的、不讲老师讲了学生也不会的。读了之后，觉得不能一概而论。

首先，学生已经会的就不讲。古语说"温故而知新"，对于学生已经会的内容再在更高的层次上处理一下，加深理解，进行欣赏。其次，学生自学能会的也不要讲。事实上，教师的作用，在于高效率地帮助学生理解课程内容，避免弯路和误解，减少学生的困难，提高教学效率，不可能全让学生自学。最后是讲了学生也不会的就不要讲。这也是要做一点补充：人的认识过程是螺旋上升的。开始，老师讲的确实不懂，像"小和尚念经有口无心"。小学生背诵"床前明月光"，也不懂"低头思故乡"的情感，讲了他也不明白。可是经还得念，诗还得背。成年人对许多尖端科技知识，也是不懂和不会的。可是，专家的报告、文章还得听听、看看，多听、多看了，以后或许也会懂一点。

——张奠宙. 对所谓"三不讲"的质疑. 数学教学，2011（8）

三、讲应侧重哪些内容

教学内容被列入讲授范围，并不意味着面面俱到地讲，而是应有所侧重。从学科知识的角度看，应侧重讲清知识结构中的重点；从学生认知的角度看，应突破难点，澄清易错点；从社会发展的角度看，应注重联系现实。

（一）讲清知识结构中的重点

每一门学科所包含的概念、事实、原理具有相对的稳定性，这些内容及它们之间的关系构成了学科的基本结构。结构有大有小，大到整个学科，小到一条原理，甚至每一个概念都有其结构。在课堂教学中，教师应该把知识的结构讲清，包括宏观的学科结构和局部内容的微观结构。讲清知识结构，就要抓住重点。重点是指在教学内容或知识体系中处于重要地位、起关键作用的内容。狭义的重点是指重要的知识点，广义的重点除了具体的知识点以外，还包括"线"和"面"。讲清知识结构，可以从"点""线""面"入手。

从具体的知识点来看，学科知识体系中核心的概念、事实与原理是知识结构的重要节点，即通常所说的重点。抓住重点，才能做到主次分明，通过解决主要矛盾来带动次要矛盾的解决。"线"是线索，整个学科知识体系有主线贯穿，局部内容亦有次级线索，线索将知识点串联起来，线索交错构成知识脉络。突出主线有助于提纲挈领地掌握学科知识。每个学科都有其基本的研究问题。关于某一基本问题的各种理论组织在一起，就构成了知识结构的"面"。讲授应帮助学生对学科基本问题有整体的把握，这一点在大学教学中尤其重要。

👁 **思维拓展**

布鲁纳的结构主义课程思想

美国著名教育心理学家布鲁纳（Jerome S. Bruner）认为，每一种知识领域（学科）都存在着一系列的基本结构。不管我们教什么学科，务必使学生理解学科的基本结构。所谓学科的基本结构是指学科的基本观念、基本原理及其之间的关系。布鲁纳认为，教学中使学生理解学科的基本结构应包括三方面的内容：一是掌握基本概念和原理；二是掌握学科知识的内在联系；三是掌握学科的学习态度和学习方法。掌握学科的基本结构具有四点重要意义：一是掌握了学科的基本概念、法则和原理可以使得学科更容易理解；二是学科的基本结构有助于记忆；三是能促进知识技能的迁移；四是缩小高深知识与简单知识之间的距离。

——[美]布鲁纳. 教育过程. 邵瑞珍译，北京：文化教育出版社，1982：41-43

（二）突破难点，澄清易错点

难点和易错点是针对学生认知而言的，是指学生理解和掌握起来有困难的内容。难点不排除，教学就无法顺利进行。教师可以通过分解难点，形成若干较低难度、富有梯度的内容，循序渐进地突破难点；也可以通过举例说明、联系实际等方式帮助学生在难点和原有知识经验之间建立联系，帮助学生理解。

易错点即学生容易混淆、理解错误的内容。有些细节、关键性的内容可能会被学生在学习过程中忽略；有些相似或相近的概念或原理，学生不易弄清它们之间的区别与联系；有时学生可能只了解表面现象，而未把握本质。教师在讲授时可以对这些易错点加以强调，提醒学生注意。

（三）反映社会现实，紧密联系实际

教材内容具有相对的稳定性。教师应该适当拓展，增加与教材内容相关的最新发展和学科前沿，密切联系社会生活中的热点、难点问题。这些内容好比知识的"触角"，它触摸前沿，触及现实，可以作为进一步学习的生长点。讲授"新"而"实"，既反映了现代社会知识更新加速的需要，也是教育密切联系生活的需要。这对学生发展大有裨益。

第四节
讲亦有道，讲就要讲好

🎯 学习目标

掌握讲授的基本要领，学会：分析把握教材，深入理解教学内容；明确讲授目的，理清思路；调动学生的学习主动性；重视学习者的已有经验；掌控讲授时间，及时反馈；恰当使用举例、打比方、强调、连接词和过渡句；注重语言的规范性和艺术性；能结合自身的学科教学不断提高讲授技能。

讲授有其使用范围，教师要有所讲、有所不讲。不讲则已，讲就要讲好。下面是讲授的一些基本要领，可供参考。

一、熟练把握教材，透彻理解教学内容

从字面上看，"讲"和"授"说的都是动作，是关于如何做的。而在教学实践中，教师既要考虑讲授的方法和技巧，又须深入理解和把握讲授的内容。人们用"茶壶煮饺子，有嘴倒不出"比喻学识渊博但不掌握讲授要领的教师。反过来，茶壶里空荡荡，任凭什么样的嘴都倒不出饺子。因此，相比之下，理解和把握讲授内容更为前提。本节仅将此列为十条要领中的一条，但在实践中却无论如何重视都不为过。

大多数情况下，教师讲授的内容以教材为参考。讲授内容主要源于教材，却不局限于教材。在实践中有两种情况值得注意：一是教师对教学内容理解有限，"要给学生一杯水，自己只有一杯水"，结果只能照本宣科地教教材。二是教师脱离教材，随意拓展，东拉西扯，与教材内容相去甚远，没有把握住重点，"给了学生一桶水，但没有一滴水值得放进学生的杯子里"。这两种情况都不可能取得良好的讲授效果。

要想取得良好的讲授效果，前提是教师要熟练把握教材，透彻理解教学内容。知之深，讲授方能鞭辟入里；晓之广，讲授才能左右逢源。为了更好地驾驭教材，有学者建议"博采精用"[1]博采不是离开教科书另搞一套。一般说来，当教科书的材料不足以说明讲授问题时，当需要帮助学生加深对教科书某些内容的理解时，需要在某些问题上开阔学生思路、引导学生思考时，需要使讲授丰富多彩、生动活泼、激发学生兴趣时，应考虑广泛搜集、补充有关材料。这些材料包括有文字记载的和没有文字记载的，自己经历过的和他人经历过的。精用表现在注重选用的事实与材料的科学性、典型性、时代性。能说明论证教材中论点的材料很多，随手可取，但只有精用，才能更好地说明、分析、论证问题，增强讲授的说服力。而博采精用绝不是"临阵磨枪""课前突击"，这需要教师在教学生涯中有意识地、不断地积淀。

---

1 李方. 浅论讲授技能. 教育研究与实验, 1991（2）

二、明确目的，理清思路

讲授是一种有目的的教学行为。讲授的目的对讲授内容、形式、过程起着指引和调控作用。从更高层面看，讲授目的受整节课的教学目标指引。教学目标决定了教学内容，进而决定了教学方法。是否使用讲授法决定了是否有讲授行为。反过来，讲授应促进学生对特定内容的掌握，有助于相应教学目标的实现。

课堂教学中那种事无巨细、面面俱到的讲授，那种离题万里、云山雾罩的神侃瞎聊，要么是缺乏明确的讲授目的，要么是讲授的目的游离于过程和内容之外。当然，也有可能是教学目标不明确导致的。

相比之下，讲授更适用于知识教学。虽然它也可以促进学生思维发展，培养学生情感态度，但这些基本也要依托或渗透于知识教学中。因此，讲授要牢牢把握住促进学生知识发展这一基点，然后再根据教学目标适当促进其他素质发展。

除了明确讲授的目的，还要设计讲授的思路。一节课，讲什么、不讲什么，先讲什么、后讲什么，哪些重点讲、哪些略讲，讲多长时间、用什么方式讲，讲授如何与其他方法穿插配合，等等。这些都应预先有设计，做到心中有数。不排除教师在教学过程中会根据学生的反应和教学情境临时调整、改变讲授方案，但没有预设的、漫无目的的讲授很难有好的效果。

三、调动学生的学习主动性

奥苏贝尔非常强调学生的主动性在接受学习中的重要性。不过，事实是有的学生往往不具有主动性，"不愿意在处理材料上主动地付出必要的努力，不愿意从不同的角度观察材料，不想使这种材料同有关的或矛盾的知识融会贯通起来，更不愿从他们自己的参照标准方面着眼把材料重新表述一番。"[1]奥苏贝尔的这段话道破了接受学习的内部危机。当学生表现出以上特征时，接下来学生所做的大概就只能是机械被动地接受了。学生通过听教师讲授而进行的学习属于接受学习。为了促进这种接受学习成为有意义的学习，教师要想方设法调动学生的学习主动性。了解学生的兴趣和需要，有助于教师激发学生的学习动机。教师还可以通过事先明确学习目标，阐明讲授内容的意义和价值，来引发学生的学习心理倾向。除了挖掘教学内容中学生可能感兴趣、需要的元素外，也可以从形式和方法上调动学生的学习主动性。比如，通过精彩的导入来吸引学生的注意，通过适当变化讲授的音调、速度、音量和姿势等来增强讲授的表现力，在讲授过程中穿插提问、讨论、活动，把讲授信息与其他教学媒体呈现的信息综合起来以适应学生多种感官需要。只有激发起学生有意义学习的心理倾向，

1　[美]奥苏贝尔. 教育心理学——认知的观点. 佘星南，宋钧，译. 北京：人民教育出版社，1994：148

讲述才能取得效果。

四、重视学习者的已有经验

奥苏贝尔说："假如让我把全部教育心理学仅仅归结为一条原理的话，那么我将一言以蔽之曰：影响学习的唯一最重要的因素，就是学习者已经知道了什么。要探明这一点，并据此进行教学。"[1]学生的原有知识是学习新知识的基础，没有这个基础，新知识的学习很难有效。讲授的知识对于学生而言属于间接经验，学生的学习属于接受学习。间接经验对原有知识经验的依赖更强，原有经验与新经验之间的联系就更为重要。因此，教师在讲授之前要确定好讲授的起点，对学生的已有经验进行准确定位。例如，讲授钝角三角形的概念之前，要分析学生是否已经具备了关于角、角的度数、钝角以及三角形等概念的正确理解。适当的先前经验可以为新知识提供固着点。如果不顾学生原有的知识基础，或对学生的知识准备作想当然的假设，致使讲授内容远离学生的原有经验，则学生很难消化讲授的内容，极易导致机械学习。当然，如果讲授内容过易，或讲授内容就是学生已经掌握的内容，未能突出新旧知识之间的差异，或者未能帮助学生在更高水平上理解和掌握知识，这样的讲授也是无效的。教学实践中有的学生听讲时兴趣索然，有时就是因为讲授内容不具有新异性和挑战性而导致的。可见，分析学习者的已有经验，可以避免讲授的起点过高或过低。

需要注意的是，学习者的已有经验利弊兼具，既可以促进新知识的建构，又有可能干扰甚至阻碍新知识的获取和准确理解。例如儿童在生活中获得了梯子的经验，他们在初次学习"梯形"概念时，会借助生活经验中梯子的形状去理解梯形的特征。但由于生活中的梯子的外形均为轴对称图形，所以学生会误以为梯形都是等腰的。鉴于此，教师一方面要善于利用学生已有经验中对建构新知识有帮助的因素；另一方面要警惕那些可能产生干扰和阻碍作用的经验，在讲授时有意识地提醒这些"易错点""易混淆点"，做到禁于未发、防患未然。

五、掌控讲授时间，及时反馈

人通过听讲而获得信息的效率非常高，但信息保持率却不高。前面曾提到，约瑟夫·特雷纳曼的试验表明，听讲时间越长，信息保持率越低。因此，教师的讲授应掌控好时间，不要过长。从学生的注意力维持时间的角度，有人提出小学、初中学生讲授10～20分钟为宜，高中生以20～30分钟为宜，大学生及成人以30～60分钟为宜。这个标准未必适用，因为学生

1　[美]奥苏贝尔. 教育心理学——认知的观点. 佘星南，宋钧，译. 北京：人民教育出版社，1994

听讲的注意状态因人而异，也因讲授内容和讲授者的技巧而异。所以，掌控时间的方法不是设定时限，而是及时关注学生的听讲状态。教师可以通过学生的目光、表情、坐姿获得反馈，如果学生眼神迷离、面带倦意或伏在桌上打瞌睡，说明教师该停止讲授或者调整讲授的内容与方式了。

一方面注意讲授时间不要太长；另一方面也要注意控制单位时间内的信息量。如果讲授的时间持续不长，但在很短的时间内讲授了过多的内容，也会超出学生可加工理解的信息限度。

六、学会举例

教学内容中关于概念和原理的知识通常较为抽象。这类知识的产生经由感性形态上升为理性形态。在逐步抽象提炼的过程中，生动性、丰富性和具体性逐渐减弱。教师在讲授这类知识时，需要举一些具体的事例来帮助学生理解。例子可以为抽象的概念和原理提供具体指称的对象，从而降低抽象性。例子包括"正例"和"反例"。正例即正面的例子，其价值在于明确而直接地呈现事物的本质特征，或从正面论证一个命题。例如讲解梯形的概念，图5-2中的A、B、C、D即是正例，它们凸显了梯形的本质特征"四边形，只有一组对边平行"。反例即反面的例子，其价值在于帮助学习者意识到本质特征的缺失会导致事物本质的变化，或者用于从反面论证一个命题。图5-2中的E、F、G即反例，它们缺失了平梯形的本质特征，因而不是梯形。举例要多样，富有变化，既有"常式"又有"变式"。所谓"变式"是指变换事物的非本质特征，从不同角度呈现材料，在各种变化的表现形式中突出事物的本质特征。变式性的例子的价值在于通过变化认识"不变"，进而达到以不变应万变。图5-2中的A即常式，B、C、D属于变式性的例子，A、B、C、D作为梯形，它们的非本质特征在变化，而本质特征不变。

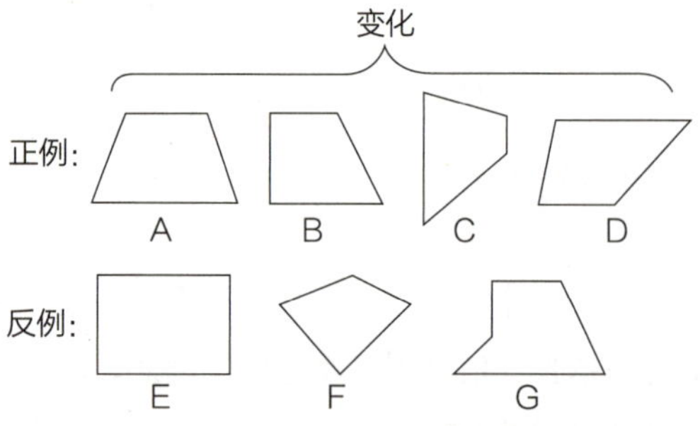

图5-2 正例、反例和变式性的例子

除了恰当使用正例、反例和变式性的例子外，有学者建议教师在讲授时所举的例子，应是学生充分熟悉的事物，要对准学生的难点和问题的要害；对所要说明的问题具有很强的典型性和说明力；要形象生动、具体、富有趣味。[1]

七、学会打比方

打比方是把两种不同事物之间的相似之处作比较，借助学生熟悉的事物的特点来阐明不熟悉的事物特点的一种说明方法。打比方适合在讲授抽象的、远离学生生活经验的事物性质、特征或原理时使用。它可以使抽象的东西形象化，隐晦的东西明朗化，深奥的东西通俗化，复杂的东西简单化，枯燥的东西生动化，能够帮助学生理解内容，活跃学生思维，激发学生兴趣。打比方促进学生理解实际是引发"同化"学习的过程。究其实质，是利用学生已有的认知结构来统摄新知识，或者说，把新的信息纳入到学生原有认知结构中。

打比方应把握两个关键。一要抓住不同事物的相似点。所打的比方必须和被说明的事物有共同的特征。二是所打的比方应该比被说明的事物更容易理解，用简单的东西来比喻复杂的事物，而不是用复杂的东西来比喻简单的事物。这就要求教师要了解学生的年龄特征、生活背景和已有经验，而且语言表达要通俗易懂。在实践中，比方用得好会促进教学，反之会影响教学，甚至会混淆学生的思维。因此，教师在准备讲授内容时就要认真研究知识本身是否必要使用打比方；如果必要，考虑是否有合适的做比对象，学生是否熟悉。

🔍 案例6

让比喻给学生带来鲜活的形象

有位物理教师在讲分子运动时，就曾妙语连珠、引喻取譬，给学生留下极深的印象。他说："气体分子运动，好像夏天夜晚强烈灯光下的一团飞舞的蠓虫；液体的分子运动又恰如游牧一样，短时的迁居（移动）和比较长期的定居（振动）相结合；固体的分子运动，则像一间关闭的屋子里坐满前仰后合、左倾右倒地唱游的小学生一般。传导电流，好比运载蜜蜂前进的车厢内飞舞的蜜蜂一样——杂乱无章的热运动的电子又加上一个定向移动。"

一位地理教师这样描述中国冬夏季风流向的特点："夏季风像个体态肥胖的小脚女人，姗姗来迟，走起来摇摇晃晃，走三步，停二步，喘口气，再艰难地向前迈几步……冬季风却像个体格强悍的小伙子，他一来，犹如猛虎下山冈，一泻千里，席卷大半个中国……"

——严先元. 讲授的技巧. 成都：四川大学出版社，2010：67，70

---

1 杜和戎. 讲授学——让人变得更聪明的学问. 北京：华语教学出版社，2007：201

八、学会强调

教师讲授的所有内容都以有声信息的形式呈现给学生，但内容与内容之间的性质和价值不尽相同，有些内容需要学生特别注意。为了引起学生的注意，教师在讲授过程中需要对这些内容加以强调。哪些内容需要被强调呢？有学者认为，强调应该是重复性很强、经常会被用到的局部思路；强调是学生经常出问题的地方，是经常形成困难的要素；强调应该是学生总容易忽视的地方；强调是教材上没有有效地加以突出和强调的地方；强调应是知识内容中的重点所在。[1]如何加以强调？仅就口头语言的形式而言，可以通过提高音量、放慢语速加以强调。也可以利用标志性的词语或句子来提醒学生，例如："请特别注意下列要点""另外一方面也不容忽视……""认识到……是特别重要的""如果你记住……将对你理解……有很大帮助""现在我们讨论最重要的问题了，即……"。此外，还可以通过重复来进行强调。

九、学会使用连接词和过渡句

教师在讲授过程中有意识地使用连接词和过渡句，有助于讲授内容做到前后连贯、逻辑严谨、脉络清晰。连接词可以恰当表述各部分思想之间、句子之间或短语之间的关系。例如：表示并列关系的"一方面……，另一方面……"；表示连贯关系的"首先……，然后……"；表示递进关系的"不仅……，而且……"；表示选择关系的"……或者……"；表示因果关系的"因为……，所以……"；表示假设关系的"如果……，那么……"；表示转折关系的"虽然……，但是……"；表示条件关系的"只有……，才……"。

过渡句有助于增强各段内容之间的连贯性，并从整体上显示讲授内容的结构。当讲授内容存在部分与整体的关系时，可把一个课题分成若干小课题，逐一讲授。由一个课题转向另一个课题时，向学生发出"转承"信号，提示学生旧课题已结束，新课题要开始。例如，"刚才介绍的是……，接下来我们来了解……"。

十、注重语言的规范性和艺术性

有效讲授需要教师具备较强的口头语言表达能力。教师口语有其原则和要领，本书第八章第二节有专门介绍，讲授也应该遵循这些原则。参考这些要领，以保证讲授语言的规范性。在保证规范性的基础上，教师应该努力提高语言的艺术性，使语速、音量、语调适当变

1　杜和戎. 讲授学——让人变得更聪明的学问. 北京：华语教学出版社，2007：196

化，注意遣词用句的生动性和丰富性，加入感情色彩。这样不仅可以使讲授有效，还能讲出美感。

本章小结

　　讲授技能是指教师对教学内容进行理解和转化，借助口头语言单向传递知识，促进学生间接经验发展的一种教学行为方式。讲授的优势是教学效率高，有助于学生对知识的掌握，对物质条件要求较低，但它不利于培养学生的主动性和创造性，不适合动作技能和情感态度的培养，信息保持率低。讲授利弊兼具，应客观看待讲授的地位和作用。讲授形式多样，较为常用的有讲述、讲解、讲读和讲演四种。在教学实践中，要避免"过度讲授"和放弃对讲授的合理运用，应该有所讲、有所不讲。在判断某一内容该不该讲授时应综合考虑内容本身的教育价值、与其相适应的教学方法、学生的学习能力、教学时间与条件等因素。讲授时应有所侧重：从学科知识的角度看，应侧重讲清知识结构中的重点；从学生认知的角度看，应突破难点，澄清易错点；从社会发展的角度看，应注重联系现实。讲授的基本要领包括：熟练把握教材，透彻理解教学内容；明确目的，理清思路；调动学生的学习主动性；重视学习者的已有经验；掌控讲授时间，及时反馈；学会举例；学会打比方；学会强调；学会使用连接词和过渡句；注重语言的规范性和艺术性。

总结 >

Aa　关键术语

讲授	讲述	讲解	讲读	讲演
Lecture	Describe/ Narrate	Interpret/ Explain	Lecture with Reading	Speech
接受式学习	发现式学习	意义学习	机械学习	
Receptive Learning	Discovery Learning	Meaningful Learning	Rote Learning	

🔗　章节链接

　　本书第八章第二节专门介绍了教学口语技能，与本章的讲授技能联系紧密。在教学实践中，讲授经常与其他教学方法结合使用。因此，建议将本章的学习与其他相关章节（例如提问技能、板书技能、反馈技能等）结合起来，融会贯通。

应用 >

✏️ 批判性思考

有人认为，讲授更加适合在大学的教学中使用，小学教学应不用或尽量少用。你如何评价这一观点？

✏️ 体验练习

在自己的学科专业中选择一个概念或原理，设计一个讲授方案并试讲，把试讲过程摄录下来，通过回放视频对自己的讲授行为进行反思。（如果不具备摄录条件，可以请同学或同事点评优点和不足）。

🔍 案例研究

在互联网上下载一段课堂讲授的视频，分析视频中教师的讲授行为，思考其有哪些优点值得你学习，有哪些不足需要引以为鉴？

📅 教学一线纪事

结合自身经验，或者访谈几位教师，思考：除了本章第四节介绍的基本要领外，还有哪些要领或技巧可供教师讲授参考借鉴？

拓展 >

☕ 补充读物

1　丛立新．讲授法的合理与合法．教育研究，2008（7）

　　该文对讲授法目前似乎失去合法性的现象进行了反思，根据心理语言学实验、奥苏贝尔的研究、维果茨基的理论证明了讲授法的合理性。

2　陈振华．讲授法的危机与出路．中国教育学刊，2011（6）

　　该文针对新课改以来讲授法所面临的生存危机进行了分析，肯定了讲授法的优点和存在价值，认为讲授法的出路是在防范偏误使用的同时进一步探索变革方式。

3　杜和戎．讲授学——让人变得更聪明的学问．北京：华语教学出版社，2007

　　该书全面分析了"好的讲授"的五项重要选择：模式和任务、目的、原则、讲授与教材的关系、讲授与思维的关系，引导讲授者通过易化、深化、透化、美化来搞好二度消化。

4　严先元. 讲授的技巧. 成都：四川大学出版社，2010

　　该书是课堂教学技能丛书之一，详细介绍了如何凸显讲授优势、提高讲授效能、更新讲授方式、做好讲授设计、掌握讲授技巧。

5　刘衍玲，吴明霞. 接受学习与课堂教学. 北京：人民教育出版社，2007

　　该书从教育心理学的角度分析了接受式学习的内涵，接受式学习与其他学习方式的关系，接受式学习中教师和学生的关系，以及接受式学习的教学策略与技能。

在线学习资源

CIRTL网站关于讲授法的资料　http://www.cirtl.net/TeachingMethods

第六章

启迪智慧的提问

本章概述

本章的目的在于帮助学习者：1. 准确理解"提问"的概念，了解提问的功能与价值，把握优质提问的基本特征；了解提问的最新研究成果，准确把握提问的研究进展。2. 了解提问的基本类型和模式，初步理解教师提问的现状和存在问题，根据自己的理解对当前教师提问现象进行评价。3. 了解提问的策略，有针对性地进行课堂提问教学实践，提高教师提问行为的专业化水平。这三方面就其性质来说分别是有关提问的本质问题、发展问题和操作问题。

结构图

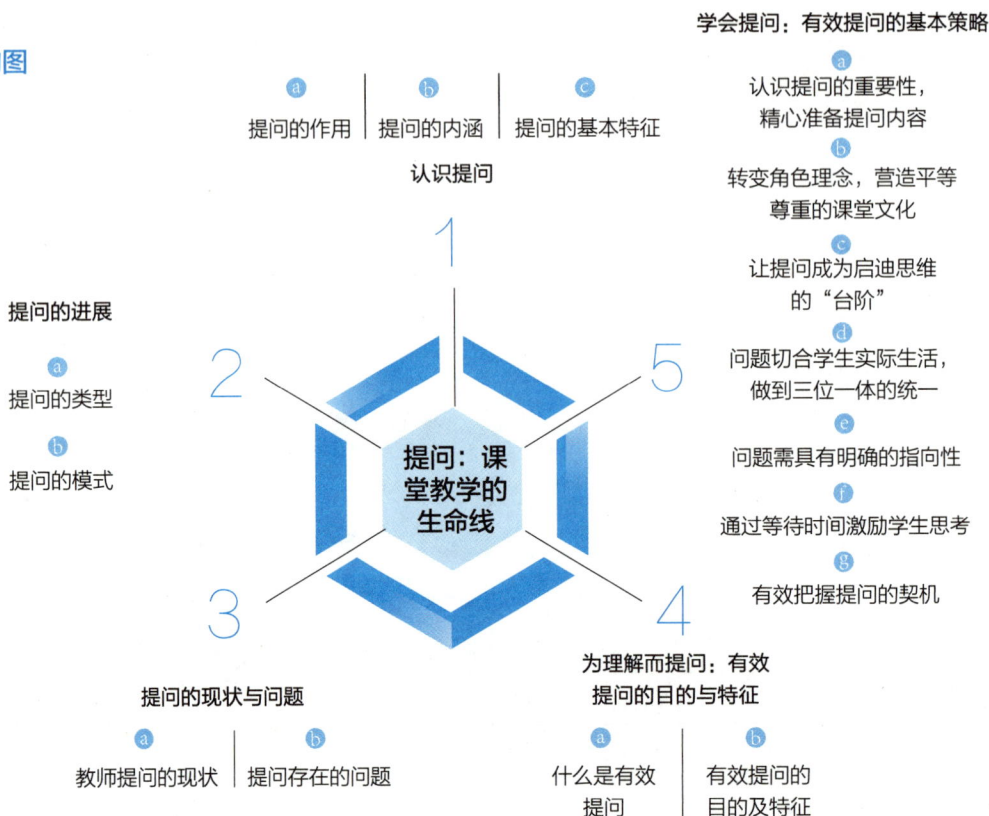

学会提问：有效提问的基本策略

ⓐ 认识提问的重要性，精心准备提问内容

ⓑ 转变角色理念，营造平等尊重的课堂文化

ⓒ 让提问成为启迪思维的"台阶"

ⓓ 问题切合学生实际生活，做到三位一体的统一

ⓔ 问题需具有明确的指向性

ⓕ 通过等待时间激励学生思考

ⓖ 有效把握提问的契机

认识提问

ⓐ 提问的作用　ⓑ 提问的内涵　ⓒ 提问的基本特征

提问的进展

ⓐ 提问的类型

ⓑ 提问的模式

提问：课堂教学的生命线

提问的现状与问题

ⓐ 教师提问的现状　ⓑ 提问存在的问题

为理解而提问：有效提问的目的与特征

ⓐ 什么是有效提问　ⓑ 有效提问的目的及特征

1　2　3　4　5

学习目标

1. 了解什么是提问，知道什么是好的提问；
2. 了解提问的类型和模式，学会规避传统提问存在的问题；
3. 学会提出优质的问题。

读前反思

　　请结合自己的学习与教学经历，想想课堂上什么时候提问是有效的？有效的提问具有哪些特点？教师应该怎样提出优质的问题？

第一节
认识提问：作用、内涵与基本特征

🎯 **学习目标**

理解课堂提问的内涵，
明确提问在课堂教学中
的重要作用；理解课
堂提问的基本特征。

课堂是师生共建的学习共同体，提问作为一种有效的教学行为，对构建高质量的学习共同体具有尤为重要的意义和价值。如果说教学过程是理解教学的核心，那么有效提问就是整个教学的生命线。

一、提问的作用

提问作为一种有效的教学行为，自古以来就得到中外教育家的高度重视和普遍研究。近年来，随着我国基础教育课程改革和素质教育改革的深入，提问也引起人们越来越多的关注。国内外很多研究者都认识到了教师课堂提问的重要作用和意义。有效的提问不仅有助于教师管理课堂，维持良好的课堂秩序和教学环境，还能够使学生积极卷入学习过程，激发学生积极思考，促进学生进行深度认知加工，进入高水平的思维过程。教师课堂提问有利于学生主动求知，使学习活动更积极有效，也有助于培养学生的能力，尤其是创造能力。结合已有的研究，我们认为提问在如下两个方面具有尤其重要的功能与价值。

（一）提问是有效教学的核心，是课堂教学的生命线

关于教师提问，如果从源头上来说，可以追溯到古希腊的苏格拉底和我国的孔子。苏格拉底是一位提问高手，"精神产婆术"是他最为著名的教学方法，该方法主要是通过提问并让学生回答，找出学生回答中的缺陷，使其意识到自己回答中的荒谬之处，最终自己得出正确的结论。提问是"精神产婆术"的核心。与苏格拉底同时代的孔子也是一位提问大师，提问是孔子进行启发式教学的重要手段。他认为教学应该"循循善诱"，要运用"叩其两端"的追问方法，引导学生从事物的正反两面去探求知识。1912年，史蒂文斯首次对教师提问行为进行了系统研究，之后越来越多的研究者开始重视教师提问，把提问视为有效教学的核心。[1]

教师提问作为课堂教学中最重要、最常见的行为之一，是激发学生进行思考并根据所组织的材料帮助学生意义建构的教学工具之一，有效提问是整个课堂教学的生命线。交流是教

---

[1] 杨继英. 幼儿园教师提问行为及其观念的研究. 长春：东北师范大学出版社，2006：1

学的本质，而提问则是构成课堂语言相互作用的必要的组成部分。学生所有知识的获得、方法的掌握、态度和情感的建立往往都始于教师的有效提问，在提问、思考、理解的动态过程中建构和发展。教师的"激发"或"提问"这一行为成为该过程的核心环节。

（二）提问有助于学生理解概念和实现意义建构

当前的教育改革越来越关注学生对概念的理解和学生个人的意义建构。课堂教学中不仅更加强调学生已有知识在学习中的重要性，而且更加关注"有用的知识"要围绕重要概念而联系和组织起来。课堂教学要支持理解和迁移，而不仅仅是记忆；要能促使学习者达成学习的理解和迁移。

学生的学习不仅是基于个体已知的意义建构，也是个体与环境互动而建构意义的结果。已有研究表明，教师的提问作为一个心理工具在调节学生的知识建构中有潜在的作用。[1] 提问是激活学生思维的有效的语言行为。同样的情境，教师提出不同的问题，或在不同的教学阶段提出问题，学生学习的主动性、深度和广度都会不同。提问是教师引导学生主动探究学习的主要技术之一。[2] 教师适宜的提问与情境设计是促使学生理解概念、实现意义建构和思维发展的重要工具。受建构主义学习理论的影响，教师提问模式的发展越来越强调教师与学生共同针对某些问题进行探索、交流和质疑，了解彼此的想法，从而引导学生丰富或调整自己的理解。教师提问要启发学生思考，建构有意义的联结，从而实现学生对知识的主动建构。

二、提问的内涵

现代教学论对提问的本质进行了大量的认识和研究，但是在实际教学过程中，教师对提问的重视程度却相对不足，他们对提问往往没有一个清晰的概念，或者简单地把提问等同于问题，并没有把提问看作是一种专业教学行为。

探讨教师的提问能力，首先要深入地理解"提问"的内涵。提问究竟是什么？提问和问题一样吗？这是个值得探讨的话题。

在课堂教学中发生的"提问"，其具体称谓有"提问法""课堂提问""教师课堂提问"等，也有将提问称为谈话法、问答法。传统教学中，提问最普遍的含义是指在课堂教学中教师向学生提出问题，学生通过思考做出回答；也可以是学生提出问题，通过师生的问答交谈使学生获得、巩固知识。提问法是师生之间、学生之间在课堂上交流思想的一种重要手段。

1　申继亮，李茵. 教师课堂提问行为的心理功能和评价. 上海教育科研，1998（6）
2　刘占兰. 学前儿童科学教育. 北京：北京师范大学出版社，2008

在对课堂提问进行的研究中，关于提问的定义研究者有不同的界定，归纳起来，大致分为如下几种：

提问是课堂教学中进行思维和知识训练的一种方法。[1]

提问就是在教学过程中，教师根据一定的教学目标要求，针对有关教学内容，设置一系列问题情境，要求学生思考或回答，以促进学生积极思维，提高教学质量的一种教学方式。

提问是教师在课堂教学中，为了完成教学任务，根据教学目的、教学重点及学生的实际情况，提出问题，要求学生钻研、思考，并能准确理解的一种教学手段。

提问是教师在课堂教学中进行交流的教学技能，它是教师向学生提出问题并针对学生的回答作出反馈，以促进学生主动参与学习，使学生理解和掌握知识、发展能力的一类教学行为。

上述定义反映了研究者对提问的不同角度的认识。随着对提问认识的深入研究和发展，特别是20世纪初，随着社会建构主义思潮的兴起，研究者对提问本质的认识也发生了变化（见表一），他们开始重新考察、界定提问的概念，并试图从多个方面挖掘其丰富的内涵。归纳起来，对课堂提问的界定大致有"提出问题""行为链""巩固改善知识手段""师生思维碰撞的过程""一系列的叙述性问题""问题情境"等说法。

表6-1[2] 传统提问和基于建构主义的提问对提问本质的不同认识

	传统提问	基于建构主义/探究的提问
提问目的	评价学生所知道的事实知识	引发学生思考，鼓励他们详细叙述自己的想法并帮助他们建构概念知识
提问序列	IRE（教师-学生-教师）	IRFRF提问链条
对教师教学计划的调整	按照计划好的日程提出一系列的问题	调整提问去适应学生的贡献和对学生思想做出反应
问题和反应的本质	再认，低水平，封闭性，带有预先设定的简短答案	开放性，鼓励学生思考（高水平思考），承担更多的思考的责任，反应是更长的，需要一两个句子回答
教师的反应	鼓励正确的答案，纠正错误的答案，把学生对问题的挑战认为是威胁	延迟判断；用中立的而不是评价的态度去接受和承认学生的贡献
判断答案的权威	教师是权威并且断言知识阐发期望学生没有争议的接受	改变评价答案的权威，从教师转向所有学生

由此可见，当前对"提问"的理解和观念正在发生改变。如同弗朗西斯·亨金斯指出：

---

1 徐娟. 小学数学课堂提问的有效性研究. 南京：南京师范大学出版社，2011：2

2 Christine Chin. *Teacher Questioning in Science Classroom: Approaches That Stimulate Productive Thinking*. Journal of Research Teaching in Science Teaching：VOL44，NO.6，2007：819

"以往将问题看作是评估具体学习细节问题的工具，现在将问题看作是积极处理、思考以及有创造性地运用信息的方式。"我们认为，提问是反映课堂师生互动的行为，是包含教师、学生在内的完整的过程性行为，是教师在课堂情境中为激发学生的学习兴趣和内在动机，促进学生主动参与学习过程、引发学生思考进而获得对知识的理解的一种教学行为。

三、提问的基本特征

我们可以从如下两个方面来理解提问的特征。

（一）提问是以学生为主体的、完整的过程性行为

提问不仅仅是"提出问题"，也不仅是教师单方面的问的行为。提问的结果是回答，没有回答就没有提问。在心理学家瑞格（Wragg）看来，只有学生对问题感兴趣，提出的问题能够引起学生反应和讨论，才可以算做一个问题。因此，提问是一个包含教师、学生在内的完整的过程性行为，提问应成为学生作为教学主体地位的延伸和具体化，学生在提问中起着主要作用。

提问的这一特征要求教师的课堂提问要关注学生的兴趣，问题应该是学生能够理解并真正能够激发学生思考的，一个有效的提问应该能够形成一个完整动态的师生互动的行为链。

（二）提问是与课堂教学其他环节紧密联系的情境性行为

提问作为一个过程性行为不可避免要受到周围情境的制约。提问并不是一个孤立的环节，也不是课堂教学的一个补充，它和教学其他环节是密切联系着的，而且有其自身独特的作用，轻视或夸大它的作用都是片面的。作为一种语言活动，提问首先受到师生对话语境的影响[1]。言语互动过程中一个话语的功能不是由该话语自身的语言形式决定的，也不是由会话所处的一般社会环境决定的，起决定作用的是会话参与者在互动过程中对上文语用功能的理解。提问在适当的语境中发生，是一种可以承载多种信息的言语功能体，不仅承载着提问者的意向，而且承载着许多附加的信息。其次，课堂文化作为一个大环境，也会对提问产生重要影响。一个民主、平等、和谐的课堂文化能最大限度地启迪学生的思维，让课堂真正活跃起来。在这个意义上，为学生回答创造环境，改变学生回答问题的准则和模式是非常重要的问题。

1　李庆生，孙志勇. 课堂提问：是获取信息还是挑战. 中国外语，2011（1）：60

第二节
提问的进展：类型与模式

熟悉课堂提问的不同类型；了解课堂提问的主要模式。

一、提问的类型

根据不同的分类标准，提问可以划分为不同的类型。

最早对提问进行分类的是Branes（1969）。Branes根据提问与回答的性质将问题分为封闭性问题与开放性问题；之后Chaudorn（1955）根据学生回答时思维认知水平的不同将提问分为聚合性问题与发散性问题；Long & Sato（1983）根据提问引发的课堂互动的性质将问题分为展示性问题与参考性问题[1]；美国的贝尔按照事实、技能、概念、原理四种对象与认识、理解、应用、分析、综合、评价六种认知水平交叉结合，把问题分成24种类型；[2]李士锜教授则根据提问的功能，将提问分为6种类型：（1）管理性提问——询问或是鼓励学生发言；（2）机械性提问——简单地询问"对不对"，或只是要求全班齐声回答具有显然答案的问题；（3）记忆性提问——提问要唤起的只是识记性知识，不需过多的思考时间；（4）解释性提问——要运用知识做出阐述，需要一定的思考；（5）推理性问题——要通过逻辑推理得到问题答案；（6）批判性问题——需变换角度反思，批判或作深层次思考的提问。

提问是师生双方共同的活动，要特别关注学生的思维活动和主体作用。因此，这里我们按照提问所指向的学生的认知水平，即依据学生的思维活动水平，对问题进行分类。基于建构主义的方法，布鲁姆所作的关于认知过程的维度划分受到了众多研究者的肯定。下面我们将认知分类维度的理论运用到提问的实践中去，从以下几个角度考虑提问的类型。

1. 记忆性问题。指的是那些要求学生再认或重现信息的问题。例如："水的化学式是什么？""是谁发明了电话？"这类问题激发的是最低层次的认知加工过程，但记忆对有意义的学习和问题解决也是有意义的。如果学生能够在更复杂的认知环境中运用知识，他们就能够记忆并重现知识。对教师来说，关键是将这些问题放在"构建新知识或解决新问题的大背景下"。

2. 理解性问题。帮助学生将记忆类的信息运用到新环境中的第一步是帮助他们在新知识和已有知识和经验之间建立联系。理解性问题就是使学生能用自己的语言对事实、研究内容等进行描述，对已获得的知识进行解释和重新组合，进行推断或给出建议。例如："水以什么样的方式满足了人类的身体、情感和精神需求？"理解性问题要求学生调动单纯记忆以

---

1 宋畅. 语文教师提问性话语语用. 长春：吉林大学出版社，2007：2
2 贝尔. 中学数学的教与学. 许振声，等译. 北京：教育科学出版社，1990

外的能力来回答，因而可以使学生达到比记忆更高层次的认知水平。

3．应用性问题。就是提问的问题用来检查学生把所学概念、原理和法则等运用于新的问题情境中去解决问题的提问方式。不同于理解性问题，这类提问要求学生将已经内化的信息再外化，通过信息反馈和知识运用巩固所学知识。

这里所说的"应用"包括两种类型：执行和实行。"执行"意味着在一个熟悉的任务环境中运用某种程序。例如："在地图上找出中国的最北端，并且找出它的经度和纬度。""实行"较为复杂一些，因为它意味着在一个不熟悉的任务环境中应用某种程序，同时要求对问题和问题的解决过程具有某种程度的理解。例如："假如你住在1800年的清朝，你计划去往云南的大理，为了在最短的时间内到达目的地，你准备选择什么样的路线和交通工具？"

4．分析性问题。分析性问题是要让学生通过分析思考，明确回答问题的根据和理由，识别问题的条件和结论，或者找出条件之间、原因与结果之间的关系。分析性问题为学生深入思考提供了机会，有助于学生产生思考时的非平衡状态，帮助他们在分析和思考中获得认知和思维的发展。例如："改革开放对我们国家的发展产生了怎样的影响？"

5．评价性问题。评价性问题是一种系统性的综合提问，要通过对认知结构中各类模式的分析、对照和比较，才能够作出解释和回答。评价意味着在一系列标准应用的基础上进行判断，评价的关键是分辨和标准的运用。评价性问题能够使学生辨别某个特定产品或事件的积极或消极方面，或者分析其支持性结论或反对性结论，这个认知过程与批判性思维紧密联系，有助于学生批判性思维的发展。例如："这两幅画中哪一幅更好地表现了印象主义学派？为什么？"

6．创造性问题。"创造"对应原始布鲁姆分类法中的"综合"，这类问题要求学生对已有资料进行分析、整合，进行独立思考，从分析中得出结论，提出新见解、新观点，或者要求学生根据已有的事实推理想象可能的结论。也就是说，学生必须利用来自许多资源的元素，并把它们放在某种与他们已有知识相关的新结构或类型之中。"创造"的结果意味着获得一个可以观察到的新产品，并且远远高于学生刚开始所用的原材料。

每种问题都有自己的特征和适用条件，不能简单地说哪种问题是绝对好的问题。在教学实践中，应该根据问题的内容、问题内容与学习者的关系以及个体的认知过程等因素对提问类型进行评价，即，将提问放置在真实的课堂环境中，从提问的具体背景、问题内容涉及的学科知识或主题、学生对问题的回答和反应以及问题在提升学生的注意力、激发其积极思维方面的作用等方面评价问题的有效性。

二、提问的模式

提问模式的发展与教育理论和实践的发展密切相关。建构主义理论和概念转变学习理论等的发展，都为提问模式的发展提供了支持和基础。受建构主义学习理论的影响，教师提问模式的发展越来越强调教师与学生共同针对某些问题进行探索、交流和质疑，了解彼此的想法，从而引导学生丰富或调整自己的理解，教师提问要启发学生思考，建构有意义的联结，从而实现学生对知识的主动建构。因此，教师提问模式的发展，更聚焦于探讨如何通过提问的方式了解学生已有的经验水平，引发学生的认知冲突，从而帮助学生在前概念和新概念之间建立联系，进而建构新知识。

下面介绍几种主要的提问模式。

（一）IRE（Initiation，Response, Evaluation）模式

对教师课堂话语分析的实践研究发现，课堂中教师的提问模式通常是由教师提问所主导的、并且遵循着特定的交流方式的教师提问模式，这是传统实践中教师常用的提问模式，研究者将其命名为"IRE"（Initiation，Response, Evaluation）模式。"I, Initiation"表示教师发起的提问行为；"R, Response"表示回应行为，往往是学生们对教师提出的问题做出的回应；"E, Evaluation"表示评价行为，是教师直接针对学生先前回答给予的评价行为（Cooper and Simonds，2003；Lemke，1990）。可见，传统的教师提问模式包括三个阶段：教师提问——学生回答——教师评价。我们也可以用图形的方式来说明这种提问模式。[1]

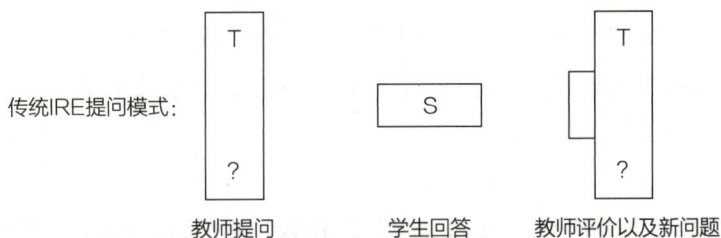

图6-1 教师提问模式——"IRE"模式

在这种提问模式下，由教师引发师生的交流、互动，设定交流的主题，并决定哪些回答是合理的，学生很少有机会主动发起讨论，因而是一种由教师控制的提问模式。运用IRE这种交流形式，教师在课堂上作为控制课堂的权威人士，正是以支配性的提问行为和评价行为来控制课堂对话的。

IRE模式的不足之处是学生在师生对话中扮演极为被动的角色，这种单一的对话模式不利于交流意义的成功实现。[2]该模式之所以引起诸多非议，更深层次的原因在于实践中教师提问问

---

1 Van Zee, E., Minstrell, J.. *Using questioning to guide student thinking*. The Journal of the Learning Sciences，1997，6（2）：229-271

2 张沪月. 中学教师组织开展课堂交流的策略研究. 上海师范大学硕士学位论文，2007：10-20

题的层次和水平影响了提问的效果。在课堂中，当教师使用较低认知水平的问题来评估学生的知识水平时，这些问题仅仅需要回忆课本知识或进行解释，因而对学生思维的发展极为不利。[1]

（二）IRF模式和IRFRF模式

1. IRF（Initiation—Response—Follow-up）模式

早期的研究者提出了IRF（Initiation—Response—Follow-up）的提问模式（Sinclair & Coulthard，1975），这是一种"以教师为主导"的对话模式，也是学校教育中的典型提问模式。该模式主要表现为"发起提问—学生回答—后续跟进"的提问形式，曾引起广泛的关注。这种模式的不足之处主要表现为：降低学生口语表达能力；限制了讨论的可能性；把学生当作附属物；代表的是教师的话语权；学生在提问过程中处于被动地位（Edwards& Westgate 1994；Fisher ,1992；Wells,1986），会限制学生参与回答问题的积极性（Hughes &Westgate,1994）。[2]

也有一些学者肯定这种模式的价值[3]，主张对该模式积极利用和发展。例如，有研究者提出对IRF模式进行重新界定，认为教师在后续跟进阶段可以通过进一步提问的方式对学生的思维进行扩展、评价和澄清，这样就不会阻碍学生学习的机会；主张教师使用IRF模式的目的应该以鼓励学生围绕研究话题进行讨论为目的。

2. IRFRF（Initiation—Response—Follow-up—Response—Follow-up）模式

基于传统IRE模式和IRF模式存在的不足和问题，莫蒂默和斯科特（Mortimer & Scott ，2003）对IRF的结构进行丰富、完善，提出了IRFRF模式。该模式主要包括如下几个阶段：教师提问—学生对教师提问做出回应—教师跟进反馈—学生对问题进一步作答、回应—教师再次跟进反馈。

与IRF模式相比，IRFRF模式增加了教师反馈和学生跟进反馈的环节；与IRE相比较，新模式增加了来自学生和教师的跟进反馈环节，这实际上是一种对话性的互动交流。[4]教师在跟进反馈环节可以重复学生的回答内容，并鼓励他们继续详细阐述自己的观点，这种模式的优点在于教师能够探究学生深层次的观点和想法。

（三）反思式提问（Reflective toss）模式

有研究者（Van Zee &Minstrell,1997）提出了一种特别的提问方式，即反思式的提问方式

---

1 Dillon, J.T.. *Using questions to foil discussion*. Teaching and Teacher Education，1985，1（2）：109-121

2 Edwards,D., Mercer,N.. *Common knowledge: The development of understanding in the classroom*. New York：Cambridge University Press，1987：25

3 Wells, G.. *Reevaluating the IRE sequence :A proposal for the articulation of theories of activity and discourse for the analysis of teaching and learning in the classroom*. Linguistics and Education。1993，5（1）：1-38

4 Yip, D.Y.. *Questioning skills for conceptual change in science instruction*. Journal of Biological Education，2004，38（2）：76-83

（Reflective toss）。该模式主要包括三个阶段：学生陈述，教师提问，学生详细阐述。学生在教师提问前后都要围绕话题阐述观点。该模式主要关注学生思维发生的变化。反思式提问（reflective toss）的模式如下图所示[1]：纵向的直方图代表教师的提问，同时，水平的直方图代表学生的陈述，不同的长度代表学生前后两种不同的回答。

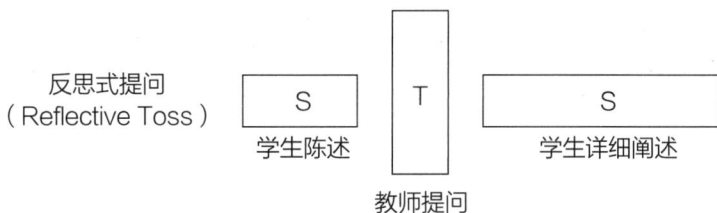

反思式提问
（Reflective Toss）　　S　　T　　S

学生陈述　　　教师提问　　学生详细阐述

图6-2　教师提问模式——反思式提问模式

可见，该模式的核心目的是引导学生澄清意义，多维度思考问题，主动建构知识。有研究者总结了反思式提问的三大功能：能够帮助学生澄清观点和想法；能够帮助学生用一种中立的方式去分析各种观点；有助于学生监控讨论的过程和自身的思维方式。[2]研究者将此模式与传统提问模式进行对比发现，使用该提问模式，学生在教师提问前后回答有了明显的变化，学生能够在教师问题的引导下，更加充分地思考问题，并阐述自己的想法。[3]在对某一话题进行探讨的过程中，这种模式对于分析师生对话非常有作用。[4]

反思式提问模式尤其强调教师提问要了解学生的先前经验和想法，而且还要引发学生对问题的再思考。因此，教师在采用反思式提问时应该注意如下问题：让学生澄清观点；鼓励学生对观点进行自我评价；给学生提供判断的机会；让学生在被尊重的环境中阐述观点；要求学生对共识进行验证；让学生考虑问题发生的情境等。[5]

可见，传统的提问模式以教师为中心，主要考察学生对事实性知识的理解，教师以支配性的提问行为和评价行为来控制课堂对话，学生在对话中主要扮演的是回应者的角色，是极为被动的行为。现代提问模式关注在师生进行问答的一系列过程中，教师鼓励学生澄清观点，并对观点进行自我评价和主动分析，提问的主要目的是促进学生创造性思考和认知发展。

基于此，有效教师提问模式的四个环节主要包括：首先，通过提问了解学生已有的经验和知识水平，引发学生的认知冲突；其次，通过学习关键概念和术语，让学生再建构正确的

1　Hammer, D.. *Student inquiry in a physics class discussion*. Cognition and Instruction，1995，13（3）：401-430

2　Yip,D.Y.. *Questioning skills for conceptual change in science instruction*. Journal of Biological Education，2004，38（2）：76-83

3　Van Zee, E.，Minstrell, J.. *Using questioning to guide student thinking*. The Journal of the Learning Sciences，1997，6（2）：229-271

4　Hammer, D.. *Student inquiry in a physics class discussion*. Cognition and Instruction，1995，13（3）：401-430

5　Van Zee, E.，Minstrell, J.. *Using questioning to guide student thinking*. The Journal of the Learning Sciences，1997，6（2）：229-271

心智模式；再次，引导学生从宏观、微观以及不同的侧面思考问题，帮助学生形成概念框架；最后，教师采用问题的形式呈现内容的整体结构。

第三节
反审提问：现状与问题

🎯 **学习目标**

了解课堂提问的现状特点；认识当前课堂提问存在的问题。

随着教育改革的深入，教师更加深刻地理解到以学生为中心启发学生思考的重要性，在今天的课堂教学中，我们发现边讲边问正在取代满堂灌，高密度提问已成为课堂教学的重要方式。国内外已有研究发现在课堂教学中教师提问行为存在的问题突出表现为：提问数量虽然很多，但是其中绝大多数提问都是与死记硬背的记忆问题直接相关，教师普遍延续了以事实为导向的提问风格（Gall，1970；Shake，1988；Wood&Muth，1991；边军，2000；贺炜，2007；高彩霞，2006；韩雪波，2007；梁美莉，2006；刘晶，2007；潘漫漫、赵保钢、胡定胜，2006）；教师提问存在着琐碎化、浅层化、简单化、数量化等严重问题；教师们经常在没有继续探究的情况下接受学生不正确的答案，几乎没有人会愿意"专注"在学生身上来帮助学生回答完整；教师提问后的候答时间过短，没有给学生足够的时间去思考。

课堂中教师提问行为存在的问题主要表现为以下方面。

一、教师提问的认知水平低

已有研究发现，在教师的提问中，信息性的问题仍旧是主要的，大部分教师所提的问题是有关事实、回忆或者知识的，处于比较低的认知水平。史蒂文斯在1912年发现，在教师所提的问题中有66%是要求学生回忆事实的低水平问题。50年以后，弗洛伊的研究发现，教师所提问题的75%是要求学生回忆具体事实的低水平问题。1970年，弗兰德斯的研究表明，教师所提问题的2/3是偏重事实，强调记忆的。教育家古扎克曾观摩过小学二、四年级的课堂教学，并根据录音对这些班级的教学提问进行了一系列的分析，分析发现，教师所提的问题中有70.1%着重强调字面上的理解（低水平问题），而推理性的问题和评价性的问题（高水平问题）却仅占教师所提问题总数的13.7%。[1]刘晶（2007）对所调查的30节课中教师所提的问题进行分

---

1 杨方. 论教师课堂提问策略. 扬州大学学报，2008（12）：85

类统计，结果显示：涉及识记和理解的问题分别占51.9%和26.9%，而涉及应用、分析、综合和评价的问题总共只占21%。[1] Corey等人的早期研究表明，课堂中70%～80%的问题只需要简单地回忆知识点，而只有20%～30%问题要求进行更高层次的思维活动，诸如澄清、扩展、归纳和推理。[2]由此可见，一直以来，低思维水平的问题充斥着课堂。这种情况至今并未有多大改变。Atwodd等人的近期研究亦表明，在每五个问题中，有三个需要回忆知识点，一个是课堂管理性的，只有一个要求更高层次的思维活动。[3]这种回忆型和思考型问题的比例失衡是让人担忧的，因为在成人生活、工作和高级训练中，要求的最多的能力通常是认知层次更高的分析、综合、评价、能力，这些恰好是在课堂上最容易被忽视的。国内研究也发现，在课堂中教师提问的随意性较强，教师通常只问"是什么""对不对""是不是"等这类低水平应答性问题，提问没有启发性。例如：有位老师就问："这是什么杯呀？"学生齐声回答"烧杯"。这种提问形式呆板，缺乏层次性、阶梯性和条理性。例如在讲授钠与水反应的实验时，教师提出问题："钠与水反应是什么反应"，"体现了什么性质"，"反应方程式是什么"，"有什么现象"，这些提问缺乏条理性，教师应该按照从现象到本质的认知规律来提出问题。[4]

二、教师提问的等待时间过短

国内外课堂观察发现，教师提问后等待时间短，学生无思考时间是普遍存在的问题。美国心理学家罗伊（1974）年提出了"等待时间"这一概念。研究者一般把等待时间分为两类："等待时间1"和"等待时间2"。"等待时间1"是从教师提出一个问题到指定具体的学生来回答问题之间的时间；"等待时间2"是从学生回答完毕到教师开始说话之间的时间。教师在提出问题后，在叫学生回答之前，等待的时间往往不足一秒钟（等待时间1）。在学生做出回答之后，教师在开口之前几乎没有任何停顿。研究者发现，教师提出一个问题后，如果学生没能立即回答，那么一般教师都会组织语言加以引导，或者让其他人回答，但是提问与引导学生回答之间的平均等待时间约为0.9秒（罗伊）。事实上，在这么短的时间内，学生是不可能进行充分思考并构思答案的，他们的回答只能是长期学习积累下来的一种本能反应，或是从记忆库中调取知识片断进行应付。但是提问是不能以立即可以得到答案来评判好坏的。Kathleen Cotton（1988）总结回顾了对等待时间的相关研究，得出如下结论：教师提出一个问题后平均的等待时间是1秒或更少；与学习能力较差的学生相比，教师会给那些他们认为学习能力较高的学生更多的等待时间；对于较低认知水平的问题，学生的表现和3秒的等待时间呈正相关，更长或更短的

1 刘晶. 课程改革背景下课堂有效提问的策略研究. 华中师范大学研究生论文，2007：3
2 薛伟军. 高效课堂从有效设计问题开始. 化学教与学，2012（3）：1
3 同上
4 贺炜. 化学教师课堂提问的有效性研究. 河北师范大学研究生论文，2007：1

等待时间都不利于学生做出反应；对于高认知水平的问题，等待时间没有明显的界限；教师愿意等待的时间越长，学生会更加投入并且表现得越好；增加等待时间和高认知水平问题之间互为因果。对等待时间的实证研究表明：教师提问后的等待时间过短；教师提出一个问题后等待的平均时间大约为1秒，如果学生在短暂的1秒内不能足够快地思考以形成一个答案，那么教师会变换问题或重述、或让另外一个学生回答。而如果学生没法回答问题，教师会在很短的时间内进行反馈或继续提另一个问题，如此短的时间使学生根本无法思考高水平问题，而对于那些基础不怎么好的学生更是困难。国内韩雪波通过对高中英语教师的课堂提问情况的实证研究发现，教师提问之后等待回答的时间多数不超过3秒。

三、教师提问中存在大量的IRE提问模式

国内外大量实证研究证实，在课堂中教师提问的基本模式为"教师提问——学生回答——教师评价"的IRE模式，这种模式是一个单一的链条，老师的评价通常只是无条件的肯定，并没有对学生回答的内容进行追问。这种机械的问答模式充斥于各类课堂，限制了学生思维的发展与交际水平的提高。在大量的课堂观察中，国外研究者发现，当学生的答案不完整或者不正确的时候，教师会说"好的"，然后要求其他的学生回答该问题，他们几乎没有人会愿意"专注"在同一个学生身上，给予回答错误的学生以引导和激发，以帮助学生回答完整。另外，很少老师会要求学生解释他们的答案、给出例子或是提供论证。

一些研究已经证实，约有一半的学生的答案处于与教师所提问题不同的认知水平上，然而，教师通常会接受这些答案，并不再对学生作进一步的引导或者启发。在奥恩斯但对有效提问行为所做的研究综述中，他发现教师继续探究学生的回答对学生成绩的提升具有积极作用，若教师不能针对课堂气氛和学生的应答继续追问，提问就失去了灵活性；

四、教师提问程式化，缺乏对学生思维的关注

有研究者曾对当前教育改革背景下教师在课堂上语言的变化进行了总结，发现教师在课堂上的提问语言主要有："你知道了哪些事？还有什么问题？""你想研究什么？""你想要怎么做？""谁还愿意说出自己的发现？""谁能完整地说一遍？"等。这些提问要比以前教师提问完全控制活动的进行有很大的进步，但是从这些语言来看，教师并没有一个明确的关注点，他们仍不是特别清楚怎样让学生参与到教学过程中，参与哪些方面。

请看下面的一个案例[1]：

1　许仙. 例谈课堂提问的有效性. 教育教学研究，2007（4）：226

师：同学们，目前看来这幅统计图也只是反映出了统计表里的信息，还是不能解决刚才的问题。

（学生思考）

师：看来这个问题有必要研究研究。仔细观察这幅统计图，看看你能发现些什么？然后把你的发现在小组内说一说。

生：我发现这里面有很多网格。

生：我知道为什么要有网格，因为这样更好地找点。

生：我发现了这幅统计图把点用线连起来了。

师：那这些线有什么用处呢？

生：可能是为了美观吧。

生：我不同意，我认为用线连起来可以看出参观人数在上升。

师：是吗？能具体说一说吗？

生：如果线上升了，就表明人数在增加，下降了就表明人数在减少。

师：了不起的发现！那你认为从整体上看，这几年的参观人数是怎样变化的？

生：有下降，也有上升。

师：你是一段段看的，（如果）从整体上看呢？还有别的意见吗？

生：上升的多，下降的少。

师：那也是就是从整体上看是上升的。你们还有什么发现吗？

生：我发现这种统计图很好玩，就像一个"之"字。

生：这种统计图不要标数字就可能看出参观人数。

……

通过案例可以发现，教师提出"看看你能发现些什么"这一问题，但学生的思考交流比较盲目，没有明确的方向。学生的思考交流要凸显数学知识的本质属性，要能够从问题中有效地引出数学知识，而不要雾里看花，讨论半天还是毫无收获。

五、教师是课堂提问的权威，教师把握着提问的主动权

学校是一个相对封闭的场所，如果用吉登斯的话来说，学校就是一个权力容器，而教室这一场所也同样是一个权力容器。教师在高高的讲台上上课，学生排成若干排听课，学生和教师的位置常年不变，这种教室结构形象如同一个棒球场，只有教师站在投手板上，学生只是击球手，一次一个，只有目标学生参与了游戏。教师不仅仅投球，而且扮演各垒手和外野

手，因为他要对学生的击球做出反应。其他学生只是板凳队员，或者只是旁观者。[1]

社会语言学研究显示，提问过程中，教师通常把握着主动权，教师是提问的权威，他们期望学生没有争议地接受自己的阐述。提出问题后，教师经常会叫一些主动回答问题的学生，这部分学生群体往往比较固定。这一现象值得我们关注。如果教师只提问成绩好的学生，就会冷落大多数学生。优质的提问应是能够帮助学生的，能让所有的学生都能对所有的问题做出回答，同时，所有学生的答案都值得尊重。

事实上，教师提问是师生共同建构的复杂行为。教师的提问不是一个技术问题，更多地是一个实践问题。如果教师关于提问的意识仍然停留在技巧膜拜的阶段，就很难去打造一个充满优质问题和优质提问方式的课堂。当前，全世界的课堂都倡导由"教授的场所"转换为"学习的场所"，从以"目标—达成—评价"为单位的程序性课程转变为以"主题—探究—表现"为单位的项目型课程。在这种趋势下，学生在课堂上需要从习得、记忆、巩固的学习转向探究、反思、表达的学习，教师在进行教学时，则要从传递、讲解、评价的教学转向触发、交流、分享。对于教师提问来说，其目的更多地应放在促进学生探究，反思和表达方面。

第四节
为理解而提问：有效提问的目的与特征

🎯 **学习目标**

理解有效提问的内涵明确有效提问的目的与重要作用；熟悉有效提问的基本特征。

一、什么是有效提问

关于有效提问，不同学者有不同的认识。斯滕伯格和Spear-Swerling（1996）提倡在课堂教学中采用对话法，在教师与学生、学生与学生之间的对话中，教师扮演一个引导者或助手的角色，鼓励学生带着批判的眼光来审视自己的回答，而不是简单地回复他们认为老师希望听到的答案。帕金斯和他的同事霍华德·加德纳以及维托·佩龙发展了生成性主题的标准，他们认为以下三个性质能够作为判断一个问题是否能够吸引学生兴趣，促进他们积极参加的标准：一、中心性。即问题聚焦的内容是否是该事件或课程的中心。二、可获得性。该问题是否能够使学生通过以下方式建立联系，比如，将新知识与已有的知识相联系，提供个人实例，或者寻找新的类型等。三、丰富性。即该问题是否够全面，以鼓励学

1 Jackie Acree Walsh，Beth Dankert Satte. 优质提问教学法. 北京：中国轻工业出版社，2009

生建立广泛的联系或加以扩展。

　　Wilen（1987）为教师的有效提问提供了九点建议作为基础。具体如下：设计提示课文结构和指导的关键问题；问题的措辞必须清晰、明确；提出的问题要符合学生的能力水平；要有逻辑地、连续地提问题；设计的问题要有水平区分度；问题要紧追学生的反馈；回答问题时，要给学生充分的思考时间；采用能调动更多学生参与积极性的问题；鼓励学生提问。

二、有效提问的目的及特征

（一）有效提问的目的

　　教师提出的问题的目的是由教学目标所决定的。因此，有些老师认为提问是让学生积极参与学习的有效工具。教师通常会提出有针对性的问题，以帮助学生理解新的概念或观念。国外研究有效问题的专家认为，问题应该是有目的性、参与性以及结果性的，它们和学习目标相关联，能够激发学生的好奇心，提高学生的课堂参与度，并且带来期望中的学习结果。

　　一旦教师对问题的目标具体化之后，他们必须考虑下面的问题："我应当在哪些具体课程内容的基础上提出我的问题？"当教师确定了哪些内容是学生最需要掌握的，并在此基础上提出关键问题时，他们需要在头脑中对提问的目的有一个清晰的认识。

1. 提问是为了唤醒学生思考

　　提问的本质功能是激活学生的思维。我们提出的很多问题似乎都与学生不相关，因为该问题所涉及的内容与学生过去或现在的经验没有关联。教师提出一个和教材知识相关的问题，学生自愿举手回答问题，教师点头同意或给予评价。这种常规的提问方式叫作学校的游戏。这是一个有关习惯、回避和防御的复杂模式，在这个游戏中，绝大多数学生都是旁观者，而不是参与者。吸引学生积极参与的方式是提出诱导性的问题，这些问题能够激发学生的想象力，并促使他们提出和分享自己已经具有的知识和经验。例如在讲解青蛙的时候，教师可以问：人类有权利为了研究动物而杀死他们吗？[1]这能唤起学生的兴趣和思考。但是大多数教师都不愿意提出这样的问题，因为这些问题和教材中需要掌握的知识体系格格不入。

　　学习是思维的结果。课堂教学改革的关键是教师是否懂得学生必须通过思考来学习，教师是否懂得怎样激发、鼓励和支持学生的思考。有很多教师不论提出了多少问题，其实都是一个目的，即围绕自己心目当中的标准答案。许多教师准备问题的一个标尺是"我能不能回答这个问题""有没有标准答案""没有标准答案的问题，我不能问，问了显得我很不专业"。

2. 提问是为学生思维过程提供的脚手架

　　现代教学越来越重视对学生思维的培养。人类的一切活动都建立在思维活动的基础上，

1　Jackie Acree Walsh，Beth Dankert Satte. 优质提问教学法. 北京：中国轻工业出版社，2009：49

思维是我们进行活动的最基本的工具。恩格斯誉其为"地球上最美丽的花朵"。思维是智力的核心，如果没有思维，学习和创造这样的智力活动就不能存在。教师的提问应能够为特定的思维操作提供聚焦点和结构，通过教师提出的问题和对学生谈话的反馈，让学生有意识地关注某种特定的认知操作功能，辅助他们实现这一个操作过程，提高他们的思考质量。

在常规课堂上，经常出现"教师问—学生答—教师反馈"这种模式，当然，这是最基本的一种提问形式，被称为背诵文本式问答。然而，学生的思维具有过程性，是一个动态的发生发展过程，单一的链条会大大缩小学生的思考空间。这种背诵文本式的问答模式使学生没有时间或者没有机会进行深入思考，那么学生就会把问题当作一个挑战，不愿意回答或者简单回答，这种情况使课堂显得异常沉闷。更重要的是，教师的反馈往往是"对""好""不错"……千篇一律的表扬让学生有被"敷衍"的感觉，学生既不知道自己好在哪里，也不知道今后的努力方向在哪儿，这就难以起到激励学生积极思考的作用。即便教师要对学生回答中的错误作出反馈，他们也往往只是简单地指出学生的错误之处，很少有教师会深入分析学生出错的原因。

我们需要给学生的思维提供时间和台阶，就要尽量少用背诵文本式的问答模式，增加教师跟进反馈和学生跟进回答，教师不再根据学生的一次回答来予以反馈，而是进行了两次反馈，那么学生对问题的理解将更加透彻。

（二）有效提问的特征

优质提问特征的研究一直是研究者普遍关注的话题。综观教师提问行为研究的历程，不同范式的研究者对此有不同的理解。在此，我们基于已有研究，总结出优质提问的如下几个方面的特征。

1. 层次性

苏联著名心理学家维果茨基认为："只有走在发展前面的教学才是良好的教学，否则，只有充当发展的尾巴。"课堂教学中，教师应根据教学内容的要求和大多数学生的认知水平，提出条理清晰、合乎逻辑和学生认知心理的"阶梯式"或"分层式"的问题，引导学生由浅入深，由简到繁，由已知到未知，层层推进，步步深入。

为此我们在教学中设计的提问要有层次性，首先要从幼儿已有的生活经验入手，然后再以层次性的提问逐步加深，扩展内容，丰富知识，建构概念，使整个提问过程结构严谨，体现发展性原则。教师提问的层次性主要体现在如何合理提出核心问题和战术性问题。

在课堂教学中，一般都会有一个核心概念问题来统领整个课堂，一个全班参与的课堂活动通常是围绕预定的一些问题进行架构的，这些预先设定好的问题便是核心问题。核心问题一方面是通过对课程任务的分析得出的；另一方面则是通过对学生能力范围跨度的判断、或者是根据学生更一般的推理能力得出的。它主要关注和指导课堂对话的内容和学生的认知操作。与核心问题相对应的是战术性问题，指在某一给定时间内受核心提问指导的、教学中所运用的不同类型的问题，主要依据学生的反应进行进一步提问。

2. 情境性

不少学者发现，成功的教师善于在课堂教学的不同阶段，向学生提出不同的问题。例如在探究式教学的各个环节和阶段中，提问的功能都是不同的。探究活动开始、过程和结束各阶段的提问都十分必要，在探究活动开始之前的提问能引导学生注意到一个新的探究和学习领域；活动过程中的提问有助于学生注意到某种关系，使操作更有意义；活动结束时的提问有助于学生反思探究的过程和澄清已经发现的关系。教师要学会把握问题的情境性，在不同的课堂教学阶段作出不同的提问行为。

3. 指向性

根据概念转变理论，有意义学习发生的条件是学习者对已有概念不满意，而且新概念是可以理解的，富有成效的。教师提问应该指向学生的概念转变。首先，教师的提问应该能够探究学生的前概念和另有概念，并在其基础上使问题指向学生的认知冲突。由于产生了认知冲突，学生需要回顾已有概念的有效性。教师提问还要能够引导学生在已有知识和新知识间建立联系，帮助他们建构合理的、综合的新概念。

4. 启发性

启发性表现在对学生思维的引导上。教师在教学的过程中要善于启发学生独立思考，引导学生发现问题、分析问题和解决问题。提问的启发性是指提问能触动学生的思维神经，给学生指出思考的角度、方法，引导学生的思维方向。启发性是课堂提问的灵魂，教师要根据学生的认知规律，周密设计启发式问题，如"用什么办法测量蚯蚓的长度"，通过这样的问题来启发学生联想，活跃学生的思维，让学生乐于去探究。

学生创造性思维能力的培养与教师所设计的问题的质量密切相关。具有较强探究性的问题有助于促使学生独立思考，积极探求新的解决方法，避免思维定式。例如，教师提出"在不受任何外界干扰的情况下，落叶为什么总是叶面向下，叶背向上"的问题，引导学生从熟悉的落叶现象中发现还存在不熟悉的落叶时叶面翻转的现象，学生会自然而然地产生"这是为什么"的疑问，萌发强烈的探索动机。在教师提问的提示下，学生的问题意识容易产生，探索的方向容易确定，思路容易把握，思维也就能向更深更广的方面发展。这些都是提问的启发性的表现。

第五节
学会提问：有效提问的基本策略

🎯 **学习目标**

熟悉并掌握课堂提问的基本策略；尝试运用恰当的策略设计课堂提问。

通过提问引导学生进行有效思考并不是一项简单的任务。教师选择何种提问策略，与教师对学科知识的理解及对教学技巧的掌握都存在密切关系。教师需要充分理解学科知识，在此基础上通过适当的提问帮助学生整合概念，而不仅仅是展示与概念毫无联系的事实性知识。教师还需要掌握恰当的教学技巧，保证问题的连续性。在提问过程中，教师要与学生充分互动、合作，避免学生成为被动的接收者。

一、认识提问的重要性，精心准备提问内容

大多数教师在日常教学中并没有意识到提问的重要性，虽然他们都承认提问在课堂教学中无可避免，但是，他们对提问的准备并不充分。有的教师甚至在未完全理解教材提问意图的情况下，直接将教材上的问题抛给学生，由此将造成课堂提问的效果大打折扣，甚至无效。有效的提问不是偶然产生的，要想让课堂上的提问大放异彩，教师必须根据教学目标、课程内容、期望学生达到的认知水平、学生的学习需要与学习兴趣等精心准备提问内容。这要求教师做到如下几点。首先，明确提问目的。提问是在特定目的支配下的活动，教师的提问目的在一定程度上也是教师所持有的学生观和教学观的反映。教师的提问应意在唤醒学生的好奇心，并使师生间的对话走向纵深。

其次，深入研究教材，确定提问内容。教师在准备提问内容时，首先要深入理解教材，在理解教材的基础上超越教材才能更好地提高提问水平。通过分析教材，找到这堂课的重难点，同时结合相应的课程标准，提问的内容便可得以确定。

教师还需要注意的是，提问的语言必须简练清晰，并与学生的年龄、年级等相适应。这要求教师要考虑三点：提的问题学生是否听得懂，会不会产生歧义；提的问题是否只关注一个确定的点；提问时学生是否已经了解了相关的背景知识。如果可以先给学生提供背景，然后再提问问题，学生就会有更多的背景知识来组织答案。此外，教师还要将各种不同的回答方式整合到备课计划中，做好充分的准备，以此来打破传统的常见的口头问答的模式。

二、转变角色理念，营造平等尊重的课堂文化

困境：我们在课堂中抛出一个问题后，经常会出现学生毫无反应、一问三不知、或答非

所问的情况。这对一堂新课来说是失败的，因为我们没能激发起学生的思维，也就达不到应有的课堂效果。

反思：我构建了一系列课堂规范来支持询问和深度对话文化吗？

我向我的学生们呈现了这些课堂规范，并提供给他们机会来思考这些规范怎么样支持他们的学习行为了吗？

教育是人与人之间的交往活动，教师和学生共同构成了一个小社会。这个小社会的社会文化，也就是课堂文化，对课堂教学的开展将产生重要的影响。作为提问主体的教师，要使提问获得较好的效果，就要转变教师的角色意识，树立民主、平等、尊重的角色理念，营造平等和谐的课堂文化。

然而，受传统课堂教学理念的影响，教师往往习惯于"控制"课堂，无法真正做到以学生为中心。

🔍 案例1

上课进行了20分钟时，教师让学生阅读了十分钟的文章，开始进入到提问互动环节。在整个互动过程中，教师就同一问题一共提问四次，分别为T1、T2、T3、T4，前三次提问均无人应答。但是对于第一次无人应答，教师显然不认为学生没有听懂这个问题的，因为在第二次提问（T2）中教师并没有重复或者解释这个问题，仅仅用了"OK"，而这个OK实际上也相当于重复提问一次。在仍旧没有得到响应之后，教师意识到第一次提问中的可能有问题，于是做了一个解释然后又进行了第三次提问（T3），并去掉了可能产生歧义的句子。

通过对整个问答过程的分析，不难看出教师的提问本身并不难。但在教师作为权威的课堂上，学生有能力回答却可能不愿意回答，因为在他们看来，教师的提问不仅仅是一个提问，更是一个挑战。对于这一点，其实教师心里也是明白的，这就是为什么在第二次提问的时候他用的是一个带有鼓励性质的提问"OK?"。然而，在鼓励没有奏效之后，他又进行解释并简化这个问题，主要功能是降低问题的难度，同时也是继续鼓励学生应对挑战，但最后教师在T2、T3中所做出的努力并未奏效。在这种情况下，教师就只能点名让学生回答了。综合看来，与其说这种师生会话是"提问—回答"，不如说是"挑战—应对"。这种情况应该引起教师的反思。

在课堂提问的过程中，教师不仅是教育者，更是教学活动的参与者、指导者，是学生的伙伴。师生之间是平等的对话关系，这一理念应成为指导教师提问行为的基础。当教师提问的时候，如果教师表达出倾听学生的真实想法与独特观点的兴趣，而不是要求得到问题的

"标准答案"，那么学生将感受到自己独立思考的重要意义，进而会积极思考，成为这个课堂积极的一员。与此同时，教师不是教学活动的控制者和课堂的主宰者，也不是唯一的课堂提问者，学生也可以成为提问的主体，作为对话的开启者。因此，我们要给予学生提问的机会，将提问的主动权交给学生，培养学生的问题意识，引导学生善于发现问题、学会提问，构建对话型课堂教学。

思维拓展

在九年级时，杰姬的女儿骄傲地告诉她的妈妈今天在学校她没有自愿回答老师的问题。她的妈妈对凯瑟琳认为她自己是一个自愿者感到吃惊，她没有很强的成为人们关注对象的需求。凯瑟琳回答道："是的，当没有人回答的时候，我通常会举手。今天我知道答案，但我没有回答。"当被问及原因时，她说道："我想让她不舒服，因为她对我的朋友不好。我知道如果连我也没有回答，她会觉得自己教得不好"。

——Jackie Acree Walsh，Beth Dankert Sattes. 优质提问教学法. 刘彦，译. 北京：中国轻工业出版社，2009：55

思维拓展

滑稽的水

B先生了准备两个密度量筒，他利用两个一英尺高的透明塑料量杯注入玉米糖浆、洗涤液、带有颜色的水、植物油、儿童油脂和甲醇。当学生到齐后，教师把学生们分成两组来细察量筒并且讨论他们看到的现象。经过10分钟讨论，B先生请学生拿出笔记本记下他们的观察结果以及他们对各种液体为什么会分离的想法。当大家书写完毕后，问："你们看到了什么？你们能够解释所看到的现象吗？你们认为正在发生什么现象？"他特意解释说："正确答案是没有的，不发言也可以。但你们需要思考。"沉寂过后是一阵评语。最后一场生动的讨论开始了。

真漂亮。你是怎么让这些颜色分开的？

似乎顶上的几种液体比较轻。

顶上的液体好像是水。

我认为底下的液体比较重，所以沉到底下去了。

之所以分成很多层是因为密度不同，因此他们才一层层叠起来。

B先生问道："密度是什么意思？"

密度就是粒子之间的拥挤程度。

某些液体的原子比其他液体的原子重。

B先生所提的问题都是为了鼓励学生开发理解力，要求学生验证他们的概念并且把这些概念扩展到科学课堂之内和课堂之外去。

　　　　——国家研究理事会. 美国国家科学教育标准. 北京：科学技术文献出版社，1999：203

三、让提问成为启迪思维的"台阶"

在实际课堂上教师会提出各种问题，这些提问的排列组合是有规律可循的，提问顺序应该遵循认知发展的规律才能得到好的效果。因此，教师能否在课堂中提出一连串按认知发展先后顺序排列的问题和一系列能促进学生解释、验证、支持和重新回答问题的问题至关重要。这要求教师把学习看成是一个过程，教师需要懂得如何提示和引导学生完成某一特定的思维操作过程，为学生提供充分的思考指导，而不只是对讲授内容的简单记忆。然而，许多教师往往把过程当作通往目标的途径，但实际上，学生思考的过程及其在课堂讨论中的表现就是合理的重要目标。

向学生提出开放性问题是拓展学生思维的有效方法。当教师向学生提出一个开放性问题时，学生往往各有自己的理解，这样的问题很容易被处理成"你说说，他说说，我说说"的漫谈式对话，或者变成转转身子、换换位子的讨论。好的教师并不追求这种貌似对话的形式，对于学生的回答，他们不是轻易地给予肯定或否定，而是不断地追问，譬如向学生追问"你为何……呢？"。对于难度较大的问题，教师则会给予提醒（"同时你还要考虑这些……"），为学生提供一个思考的基点和方向。总之，在问题的问答中，要想富有成效地引领学生进入思考，达成对话，一个有效的策略就是：首先是通过追问探查学生的思维过程，从而厘清思维并引向深入。简言之，就是通过"追问策略"，将高水平思维的回答和低水平思维的回答分辨开来。此外还可以采用"聚焦策略"，即对一个开放性问题逐渐缩小它的应答域，使思维一步一步聚集到具体的问题上。如果说追问策略是对思维逻辑充分性和深入性进行探查，那么聚焦策略则是把思维从宽泛纷乱的状态中聚合到焦点问题上。

常见的聚焦性策略有：

接受学生的回答。指用认可、重复和强调的方式接受学生的观点。在学生阐述自己的观点时，即使其中含有各种各样的错误概念，也要在一开始对学生的观点持接受的态度，使学生感觉到他们"有权利犯错误"。学生在探究过程中犯错误、走弯路是不可避免的，教师不能对此进行惩罚，我们可以先"接受"学生的观点，暂且不作判断和评价，创设一种鼓励学生勇敢地提出自己观点的氛围，从而帮助学生经历探究过程，并使他们获得新的理解。

扩展学生的回答。主要指澄清、比较学生的观点；纠正学生的观点；总结小组的进步对学生小组的汇报进行总结和评价。扩展学生的观点需要先肯定学生的部分观点并对这些观点进行强调。运用学生的观点解释或解决问题，这是扩展学生观点的好方法，然而，教师要注意避免将扩展学生观点的解释变为单纯的讲授。例如，为了推动探究式学习的进行，教师可以利用问答的方式对小组的讨论进行总结，对各种建议进行一番评价，这样做不仅能扩展学生的观点，还能使探究更加深入。

探明学生的回答。即基于学生已经表达的观点，提出问题，引导学生进一步澄清、调整或验证自己或其他同学提出的观点。学生在讨论中提出了自己的见解时，教师需要探明学生的确切观点，培养学生的批判意识。探明学生的观点这是教师对学生回答的一种反应，教师需要提出具有洞察力的问题，使学生超越初次做出的表面性、初次做出的回答，进行更深入的思考。探明学生的观点和扩展学生的观点最大的不同是：扩展学生的观点时，教师需要补充学生的观点；而探明学生的观点时，教师要让学生自己补充自己的或他人的观点。

👁 思维拓展

当学生的回答有下列情况时，我们该怎么办？

正确——

运用等待时间2（至少停顿3~5秒）

肯定其正确性

不完整——

运用等待时间2

探查

必要的时候进行概述

进行合适的提示

不正确——

运用等待时间指出不正确之处

改述

然后进行探查

在合适的时候，给出线索或提示

在必要的时候重新定向问题

保证全班学生都听见了正确答案

确保第一次回答问题的学生知道了正确答案

没有回答——

运用等待时间

可能的话，改述问题

线索或提示

在必要的时候重新定向问题

保证全班学生都听见了正确答案

确保第一次回答问题的学生知道了正确答案

　　——Jackie Acree Walsh,Beth Dankert Sattes. 优质提问教学法. 刘彦译. 北京：中国轻工业出版社，

2009：78

🔍 案例2[1]

　　教师：狂欢节与万圣节在哪些方面存在差别？

　　学生：庆祝的日期不同。

　　学生：节日的目的不同。

　　教师：你发现二者的目的有什么区别吗？

　　学生：狂欢节标志着四旬斋的开始；万圣节只是一天的节日。

　　学生：在狂欢节期间，人们着装非常华丽；但在万圣节，人们的装扮是为了吓唬对方。

　　教师：还有其他目的吗？

　　学生：为了玩得开心。

　　学生：为了得到礼物。

　　教师：两个节日的乐趣存在什么不同吗？

　　学生：只有新奥尔良的人们在狂欢节玩得很开心。

　　教师：这与万圣节有什么区别呢？

　　学生：每个人都很开心。

　　教师：请把这两种想法结合起来，我们就能发现两个节日的乐趣有什么差异了。

　　学生：好的。狂欢节的时候，新奥尔良的人们整天都在消磨时间，其他地方的人还在继续工作、上学；而万圣节那天，每个人都会盛装打扮去吓唬别人。

　　该案例中，教师提问的核心问题是狂欢节和万圣节的不同，这是一个需要认知加工的开放性问题。对于这样一个开放性问题，学生各自只回答了问题的部分答案，为此教师针对第二个学生的回答，提出一个限定焦点的加工性问题："你发现二者的目的有什么区别吗"。通过限定，学生的回答更加具体，能区别出两个节日的不同特点。但是，教师这时又（似乎是随意地）问了一个自由度更大的加工性问题"两个节日的乐趣存在什么不同吗？"，学生

1　丹东尼奥. 课堂提问的艺术——发展教师的有效提问技能. 北京：中国轻工业出版社，2006：178

回答实际上是答非所问。教师只得再次聚焦，学生各自回答了问题的一半。直到教师最后一次重新聚焦，才得到了一个有条理的陈述。教师在设计提问时，要注意问题切入的角度，让问题具有开放性，给学生留有思考的空间。但是问题太大，又会指向性不明确，因此，让学生的思考有一个经验的铺垫很重要。这种经验最好是直接经验，间接经验会使学生的回答无法聚焦。

四、问题切合学生实际生活，做到三位一体的统一

困境：可供选择的内容无穷无尽，如果不从教材中找现成的，我应该在哪些具体课程内容的基础上提出我的问题？

反思：哪些是浓缩某个课程或学习单位的核心内容？

单纯讲授内容的方式与学生将个人经验和兴趣与课程内容和知识相联系的方式相对比，哪种方式学习的记忆更为持久？

Carlsen（1987,1990）从学科知识与教师提问的关系的角度研究提问，认为教师对教材内容的理解程度直接影响提问的效果，影响学生的参与积极性。有助于选择问题所关注的课程内容的框架来自凯利的工作，他们的问题还提醒我们关注下面三者的关系：学科内容，个人现实（学生从经验所获得的知识），以及外部现实（来自其他领域和外部世界的知识）。我们把这三个领域分别叫做学科、个体知识和其他学科。教师的问题从知识内容角度可以分为三类：（1）一个单独的领域，比如个体知识；（2）二者重叠的部分，比如个体知识和学科知识的重叠；（3）三者重叠的部分。只有当学生将个人兴趣与课程内容和其他课程内容知识相联系时，思维才能得到最大的锻炼。

🔍 **案例3** [1]

语文教学中，教师在讲解《孤儿列车：被分开的家庭》。在这个故事中，六个同胞兄妹和他们寡居的母亲住在贫民窟里，这个母亲做了无私的爱的牺牲，把他们送到了西方的孤儿列车去寻找更好的生活。在阅读了前七章之后，教师提出了问题以供讨论。

1. 单独领域的问题

学科内容：主人公想要解决的问题是什么？

个体知识：你想过得到某些不属于你的东西吗？

---

1 Jackie A Walsh. 优质提问教学法：让每个学生都参与其中. 北京：中国轻工业出版社，2008：26

其他学科领域：什么是贫民窟？

2．二者重合的问题

学科内容/个体知识：比较和对比你的生活和凯利孩子们的生活。至少写出三个你们生活相似的地方，以及三个不同的地方。

其他学科领域/个体知识：你曾经拿过不属于你自己的东西吗？如果这样，结果是什么？

其他学科领域/学科内容：在19世纪中后期，如果孩子们成为小偷，会有什么样的结果。

3．三者交叉的问题：

拿不属于你的东西，这在某些情况下会是正确的吗？就像迈克尔所做的那样，他拿走了从火车乘客身上偷来的钱。如果你认为是对的，什么情况下是对的，如果你认为是错的，为什么？

五、问题需具有明确的指向性

问题指向性的强与弱显然会影响到学生能否回答问题及其回答所能达到的水平。教师提问的针对性一定要强，要考虑学生的心理发展状况，提出的问题要使学生能迅速地按照教学意图进行思考。例如教学案例4[1]，如果教师提出的问题范围太大，学生很容易不知道应该如何入手。

🔍 **案例4**

	问题		
师	猜猜它问了哪六个问题？	刚才六个动物用它们特别的本领都摘到了苹果，海狮会不会有这些本领呢？我们替鼠小弟来问问海狮吧！记住问过的话题不能重复问。	原来提问：问题指向性不明，太大、笼统，幼儿无从下手，可能表现是一时语塞。即使幼儿回答了，也会分散话题内容，导入无关话题的误区。
幼	幼儿不知从哪里思考，一时语塞。	幼儿：海狮你会飞吗？幼儿集体模仿动作重复问：海狮你会飞吗？	修改后：给幼儿在理解上进行了经验的铺垫，同时起到了承上启下的思维架接作用。
师		海狮听了鼠小弟的话，摇摇头，它能摘到苹果吗？说说理由。	

🔍 **案例5** [2]

教师：讨论课谁愿意告诉大家，刚才用这些东西做了试验以后发现了什么？

1　朱慧纺．展现群言堂的精彩．上海：上海教育出版社，2011：35
2　兰本达，P·F·布莱德韦恩．小学科学教育的"探究—研讨"教学法．北京：人民教育出版社，1983：109

教师：你们打击花盆或木琴上的木条时听出什么不同来了吗？

学生：有的声音低，有的声音高。

学生：我家有架钢琴，也是这样的。

教师：你能不能讲清楚一些？

学生：钢琴的一头声音高；另一头音乐低。

学生：我只听到不同的声音，但我说不出来是高还是低。

教师：还是没人听出别的东西的声音也有高低？

学生：大铃铛的声音低，小铃铛的声音低。

学生：不对，你弄混了，大铃铛的声音低，小铃铛的声音高。

学生：这些东西就像人，大人的嗓音听起来比小孩的嗓音低。

学生：大的东西发出的低的声音，小的东西发出高的声音。对不对？

教师：有没有人知道为什么会这样？

学生：大的东西发出的低的声音，小的东西发出高的声音。对不对？

教师：会不会是因为大的东西有很多的空间可以发更多的声音呢？比如大花盆里面的空气多，声音要通过更多的空气。

教师：也许橡皮筋能帮我们的忙，有人注意到橡皮筋是怎么动的吗？声音听起来怎么样呢？

从案例中可以看到，提问基于学生的具体操作会更有效。学生虽然抽象逻辑思维有较大发展，但是完全脱离形象和物体的思维过程仍相当困难，这种情况下要对问题作出回答，就相当于无源之水和无本之木。所以给学生实际操作的实物或者问一些他们已经经历过的事件和现象，他们才有话可说，在教师的提问引导下，才能很好地扩展思维。我国教师提问效果较差，不是提问的类型的差异，而是问的问题过于抽象，没有思维加工的材料，学生只能沉默应对。

六、通过等待时间激励学生思考

我想运用提问来让学生思考，但是我们可用于浪费的时间并不多，我必须不断地推进，否则我就会没有效率。同时我也不想让任何学生觉得尴尬。

美国心理学家罗伊（1974）提出了"等待时间"这一概念。她在研究课堂提问时发现，教师提出一个问题后，如果学生没能立即回答，就需要增加"等待时间"。增加"等待时间"后，课堂上会发生以下变化：（1）学生的回答变长；（2）学生不回答的次数减少；（3）学生回答问题时更有信心；（4）学生对其他同学的回答敢于进行挑战或加以改进；（5）学生会提出更多其他的解释。问题中增加协商的成分，会为学生的思考留出时间，为他们的语言输出添加思维的含量。协商式提问就是在延长学生思考的时间，变教师沉默消极的等待为启发引导的等待。提问不能以立即可以得到答案来评判好坏。教师提出一个问题后，如果学生没能立即回答，那么教师一般都会组织语言加以引导。研究者发现，在提问与引导学生回答之间的平均等待时间约为0.9秒。在这么短的时间内，学生是不可能进行充分思考并构思答案的，他们的回答只能是长期学习积累下来的一种本能反应，或是从记忆库中调取知识片断进行应付。很多教师认为在45分钟的课堂中学习知识才是真正的学习，于是他们通过使学生几乎没有停下来的时间来保证学生的全力参与，遗憾的是，这种急速的步伐往往会导致相反的结果——学生积极性并不高，对内容的思考也不深入。

👁 思维拓展

等待时间的力量

在我的三年级的课堂上，我正在阅读一本七年级水平的书，以此来增加阅读的兴趣以及词汇理解能力。在一个自然段中，该作者写到当一个贫穷的孤儿男孩经过一个有钱的女人身边的时候，她"拉起了她的裙子"。我们可以体会到其言外之意，我想知道对此学生理解了多少，以及是否对作者的意图做出了推测。我问道："你们认为这个女人对这个小孩的感觉怎么样？"。一个小男孩回答："他不喜欢这个小男孩。"当我问他为什么的时候，他说"她不喜欢这个小男孩，因为当小男孩经过她身边的时候，她拉起了她的裙子。因为他不想让小男孩的脏衣服把她弄脏。"我又等待了一会，这个小男孩继续说："我并不认为她非常好。这个女人这样想是不对的，因为我们都是平等的。"哇！这是一个三年级的学生！以前我在自己班上从来没有得到过这样的答案——这是更有思想性的答案，思维水平更高。

——Jackie Acree Walsh,Beth Dankert Sattes. 优质提问教学法. 刘彦，译. 北京：中国轻工业出版社，2009：69

👁 思维拓展

等待时间似乎是一个简单的事情——我们都知道的事情。但是在大部分情况下，教师总是习惯于提出一个问题，然后如果他们没有马上得到一个答案，他们就会提出一个不自觉的给予学生答案的引导性问题。等待时间给予学生思考的时间——他们也需要，如果问题比较复杂的话。这对于我们教师来说是不容易的；他们对此感到不适应，因为等待时间是一个需要反馈和实践的概念。但是现在我们的教师已经开始理解到复杂的问题和等待时间的运用之间有某种联系——为了能够思考得出结论，孩子们需要它。

——Jackie Acree Walsh,Beth Dankert Sattes. 优质提问教学法. 刘彦，译. 北京：中国轻工业出版社，2009：74

七、有效把握提问的契机

困境：好的提问是不是绝对的？我在教学过程中是不是只能提出认知水平高的提问？提问时机如何把握？

反思：你正在构建的是什么样的问题情境？

你现在正在用什么样的教学方式？

你是在什么情况下提出问题的？

（一）在教学的不同阶段提不同的问题

如前所述，在教学的不同环节和阶段，提问的功能是不同的。教学开始，过程和结束的时候的提问都十分必要。成功的教师善于把握问题的情境性，会在课堂教学开始前、教学过程中及教学结束时等不同阶段采用不同的提问策略，向学生提出不同的问题。

阿瑟·A·卡琳等人围绕5E教学模式提出了针对科学课教学过程中的问题策略[1]，如表2。他们认为提问是探究式教学的核心，在各个教学步骤中提出相应的问题可以使教师了解学生知道些什么；可以指导学生提出值得探究的问题，收集相关资料；可以指导学生进行解释；可以指导学生在不同的情境中应用新知识。

表6-2 探究式教学的问题策略

教学步骤	
参与	已有知识：提出问题，评价学生的已有知识和概念。 开始探究：提出问题，引导学生形成简单的探究问题。
探究	观察：提出问题，引导学生的思维关注于观察到的现象和数据。
解释	规律和关系：提出问题，要求学生根据数据发现规律和相互关系。
迁移	应用：提出问题，要求学生在新的情况下应用新的知识。
评价	继续评价：提出问题，评价学生的知识、理解力和探究过程。

1　阿瑟·A·卡琳，乔尔·E·巴斯，特丽·L·康坦特. 教作为探究的科学. 北京：科学教育出版社，2006：45

（二）根据问题情境选择合适的问题

课堂是由一系列情境构成的，这些情境可以是围绕某一教学目标而展开的一幕、一个片段，也可以是由教师安排的教与学的活动。在一系列的情境中，既有教师教的情境，又有学生学的情境，还有师生互动的情境；既有前景，又有背景；既有反映知识应用的真实情境，又有教师创设的虚拟情境。提问是在提问情境中发生的，对情境进行"解剖麻雀式"的分析，就是对教师提问进行微观的、全面的研究。学会根据问题情境选择提问类型是一个相对复杂的任务[1]。Christine Chin（2007）总结了教师应该怎么样和在什么时候用提问去支架学生的思维和帮助学生建构知识，如表3所示。这些提问方式的例子对那些不知道如何使用提问，对提问技能不得要领的教师是有用的，对教师来说，它能提供一个提高他们的提问技能的指导方针。

表6-3　教师提问的实践分类

运用的基于问题的方法和策略	特征	何时用
苏格拉底式提问	用一系列问题去促使和指引学生思考	鼓励学生去产生基于推理和先有知识的观点
抽水式提问	通过明确的要求鼓励学生提供更多的信息	培养鼓励学生谈话
放射抛提问	抛出一个问题作为对学生先前陈述的反应	把思考的责任返还给学生
挑战性提问	抛出一个问题目的在于激发学生思考而不是直接给学生纠正性的反馈	如果学生给出了一个不适合的反应时鼓励学生反省和重新思考他的答案
支架式提问（用一些专业词汇为学生的思想提供科学的语言载体）	关注科学属于术语的使用，用关键字和短语去形成一个整合性的建议性陈述	关于带有好几个技术性术语的主题，为了那些较弱语言表达技巧的学生
关键字和词语的联合	指导学生形成一系列的建议性陈述去形成连贯的心理框架	介绍事实性的或者描述性的信息；增强科学的词汇
口头完型	在句子中间停顿让学生口头完成句子	引出或者强调关键字和词语；主要针对那些不能清楚的表达或口头上不能表达的学生
语义网络	帮助学生把不同的观点一起整合到一个概念框架内，像是在构建一个思想的锦绣	去关注观点和抽象思维；主要针对大量的和专业术语没有联系的主题
多元倾向提问	从不同的角度呈现问题，每个角度表达一个难题的多个方面	帮助学生从不同的角度和视野看待一个难题
激发多种方式思考	呈现一个涉及一系列思维（言语的，视觉的，象征，逻辑数学）形式的问题，运用交谈，图表，可视化图像，象征物，公式和推理	鼓励学生用多种模式思考；从多个角度理解概念

1　Christine Chin. *Teacher Questioning in Science Classroom: Approaches That Stimulate Productive Thinking*. Journal of Research Teaching in Science Teaching：VOL44，NO.6，2007：815-823

续表

运用的基于问题的方法和策略	特征	何时用
聚焦和宏观掌握	指导学生既在可见的，宏观水平上思考又要在微观分子水平思考，或者用一些急上急下的问题，在一个大的，宽的问题和一个特别聚焦的问题交互使用	帮助学生既从宏观，上位方面又从微观，下位方面理解概念
框架式提问	运用提问去给一个问题，争论或者主题设定框架并且去组织接下来的讨论	帮助学生去认识到问题和他所要表达的信息的关系
基于问题的提问	用提问回答的建议，问题是作为一个高级组织者去引导接下来呈现要的信息	针对解释性的谈话作为公布的陈述的序言并且去聚焦学生的思维
基于问题的概述	呈现一个大而宽的问题并且在视觉上有附属的或者相关的问题	真实的关注学生的思维和帮助学生看到大问题和附属问题的联系
基于问题的总结	为了巩固核心知识，用问题回答的形式给予一个总体的总结	在课的最后简介概要的总结核心概念

（三）根据不同的教学方式来设置问题

Van Zee（2001）[1]等研究者记录并解释了在我们课堂中常见的交流方式中的学生和教师的提问行为，他们通过研究发现，在不同教学方式下的提问行为也是不同的。Van Zee倡导我们应该使学生投入到他们所熟悉的舒适的课堂教学形式中，在这样的情境中学生将试图去理解其他人的想法并且建立小群体。

表6-4

	演讲	口头测验	在教师指导下的讨论	由学生发起的讨论	同伴合作
教与学的模式	教师传递知识	教师评价知识	教师建构被问学生的知识	学生通过解释建构知识	学生通过解释和行动建构知识
知识本质的概念	事实和程序的提取	事实和程序的提取	复杂题目的理解	主要问题的建构	既是独立又是合作的思维
教师责任	清楚详细说明	知道并判断答案	引发和指导思维	促进创造性的工作	远距离监控
学生的责任	听并记住知识	学习和背诵	表达自己的观点	发明创造和设计	发明创造和设计

---

1 Van Zee，E．H，Minstrell. *Using Questioning To Guide Student Thinking*. The Journal of the Learning Sciences：229-271

续表

	演讲	口头测验	在教师指导下的讨论	由学生发起的讨论	同伴合作
评估	注意了吗？	精确吗？	思维有改变吗？整合性问题	有丰富性成果吗？整合性问题	理解意义了吗？整合性问题
目的	虚夸的	测试	概念化	极少	没有
频率	极少并限制	很少，是威胁	被欢迎的	频繁并很自然地发生	频繁并很自然地发生

结合Van Zee的研究和大量的课堂观察，我们发现，提问的典型课堂情境是口头问答和讨论。这两种方式中教师相对熟悉的是口头问答，每一个教师几乎会用到。但口头回答中提出的问题水平比较低，通常只是要求学生记忆和回忆有些事实，而相对应的真正的课堂讨论并不常见。

本章小结

课堂提问作为一种有效的教学行为，自古以来就得到中外教育工作者的高度重视和普遍研究。提问不只是评估具体学习细节问题的工具，更是教师在课堂情境中激发学生的学习动机，促进学生主动参与学习过程，引导学生思考进而获得对知识理解的教学行为。作为有效教学的核心，提问是进行启发式教学的重要手段。有效的提问有助于教师管理课堂，同时促进学生积极思考，帮助他们进行概念理解、实现意义建构。

提问是师生之间、学生之间在课堂上交流思想的一种重要手段。依据学生的思维活动水平，教师在课堂上提出的问题主要包括以下几种类型：记忆性问题、理解性问题、应用性问题、分析性问题、评价性问题、创造性问题。各类问题都有其独有的特征和适用条件。常见的课堂提问模式有IRE模式、IRF模式、IRFRF模式以及反思式模式，这些模式不断发展完善，它们的优点和价值得到了学者的肯定。

当前，教师的课堂提问行为显现出一些问题，主要体现在：教师提问的认识水平低，大部分教师所提的问题是有关事实、回忆或知识的低思维水平问题；教师提问的等待时间过短，未给予学生充分的思考时间；提问的基本模式为"教师提问——学生回答——教师评价"的单一链条模式，显得机械化；教师依然把握着提问的主动权，提问语言较为单一，缺乏对学生思维的关注。

要提出有效的问题，教师首先要明确提问的目的。课堂上，教师提出的问题应具有层次性、情境性、指向性、启发性，它们与学习目标相关联，能引导学生思考、提高学生的课堂参与度，从而促进学生对知识的主动建构。

在进行提问的设计与实施时，教师首先要认识到提问的重要性，深入研究教材，充分了解学科知识，结合学生的认知发展水平，精心准备提问内容；其次，要注意遵循认知发展的规律，合理安排提问顺序，以便能逐步引导并拓展学生的思维。与此同时，教师要把握提问的契机，根据教学进展、问题情境、教学方式等提出不同的、具有明确指向性和针对性的问题，使学生能迅速按照教学意图进行思考。有效的提问是在师生平等对话的过程中进行的，教师要时刻关注学生的表现，给予学生充足的思考时间。

总结 >

Aa 关键术语

有效提问 effective questioning	意义建构 meaning construction	课堂对话语境 classroom communicating context
IRE提问模式 initiation，Response, Evaluation Pattern	IRF模式 initiation–Response– Follow–up Pattern	IRFRF模式 initiation–Response– Follow–up–Response– Followup Pattern
反思式提问模式 reflective toss pattern of questioning	优质提问 quality questioning	提问策略 questioning strategies

🔗 章节链接

课堂提问是语言的艺术，本章聚焦于课堂教学的提问环节，介绍了提问的作用、模式、存在问题与有效提问策略，与第八章《声形并茂的语言》有着密切的联系。同时，提问是课堂互动的重要体现，因此，本章的学习可结合第四章《多元的课堂学习方式》及第十一章《立竿见影的反馈与评价》进行。

应用 >

✎ 体验练习

1. 请从教学和学生角度理解提问的定义和优质提问的主要特征，并观察实际课堂中的教师对提问的理解是否全面。

2. 请查阅资料，比较以教师为中心的提问、以知识为中心的提问和以学生为中心的提问各自的优势与不足，并理解提问目的在课堂教学中的重要性。

3. 请论述当前课堂中的教师、学生和知识之间的统一性，并具体分析当前课堂提问行为的价值取向。

4. 请通过专门的途径，如见习、实习等，和学校的老师、同学讨论21世纪教师提问的进展情况和影响因素；并讨论怎样才能形成好的提问行为。

拓展 >

☕ 补充读物

1　［美］瑟·A·卡琳，乔尔·E·巴斯，特丽·L·康坦特. 教作为探究的科学. 北京：人民教育出版社，2006

　　《教作为探究的科学》是美国一些大学教育学院选用多年的科学教育专业教材。自1964年以来，该书经过十次修订改版。该书结合具体教学实例，通俗易懂地阐述了科学探究式教学的理论、特征与方法。书中结合具体教学实例，通俗易懂地阐述了科学探究式教学的理论、特征与方法。本书第十版还特别加强了与美国《国家科学教育标准》的联系，便于读者进一步理解美国《国家科学教育标准》，特别是其中的内容标准。本书虽然原是一本面向师范生的教材，但是对在职教师和从事科学教育研究人员来说也很值得一读，可以使我国读者了解美国的中小学科学教师需要熟悉哪些科学教育的理论、文件及教学方法。

2　［美］Jackie Acree Walsh，Beth Dankert Sattes. 刘彦，译. 优质提问教学法. 北京：中国轻工业出版社，2009

　　《优质提问教学法：让每个学生都参与其中》是一部关于优质问题和优质提问教学的著作。作者在书中详细介绍了"QUILT"这一框架的各个组成部分，分别阐述了准备问题、陈述问题、激发学生的回答、对学生的回答进行加工以及对提问行为进行反思这五个阶段，对每个阶段进行了深入浅出的分析，充分显示了作者扎实的研究功底和丰富的实践经验。作者还提出了一个值得借鉴的观点：虽然课堂提问的主体是教师，改革课堂提问方式的主体也是教师，但是想达成高效、优质的课堂提问行为，并由此提高学生的思维能力和学业成绩，在这个过程中，需要教师和其他同事来相互合作，更需要和学生一起共同合作。同时，在这本著作中，作者结合大量丰富的课堂案例，为广大一线教师带来有益的借鉴和启示。

3　[美]兰本达，P·E·布莱德伍德．小学科学教育的"探究——研讨"教学法．北京：人民教育出版社，1983

　　这是一部难得的小学科学课程教材教法理论专著，附有大量生动的实例。它力求以正确的观点方法为指导，融汇古今教育学说、心理学学说、当代科学教育改革试验的成果，探讨并提供了一种可能适应任何类型的科学教科书以求得最佳科学教育效果的"探究——研讨"教学法的基本原则，对小学科学教师和教研人员很有帮助。本书所阐述的一些理论观点和所举的实例，对广大教育工作者尤其小学教师来说具有不小的有参考价值。

4　[美]丹东尼奥．宋玲，译．课堂提问的艺术——发展教师的有效提问技能．北京：中国轻工业出版社，2006

　　《课堂提问的艺术——发展教师的有效提问技能》一书通过丰富的教学实例向我们呈现了课堂提问的艺术，从教师如何提问和提问如何影响教学实践两个方面，将Qu：Est教学策略的理论与实践很好地结合起来。书共包括五个部分，第一部分"我们的提问之旅"介绍了两位作者的教学成长经历与反思；第二部分"提问研究"深入研究了为思考而教学和理解性教学的相关文献，从中提炼出Qu：Est教学策略的理论基础；第三部分"学会提问"着重阐述了教师应如何学习利用Qu：Est教学策略提问；在第四部分"提问式学习"中，作者将会探讨关于应用Qu：Est教学策略促成教学对话的各种细节问题。而在本书的第五部分"有效提问的研究之旅"中，作者和读者分享了一位教师学习有效提问的成长历程和一个提问的才能发展模型。

5　Edwards,D., Mercer,N. Common knowledge: The development of understanding in the classroom. New York: Cambridge University Press, 1987

　　本书初版于1987年。在书中，作者指出教育是"常识"的产物或师生共享的理解，教育是一个交际过程。该书向我们介绍了课堂中教师和学生是如何呈现、接受、控制、理解和误解知识的。

6　[美]帕克·帕尔默．吴国珍，等译．教学勇气——漫步教师心灵．上海：华东师范大学出版社，2006

　　《教学勇气——漫步教师心灵》建立在一个最普通的信念之上：优秀教学不能被降格为技术，优秀教学源自于教师的自我认同和自我完善。在这一书中，帕克·帕尔默带领着教师，为重新点燃教师对人类最困难最重要的教育事业的热情，进行了一次心灵之旅。本书作者是美国著名教师培训专家帕克·帕尔默教授，他说："本书适合这些教师，他们不愿意把自己的心肠变硬，因为他们热爱学生、热爱学习、热爱教学生涯。"该书能够作为教师专业发展的一块基石，帮助教师更自觉、更清晰地认识自己，认识到教育与自己生命复杂性的同一关系，帮助教师走上反思性成长的第一步。

7　[日]佐藤学．钟启泉，陈静静，译．教师的挑战：宁静的课堂革命．上海：华东师范大学出版社，2011

　　21世纪的教师面临的挑战是什么，那就是为所有儿童提供高质量的学习机会。《教师的挑战：宁静的课堂革命》中，一个个平凡的教师正在用自己的行动宣告：课堂上正在发生着宁静的革命——建立以倾听和对话为基础的学习共同体。这不但是师生的共同愿景，也是学校整体变革的基点，是保障每一个儿童学习权利的挑战。该书为我们呈现了在合作学习的课堂里，师生基于对话的"冲刺"与"挑战"。

📺 **在线学习资源**

1．新思考　http://www.cersp.com/

2．K12教育空间　http://www.k12.com.cn/

3．中国课堂教学网　http://ktjx.cersp.com/abc/

4．中国教师站　http://www.cn-teacher.com/

第七章

事半功倍的学习策略

本章概述

　　本章首先概述了学习策略内涵的界定、学习策略的分类、学习策略与学习方法的区别，随后着重探讨了认知策略、元认知策略和资源管理策略三种主要学习策略所包含的主要内容及其在教学实践中的具体运用，最后简要介绍了学习策略训练所应遵循的基本原则、常用的五种方法及具体的实施步骤。

结构图

ⓐ 学习策略的界定　　　ⓑ 学习策略的分类

ⓒ 学习策略与学习方法的区别

学习策略概述

ⓐ 复述策略　　ⓑ 精细加工策略　　ⓒ 组织策略

认知策略

事半功倍的
学习策略

1　　2

3　　4

元认知策略与
资源管理策略

ⓐ 元认知策略　　ⓑ 资源管理策略

学习策略的训练

ⓐ 学习策略训练的原则　　ⓑ 学习策略训练的方法

ⓒ 学习策略训练的步骤

学习目标

1. 准确理解学习策略的实质，并在此基础上明确学习策略的内涵；
2. 了解目前学界较有代表性的策略分类结果，并能够辨析学习策略与学习方法的异同点；
3. 熟知认知策略、元认知策略、资源管理策略三种策略的具体内容，并能够将其充分运用于教学实践中；
4. 掌握学习策略训练的原则、方法及其实施步骤，并能够独立开展学习策略培训。

读前反思

　　教会学生学习，传授有效的学习策略，已被当前教育界视为提高学习效率的有效途径及大幅度提高教学质量的有效措施。然而，身为一名师者、一个教育的直接执行者，我们不得不反思，我们自身对学习策略究竟有多少了解呢？我们是否已具备了学习策略培训的基本技能呢？希望本章的学习内容能够引起大家对学习策略的重视，并对学习策略形成初步的认识，产生一定的研究兴趣。

第一节
学习策略概述

🎯 **学习目标**

明确学习策略的内涵，了解学习策略的分类，并清楚地辨析学习策略与学习方法的异同点。

学习伴随着每个人的一生，要生存就要学习，它不仅是每个人终身都要面临的任务，更是人类社会文明得以延续的保证，因此，人类研究学习的脚步一刻也没有停歇过。随着学习理论研究的不断发展和逐渐完善，国内外学界有关学习研究的重心，已逐渐从过去的以教师为中心转移到了现在的以学生为中心、从传统的以教法研究为中心转移到了目前的以学法研究为中心、从以往的关注学生是否学会转移到了现在的是否会学。21世纪钟声的敲响，标志着一个以"教会学生学习"为教育主旋律的时代已悄然来到了我们的身边。目前，教会学生学习，传授给学生有效的学习策略，已然成为国际教育所达成的共识，它不仅被教育界视为提高学习效率的有效途径，更被我国教育界当作大面积提高我国教育教学质量的有效措施。因此，探讨和研究学习策略已不仅成为当前我国教育教学改革的必然趋势与迫切要求，它更是这个时代所赋予我们每一位师者的历史使命。

一、学习策略的界定

学习策略作为一个完整的概念，最早是在1956年美国心理学家布鲁纳（Bruner）提出认知策略以后才出现的，此后直到20世纪70年代，有关学习策略的研究才真正兴起。布鲁纳在研究过程中发现，如果人们能够运用一定的策略（他称之为"认知策略"，即cognitive strategies）进行学习，其学习效果可以得到很大提高，他进而又提出了聚焦策略和扫描策略，这为学习策略的提出提供了事实基础。长期以来，国内外学者纷纷从不同的研究视角对学习策略的内涵提出了各自的看法，而目前有关学习策略尚无一个公认的界说或定义。不过，学者们对学习策略的界定概括起来大致可以分为以下四种："把学习策略看作是学习的程序与步骤；把学习策略视作学习的规则、能力或技能；把学习策略看成是学习计划；把学习策略视作为学生的学习过程。"[1]那么，在综合这些不同看法的基础上，我国学者刘电芝、陈琦与刘儒德等分别对学习策略进行了比较全面的界定。即所谓学习策略，就是指"学习者在学习活动中有效学习的程序、规则、方法、技巧及调控方式。它既可是内隐的规则系统，

---

1 黄甫全，王本陆. 现代教学论学程. 北京：教育科学出版社，2003：399

也可是外显的操作程序与步骤。"[1] "学习者为了提高学习的效果和效率、有目的、有意识地制定有关学习过程的复杂的方案。"[2]后者的界定不仅指出了学习策略的内涵，同时也明确了学习策略具有四个方面的特征（表7-1）。

表7-1　学习策略的特征[3]

特征	解　　　释
主动性	一般学习者采用学习策略都是有意识的心理过程。学习时，学习者先要分析学习任务和自己的特点，然后再根据这些条件制定适当的学习计划。对于较新的学习任务，学习者总是正在有意识、有目的地思考着学习过程的计划。只有对于那些反复使用的策略才能达到自动化的水平。
有效性	所谓策略，实际上是相对效果和效率而言的。一个人在做某件事时，使用最原始的方法，最终也可能达到目的，但效果不会好，效率也不会高。比如，记忆一列英语单词表，如果一遍又一遍地朗读，只要有足够的时间，最终也能记住，但是，保持时间不会太长，记忆也不会很牢靠；如果采用分散复习或尝试背诵的方法，记忆的效果和效率一下子会得到很大的提高。
过程性	学习策略是有关学习过程的策略。它规定学习时做什么不做什么、先做什么后做什么、用什么方式做、做到什么程度等诸方面的问题。
程序性	学习策略是学习者制定的学习计划，由规则和技能构成。每一次学习都有相应的计划，每一次学习的学习策略也不同。但是，相对同一种类型的学习，存在着基本相同的计划，这些基本相同的计划就是我们常见的一些学习策略，如PQ4R阅读法。

二、学习策略的分类

学习策略研究至今，国内外学者对学习策略的成分和层次等都提出了各自的看法，并据此对学习策略做出了不同的分类。现简单列举国外较有代表性的三种分类法，并简要介绍目前我国英语课程标准中的策略分类结果：

（一）丹瑟洛的二分法

丹瑟洛（Dansereau，1985）认为学习策略是由相互作用的两种成分组成的：基本策略（primary strategies）和辅助性策略（support strategies）。其中，基本策略被用来直接操作课本材料，主要包括获得和储存信息的策略（领会和保持策略），以及提取和使用这些存储信息的策略（提取和利用策略）。而辅助性策略则被用来维持合适的进行学习的心理状态，主要包括计划和时间安排、专心管理以及监控与诊断三种具体的策略。需要指出的是，辅助策略用来帮助学生产生和维持某种内在状态，以使其有效完成基本策略，但不论基本策略的有效性如何，如果学生的心理状态不是最佳，那么，它们对学习的作用也不会最佳。

1　刘电芝. 学习策略研究. 北京：人民教育出版社，1999：3
2　陈琦，刘儒德，主编. 当代教育心理学. 北京：北京师范大学出版社，2007：363
3　陈琦，刘儒德，主编. 当代教育心理学. 北京：北京师范大学出版社，2007：363

（二）迈克卡的三分法

迈克卡等人（Mckeachie, et al., 1990）不仅将学习策略分为了认知策略、元认知策略和资源管理策略等三种，而且还详细地指出了上述三种策略各自所包含的具体内容（图7-1）。

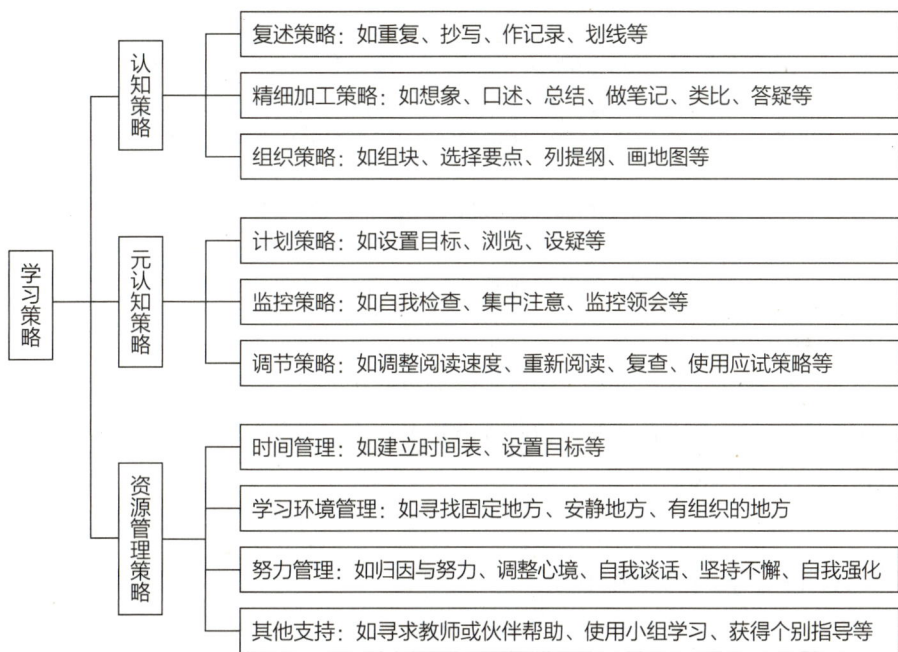

图 7-1　迈克卡的学习策略分类示意图[1]

（三）温斯坦的四分法

温斯坦（Weinstein, 1985）认为学习策略包括：（1）认知信息加工策略，如精细加工策略；（2）积极学习策略，如应试策略；（3）辅助性策略，如处理焦虑；（4）元认知策略，如监控新信息的获得。她与同事们所编制的学习策略量表包括了十个分量表：信息加工、选择要点、应试策略、态度、动机、时间管理、专心、焦虑、学习辅助手段和自我测查。

（四）我国英语课程标准中的四分法

2012年1月出版的《义务教育英语课程标准：2011年版》中明确指出，英语学习策略包括认知策略、调控策略、交际策略和资源策略等四种策略。其中认知策略包括"根据需要进行预习"等10种具体的策略；调控策略则包括"明确自己学习英语的目标"等8种策略；交际策略包括"在课内外学习活动中能够用英语与他人交流"等6种策略；资源策略则包括"注

1　陈琦，刘儒德，主编. 当代教育心理学. 北京：北京师范大学出版社，2007：365

意通过音像资料丰富自己的学习"等4种具体策略（图7-2）。

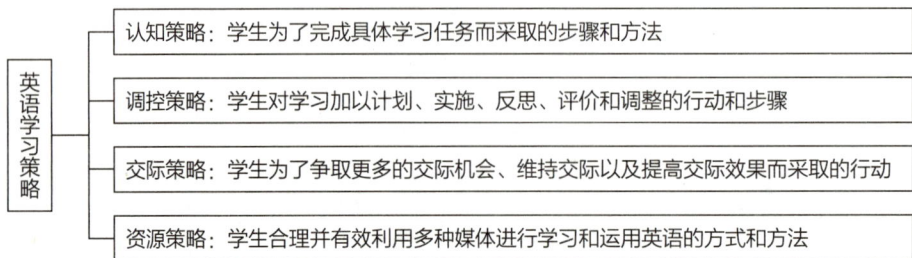

图7-2 义务教育英语课程标准中学习策略的分类[1]

综观国内外学习策略研究者在学习策略分类上所取得的研究成果，我们不难发现，由于研究类型、研究方法以及研究者的经历等不尽相同，因而在学习策略的分类上也存在着一定的差异。不可否认的是，无论哪种策略分类结果均有其合理的一面，但同时也不可避免地存在着一定的局限，这主要是因为学习策略种类繁多，注定了没有谁能够穷尽所有的学习策略并将其划分为完美的类型。

三、学习策略与学习方法的区别

目前，对于部分教师及学习者而言，仍无法准确地辨析学习策略与学习方法的本质区别。而《义务教育英语课程标准解读：2011版》一书中有关二者区别的论述，或许对我们正确认识学习策略与学习方法提供了一些启示：[2]

第一，学习策略包括学习者对学习的认识，以及在学习过程中所采取的具体做法、步骤等行为。学习策略既有宏观的，也有微观的；有抽象的，也有具体的。这是对学习策略的一个广义的定义。根据这个定义，学习策略包括学习方法，但不是所有的学习策略都是方法。比如，很多人有这样的认识：要学好外语就应该进行大量的实践。这个认识就是一个元认知策略，但它不是具体的学习方法。广义的学习策略包括我们平常所说的学习方法。

第二，广义的学习策略包括方法和技巧。什么是技巧呢？下面以记笔记来举例说明。记笔记时，有人采取缩写的形式，有人用速记，有人创造自己的符号体系来记录，这些都是技巧。上课记笔记是一种学习方法，而认为上课应该记笔记则是一个策略。这是有的学者对方法、技巧和策略的定义。但多数学者认为，广义的学习策略包括方法和技巧。

第三，策略与方法的区别类似于战术与技术的区别。学习方法和学习策略的区别类似于

1　中华人民共和国教育部. 义务教育英语课程标准：2011年版. 北京：北京师范大学出版社，2012：21
2　陈琳，王蔷，程晓堂. 义务教育英语课程标准解读（2011年版）. 北京：北京师范大学出版社，2012：64

足球中"技术"和"战术"的区别。在足球中，传球、停球、带球、射门等都是技术问题；而什么时候传球、什么时候带球则是战术问题；把球传到左边、右边还是吊到对方禁区里也是战术问题。技术基本上不受比赛情况的影响。比如，无论在什么情况下，传球都要求准确，停球要求停的稳妥。而战术的使用则取决于比赛情况的需要和变化。比如，对方左边防守队员较多的时候，就应该把球传到右边。外语学习方法是学习者在学习过程中处理具体问题的技术或技巧，类似于足球中的技术；而学习策略则是对何时使用何种技术和技巧的决策过程，以及对技术、技巧本身的认识，类似于足球中的战术。

第四，策略的概念比方法的概念更全面，涵盖的内容更丰富。广义的策略包括方法，狭义的策略就是指对学习行为的一些认识或者对学习活动进行的宏观规划和调控。

第二节
认知策略

学习目标

了解复述策略、精细加工策略和组织策略各自的内涵；重点掌握上述三种策略各自的具体内容，并能够在具体的教学实践中加以应用。

认知策略是加工信息的一些方法和技术，而这些方法和技术能使信息较为有效地从记忆中提取。一般来说，认知策略主要包括复述策略、精细加工策略和组织策略等三种具体的策略，这三种策略针对不同的学习任务，具有重要的意义。

一、复述策略

复述策略是指在工作记忆中为了保持信息，运用内部语言在大脑中重现学习材料或刺激，以便将注意力维持在学习材料之上的策略。复述策略是人们实现对信息从短时记忆到长时记忆的必要条件。可以说，一种信息如果想要长期保持，那么我们就必须对这种信息进行重复，只有经过重复、复述的信息才能够进入长时记忆，进而实现长久保持。复述的策略是多种多样的，它主要包括以下五种：[1]

（一）利用记忆规律

工作记忆的容量是有限的，因此，如果想尽可能多地复述内容，那我们就有必要了解并

1　陈琦，刘儒德，主编. 当代教育心理学. 北京：北京师范大学出版社，2007：370-376

合理利用一些基本的记忆规律。

1. 排除相互干扰

干扰会阻碍人们在头脑里复述刚才所学的信息。一般来说，前后所学的信息之间存在着一定的相互干扰，因此，在安排复习时，要尽量考虑预防倒摄抑制（后面所学的信息干扰了先前所学信息在记忆中的保存）和前摄抑制（先前所学的信息干扰了后面信息的学习）的消极影响，尽量错开学习两种容易混淆的内容，如英语和拼音的学习最好不要安排在一起，这样就可以有效地避免相互干扰。

2. 利用随意识记和有意识记

随意识记是指没有预定目的、不需要经过努力的识记。当然了，这种识记也是有条件的，一般来说，凡是对人有重大意义的、与人的需要和兴趣密切相关的、给人以强烈情绪反应的或形象生动鲜明的人或事等，就容易随意识记。那么，在教学中，教师要能够尽量地运用这些条件，通过培养学生对某门学科的兴趣以加强随意识记。有意识记是指有目的、有意识的识记。不可否认的是，要想记住某一信息，就需要有意识地、用心地去记它，这样通常会取得很好的记忆效果。

3. 首因和近因效应

首因效应是指最初接触到的信息所形成的印象对我们以后的行为活动和评价的影响，它通常会左右我们对后来新信息的获得。近因效应则是指当人们识记一系列事物时，对末尾部分项目的记忆效果要优于中间部分项目的现象。研究发现，如果在我们刚刚学完一系列词汇后就马上加以测验，那么，我们记开始和结尾几个词的效果一般要好于记中间的词。而人们之所以倾向于记住开始的事情，其原因可能是由于首因效应起了作用，即我们对首先呈现的项目倾注了更多的注意和心理努力。另外，由于在最末了的项目和测试之间几乎不存在其他信息的干扰，这样就形成了近因效应，因而我们才会更好地识记了结尾处的词。那么，由首因效应和近因效应可知，开始阶段和最后阶段所学的信息比其他阶段所学的信息更易记住。因此，教师在具体的教学设计中可以考虑把最重要的新概念的讲解放在课堂教学的开头，并在教学的最后再次对其加以总结，这样的教学安排势必会收到良好的教学效果。

（二）合理复习

复习是学习的一种重要形式，它对学习有着重要的促进作用。复习中应充分注意以下五个记忆规律：

1. 及时复习

众所周知的，有记忆就有遗忘。而对于遗忘的进程，心理学家们很早就表现出了极大的兴趣并做了大量的研究。德国心理学家艾宾浩斯通过实验研究发现，遗忘在学习之后便立即开始，而且遗忘的进程是不均匀的。最初遗忘速度很快，以后逐渐缓慢。一般来说，学习以后在最初很短的时间里就会发生大量的遗忘，学到的知识在一天以后，如不抓紧复习，就只剩下了原来的25%。而如果过了很长时间，那么就几乎等于重新学习了。但是如果我们能够做到及时、经常的复习，那么，随着时间的推移，遗忘的速度就会减慢，遗忘的数量也会逐渐减少，直至最终形成了长时记忆。

2. 集中复习和分散复习

所谓的集中复习就是指集中一段时间一下子重复学习许多次，而分散复习就是指每隔一段时间重复学习一次或几次。如考试前临时抱佛脚式的突击复习就是典型的集中复习。那么，虽然说这种复习方式确实能帮助我们顺利地通过考试，但这些信息并未有机地整合到我们的长时记忆中，这也就是为什么在考试后，我们对已背过的知识却记忆不多的主要原因所在。相应地，分散复习虽然看起来比较费时、费力，但是它能够极大地增强所有信息和技能的长期保持。那么，分散复习的时间大体可做如下安排：10分钟、一天、一周、一个月、两个月、半年之后对同一个材料各复习一次。一般来说，初次学习的知识要复习四五次才能长期的、牢固的储存在头脑里。当然了，凡事都因人而异，我们应根据自己的实际情况而对复习周期做出适当的安排。

3. 部分学习和整体学习

所谓的部分学习就是指将较长的一段内容分成若干个部分进行学习。坦白地说，对于绝大多数人来说，一下子学习一个较长的内容是极其困难的，因此，我们建议可以将这一较长的内容分割成若干个小段而逐一的加以记忆。如教师教乘法口诀表时总是先教乘数2的一列，然后再教乘数3的一列，这就是尊重了学生部分学习的记忆原则。当然了，对于某种个别的知识技能，进行整体学习则可以减少别的事情对其学习的干扰。如教孩子学骑自行车，或者是提高口语技能等学习就比较适合这种形式。

4. 自问自答或尝试背诵

所谓自问自答或尝试背诵式的学习，就是指学习者在学习一篇材料时，一边阅读、一边自己提问自己回答或自己背诵。那么，这样做的好处就是，学习者可以根据自己回答或背诵的实际情况来检查自己的错误和薄弱环节，进而重新分配努力。因此，这种方法下的学习印象深刻、记忆牢固。相对于那种根本不加思考，近乎于无意识的反复阅读的背诵方式来说，此种记忆方式要高效的多。

5. 过度学习

假设我们学习一篇文章，每次从头到尾读一遍就回忆一次，我们要读10次才能做出完全无误的回忆。那么，10次就是我们的掌握水平，而接下来继续读这篇文章我们的保持就会加强，这一策略就被称之为过度学习。研究表明，过度学习的次数越多，保持的成绩越好，而且保持的时间也越长。最典型的例子就是乘法口诀表，可以说几乎每一个学生在乘法口诀表的记忆上都出现了过度学习的情况，而这种学习确实使我们能够准确无误地、不假思索地提取出了所需要的信息。当然了，我们也不得不承认过度学习在教学实践中的应用也不是无限的，其实在某些情况下，过量的过度学习是会降低学习效果的。需要指出的是，一般来说，过度记忆的次数以刚刚能背诵所需要的复述量为基础的150%左右为适宜。

（三）亲自参与

在学习完成各种任务时，让学生亲自参与这些任务，要比让学生只是看说明书或者老师完成这一任务学得多。例如，如果让学生有机会亲自画立体几何图，要比只让他们看老师画所学得的东西要多得多。此外，多方面灵活运用所学的内容也是一种有效的复习方法。这包含两种含义，一种指运用多种感官的学习，如用视觉阅读、用听觉阅读、再加上口语练习与书写的动作等。特瑞奇勒（Trechler）对人的感觉与学习、记忆之间的关系进行了研究，结果表明：我们的学习1%通过味觉、1.5%通过触觉、3.5%通过嗅觉、11%通过听觉、83%通过视觉。而且，人一般可记住自己阅读的10%、自己听到的20%、自己看到的30%，自己看到和听到的50%、交谈时自己所说的70%。以上数据说明，多种感官的参与能有效地增强记忆。另一种是指复习情境的变化，如将所学的书本知识再用实验证明、写成报告、做出总结、在谈话中使用以及向别人讲解等，这在学习上都更有成效。

（四）态度和兴趣

心理态度和兴趣是影响记忆的重要因素。我们都有一种体会，对那些我们感兴趣的或是能够以积极态度加以对待的事情，我们通常会记得久一些，而对那些根本就不感兴趣或持消极态度的事，我们就会记得差一些。那么，这种体会对我们的教学产生了这样一种启示，即一方面，所选教材的意义必须适合学生的态度和兴趣，只有这样才能最大限度地调动其学习的热情、培养其学习的兴趣；另一方面，学生的态度和兴趣并不是先天固定的，教师可以而且应该设法加以引导，以使学生形成建设性的态度和兴趣，进而使他们较容易地记住和保留所学的知识。最后，作为一名学习者，我们要设法改变自己的态度和兴趣，以适于对知识的学习和记忆。

（五）画线技术

画线是阅读时常用的一种复述策略，也是一种信息选择的策略。其实，画线就是要画重点，那么，在教学生画线时，下面五个画重点的原则可供我们借鉴：

1. 读完一个段落后再画重点。假如边读边画重点，后来会发现有些重点其实并不重要；

2. 不要画太多重点。在书上画太多重点，反而看不出重点所在，原则上每页所画的重点不能超过该页信息的百分之二十；

3. 用方框标示主要概念。把最主要的概念框出来，每段只画一个最主要的概念，并且对于最重要的概念可在书中空白处用星号*加以标示，以利于复习；

4. 用圆圈注记重要定义。重要的学术名词的定义可用圆圈注记；

5. 用单线画重要细节。通常每段不要画两个以上的重要细节，而且只在其关键点画线即可。假如内容分散在数段，可用①、②、③等数字加以标示。

在学习中，上述复述策略只能发挥有限的作用，它们能影响信息加工系统对信息的注意和编码，但是却不能帮助我们在这些信息和我们已经知道的信息之间构成联系，这也就是为什么复述策略一般在长时记忆中却无效的主要原因所在。因此，复述策略的使用往往要配以其他一些有助于学习者长时记忆信息的学习策略，如精细加工策略等。

二、精细加工策略

所谓精细加工策略，就是通过把所学的信息和已有的知识联系起来，以此来增加新信息的意义，也就是说我们应用已有的图式和已有的知识使新信息合理化。如果一个新信息与其他信息联系越多，那么，我们能回忆出该信息原貌的途径也就越多，而途径越多，回忆也就越容易。下面介绍四种常见的精细加工策略：

（一）记忆术

1. 位置记忆法

所谓的位置记忆法就是指学习者在记忆一定的信息时，首先在头脑中创建一幅熟悉的场景，并在这个场景中确定一条明确的路线，随后在这条路线上确定一些特定的点，并将所要记忆的信息材料按顺序和这条路线上的各个点联系起来。那么，回忆时，我们就可以按照这条路线上的各个点提取所记的项目。例如，我们可以想象校园里从宿舍到商店的路，路上有书店、邮局、招待所、水房和食堂。现在所要记的内容为奶粉、黄油、面包、啤酒、香蕉，那么，我们就可以在所记内容和特定位置之间进行如下的联想：在书店里到处都迷漫着奶粉；邮局里的人们全用黄油贴邮票；而招待所里所有的沙发等家具全都是用面包制成的；在那边的水房里，水笼头流出热气腾腾的啤酒；食堂已变成了舞厅，香蕉式的人们正翩翩起舞。那么，回忆时，我们只要按路线上的各特定位置拿所记内容就行了。一般来说，位置记忆法中，类似这样的联想越奇特越好，因为越奇就越好记。

2. 首字连词法

所谓的首字连词法就是指利用每个词的第一个字形成一定的缩写，以帮助有效记忆大量信息的记忆方法。如我们对二十四节气的记忆就可以用这种方法，即春雨惊春清谷天，夏满芒夏暑相连，秋处露秋寒霜降，冬雪雪冬小大寒，每月两节不变更，最多相差一两天，上半年来六廿一，下半年是八廿三。这样一来，我们不仅可以很容易地记住了立春、雨水、惊蛰、春分、清明、谷雨、立夏、小满、芒种、夏至、小暑、大暑、立秋、处暑、白露、秋分、寒露、霜降、立冬、小雪、大雪、冬至、小寒、大寒等二十四节气，而且还牢牢地记住了每个月都有两个节气，上半年的节气多在每月的6号和21号附近，下半年的节气则多在每月的8号和23号左右，而每年每个节气具体时间的变化最多也就相差一两天。可见，首字连词法对二十四节气等类似信息的记忆来说是非常有效的。

3. 谐音联想法

所谓的谐音联想法就是指利用文字的谐音，并借助一定的联想以完成对新材料的有效记忆。如我们对圆周率（$\pi =3.1415926535897932384626\cdots\cdots$）的记忆，就可以用此法将其换化成：山巅一寺一壶酒（3.14159），尔（你）乐苦煞吾（我）（26535），把酒吃（897），酒杀尔（932），杀不死（384），乐尔乐（626）。上面这一记忆方法来源一个有趣的故事：据说从前有一个私塾先生，他每天都让学生们背诵圆周率，而学生们又总背不会，可他自己却总到山上寺庙里与另一个和尚喝酒，也不管学生们的学习。突然有一天，有个学生灵机一动就编了上面的顺口溜，而其他学生照做后也很快就背会了。那么，在这里，学生们把数字的读音与相应的谐音文字相对应，并将其与私塾先生只顾喝酒却不教学的事情联系在了一起，这就使得原本枯燥的数字得到了有效的记忆。

4. 关键词法

所谓的关键词法就是指将新词或概念与相似的声音线索词，通过视觉表象联系起来。例如，可以将英语单词Tiger联想成"泰山上一只虎"，这样Tiger一词的记忆就显得很容易了。可以说，这种方法在英语词汇教学与学习中是非常有用的。当然了，现有研究已表明，这种记忆术也同样适用于其他信息的学习，如对首府名称及地理信息的记忆等。不过，不得不指出的是，大多数研究都是在实验条件下进行的，学习材料特别适用这些策略，而在实际课堂中的应用效果则说法不一，这还需研究者们做进一步的探讨。

（二）灵活处理信息

精细加工，除了采用记忆术之外，很重要的还要采用一些别的方法以实现对所需记忆信息的主动加工。那么，主动应用和利用背景知识就是两种非常有效的灵活处理信息的策略。

1. 主动应用

我们学习的好多信息往往只能适用于限定的、常常是人为的环境中，如果不在实际中应用，那么这些知识就成了惰性知识，难以发挥其功效。例如，学生们在数学课上学了容量问题，但在生活中却不知如何用几个杯子量出一定的水来。因此，我们不仅要记住某个信息，而且要知道如何以及何时使用所拥有的信息。学生在学习信息时，教师不仅要帮助学生理解这些信息的意义，而且要帮助学生感觉到这些信息有用，能把这些信息和其他信息联系起来，并在课堂以外的环境中应用它们。

2. 利用背景知识

精细加工强调在新学信息和已有知识之间建立联系。对于某一事物，你到底能学会多少，最重要的一个决定因素就是你对这方面的事物已经知道多少。科奇玛等人（Kabara-Kojima & Hatano，1991）的一个研究很清楚地说明了这一点。他们的研究表明：大学生们在同时学习棒球和音乐方面的信息时，那些熟悉棒球但不熟悉音乐的学生，他们棒球方面的信息会学得多一些。相反的，那些熟悉音乐而不熟悉棒球的学生，对音乐方面的信息则会学得更多一些。事实上，背景知识比一般学习能力更能帮我们预测学生能学会多少。一个学生如果非常了解某一课题，那么他就有更完美的图式融合新的知识。但是，学生往往不会使用他们先前的知识来帮助他们学习新的材料，因此，教师一定要把新的学习和学生已有的背景知识联系起来。

（三）记笔记

早期研究认为，记笔记的主要作用是对信息进行编码和用于课后复习，而新近的研究则把记笔记看作为学生自我监控的过程。那么，在这个过程中，记笔记的目标、学生对课程重要性及笔记的作用的理解、学生所具有的关于如何记笔记的知识经验等，都会影响记笔记这一策略的最终效果。为此，有人建议记笔记应采用以下三个步骤：

1. 留下笔记本每页右边的1 / 3或1 / 4空白处；
2. 记笔记（note taking），即记下听课或阅读的内容；
3. 做笔记（note making），即整理笔记，在留下的空白部分加边注、评语等。

👁 **思维拓展**

经典的记笔记策略——康奈尔（Cornell）笔记法

把记录纸分为左右两栏，左栏为辅栏（回忆栏），右栏为主栏，主要记要点、论据、细节、实例等；简化的笔记写在左栏，如扼要综述主旨、提炼标题、关键词等。

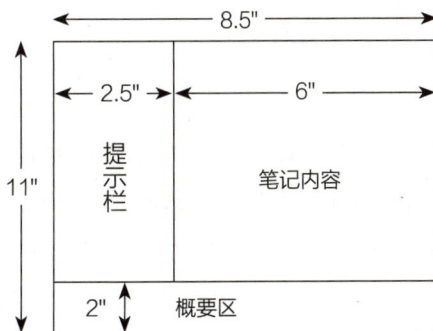

（四）提问策略

柏里斯（Paris，1984）等人研究发现，如果在阅读时能够教学生提一些"谁""什么""哪儿"以及"如何"等类似的问题，则有助于学生理解阅读的内容。而如果能够经常训练学生在活动中自己和自己谈话、自己问自己，或彼此之间相互问老师要问的问题，那么这将极大程度地增强学生在解数学题、拼写、创作，以及其他课题中成功学会自我谈话的技术。事实证明，提问策略有助于学习者集中注意进行信息的选择，并对信息进行深入的加工。一般而言，无论是阅读还是听讲，如果学生能够经常思考这样一些问题：这一新信息意味着什么？它与以前所学的信息有着怎样的联系？能用什么例子予以说明？那么，就能够有效促进学生对知识的进一步理解。

三、组织策略

组织策略是指整合所学新知识之间、新旧知识之间的内在联系，以形成新的知识结构的策略。组织是学习和记忆信息的重要手段，其方法是将学习材料分成一些小的单元，并将这些小的单元置于适当的类别中，从而使每项信息和其他信息联系在一起。列提纲和作图表是两种主要的组织策略。

（一）列提纲

列提纲就是指写下材料中的主要观点和次要观点，并以金字塔的形式呈现材料的要点及其各种观点之间的关系，从而实现对材料的整合。那么，在教列提纲技能时，教师可以采用支架逐渐撤出的方式来分步对学生进行训练，即首先提供一个几乎完整的提纲，需要学生听课或阅读时填写一些支持性的细节；然后提供一个只有主题的提纲，要求填写所有的支持性细节；最后提供一个只有支持性细节，而要求填写主要的观点。实践证明，如果给学生以适当的练习，那么他们完全能学会如何写出很好的提纲来。

（二）作图表

1. 系统结构图

研究表明，存储在长时记忆中的信息就是以金字塔的结构组织的。而在金字塔结构里，具体的东西要归在较一般的题目之下，这种结构对学生的理解特别有帮助。鲍尔等人做了这样一个研究，他们教学生认知112个矿物方面的词（图7-3）。一组学生是以随机的顺序进行的，而另一组学生则是以一定的顺序给出的。

研究结果表明，后面一组学生平均能够回想出100个词，而前面一组学生则平均只能回想出65个词，这充分说明了组织呈现材料的效果。这一研究结果提示我们，在教复杂概念时，教师不仅要有序地组织材料，更重要的是要使学生清楚这个组织性的框架。那么，还是以上图矿物名词的教学为例，教师要不时地回顾这个框架，并且要表明从一个部分向另一个部分的过渡。如，"我们已经讲了稀有金属、普通金属和合金类金属，这些都属于第一类矿物——金属，下面我们来看第二类矿物——石头。"

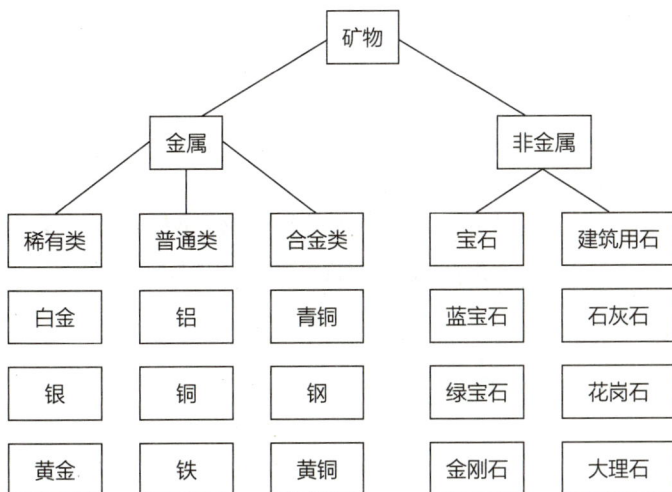

图7-3 矿物分类

资料来源： Bower G H, Clark M C, Lesgold A M, Winzens D. Hierarchical Retrieval Schemes in Recall of Categorized Word Lists. Journal of Verbal Learning and Verbal Behavior, Reprinted by permission of Academic Press, 1969

2. 概念关系图

关系图是图解各种观点是如何相互联系的，也就是先指出中心思想然后再图解它们之间的关系，其中重要的形式为概念关系图（图7-4）。建构概念关系图的过程是一个把自己头脑中的知识外显化的过程，它需要遵循一定的步骤（Mintzes，Wandersee & Novak，2002）：① 选择核心概念（一般上位的概念列在最上面）；② 选择相关的概念，放在不同的层次上；③ 添加概念之间的连线并标明文字说明；④ 反思。熟练做某一种或几种概念关系图后，我们也就不拘泥于一种固定形式了，可以采用综合的模型。

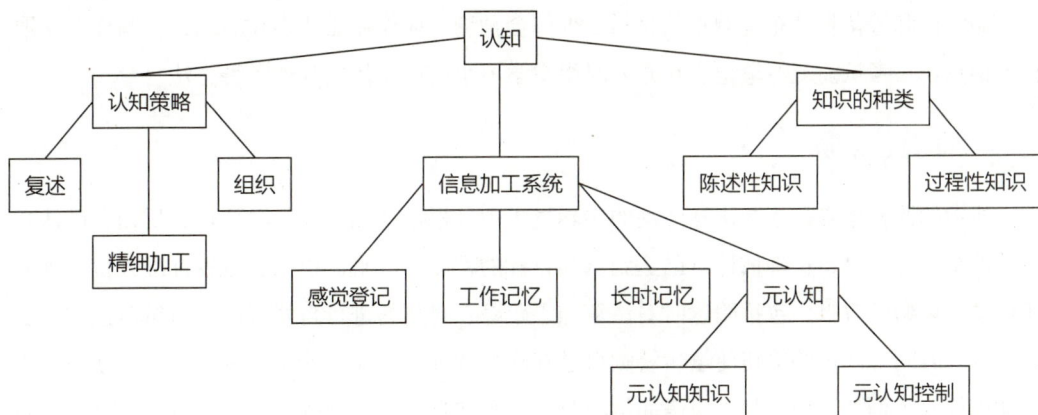

图7-4 认知心理学知识的关系图

资料来源： Dembo M H. Applying educational psychology（5th de.）. New York：Longrnan，1994

第三节
元认知策略与资源管理策略

🎯 **学习目标**

了解三种主要的元认知策略和五种具体的资源管理策略，并能够将其灵活地运用于具体的教学实践中。

元认知策略与资源管理策略是两种较为重要的学习策略，本节将对二者所包含的具体策略加以讨论。

一、元认知策略

元认知策略是策略结构中的枢纽，起着连接、沟通和协调学习策略系统内外各因素的作用。如果现有的认知策略不足以或不适用于当前的学习任务，那么，元认知策略就会负责寻求并创造出新的认知策略，或进行认知策略的迁移，把过去用于某一学习任务的成功策略迁移到当前的任务之中。因此，在这个意义上讲，元认知策略是元策略，即应用策略的策略，它是学习者实现策略迁移的关键。计划策略、监控策略、调节策略是三种主要的元认知策略。

（一）计划策略

所谓的计划策略是指根据认知活动的特定目标，在一项认知活动之前计划各种活动，预计结果、选择策略，想出各种解决问题的方法，并预估其有效性。主要包括设置学习目标、浏览阅读材料、产生待回答的问题，以及分析如何完成学习任务等。我们说，给学习做计划就好比是足球教练在比赛前针对对方球队的特点与出场情况提出对策。不论是完成作业，还是为了应付测验，学生在每一节课都应当有一个一般的"对策"。成功的学生并不只是听课、做笔记和等待教师布置测查的材料，他们会预测完成作业需要多长时间，在写作前获取相关信息、在考试前复习笔记、在必要时组织学习小组以及使用其他各种方法。

（二）监控策略

所谓的监控策略是指在认知活动的实际过程中，根据认知目标及时评价、反馈自己认知活动的结果与不足，正确估计自己达到认知目标的程度与水平；根据有效性标准评价各种认知行动与策略的效果，包括阅读时对注意加以跟踪、对材料进行自我提问、考试时监控自己的速度和时间等。这些策略使学生警觉自己在注意和理解方面可能出现的问题，以便找出来并加以修改。例如，当你为了应考而学习时，你会向自己提出问题，并且会意识到某些章节你并不懂、你的阅读和笔记方法对这些章节行不通、你需要尝试其他的学习策略等。领会监控和集中注意是两种主要的监控策略。

1. 领会监控

领会监控是指学习者在阅读过程中将自己的阅读领会过程作为监控意识对象，不断对其进行积极的监视和调整。一些研究表明，从幼儿到大学生有许多人都缺乏这种领会监控技能，他们只是机械地采取再读，或者无止境地记笔记来阅读，却不得要领。德文（Devine，1987）通过研究，提出了提高领会监控策略的具体方法（表7-2）。

表7-2 领会监控方法一览表[1]

方法	解释
变化阅读的速度	以适应对不同课文领会能力的差异。对于比较容易的章节读快点，抓住作者的整体观点；对于较难的章节，则要放慢速度。
中止判断	如果某些事不太明白，继续读下去，作者可能会在后面填补这一空隙、增加更多的信息或在后文中会有明确说明。
猜测	当所读的某些事不明白时，养成猜测的习惯。猜测不清楚段落的含义，并且读下去，看看自己的猜测是否正确。
重读较难的段落	重新阅读较难的段落，尤其是当信息仿佛自相矛盾或模棱两可时，最简单的策略往往是最有效的。

2. 集中注意

在信息加工过程中，只有被注意的信息才能进入到我们的工作记忆中，并得到进一步的加工，从而取得较好的学习效果，而那些没有加以注意的信息则会出现自然衰退和主动抑制。因此，要提高学习效果，我们就必须要集中注意力。为此，教师要做的第一件事就是要帮助学生挑选重要的材料，鼓励他们对其加以注意，减少能分散他们注意力的事物，并且教给他们处理那些能分散注意的事物的技巧。那么，要做到这一点，教师可以采用下面几个方法来保持学生的注意力（表7-3）。

表7-3 提高注意力的方法[2]

方法	解释
提前注意学习目标	在上课之前，告诉学生所注意的目标，学生学得会好一些。
重点标示	教学中，升高或降低他们的声音，或者使用手势表达关键信息；课本常用不同的颜色或不同的排版指明要点。
增加材料的情绪性	选择情绪色彩浓的词来赢得注意。这就是为什么报纸的标题说"某某议员枪毙了某教育法案"而不说"某某议员否决了某教育法案"。
使用独特的刺激	例如，自然科学的教师上课时，经常可以做演示，以引起学生的好奇心，从而吸引学生的注意力。
告知重要性	许多学生常常会预期在随后的测查中会有什么问题，以此来确定课中重要的信息，这种技能能增强学生对相关材料的注意。为了避免学生只对老师提到的重点进行复习，可以告诉学生测验的题型和范围，同时也有必要告诉学生哪些材料不重要，以使学生提高学习效率。

1 陈琦，刘儒德，主编. 当代教育心理学. 北京：北京师范大学出版社，2007：386
2 陈琦，刘儒德，主编. 当代教育心理学. 北京：北京师范大学出版社，2007：387

（三）调节策略

调节策略是指根据对认知活动结果的检查，以采取相应的补救措施，及时修正、调整认知策略。一般来说，调节策略与监控策略有关。例如，当学习者意识到他不理解课的某一部分时他就会退回去，重新读那个较难的段落、在阅读较难或不熟的材料时放慢速度、复习他们不懂的课程材料、测验时跳过某个难题而先做简单的题目等。调节策略能帮助学生矫正他们的学习行为，补救他们理解上的不足。

二、资源管理策略

资源管理策略是辅助学生管理可用环境和资源的策略，主要包括时间管理策略、学习环境管理策略、努力管理策略、学业求助策略和资源利用策略等五种具体的策略。

（一）时间管理策略

时间管理策略就是通过一定的方法合理安排时间，有效利用学习资源。时间是极其重要的学习资源，有效的时间管理可以促进学习，并增强自我效能感；无效的时间利用则会削弱信心，降低学习效率。教师在训练学生掌握时间管理策略时要明确，时间管理的方法可以因人而异，我们要做的就是要帮助他们意识到时间管理的重要性，并适当地帮助他们统筹安排时间、提醒他们高效率地利用最佳时间、督促他们灵活利用零碎的时间。下面这个有效的时间管理策略可供我们教学时参考（表7-4）。

表7-4　有效的时间管理策略[1]

- 确立有规律的学习时段。每天只要预留固定的几小时来学习，那么学习就不需要每天重新计划，而会成为一种习惯化的活动。
- 确立切合实际的目标。很多学生倾向于低估完成一个学习任务所需的时间，因此他们应该稍微高估所需的时间，直到有比较精确的估计能力为止。
- 使用固定的学习区域。当学生在一个采光良好、远离噪声、没有分心因素、能够集中注意力的地方学习时，他们的时间利用会更有效。
- 分清任务的轻重缓急。当有很多事情需要做时，应分清事情的轻重缓急，先完成相对重要的事情。通常，先解决困难的科目，然后再完成相对容易的科目，因为人们的注意力往往是在开始的时候更为专注。
- 学会对分心的事物说"不"。当朋友、兄弟姐妹或其他人想和你聊天而不是学习，或者想完全摆脱学习时，作为学生必须准备好以一种并不冒犯的方式对他们说"不"。
- 自我奖励学习上的成功。学生可以把完成学习任务后就可做自己喜欢的其他活动作为激励条件，来提高自己的注意力。但要保证各种奖励只有在学习目标实现之后才可以得到。

1　陈琦，刘儒德，主编. 当代教育心理学. 北京：北京师范大学出版社，2007：389

（二）学业求助策略

学业求助策略是指当学生在学习上遇到困难时，而向他人请求帮助的行为。我们知道，学习不是一个人的事情，在遇到自己解决不了的问题时，我们就需要向他人寻求帮助，必须与他人进行有效的合作。奈尔森–黎高（Nelson–Le Gall, 1985）把学业求助过程划分为五个阶段：

1. 意识到求助的需要。个体意识到任务的困难，发现仅靠自己的能力难以实现目标。

2. 决定求助。个体对求助行为的受益和代价进行权衡，决定是否求助。

3. 识别和选择潜在的帮助者。做出求助决定后，需要决定向谁求助，帮助者的能力、态度是个体选择帮助的主要标准。

4. 取得帮助。取得帮助的策略有两类，一类是非言语性的，如求助的目光、困惑的表情等；另一类是言语性的，即直接开口求助。如果求助者发现从某人那里得到的帮助不能令自己满意，则还需要向别人继续求助。

5. 评价反应。求助者最后还需要对求助结果进行评价，这包括所获得的帮助对问题的解决是否足够、求助策略是否有效、他人对求助的反应等方面的评价（转引自李晓东，1999）。

（三）环境管理策略

学习环境会影响学习者学习时的心境，从而影响学习的效率。因此，为学习创设适宜的环境则显得很重要。那么，首先，要注意调节自然条件，如空气的流通、适宜的温度、明亮的光线，以及和谐的色彩等；其次，要设计好学习的空间，如空间范围、室内布置、用具摆放等因素。如果条件容许，应当有一个相对固定的学习场所，以减少干扰，形成一个相对安静的学习环境。学习时，要注意桌面的整洁，各种学习用具要摆放在固定的地方，用完后归还原处。尽量减少可能的干扰和分心的因素。例如，将电话关机，以免分心和打乱思绪。

（四）努力管理策略

为了使学生维持自己的意志努力，需要不断地鼓励学生进行自我激励。这包括激发其内在动机、树立为了掌握而学习的信念、选择有挑战性的任务、调节成败的标准、正确认识成败的原因，以及自我奖励等。例如，可以设法通过某些活动，如参观博物馆、听讲座、观看影像资料等，使学生了解某一学科知识在现实生活中的意义，以及对将来学习的重要性，借以激发学生进一步了解相关知识的愿望，并使学生在求知过程中获得愉快的情绪体验。

（五）资源利用策略

资源利用策略主要包括两个方面：一是学习工具的利用，指善于利用参考资料、工具书、图书馆、广播电视，以及电脑与网络等；二是社会性人力资源的利用，指善于利用老师的帮助，以及通过同学间的合作与讨论来加深对内容的理解等。为此，教师应鼓励学生间的相互交流与合作，使他们明确，当自己不懂时，可以请教已经弄懂了的同学。因为，同学之间的背景知识基本相同，所以，同学根据自己的理解所进行的辅导可能要比老师的指导更好懂；当自己弄懂了而别人不懂时，则要主动辅导别人，这不仅仅是一种付出，同时也能有所收获，这种行为往往双方都会受益。

👁 思维拓展

元认知策略与认知策略的关系

元认知策略总是和认知策略一道起作用的。如果一个人没有使用认知策略的技能和愿望，他就不可能成功地进行计划、监控和自我调节。元认知过程对于帮助我们估计学习的程度和决定如何学习是非常重要的；认知策略则帮助我们将新信息与已知信息整合在一起，并且存储在长时记忆中，因此，我们的元认知和认知必须一道发生作用。认知策略是学习内容必不可少的工具，但元认知策略则监控和指导认知策略的运用，也就是说，可以教学生使用许多不同的策略，但如果他们没有必要的元认知技能来帮助他们决定在某种情况下使用哪种策略或改变策略，那么他们就不是成功的学习者。

第四节
学习策略的训练

🎯 学习目标

了解学习策略训练应遵循的基本原则；掌握学习策略训练常用的五种方法及其具体的实施步骤。

国内外学者经过长期的潜心研究后大都认为，学习策略作为一种知识是可以传授并加以训练的。那么，通常来说学习策略的训练可以在以下两种教学情境下进行：一种是把它放在自然的学习情境下进行，即把它同具体学科知识的教学结合起来；另一种则是把它从具体学科的教学中分离出来，独立于学科教学内容而进行专门的教学。一般来说，较为具体的、适用于某类材料和学习情境的学习策略，适合于在第一种教学情境中传授，而更为一般的、适用范围较广的学习策略适合在第二种教学情境中传授。

一、学习策略训练的原则

托马斯和罗瓦（Thomas & Rohwer，1986）所提出的适用于具体学习方法的有效学习原则可供我们在策略训练时加以借鉴：[1]

（一）特定性

学习策略一定要适于学习目标和学生的类型，即通常所说的具体问题具体分析。研究发现，同样一个策略，年长和年幼的学习者，成绩好的和成绩差的学习者，用起来的效果就不一样。不但如此，我们还要考虑学习策略的层次，必须为学生提供大量的、各种各样的策略，不仅要有一般的策略，而且还要有非常具体的策略。

（二）生成性

有效学习策略最重要的原则之一，就是要利用学习策略对学习的材料进行重新加工，进而产生某种新的东西，这就要求学习者进行高度的心理加工。如果要想使一种学习策略有效，那么这种心理加工便是必不可少的。生成性程度高的策略有：给别人写内容提要、向别人提问、将笔记列成提纲、图解要点之间的关系、向同伴讲授课的内容要求等；生成性程度较低的策略有：不加区分的划线、不抓要点的记录、不抓重要信息的肤浅的提要等，这对学习都是无益的。

（三）有效的监控

教学生何时、何地与为何使用策略似乎非常重要，但教师却常常忽视这一点，这可能是因为他们没有意识到其重要性，也可能是因为他们认为学生自己能行。我们要知道，如果交代清楚何时、何地，以及为何使用一个策略，那么我们就更有可能记住和应用它。有效监控的原则仅仅意味着学生应当知道何时、如何应用他们的学习策略，以及当这些策略正在运作时能将它说出来。

（四）个人效能感

我们不能忘记成绩和态度之间的关系，学生可能知道何时与如何使用策略，但是如果他们不愿意使用这些策略，那么他们的一般学习能力是断然不会得到提高的。为此，策略训练课程必须包括动机训练，教师一定要给学生一些机会使他们感觉到策略的效力，同时还要树立这样一种意识：在学生学习某种材料时，要不断向学生提问和测查，并且根据这

1　陈琦，刘儒德，主编. 当代教育心理学. 北京：北京师范大学出版社，2007：391-392

些评价给学生定成绩，由此促进学生使用学习策略，并感到使用学习策略，这样学习就会有所收获。

二、学习策略训练的方法

有关学习策略训练方法的论述可谓是众说纷纭，下面介绍五种目前较有代表性的策略训练方法：

（一）指导教学模式

指导教学模式的基本思想是，学生在教师的引领下学习有关的学习策略，它与传统的讲授法十分类似。一般来说，指导教学模式共由激发、讲演、练习、反馈和迁移等环节构成。那么，在教学中，教师先要向学生解释所选定学习策略的具体步骤和条件，并在具体的应用中不断给以提示，让学生口头叙述和明确解释所操作的每一个步骤，以及报告自己应用学习策略时的思维，通过这样的不断重复，这种内部定向思维便可加强学生对学习策略的感知与理解保持。同时，教师在教学中要依据每种策略来选择许多恰当的事例，借以说明其应用的多种可能性，使学生形成对策略的概括化认识。要注意的是，提供的事例应从学生的认识水平出发，由简到繁，使学生从单一策略的应用发展到对多种策略的综合应用，从而形成一种综合应用的能力。

👁 **思维拓展**

丹塞路的学习指导教程

该教程把学习策略的训练分为三个步骤：1．确定内隐的学习策略；2．制定学习策略教育训练方法；3．通过情境模仿进行教育和训练。其指导步骤是：第一，激发学生对学习策略的兴趣与欲望，如在学习某种学习策略时，先告诉学生学习该策略的意义、价值与结果；第二，在教师指导下具体学习某种学习策略；第三，在不同的情境中练习策略，并对结果进行评价，及时反馈与矫正。

（二）交互式教学模式

交互式教学模式主要是用来帮助成绩差的学生阅读领会，它是由教师和一小组学生一起进行的，旨在教学生这样四种策略：① 总结，总结段落内容；② 提问，提与要点有关的问题；③ 澄清，明确材料中的难点；④ 预测，预测下文会出现什么。一开始，教师示范这四种策略，例如，朗读一段课文，并就其核心内容进行提问，直到最后概括出本段课文的中心大意。提问是为了引起讨论，概述大意则有助于小组成员为阅读下一段课文做准备。然后，教师指定一个学生扮演"教师"，效仿教师的步骤，带领大家分析下一段内容。学生们轮流担当"教师"。教师先树立一些榜样性行为，这些行为是他想要学生自己能做的，然后改变自己的角色，当学生产生问题时，教师起一个促进者和组织者的作用。

👁 **思维拓展**

温斯坦认知学习策略教程

该教程的教学主题包括：1. 背景知识教学，传授学生学习动机和策略方面的背景知识；2. 学习方法教学。首先，指导学生自己说明策略应用过程并举例说明；其次，加强对基本过程的指导，引导学生注重对学习策略和特征的描述；3. 指导学生阅读课外材料时，把握应用策略的时机；4. 对学生运用策略后的学习结果进行评论。该教程在教学方法上比较灵活，可以通过小组讨论、角色扮演、实践练习等方法进行。

（三）脚本式合作

许多学生可能已经发现，当自己和同学讨论所读到的和所听到的材料时，获益匪浅。丹瑟洛（Dansereau，1985）与同事做了一些研究后，把这样一种学习活动模式提炼为脚本式合作。即在这种学习活动中，两个学生一组，一节一节地彼此轮流向对方总结材料，当一个学生主讲时，另一个学生听着，纠正错误和遗漏。然后，两个学生彼此变换角色，直到学完所学材料为止。关于这种学习方法的一系列研究证明，以这种方式学习的学生比起独自总结的学生或简单阅读材料的学生，其学习和保持都有效得多。有意思的是，脚本式合作的两个参与者都能从这种学习活动中受益，而且主讲者比听者获益更大。

（四）程序化训练模式

所谓程序化训练就是将活动的基本技能，如解题技能、阅读技能、记忆技能等，分解成若干有条理的小步骤，在其适宜的范围内作为固定程序，要求学生按此程序进行活动，并经过反复练习使之达到自动化程度。程序化训练的基本步骤是：1. 将某一活动技能，按有关原理分解成可执行、易操作的小步骤，而且使用简练的词语来标示每个步骤的含义。例如，PQ4R阅读策略就是由包括预览（preview）、提问（question）、阅读（read）、反思（reflect）、背诵（recite）、复习（review）六个步骤或程序构成的，提供了一个一般阅读的基本程序；2. 通过活动实例示范各个步骤，并要求学生按步骤活动；3. 要求学生记忆各步骤并坚持练习，直至达到自动化的程度。

（五）完形训练模式

完形训练模式就是在直接讲解策略之后，提供不同程度的完整性材料促使学生练习策略的某一个成分或步骤，然后，逐步降低完整性程度，直至完全由学生自己完成所有成分或步骤。完形训练的好处就在于能够使学生有意注意每一个成分或步骤，而且每一步训练所需的心理努力都是学生所能够胜任的，更为重要的是，每一步训练都给学生以策略应用的整体印象。例如，在教学生列提纲时，教师可先提供一个列得比较好的提纲，然后解释这些提纲是如何统领材料的，下一步就给学生提供一个不完整的提纲，分步对学生进行训练。

研究认为，学习策略知识不是孤立的，它不能脱离专门知识。专门领域的基础知识是有效利用策略的前提条件，脱离知识内容的单纯策略训练容易导致形式化倾向，难以保证学生提高学习策略水平。教师既要善于不断探索并优化自己的教学步骤，为学生提供可以仿效的活动程序，更要根据学生原有的学习方式和基础来启发学生的思路，让其有意识地内化有效的学习策略。

三、学习策略训练的步骤

一般认为，学习策略的训练应包括以下六个步骤：[1]

（一）激活与保持良好的注意、情绪与动机状态。这一步骤不仅要使心理活动处于觉醒与兴奋状态，更要激活同当前学习活动有关的所有因素与学习方法关系的意识。

（二）分析学习情境。这一步骤要求学生把握有关学什么（what）、何时学（when）、在何处学（where）、为什么学（why）和怎样学（how）的问题，估计自己的学习风格等，以提供选择学习方法的依据。

（三）选择学习方法、制订学习计划。这一步骤要求学生综合考虑学习情境的有关因素与学习方法的关系，确定学习的时间安排表，把学习任务分为具体的几个部分，列出可能需要的学习方法。

（四）执行学习计划，实际地使用学习方法，监控学习过程。这一步骤要求学生监控性地检查自己的学习行为，不断地把有关学习变量与所实施的学习计划、学习方法联系起来对照检查，以估计学习计划与学习方法所能达到的效果。

（五）维持或更改已选用的学习计划和学习方法。这一步骤要求学生对监控结果做出反应，如果监控结果令人满意，可维持原有方法；反之，则重新评价或修改原有计划与方法。更改可能是调整部分内容，也可能是改变整个计划与方法。

1　袁振国，主编. 当代教育学. 北京：教育科学出版社，1999：122-124

（六）总结性地评价所选用的学习计划与方法所达到的效果，作为这次学习的反馈与下次学习的准备。这一步骤要求学生对学习过程进行终结性评价，如果学习效果佳，说明原有学习方法与各种学习因素相互适合的水平高。

👁 **思维拓展**

学习策略的影响因素

研究发现，环境因素、学习者个人因素，以及其他相关因素等，会不同程度地影响学习者对学习策略的选择与使用。其中，环境因素主要包括文化背景、学习条件、教学环境、教师因素、学习任务等；学习者个人因素则主要包括智力、性格、年龄、焦虑、性别、学习态度、学习动机、学习风格、语言潜能、自我形象等；其他相关因素如学习观念、现有学习水平等。

学习策略研究之所以复杂，是由于学习者在形成和使用学习策略的过程中会受到各种因素的影响。因此，在对学习者进行相关的策略培训中，培训者务必要根据培训对象的实际情况，在对上述影响因素做出综合判断的基础上，制定出有效的培训方案。

【本章小结】

学习策略的研究是教育学界、心理学界以及语言学界等共同关注的一个相当复杂的研究领域，几十年来，该领域的研究中仍有诸多问题悬而未决，本章也只是对学习策略的相关知识进行了简要的介绍并做了初步的探讨。那么，总的来说，所谓的学习策略就是指，学习者在学习活动中有效学习的程序、规则、方法、技巧及调控方式。它既可是内隐的规则系统，也可是外显的操作程序与步骤。学习策略并不等同于学习方法或是学习技巧，一般而言，广义的学习策略包括具体的学习方法和学习技巧。认知策略、元认知策略和资源管理策略是学习策略中较为重要的三种策略，其中认知策略主要包括复述策略、精细加工策略和组织策略等三种具体的策略，元认知策略中最为重要的策略有计划策略、监控策略和调节策略，而时间管理策略、学习环境管理策略、努力管理策略、学业求助策略和资源利用策略等五种具体的资源管理策略，则更是需要人们对其加以充分的关注。学习策略训练的方法众多，但总的来说主要有指导教学模式、交互式教学模式、脚本式合作、程序化训练模式以及完形训练模式等五种具体的方法。最后，学习策略的训练主要由激活与保持良好的情绪与动机状态、分析学习情境、选择学习方法并制定学习计划、执行学习计划并监控学习过程、维持或更改已选用的学习计划和学习方法，以及总结性地评价所选用的学习计划与方法所达到的效果等六个基本步骤组成。

总结 >

Aa 关键术语

学习策略
learning strategies

认知策略
cognitive strategies

元认知策略
meta-cognitive strategies

资源管理策略
resource management strategies

学习策略训练
learning strategies training

章节链接

　　本章第一节中对学习策略与学习方法异同点的辨析，可与本书第四章第一节中学习方式的内涵与特征一同学习，这能够帮助学习者更好地明确学习策略、学习方法以及学习方式各自的内涵，并清楚地厘清三者之间的关系；本章第二节和第三节中有关认知策略、元认知策略、资源管理策略的学习，可与本书中第五章第四节（讲亦有道，讲就要讲好）结合学习，这对学习者更好地理解、掌握并具体地运用相关策略提供了很好的借鉴。

应用 >

体验练习

1. 请简述学习策略的特征。
2. 请简述迈克卡的学习策略分类结果。
3. 请简述学习策略与学习方法的区别。
4. 请结合实际简述常用的复述策略。
5. 请结合实际简述常用的精细加工策略。
6. 请结合实际简述常用的资源管理策略。
7. 请结合实际简述学习策略训练的主要原则。
8. 请结合实际简述学习策略训练的主要方法。
9. 请结合实际简述学习策略训练的主要步骤。

拓展 >

☕ 补充读物

1　严明 . 英语学习策略理论研究 . 长春 : 吉林出版集团有限责任公司，2009

　　　该书主要对学习策略的定义及分类、影响因素及理论基础、学习策略训练设计的理论依据、外语学习策略训练的原则及模式，以及外语学习策略的研究方法等进行了系统的研究。

2　荷烈治，等 . 牛志奎，译 . 教学策略——有效教学指南 . 北京 : 中国人民大学出版社，2010

　　　该书对教学设计的基础、教学设计的主要过程、教学设计的基本工具等做了系统的论述，并以实例对形成性课堂评价、建构测验的一般原则，以及评分原则等进行了深入的探讨。

3　施晓伟 . 走向自主 : 英语学习策略研究 . 杭州 : 浙江大学出版社，2010

　　　该书主要对学习策略的实质及分类、自主学习与英语学习策略的关系、英语学习策略研究方法的类型及数据分析方法、以策略培训为基础的大学英语教学改革等做了全面的研究。

4　刘电芝，田良臣 . 高效率学习策略指南 . 北京 : 科学出版社，2011

　　　该书由宏观理论概述、微观策略分述、策略能力培养等三大板块构成，集中对学习活动中的九种重要策略进行了深入的介绍，具有时代性、针对性、通俗性、应用性等诸多特点。

5　蒯超英，林崇德 . 学习策略 . 武汉 : 湖北教育出版社，2011

　　　该书紧紧围绕学习策略的相关知识，共分十章对学习策略的基本概念及主要功能、学科学习策略、学习策略的教学及提高学生学习策略运用水平的具体方法等进行了深入的研究。

6　刘天平，王林发，刘海涛 . 高效学习的策略与方法 . 北京 : 教育科学出版社，2013

　　　该书引入古今中外教育名家及教学名师的先进经验，以经典范例形式呈现，集中对十个话题做了卓有见地的论述，具有极强的操作性和理论启发性，可作为高效学习的指导用书。

🖥 在线学习资源

1.学习策略网　http://www.xuexicelue.com/

2.35种高效学习方法　http://www.aoshu.com/z2010/35gxff/index.htm

第八章
声形并茂的语言

本章概述

    本章介绍教学语言技能，包括"教学语言：师生沟通的桥梁""教学口语：声如玑珠落玉盘"和"教学体态语：此时无声胜有声"三节。这三节分别介绍：语言的含义与种类，教学语言的性质与意义；教学口语的特点、基础、要求；体态语的类型、功能、基本要求，常见教学体态语的运用技巧。

结构图

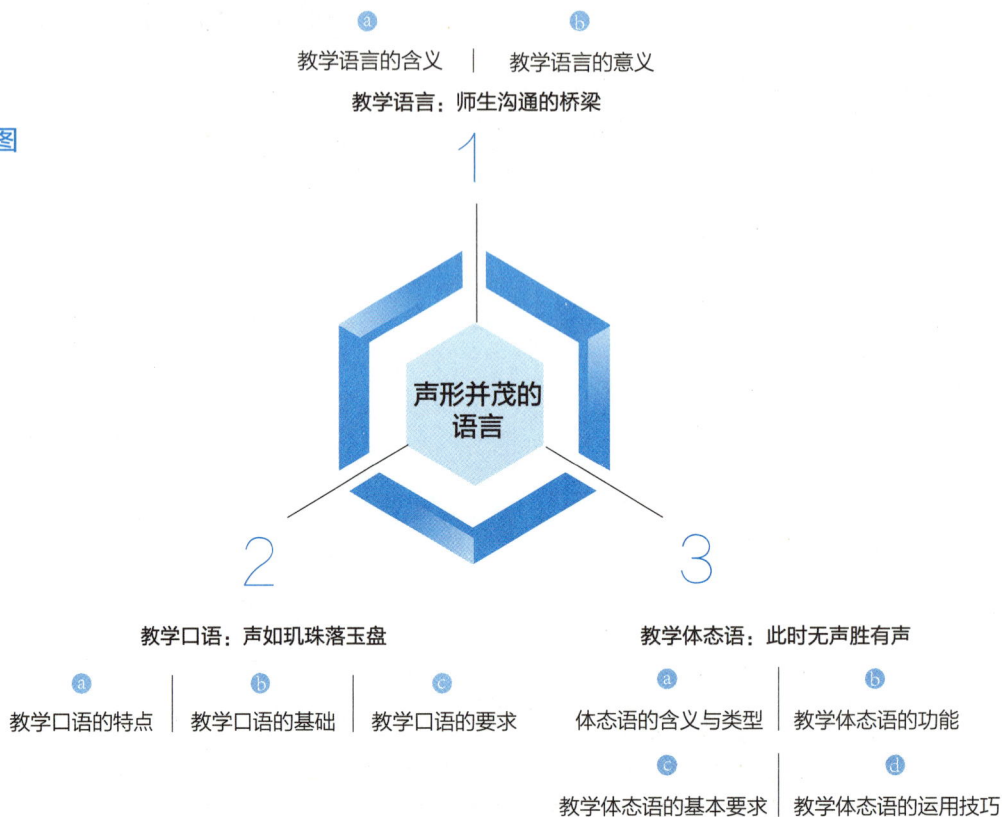

教学语言：师生沟通的桥梁

ⓐ 教学语言的含义 | ⓑ 教学语言的意义

1

声形并茂的语言

2

教学口语：声如玑珠落玉盘

ⓐ 教学口语的特点 | ⓑ 教学口语的基础 | ⓒ 教学口语的要求

3

教学体态语：此时无声胜有声

ⓐ 体态语的含义与类型 | ⓑ 教学体态语的功能

ⓒ 教学体态语的基本要求 | ⓓ 教学体态语的运用技巧

学习目标

1. 认识教学语言的重要性，了解教学语言的分类，重视教学语言技能的培养和提高；
2. 理解教学口语的特点，能够在教学中发挥教学口语的优势，弥补不足；
3. 了解教学口语技能形成的基础，从知识、思维、语言表达、教学理念与师德等方面为教学口语技能奠定基础；
4. 理解并遵循教学口语在内容和形式上的要求，在教学实践中不断反思和提高教学口语技能；
5. 了解教学体态语的类型，认识体态语的教学功能，重视体态语的运用和训练；
6. 理解并遵循教学体态语的基本要求，能在教学中恰当使用体态语；
7. 掌握首语、手势语、面势语、身姿语、走动和距离等常用体态语的技巧，在教学实践中不断反思和提高体态语的运用水平。

读前反思

　　苏联教育家马卡连柯曾说过，教育的技巧也表现在教师运用声调和控制自己的面部表情上。当学会用十五种至二十种声调说"到这里来！"的时候，当学会在脸色、姿态和声音的运用上能作出二十种风格音调的时候，教师就真正变成一个有教育技巧的人了。你是马卡连柯所说的这种有教育技巧的人吗？你能用几种声调和姿态来说"到这里来"？本章的学习，将对你提升自身的教学口语技能和教学体态语技能有所帮助。

第一节
教学语言：师生沟通的桥梁

🎯 **学习目标**

理解语言和教学语言的含义；了解教学语言的分类；认识教学语言的意义，重视教学语言技能的培养和提高。

一、教学语言的含义

理解教学语言的含义，首先应明确语言的含义。陈望道先生在《修辞学发凡》一书中说："语言是达意传情的标记，也就是表达思想、交流思想的工具。"[1]他把语言分为三类：口头语言、书面语言和态势语言。[2]口头语言又称有声语言，简称口语。日常生活中人们所谓"语言"通常是指口语，它属于狭义的语言，是指以语音为物质外壳，由语法和词汇组成的一套符号系统。书面语言也称文字语言，简称文字。较广义的语言是指口语和文字这两种语言。态势语言是用于表情达意的动作。最广义的语言"包括人类用于交际的所有手段"或者"人类使用的一切符号"[3]，口头语言、书面语言和态势语言都在其范畴之内。

何谓教学语言？顾名思义，就是在教学过程中使用的语言。教学具有多层含义。如果将其理解为教师的教（teaching）和学生的学（learning）的结合，则教学语言包括教师教学使用的语言和学生学习时使用的语言。如果将教学理解为教师单方面的教学行为（teaching），则教学语言特指教师在教学过程中使用的语言。目前国内对教学语言的理解一般取后者。作为一种符号系统，教学语言是教师用来传递教学信息的媒介。作为一种教学技能，它是指教师在教学过程中运用语言来传递信息、表情达意，从而实现教学目的的行为方式。

参考语言的分类，教学语言分为教学口语、教学书面语和教学态势语。教学口语以教师有声的口头语言为工具。教学口语类型多样。从教学功能看，可分为：导入语、讲授语（讲述、讲解、讲读、演讲）、提问语、总结语等。这几种具体的语言技能在本书均有涉及，本章第二节从整体上介绍这些口语技能的一般特点、原则和要求。根据信息传递者和接收者之间的交往方式，可以将口语分为独白口语和对话口语。独白口语由说者传向听者，信息单向传递，例如教师讲授；对话口语是人与人互动时使用的语言，信息双向交流，例如师生问答。教学口语是以独白口语为主、对话口语为辅的一种口语形式。

教学书面语以无声的文字、符号或图画作为传递信息的工具，它包括教师的板书、课件上的语言，以及教师在学生作业本或工作纸上的评语。比较常用的是板书和课件语言，本书

1　陈望道. 修辞学发凡. 上海：上海教育出版社，1997：20

2　同上

3　宋永培. 中国文化语言学辞典. 成都：四川人民出版社，1993：28

第九章有介绍。

教学态势语（或体态语）也属于无声语言，它借助教师的身体动作、姿态和位置来传递信息，可以用来辅助教学口语，也可以独立使用。

二、教学语言的意义

教学语言是教学信息的载体。课堂中文化知识的传授、思想品德的教育、情感态度的交流、活动和纪律的管理，都离不开语言。教学语言就像一座桥梁，把教师和学生连在一起，并使教学信息在师生之间顺畅地沟通。离开语言这一工具，教学活动的展开是不可能的。美国学者弗兰德斯（N. A. Flanders）基于大量课堂观察发现，课堂教学中大约有三分之二的时间用于口头语言交流。[1]如果把书面语和体态语也统计在内，估计总共至少占一节课的十之八九。

教学语言很普遍，所有教师都具有基本的语言表达能力，但水平各不相同。教学语言的水平直接影响着教学的质量。叶圣陶先生曾说，凡是当教师的人绝无例外地要学好语言，才能做好教育工作和教学工作。

🔍 案例1

何其芳曾这样回忆他的两位哲学老师："我们那位教康德和黑格尔的教授，在国外曾获得博士学位。他每次讲课必定从头到尾把康德和黑格尔的著作精心再读一遍，然而他却无法把他的课教得让人可以听得懂。在课堂上他总是翻着康德和黑格尔的书，东念一段，西念一段，然后半闭着眼睛，像和尚念经似的咕噜起来，要抵抗这种催眠术是很困难的。我的另一位教中国哲学的教授，他的讲义倒是事先写好的。上课的时候，总是拿着稿子一句话念两遍，要大家静静坐着默写。上这样的课实在太闷了，所以我就有计划地缺课，准备缺到不至于被取消学籍为止。"

——陈昕，屠国平. 教师语言艺术. 北京：高等教育出版社，2012：12-13

案例中的这两位教授都颇有学问，也不乏"师德"，讲课很认真，但效果却很差。可见教学语言在很大程度上影响着教学效果，甚至决定着一节课的成败，以及一位教师是否合格。《学记》中说："善歌者，使人继其声；善教者，使人继其志。其言也，约而达，微而臧，罕譬而喻，可谓继志矣。"大致意思是：会唱歌的人，要使人情不自禁地跟着唱；会教

1　Flanders, N. *Analyzing Teacher Behavior*. Reading MA：Addison-Wesley，1970：171

人的人，要诱导学生自觉地跟着他学。教师讲课，要简单明确，精练而完善，举例不多，但能说明问题。这样，才可以达到使学生自觉地跟着学的目的。这给我们的启示是，教师应该注重教学语言技能的训练和提高。这是确保教学成功、促进学生发展的前提条件。

第二节
教学口语：声如玑珠落玉盘

🎯 **学习目标**

理解教学口语的特点，能够在教学中发挥教学口语的优势，弥补不足；了解教学口语技能形成的基础，从知识、思维、语言表达、教学理念与师德等方面为教学口语技能奠定基础；理解并遵循教学口语在内容和形式上的要求，在教学实践中不断反思和提高教学口语技能。

一、教学口语的特点

教学口语是教师在教学过程中运用口头语言来传递信息、表情达意，从而实现教学目的的行为方式。准确把握教学口语的特点，才能充分利用其优势，弥补其不足，不断提高教学口语技能。

（一）信息载体的流动性

教学口语以声波为载体来传播信息，而声波作用于人的听觉器官，稍纵即逝。人的听觉捕捉信息的能力比较弱，听觉对外界信息感知记忆的时间也比较短。据统计，一般声音信号只能在大脑停留7~8秒钟。口语表达的教学信息不能像书面语那样以静态的文字呈现，来不及被仔细思考、反复阅读，这就要求表达者的语音要准确，具有一定的响亮度和清晰度，而且速度适中。

（二）表达与思维的同步性

在口语表达过程中，作为外部语言的口语和作为内部语言的思维基本是同步的，一般是现想现说。思维是口语表达的基础和前提，它直接决定着口语表达的质量和效率。当思维跟不上口语表达的语流速度时，就会出现不正常的语音停顿，形成语流中断，语病迭出。这就要求口语表达者具有敏捷的思维能力，既能迅速进行思维加工，又能快速进行语音转化。

（三）表达过程的临场性

教师使用教学口语时，教师和学生处于同一时空环境。教学的时间、场所和氛围对教学口语的形式和内容都有一定的影响，而且也会影响教师本人的心理状态。此外，教学口语也受学生反馈信息的制约。整个口语表达过程，实际上是教师和学生不断反馈、相互影响的过程。这就要求教师具有适应语境变化和临场应变的能力。

（四）表达目的的教育性

教学口语是教师在教学过程中使用的职业语言，它与一般口语或其他行业的口语的根本差异在于它以促进学生发展为目的，具有鲜明的教育性。"师者，所以传道授业解惑也。"教学口语的目的包括知识传授、思想教育，也包括师生之间的情感沟通。因此，教学口语要根据实际的教育教学需要出发，对学生的身心发展产生积极的作用。

二、教学口语的基础

以上对教学口语的特点分析表明，教学口语作为一种技能，它不仅依赖于教师"说"的能力，也在很大程度上受教师思维、学识、思想等因素的影响。培养和提高教学口语技能，需要宽厚的基础。

（一）深厚的知识基础

知识基础是语言的源泉，是教学口语形成的基本条件。"问渠哪得清如许？为有源头活水来。"冯友兰先生曾说："一个教师讲一本教科书，最好的教师对这门课的知识，定须比教科书多许多倍，才能讲得头头是道，津津有味，信手拈来，皆成妙趣。如果他的知识和教科书一样多，讲来就难免结结巴巴，看来好像是不能畅所欲言，实际上他是没有什么可言。如果他的知识少于教科书，他就只好照本宣科，在学生面前唱催眠曲了。"[1]教师应注重不断丰富各方面的知识，除了本学科专业领域的知识，还应广泛涉猎其他学科的知识，拓宽视野。

（二）敏捷的思维能力

语言是思维的结果，口语是内部语言的外显。内部言语组织能力如何决定这口语表达能力的高低。组织得快，说话速度就快，语流就连贯、顺畅，不必要的停顿和废话就少；组织得好，说出的话就清楚、有条理。思维能力是口语表达的内在技能，要想提高口语表达效果，应注重训练和提高思维能力。

（三）熟练的语言表达能力

通过声音把内部语言转化为外部有声语言传递出去，是教学口语表达的重要环节，只有

---

1 宗璞. 宗璞小说散文选. 北京：北京出版社，1981：2

做到了这一点，口语表达的行为才算真正完成。教师需要掌握发音、吐字、气息、共鸣的方法，掌握控制音量、语速、节奏和语气等方面的技巧，这样才能达到表情达意的目的。口语表达的这些外部技能在下文有专门介绍。

（四）先进的理念和良好的道德

教师"说什么"和"怎么说"也受教师的教学理念和职业道德的影响。在先进理念的指引下，教学口语能够符合学生身心发展的规律，易于被学生接受和理解。教师尊重学生、关爱学生，教学口语就会表现出平等、民主、鼓励的特点，促进学生积极健康的发展。古人云，"凡音者，产乎人心者也。感於心则荡乎音，音成於外而化乎内。是故闻其声而知其风，察其风而知其志，观其志而知其德。"教师的理念和道德就相当于这里的"志"和"德"，它们影响着教学口语的内容和风貌。

🔍 案例2

"一个星期五的下午，我一向遵守纪律的学生突然不安心学习了。我故意朝门外观看、看桌下、看书柜。当学生问我在找什么的时候，我说：'我在寻找我一向遵守纪律、安心学习的班级，因为我敢断定现在这个乱糟糟的班级不是我的。'学生对我的幽默心领神会，马上转回到自己的学习任务上来，认真地学习起来。"[1]

在这个案例中，教师的语言体现了尊重、信任和引导，取得了良好的教育效果。反之，如果教师以权威的姿态出现，使用命令、禁止的口吻来要求学生马上安静、回到座位上，则会是另外一种教育效果。两种不同的处理方式背后的教育理念是不同的。

三、教学口语的要求

教学口语技能包含两个要素：一是"表达什么"，涉及教学口语的内容；二是"如何表达"，涉及教学口语的形式。只有兼顾这两个方面，才能全面提高教学口语技能。

（一）教学口语的内容要求

1. 规范性

教学的专业化首先要做到规范化。语言规范，才能把知识、观点、思想和要求表达清楚，才能为学生树立榜样，带动学生的语言规范化。规范的教学口语的基本要求是使用普通

1　[美]C. M. Charles & Gail W. Senter. 小学课堂管理. 吕良环等译. 北京：中国轻工业出版社，2003：153

话。推广普通话是我国的一项语言政策。学校是推广普通话的前沿阵地，教师应该成为推广普通话的模范。如果一位教师只会用方言土语教学，即使妙语连珠，也算不上具有合格的教学口语技能。

📁 **教育法规**

教学应使用普通话

普通话是以中国北京语音为标准音、以北方话为基础方言、以典范的现代白话文著作为语法规范的现代汉语。我国《宪法》第十九条规定："国家推广全国通用的普通话。"《国家通用语言文字法》第十条规定："学校及其他教育机构以普通话和规范汉字为基本的教育教学用语用字。"《教育法》第十二条规定："学校及其他教育机构进行教学，应当推广使用全国通用的普通话和规范字。"《〈教师资格条例〉实施办法》第八条，在关于申请认定教师资格者的教育教学能力应当符合的要求中规定："普通话水平应当达到国家语言文字工作委员会颁布的《普通话水平测试等级标准》二级乙等以上标准。少数方言复杂地区的普通话水平应当达到三级甲等以上标准；使用汉语和当地民族语言教学的少数民族自治地区的普通话水平，由省级人民政府教育行政部门规定标准。"

2. 科学性

这里的科学性是指教学口语表达的内容必须真实、确切。教师所教的各科都是科学知识。科学的语言是确保教学内容被准确表达的条件。教师所讲的概念、原理、规则、结论等，都应体现科学性，杜绝知识性的错误，避免向学生传播模棱两可的信息。

另外，语言表述应做到清楚明白、排除歧义。要注意遣词、造句，避免语法、逻辑、修辞上的错误。例如，容易造成听觉上误解的"期中"和"期终"，"切记"和"切忌"，"全部合格"和"全不合格"等词语，使用时应注意。再比如，有的教师说："只要同学们稍微深思一下，就会明白它的含义。"这句话就是词搭配不当，因为"稍微"和"深思"是矛盾的，如果把"深思"改成"想"就准确了。

3. 学科性

教学语言所传递的是某个学科的教学信息。每一学科都在自己的发展过程中积累了大量的知识素材，并在此基础上总结出自己的理论、范畴系列，并通过它所构成的理论体系来揭示客观规律。在学科教学中，要使用每个学科所规定的术语、概念，不能随意使用生活用语。例如，不能用"橘子皮"代替中药学里的"陈皮"，不能用"钱"代替经济学里的"货币"，不能用"嘴"代替动物学里鸟的"喙"。教师只有准确使用科学的专业术语，才能使学生学到应有的科学知识。

在学科教学中应注意处理好专业性与通俗性之间的关系。有时为了使教学生动有趣，需要采用比较通俗的语言。但是这种语言应以不失学科性为前提，不能随意自创概念，不能用俗称代替专业术语。

🔍 **案例3**

教师介绍解剖蟾蜍方法时的两种语言

教师甲：我们要解剖的是蟾蜍，也就是通常说的"癞蛤蟆"。在把它处死之后，放置在解剖盘上，腹面向上，用大头钉固定四肢，然后进行解剖。解剖时，左手拿镊子，右手拿解剖剪，从其腹部的下端镊起皮肤。

教师乙：我们将要解剖的是癞蛤蟆，先要把它处死，然后放在这个盘子里，让它仰面朝天，用大头针扎住它的前后肢，然后把它剖开。剖的时候，左手拿镊手，右手拿剪子，从肚子的下面剪开。

教师甲能把俗称与科学名称结合起来，正确地运用了专业术语，有利于对学生语言表达能力的培养。而教师乙把通俗化变成庸俗化，失去了学科教学的特点。

——胡淑珍. 教学技能. 长沙：湖南师范大学出版社，1996：92

4. 可接受性

教学语言是传递教学信息的工具，能否达到预期效果很大程度上取决于学生对教师的语言能否领会和接受，教学口语必须容易被学生接受。教师要注意语言表达的形式，做到吐字清晰、音量适中、节奏适当、通顺连贯；也要注意语言表达的内容符合学生的身心特点，并在表达过程中关注学生的反应，及时反馈，使教师的语言和学生的思维联系起来。

5. 简明性

教学时间有限，在有限的时间内要把规定的知识传授给学生，语言表达必须简明扼要。否则，冗长、重复、累赘的词句不仅浪费宝贵的学习时间，也会给学生接受和理解教学信息带来极大困难，使学生抓不住重点。

语言修养较高的教师，讲课中会句句有用，字字精炼，没有一句废话，没有一字多余。这是一种较高的境界，需要长期不懈努力才能达到。有些教师的口语表达会有一些既无内容意义也无语法意义的"口头禅"。例如，在句子的开头习惯说"这个""那个""就是""就是说""嗯"，在句子的末尾习惯带上"呢""啊""的话呢"，在相邻的句子之间习惯插入"然后"。这些无意义的口头禅属于"语言垃圾"，应该加以纠正和克服。

6. 教育性

古人说："师也者，教之以事而喻诸德也。"教师的职责是教书育人。教学语言是教师完成这一职责的主要手段，教师的教学语言对学生的思想、情感、行为有潜移默化的影响，因此应当具有教育性。教师的教学语言一定要思想健康，导向正确。教师语言的教育性特征首先要求教师语言本身要健康、文明、进步，禁绝粗俗、低级、反动。有些教师为了逗乐，爱用些难登大雅之堂的市井俚语，或讲些庸俗的笑料，有的教师爱在学生面前大发牢骚，这些都应杜绝。教师语言的教育性特征表现于教师注重对学生进行思想品德教育，即把德育渗透在语言之中。

（二）教学口语的形式要求

1. 语音清晰、准确

语音是语言的基本结构单位，它使内部信息能以声音的形式发出和传递。教学口语在语音方面的基本要求是吐字清晰、发音准确。

吐字是发音的重要一环，要想使吐字清晰、准确、圆润、流畅，需要努力锻炼自己的唇、齿、颚、舌等器官。这些器官相互协调才能保证发音到位。上下颌关节的运动，使口腔能开能合，改变口腔容积，从而带动齿的运动和舌的活动范围，保证音节的准确形成。为了使字音清晰圆润，要求舌的活动幅度比日常口语发音时要大，因此必须适当打开牙关。舌在发音中是活动最积极、影响最大的器官。舌的弹动力强，声母就会发音清晰准确。唇是字音的出口，对控制吐字的质量有明显的影响。

在课堂教学中，对语音的基本要求是使用普通话。发音时，声母、韵母和声调要准确，吐字要有力、清晰，立字要拉开、立起，归音要完整、利落，声调调值要够。有人吐字不清，还常有尾音不清晰或者被吞掉，造成这种现象的主要原因是发音器官在发相应的字音时不到位。音节是由唇、齿、颚、舌的不同动作产生的。找准发音问题，注意每一个音节的发音部位，有意识地矫正，并且经常练习，就可以不断地提高语音质量。

2. 音量适中

音量又称响度、音强，它由发声时的能量大小决定。教学口语要做到音量适中，才能使学生听得真切、清楚。音量过小，学生就会听得吃力、不清楚，无法刺激学生保持注意。音量过大，教室回音较大，讲话本身可能成为噪声，容易形成听觉疲劳，干扰学生思维，教师本人也容易疲劳。音量应根据教室大小、学生人数多少、室内外噪声大小而定，把每句话清楚地送到学生耳中，让他们听起来舒服。一般来说，音量控制在"使最后一排学生听清楚，又不使第一排学生感到震耳"的范围内为宜。

音量的大小与呼出的气息有关。"气乃音之帅"，"气动则声发"。气息是人体发声的动力，气流的变化关系到声音的响亮度。气息由肺部发出，但气息的控制却同时受胸部和腹部影响。一般认为，胸腹联合呼吸法是一种比较合适的控制气息方法。这种方法由胸腔、横膈肌、腹肌联合控制气息，呼吸活动范围大、伸缩性强。它不仅能够为气息均衡、平稳地呼出提供条件，保证发音质量，也有益于保护声带。

科学的发音不会把力量全部用在声带上，而是只把部分力量用于声带，把其他力量用在控制发音器官的形状和运动上面，利用共鸣发音。共鸣器官把发自声带的原声在音色上进行润饰，使声音圆润、优美。科学调节共鸣器官可以丰富或改变声音色彩，同时起到保护声带的作用，延长声带的寿命。

📎　背景知识

三腔共鸣的发音方式

在口语表达中，人们主要运用的是以口腔为主，中、低、高三腔共鸣的方式。中音共鸣就是口腔共鸣，它是指硬腭以下，胸腔以上各共鸣腔体；低音共鸣主要是指胸腔共鸣；高音共鸣主要是鼻腔共鸣，它是指硬软腭以上的共鸣腔体。说话时，若高音共鸣过多，声音会显得单薄、飘浮；低音共鸣过多，会使声音发闷，影响字音清晰。教师在教学中发声时，以口腔共鸣为主。因此，"以口腔为主，三腔共鸣"的方式，是教师讲话发音时适宜的共鸣方式。

3. 语速适宜

语言的速度是指说话的快慢。日常生活中每个人讲话的速度各不相同。教学语言是一种职业语言，受课堂教学自身规律制约。教师语速的快慢决定着单位时间内发出信息的容量，影响着学生接受、加工及储存的效果。语速过快，会使学生大脑对收取的信息处理不迭，势必会造成信息的遗漏、积压，而导致信息处理的障碍。语速过慢，信息发送跟不上学生大脑处理的速度，不仅会浪费许多时间，而且会导致学生的精力涣散。

电影、电视解说的速度一般为每分钟250~300字，课堂教学的语速还要慢一些，以每分钟200~250字为宜。但这个标准不是绝对的，可根据学生的状态和教学内容适当变化。当讲解重点、难点或启发学生思考时，语速可适当放慢。在课堂管理过程中激励或敦促学生参与学习时，语速可适当加快。为了配合教学内容，需要表达悲痛、压抑的感情时，语速宜缓慢；表达喜悦、兴奋的感情时，语速宜适当加快。

4. 节奏富有变化

节奏是指在一个相对完整的表述中，由于语速、语调、语势等变化而形成的语流运动态势。节奏是多种语音技巧的整体表现。节奏与语气不同，语气大多以语句为单位，节奏要以语段（句群）乃至全篇为单位。它体现在语气之间的衔接与转换之中。节奏是整体性和全局性的表现，它受语言目的和话语主题统率，因此，把握节奏必须立足于整体和全篇。这样，语流声音中的高低、强弱、快慢、抑扬顿挫等，才能处于相互映照、前后对比的整体配置之中，构成和谐的运动。

教学口语的节奏是在对比度的调节中形成的，无高不显低，无快不显慢，无刚不显柔。富于变化的节奏，可以避免口语表达的单调平淡，能够增强口语表达的生动性，吸引学生的注意力，激发学生的兴趣。富有变化的节奏也有助于教学内容的表达和教师情感的流露。但节奏要根据教学需求而变化，自然合度才能起到应有的作用。

5. 用词恰当，语句通顺

语言是语音、语义结合的符号系统，词是这一系统中最基本的构成单位，没有词就没有语言。作为教师要有比较丰富的词汇量，并能规范、准确、生动地运用。选词和用词要做到精选妙用，注意词的形象性、感染力和感情色彩。语言的生动不是靠词藻的堆砌达到的。往往一个很平常的词由于用得精当巧妙而格外生动传神。语言的生动与教师的学科知识有关，也与教师的语文水平、讲话的技巧有关。通过不断的学习和训练，是可以不断提高的。

语法是遣词造句的规则，是人们在长期的语言实践中形成的。教学口语只有符合这种语法规则，句子才能说得通，意思才能表达得顺，才能易于学生理解和师生交流。在教学中，教师既要注意句子的通顺性，也要注意句与句之间的的逻辑性，呈现清晰的语言表达思路。

6. 善用语气修饰语言

语气指语句中的声音强弱、虚实的变化，用以表现不同的含义和思想情感。例如，"坐下"一词，用不同的语气可以表示温和亲切、命令、生气、厌烦等不同的情感。善于通过语气表达使传达的教学信息更生动、更丰富，以此表达语言文字之外的附加信息。苏联教育家马卡连柯甚至说，只有在学会用15~20种声调来说"到这里来"的时候，才能成为出色的教师。

运用语气修饰语言，应首先明确教学内容和师生交流中有哪些情感需要，这样才能使语气修饰符合教学内容的情感需要。而在师生交流的过程中，教师要尊重学生的人格，形成真诚、相互理解、相互尊重的课堂心理气氛，避免使用表达消极情感（如傲慢、鄙视、挖苦、敷衍、冷淡等）的语气。

📝 模拟训练

同样一句"我没说他打人"，请尝试通过变换语气表达括号里的不同意义。

（1）我没说他打人。（不是我说的，是别人说的）

（2）我没说他打人。（我只是心理猜测而已）

（3）我没说他打人。（可能别人打了人）

（4）我没说他打人。（我是说他骂人了）

（5）我没说他打人。（我是说他打球了）

第三节
教学体态语：此时无声胜有声

🎯 **学习目标**

了解教学体态语的类型，认识体态语的教学功能，重视体态语的运用和训练；理解并遵循教学体态语的基本要求，能在教学中恰当使用体态语；掌握首语、手势语、面势语、身姿语、走动和距离等常用体态语的技巧，在教学实践中不断反思和提高体态语的运用水平。

一、体态语的含义与类型

（一）含义

体态语（Body Language）是体态语言的简称，亦称"态势语""动作语言""人体示意语言"等。体态语属于无声语言，它是由人的面部表情、身体姿势、肢体动作和体位变化而构成的一个图像符号系统，是人际交际中沟通情感、交流信息、表达意向的工具。

"体态语"作为社会交际的手段，其历史比有声语言的还要古远，但人类对体态语的研究却晚了许多。美国学者雷·伯德威斯特尔（Ray Birdwhistell）博士最早把面部表情和姿势动作视为一种交际手段，并创造了"Kinesics"一词指代研究体态语的科学。该词一般被译为"体语学"或"人体动作学""举止神态学"等。伯德威斯特尔在1952年出版了《体语学导论》[1]一书，开启了学术界对体态语的系统研究。近年来，这门学科的研究工作获得了巨大的发展。

（二）类型

根据不同的标准，可以把体态语划分为不同的种类。根据用途，可将体态语分表情的体态语、指点的体态语和描画的体态语。[2] 例如用微笑表示欢喜或许可，蹙额表示愤怒、厌恶或反对，这些术语表情的体态语。指点的体态语是直接指点对象的态势，如指人说人，指物说物之类。指点的体态语只能用以指点视觉范围之内的事物和方向。视觉范围之外的事物便要用描画的体态语。描画的态势又分为象形的、指事的和象征的三类。

根据体态语借助的身体器官的部位或空间距离，有人把体态语分为情态语言、身势语言和空间语言。情态语言是指人脸上各部位动作构成的表情语言。如目光语言、微笑语言等。身势语言亦称动作语言，指人们身体的部位作出表现某种具体含义的动作符号，包括手、肩、臂、腰、腹、背、腿、足等动作。空间语言是一种空间范围，指的是社会交往中人与人

1　Birdwhistell, R. L. *Introduction to Kinesics：An Annotation System for Analysis of Body Motion and Gesture*. Washington, DC: Department of State, Foreign Service Institute. 1952

2　陈望道. 修辞学发凡. 上海：上海教育出版社，1997：22

身体之间所保持的距离。也有人把体态语更为详细地划分为首语、手势语、面部语、身姿语、走姿语和身体距离。

根据体态语的应用效果，可将教学体态语划分为积极体态语言、消极体态语言和无意义体态语言三大类[1]。积极体态语言是指能够支持或修饰口头讲授、强化授课效果、提高教学效率，能够独立表达有关教学内容，有助于学生理解知识的疑点、难点，能激起学习兴趣的体态语言。消极体态语言，是指非但不能强化课堂教学效果，而且还会分散学生注意力、影响其学习的体态语言。例如，教师在课堂上哈欠连天、无精打采。无意义体态语言是教师的习惯性动作，例如，有的教师在授课中喜欢把手插在口袋里，或双手撑在讲桌上。这类体态语言一般不致干扰讲课，但也没有多少实际意义。教师在教学中应尽量选择积极体态语言，避免无意义体态语言，克服消极体态语言。

👁 **思维拓展**

体态语的 "SOFTEN" 模式

西方研究者用英文"SOFTEN"来概括对教师教态的要求，其中"S"指微笑（Smile），"O"指开放的身姿（Open posture），"F"指身体前倾（Forward lean），"T"指触摸（Touch），"E"指目光交流（Eye contact），"N"指点头（Nod）。这些都属于积极的体态语言，教师在教学中应该重视并适当使用。

二、教学体态语的功能

体态语虽然是一种无声语言，但它同有声语言一样也具有明确的含义和表达功能。它既可以对有声语言起支持、补充、修饰或否定的作用，也可以部分地代替有声语言行为。有时其表达效果甚至超过有声语言，达到"无声胜有声"的效果。在课堂教学中，积极的体态语的教学功能主要有三方面。

（一）辅助语义表达

在课堂教学中，教师的口头语言作用于学生的听觉，体态语作用于学生的视觉，听觉和视觉的双重刺激，可以帮助学生获得更加丰富的感知，有助于加深对教学内容的理解。视觉神经和听觉神经共同活动，能使学生感知到丰富的刺激和信息。在教学过程中，有时仅靠口头语言难以全面、完整表达所有意义，体态语可以作为有效的补充。恰当的体态语可以使语

---

1 李振村. 教师的体态语言. 北京：教育科学出版社，2011：26-28

义表达更完整充分、形象直观，帮助学生理解那些"只可意会、不可言传"的内容。

🔍 **案例4**

借助体态语理解"饱满"

特级教师斯霞在给一年级学生讲解"颗颗稻粒多饱满"这句话时，学生对"饱满"一词理解不深，老师反复启发，学生不是说"麦子长得饱满"，就是说"豆子长得饱满"。她为了让学生全面弄清这个词的意思，忽然走到教室门口，转过身来，胸脯略略一挺，头微微一扬，两眼炯炯发光。然后，她问学生，"你们看，老师现在精神怎么样?"大家不约而同地回答："老师的精神也很饱满。"她又说："那让我看看你们的精神怎么样?"学生也一个个挺起小胸脯，坐得端端正正。她靠自己生动形象的表演，使学生不仅理解了"饱满"这个词的本义，还懂得了它的引申意义和用法。

———应天常. 浅谈教师的体态语. 内蒙古教育，1989（11）

（二）表露情感信息

人的喜怒哀乐可以通过人的表情、眼神、手势和身体姿态等表现出来。体态语有时能够传递有声语言无法表达的微妙情感，甚至比有声语言更加真实地暴露内心的真实情感。在教学中，师生之间不仅是知识上的授受关系，也包括情感的交流。体态语有助于沟通师生感情，活跃课堂气氛，建立和谐的师生关系。教师的体态语可以影响学生的学习情绪和态度。一个鼓励的眼神、一个赞赏的微笑，都会给学生带来巨大的精神力量，产生极大的暗示性和感染力。教师恰当运用积极的体态语，不仅可以促进学生的智力活动，还可使学生保持良好的学习状态。从另一个角度看，教师也可以通过学生的体态语了解学生的真情实感。这时，体态语成为师生之间情感沟通的有效手段。

👁 **思维拓展**

"7%–38%–55%"法则

心理学家阿尔伯特·梅拉宾（Albert Mehrabian）研究发现，在人与人面对面的交流过程中，有三种要素发挥着信息交流的作用，分别是：说话的内容（word）、语调（tone of voice）、体态（body language）。在判断对方的感觉或态度时，说话的内容发挥7%的影响作用，语调发挥38%的影响作用，而面部表情等身体姿态发挥55%的影响作用。也就是说，当一个人说话的语调或体态与说话的内容不一致时，人们倾向相信语调和体态，而不是他所说的话。例如，当某人说"我对你一点意见都没有啊！"时，眼睛不看着对方，神情紧张，身体呈现封闭的姿势。这时，听者会倾向相信该说话者的肢体语言，而非他所说的话。

　　——Albert Mehrabian. *Silent Messages*. California：Wadsworth Publishing Company, 1971：44

（三）调控课堂秩序

　　教师恰当地运用体态语可以吸引学生的注意，维持课堂纪律，调控教学进程，让学生处于积极的学习状态中。例如，当发现学生讲话或做小动作，教师用目光或严肃的表情示意学生；当发现个别学生开小差，就边讲边走动，走到这个同学跟前时多站一会儿或轻轻摸一下学生的头；当学生犹豫不决而没有举手回答问题时，教师朝他们高举手臂，用鼓励的目光注视学生；当学生能准确回答教师提出的问题时，教师竖起大拇指赞扬他们。经验丰富的教师善于通过自己的眼神、面部表情、手势、姿势等表达对学生课堂行为的要求与期待、肯定或否定，从而达到调控课堂教学秩序的目的。

思维拓展

最小干预原则

　　当正常课堂教学受到学生不当行为的干扰时，教师所采用的干预手段必须及时，而且不要干扰到整个教学氛围。针对某一不当行为可能有多种不同的干预手段或方法，能够发生作用的干预方式中操作最简单的、对教学的干扰效果最小的应被列为首选。这是斯莱文（R. E. Slavin）提出的"最小干预原则"（principle of least intervention）。[1]根据最小干预原则，教师可以尝试使用温和的非语言反应来处理学生的不当行为。① 暗示干预。暗示干预是使用非言语方式提醒有问题行为的学生。例如，和不守纪律的学生进行目光交流，举起手来制止学生的喧哗。② 接近控制。接近控制是教师身体靠近分心的学生，以帮助他将注意力收回到学习上。当暗示干预不能使学生集中注意力时，接近控制有时会奏效。③ 接触控制。接触控制是指教师用温和的、非侵犯性的方式接触学生的身体，指导学生重新回到恰当行为。例如，教师可以把手放在学生的肩上让其安静。

1　[美]斯莱文. 教育心理学：理论与实践（第7版）. 北京：人民邮电出版社，2004：275

三、教学体态语的基本要求

（一）恰当、有效

所谓恰当是指形式与内容相适合，即教师的体态语与教学的内容和情境相一致。教学内容和情境决定体态语的运用，而体态语又能增进教学内容的表达效果，烘托和渲染积极的教学情境，这时的体态语才是有效的。体态语类型多样，在特定的文化背景下，每种体态语的内涵和用途有一定的共识，教师应该留心观察、全面了解、准确理解，必要时不妨专门学习，以确保能把特定的体态语用对对象、用准时机、用对场合。例如，教师叫答学生时辅以手势，不宜用指头和拳，宜用手掌，且掌心向上，手臂伸出，目视学生。反之，如果使用不当，非但不能达到预期的效果，还可能让学生感觉教师不尊重人。遵循恰当和有效的原则，也是为了保证体态语运用的目的性。体态语应该是为教学服务的，切忌为了有体态语而用体态语，故作姿态、故弄玄虚只会让教师落得东施效颦的下场。

👁 思维拓展

体态语也有"外语"

不同国家或地区的文化环境、生活方式、思想观点、宗教礼仪、价值观念和思维习惯等存在差异，因此，在表达同一种意义时使用的体态语也会有所不同，同一种体态也可能蕴含着不同的意义。英国民俗学家德斯蒙德·莫里斯（Desmond Morris）曾在世界上40个地方调查了1200个人对竖起大拇指这一手势的理解[1]。结果显示：有738份问卷认为这个手势的含义是"OK""顶刮刮""好哇"；有40份认为它表示"一个"；认为是"性侮辱"的有36份；认为是请求搭便车的有30份；认为表示向上的方向的有14份；有24份认为表示其它含义；还有318份问卷表示从来没用过这手势。体态语的文化差异性提醒我们，在跨文化教学中应该增强文化敏感性，了解教学所处的文化背景以及该背景中的体态语，慎重、恰当地使用体态语。

（二）真实、自然

教师的体态语外显于行，内诸于心，它应为表里一致的真实、自然的流露。教师要把"形与色"的外部表情与真实的内心体验结合起来，把口头表达的声音语句与体态展现的动

1　Morris, D., Collett, P., Marsh, P., & O'Shaughnessy, M. *Gestures：Their Origins and Distribution*. 1979. Webified by Bernd Wechner, Retrieved from：http：//bernd.wechner.info/Hitchhiking/Thumb

作表情统一起来。体态语贵在真实，切忌矫揉造作、装腔作势、表里不一、言行不一。真实方显自然，才能做到得体、大方，不拘谨、不僵硬，才能进一步追求美感。如果体态语是虚假、做作的，不但起不到积极的作用，相反还会使学生感到不舒服，甚至引起反感。有时学生会把教师的体态语作为衡量一个教学内容是否真实以及教师人品是否值得信赖的依据。

（三）简练、适度

简练是指教师的体态语要力求简单、精炼、清楚、明了，做到干净利索，切忌烦琐复杂，拖泥带水。否则，不仅会喧宾夺主，妨碍有声语言的正常表达，也叫听的人眼花缭乱，不知所云。要注意克服不良的习惯动作，无意义的多余的手势务必去掉。为了做到简练，教师要注意纠正和去除不良的习惯性体态语。大多数习惯性的体态语是教师无意识运用的，没有明确的教学意图和含义。例如，有的教师上课时把一只手插在裤子的口袋里；有的教师在讲授时习惯双手扶着讲桌；有的教师一边讲课，一边左右晃动身体，或者摆弄粉笔；还有的教师时不时的用手指碰一下鼻尖，扶一下眼镜，或者捋一下头发。这些都属于教学体态语的"累赘"，对教学无益。

适度是指数量合适，以不影响听者对你说话的注意力为度，不要用得过多。体态语过多不仅无实际意义，而且会喧宾夺主，分散学生的注意力。体态语过少或没有，则不能生动、形象、恰当地表情达意，口语表达也会显得单调。

（四）富于变化

教师的体态语为教学服务，应根据教学内容、进程、氛围以及学生的反应而及时进行调整和变化。有时，适当的重复是必要的，能起到重现或强调的作用。但如果一种表情、一种手势一用到底，则单调、呆板。例如：有的教师在讲授过程中，手势仅限于一只手，而且只是由内向外地挥动；还有的老师整节课板着一幅脸孔，面无表情。这些体态表现都有待于改善。苏联教育家马卡连柯曾说过，教育的技巧也表现在教师运用声调和控制自己的面部表情上，只有学会用15~20种声调说"到这里来！"的时候，只有学会在脸色、姿态和声音的运用上能作出20种风格音调的时候，我就真正变成一个有技巧的人了。[1]

（五）协调、配合

教师有时要综合运用多个动作、多种体态语，这时要使各种动作或体态语相互配合，协调一致。例如，当用手指指向某一事物时，通常伴随着目光的注视；当竖起大拇指表示肯定或表扬时，脸上应表露出赞赏的微笑；当侧耳表示认真听时，身体也应该略微倾向发言者。

---

1 [苏]马卡连柯. 论共产主义教育. 北京：人民教育出版社，1956：442-443

更为重要的是，教师的体态语和口语之间也要协调、配合。体态语的意图应与口语表述的意思一致，体态的起落应和语音的出没相互配合，动作的幅度要与语言所蕴含的感情强烈程度吻合。只有互相配合、协调一致，才能取得预期的效果，具有和谐的美感。否则，自相矛盾，格格不入，不但不能表情达意，反而可能使学生迷惑不解。

四、教学体态语的运用技巧

（一）首语

首语是通过头部活动来传递语言信息的体态语。在教学活动中，首语主要包括点头、摇头、侧头、伸头、仰头。一般而言，点头表示肯定、赞许，摇头表示错误、否定。需要注意的是，在个别文化背景下点头和摇头的含义会有差异。低头也具有多种含义，在双方交谈时低头而避免目光接触，可能是害羞或对对方的谈话不感兴趣；短暂的低头并辅以凝眉、闭唇或手摸下巴，则表示若有所思。侧首是指头略微倾向一侧，一般表示对事物感兴趣或持有怀疑的态度。当教师对学生所说的内容感兴趣时，如果侧首并面带微笑地看着对方，表示鼓励学生继续深入思考和表达；如果教师侧首并面带疑惑的表情，则表示教师产生疑虑，或者表达希望学生重新思考的愿望。头向前伸，可能表示好奇、感兴趣，也可能是愤怒或向对方施加压力的表现。头向后仰，既可以代表无奈、退让（例如仰天长叹），也可以展现豪迈、得意（例如仰面大笑）。总之，同一种首语可以用来表达多种含义，具体表达哪种含义需要结合语气、面部表情和交流时的情境来判断。在教学中使用首语不宜速度过快、幅度过大，否则会有滑稽之感。当然，如果为了配合教学内容而扮演角色就另当别论了。

（二）手势语

狭义的手势特指手部的动作。由于人的手部与上肢的其他部位（腕、小臂、肘、大臂）是一个连动的整体，所以手势不可避免地涉及上肢其他部位的运动，而上肢的动作也不可避免地有手部动作的参与。因此，广义的手势语是指通过上肢的动作变化来传递信息的一种体态语。人的手势富于变化，使用方便，所以，手势语是教学体态语中应用最多、最灵活、含义最丰富的一种。

手势语的种类多样，按照其表现形式可分为单式手势和复式手势。单式手势是指用一只手做的动作姿势。双手同时做的动作姿叫做复式手势。采取何种形式的手势可根据表达内容的重要程度、场合的大小以及表情达意的强弱来决定。一般而言，内容重要、场面较大、情感较强烈时宜用复式手势。按手势活动的区域可分为上区手势、中区手势和下区手势。上区手势的动作在肩部以上的区域展开，一般表达积极、振奋、肯定、张扬等带有褒义的内容和情感。中区手势的动作在肩部至腰部之间进行，一般表达坦诚、平静、流畅、平等、说理等中性的内容和情感。下区手势的动作在腰部以下的区域内完成。一般表达否定、压抑、憎恨、鄙夷、批评等带有贬义的内容和感情色彩。此外，根据手势语的教学功用，可将其分为象形手势、象征手势、指示手势和情意手势，下面着重介绍这四类手势。

1. 象形手势

象形手势即主要用来模拟和比画事物的形状以引起听众联想和想象的手势。例如，说到"一、二、三"之类数字时同时分别伸出相同数目的手指来表示意义，双手合围比画物体的大小，用拇指和食指分开较小物体的长度，双掌平行相对表示较大物体的长度，抬起手臂比画物体的高度等。此外，也有借英语字母的字形来表现象形手势的。如握拳伸出右手的食指构成"V"字型表示胜利；大拇指与食指构成一个圆圈，其余手指伸直张开构成"OK"手势，表示良好、顺利等。

2. 象征手势

象征手势即主要用来表示较为复杂的感情和抽象的概念。例如，伸出大拇指表示夸赞，伸出小指表示贬责，伸出手指左右摆动表示否定或"不要这样"；伸出食指竖在嘴唇中间表示"请安静"；伸直手掌，右手指尖顶在左手手心，垂直呈"T"字形，表示"暂停"。伸出两手，手掌向上，同时做握拳状并且上下晃动一两下，表示"团结""鼓劲"等。

3. 指示手势

指示手势用来指人、物、场所某一部位，从而使学生集中注意、观察准确，也可以指示方向，为学生提供指引，发出指令。例如，用食指指自己的鼻尖表示"我"；手掌朝上指向某位同学，表示邀请发言或参与；用手指指向黑板上的生字或公式，或者挂图、仪器的某个位置，表示强调和引起注意。再比如，单手上抬一般代表"起立"或"要求做某事"。双手上抬一般也代表"起立"，但使用更庄重、正式，如果再加上亲切的微笑，会让学生对教师产生亲切感，更乐意接受教师的要求。摊开双手，掌心向下摆动两三下，表示"请大家坐下"；用手指向右边摆动表示"向右"；一只手拍拍某个学生的肩膀，一只手指着某个方位，表示"请到这儿来"或"请到那儿去"。

4. 情意手势

情意手势即常常用来表达教师对人的情感、态度、意向的手势。例如，用手掌轻轻抚摩学生的头顶表示"喜爱""接纳""安慰"；伸出手掌轻拍对方肩膀表示"夸赞""理解""信任"；欠身微笑着向学生伸出手臂，张开手掌表示"请过来""勇敢些，老师支持你"；鼓掌表示赞咸、赞赏、欢迎、感谢；拍胸口表示"我保证""请相信我"；挥拳表示"决心""鼓劲""愤怒"等。当学生有了出色的表现，或者即便没有获得成功但是付出了坚持不懈的努力时，教师鼓掌或教师带领学生一起鼓掌，能使学生充分感受教师和同学的肯定和鼓励，能激发学生积极向上的学习动机。不过，教学过程中鼓掌次数不宜过频。

（三）面势语

面势语是指通过面部动作来传递语言信息的体态语。面势语能把各种复杂变化的情感信息最充分、最迅速、最敏捷地反映出来。课堂上，学生听课时总是认真注视教师的面部，教师的面势语对学生直接获取教师的情感信息很重要。面部动作包括眼睛、眉毛、鼻子、嘴、面部肌肉的动作，各部分的动作通常是互相配合的，主要通过眼部动作和面部表情来传递信息。

1. 眼部动作

"眼睛是心灵的窗户"，它既把外部世界投射到人的内心，也把内心的情感透露出来。在课堂教学中，教师借助眼睛来观察课堂里的人、事、物，也通过眼神向学生传递信息。环视和注视是教师观察课堂的常用方式。环视是指教师在较大范围内进行环状观察，主要起到集中学生注意力、监督等作用。上课伊始，教师走上讲台环视全班，可使学生注意力迅速集中到教师身上，建立良好的课堂秩序。教师在提问时也可以借助环视目光来鼓励、监督学生认真思考。注视是指教师的目光只集中在一个或几个学生身上，注视可以与学生进行目光的交流，因此可以起到鼓励、批评、提示的作用。当学生回答问题时，亲切的目光注视会给予学生鼓励和自信。当学生注意力不集中时，教师可以通过无声的注视来提醒学生停止小动作。

教师在教学中要避免不恰当的眼神，例如，斜视、觑视、瞪视、怒视等，这些眼神表露的是消极的情绪，有不尊重之意，可能会伤害学生的自尊心。教师也要避免长时间的盯视某一位学生，这样会令学生局促不安，产生心理压力。

2. 面部表情

人的面部表情丰富的，常见的表情包括高兴、吃惊、悲伤、愤怒、厌恶和恐惧这六种。这六种常见的表情又可以互相组合，形成其他的复合表情。在教学过程中恰当运用面部表情，有利于建立和谐的课堂氛围，引导学生积极、愉快地参与学习。马卡连柯曾说，"没有面部表情，不能给自己的脸部以必要的表情或者不能控制自己情绪的人，不能成为一个优秀的教师"。

面部表情使用最多的是微笑。"微笑是学生思维的催化剂，是学生信心的增强剂。"课前教师面带微笑地向学生问候，可以为教学营造一个轻松和谐的起始氛围。当学生因紧张而回答不出问题时，教师的微笑对他是一种激励；当学生因犯了错而惴惴不安时，教师的微笑对他是一种谅解；当学生的回答精彩时，教师的微笑对他来说是一种奖赏；当学生学习遇到困难时，教师的微笑会给他增加力量。

面部表情往往通过眉毛、双眼和嘴角协同配合而显露。教师常用的面部表情主要有八种，[1]分别用来表达不同的情感态度：

---

1 李振村. 教师的体态语言. 北京：教育科学出版社，2011：174-120

（1）表示兴趣。基本状体是眉毛微微上扬，双眼略略张大，一般口部微张，同时嘴角略上翘呈现微微的笑意。

（2）表示满意。基本状态是眼睛保持常态或微眯，嘴角上翘浮出微笑。

（3）表示亲切。基本状态是双目微眯，嘴角微翘，面露微笑。

（4）表示赞扬。这种表情与表示满意的表情基本上属于一类，只不过前者程度更深一些。表示赞扬的表情常与点头结合使用，有时还伴有一定的言语行为。

（5）表示询问。基本状态是眉毛上扬，眼睛略睁大，嘴微微张开。它与表示兴趣的表情的共同点是"关注"，因此眉毛和眼睛的态势差不多，不同的是要去掉微笑，换成疑惑状。

（6）表示严肃。基本状态是眉毛微皱，双唇较紧地抿在一起，眼睛略略张大。

（7）表示惊奇。基本状态是眉毛上扬，睁大双眼，嘴圆张。

（8）表示欢笑。基本状态是嘴角上扬，眼睛微眯；欢笑的程度越高，嘴角上扬得就越厉害，眼睛甚至可以完全闭上。

愤怒和厌恶的表情，教师在与学生交往时应尽量避免使用。教师有时必须以严肃的表情出现，这种面部表情可约束不能严格要求自己的学生，使学生意识到自己的不妥之处，起到警示学生和管理课堂的作用。但要防止严肃的表情过度使用。如果总是皱眉、板脸，不苟言笑，就会显得严肃有余，而亲切不足，拉大师生之间的心理距离。

在教学特定的内容时，为了配合教学内容中抒情、描写、叙述等方面的需要，教师也可以使用面部表情来配合口语表达。例如，讲到痛苦时面带悲伤，讲到无私时兴奋激昂，讲到高兴时春风满面，这样生动的讲授可使学生的学习积极性得到激发。

（四）身姿语

身姿语是指人体躯干的动作所传递的信息。身姿主要包括站姿和坐姿势。俗话说，"站有站相，坐有坐相"，教师的站姿和坐姿也有一定的要求，这不仅是为了树立良好的教师形象，也是为了给学生做出榜样。

站姿是人的最基本的姿势，同时也是其他一切姿势的基础。站姿在一定程度上反映了一个教师的精神面貌和对课堂的投入程度，因而教师的站姿在稳重之中还要显出活力，不要过于拘谨和呆板。站姿的基本要求是端正、稳重、自然。具体应做到头部端正、腰直肩平、挺胸收腹。如果手中不持物品，双手可自然下垂或互握于腹前。男教师站立时双腿可以并拢，也可以叉开。如果叉开，两脚之间距离不要超过肩宽，一般以一脚之宽为宜。如果站立时间过久，可以将左脚或右脚交替后撤一步，使得身体的重心分别落在另一只脚上，但上身仍须挺直。女教师站立时，可将重心置于某一脚上，双腿一直一斜，也可以双脚脚跟并拢，脚尖分开呈现"V"形。站立期间要身体平稳，不要左摇右晃。

在课堂教学中，教师落座的机会不多。如果就座，坐姿要端正，切忌跷二郎腿、抖腿、脚蹬踏物等不礼貌的动作。

（五）走动与距离

人与人之间的身体距离也是一种体态语，通常被称为人际距离，它在人际交往中也具有重要的信息意义。教师在课堂所处的位置不同，与学生的远近不一，会给学生不同的心理感觉，产生不同的效应。在课堂上，教师位于教室前方中部，能够总揽全局，便于观察全班学生的学习状况。这种位置也能显示出教师对教学的控制权。但是，如果教师整节课始终把自己局限于某一固定位置，就会显得过于呆板、严肃，给学生以疏远的感觉。教师应该根据教学情景的需要变换自己的位置。恰当的走动能吸引学生的注意力，缩短师生之间的心理距离，有助于师生之间的信息交流，调动学生的学习积极性。

思维拓展

人际距离

个人空间是三维的。为便于研究，心理学家和人类体态语言学家把有关个人空间的研究转化为一个二维平面上的问题——人际距离。人际距离是由人际关系的亲疏程度决定的，它能传达丰富的信息。爱德华·T·霍尔教授对人际距离进行了四种区域划分。尽管存在一些文化上的差异，但总的来看，这种划分还是具有一定现实意义的。这四种人际距离区域分别是：亲密区：50厘米以内；个人区：50~125厘米；社交区：125~350厘米；公共区：50~750厘米。

——李振村.教师的体态语言.北京：教育科学出版社，2011：156

走动是指教师在课堂里身体位置的移动和变化。教师在课堂上的走动大体有两种。一种是教师适当地在讲台周围走动，例如，边讲边走、边走边说。这时的走动应轻、慢，做到"动中求静"。另一种是在学生做练习、讨论、实验时，教师在学生中间走动。这时的走动要控制次数、速度和动作幅度。走动次数过于频繁，速度过快，会分散学生听课注意力。走动时，步子和摆臂幅度过大，容易给学生以不稳定感。

教师在教学过程中会有与个别学生近距离接触的时候。如果与学生个别交谈，师生之间的距离保持在0.5~1.25米之间为宜。当超过这个距离时，声音过小听不清，声音过大又会让学生感觉被训斥；如果距离过近，就进入了人际交往的亲密区。一般在个别辅导或纠正学生的动作或书写错误时，教师才进入学生的亲密区。对于较小年龄的学生而言，他们更容易接受师生互相进入对方的亲密区。而对于年龄较大的学生，教师应该与学生保持适当的距离。

🔍 **案例5**

著名特级教师陈晓梅在讲解《瀑布》这首诗时，用朗读导入。陈老师设计了一系列的身体动作和面部表情来配合朗读。

朗读	体态

还没看见瀑布，
先听见瀑布的声音，
好像叠叠的浪涌上岸滩，
又像阵阵的风吹过松林。
山路忽然一转，
啊！望见瀑布的全身！
	· 站在教室外大声朗读，
	  学生能听见老师的声音，
	  却望不见老师的身影，
	  以与诗意相配合。

这般景象没法比喻，
千丈青山衬着一道白银。
站在瀑布脚下仰望，
好伟大呀，一座珍珠的屏！
时时来一阵风，
把它吹得如烟，如雾，如尘。
	· 边朗读边一下子转入教室，目光上
	  抬，似乎看到了"瀑布的全身"。
	  目光中焕发出明亮的、惊喜的光
	  彩。学生情不自禁地热烈鼓掌。
	
	· 向前上方斜伸出右手，
	  掌心斜向上，以示伟大。
	· 手掌轻柔划动，
	  模拟风、烟、雾、尘。

——李振村.教师的体态语言.北京：教育科学出版社，2011：65

本章小结

教学语言技能是指教师在教学过程中运用语言来传递信息、表情达意，从而实现教学目的的行为方式。教学语言分为教学口语、教学书面语和教学态势语。教学语言在教学过程中发挥中重要作用，文化知识传授、思想品德教育、情感态度交流、活动和纪律管理，都离不开语言。教学口语的特点包括：信息载体的流动性、表达与思维的同步性、表达过程的临场性、表达目的的教育性。深厚的知识基础、敏捷的思维能力、熟练的语言表达能力、先进的理念和良好的道德是教学口语的基础。教学口语在内容方面应体现规范性、科学性、学科性、可接受性、简明性、教育性，在形式方面应做到语音清晰准确、音量适中、语速适宜、节奏富有变化、用词恰当且语句通顺、善用语气修饰语言。体态语是由人的面部表情、身体姿势、肢体动作和体位变化而构成的图像符号系统，积极的教学体态语能够辅助语义表达、表露情感信息、调控课堂秩序。教学体态语的基本要求是：恰当、有效；真实、自然；简练、适度；富于变化；协调、配合。教师应掌握首语、手势语、面势语、身姿语、走动与距离等教学体态语的运用技巧。

总结 >

Aa 关键术语

语言 Language	教学语言 Instructional Language	教学口语 Oral Language for Instruction
体态语 Body Language	首语 Head Body Language	手势语 Sign Language
面势语 Facial Language	身姿语 Trunk Posture Language	走动与距离 Walking and Distance

章节链接

教学语言技能在教学过程中运用广泛，大部分的教学技能都要不同程度地运用到语言。本书介绍的导入技能、讲授技能、提问技能、反馈与评价技能等内容会涉及到教学口语或体态语，板书技能属于教师的书面语言技能。将这些章节的内容融会贯通，有利于整体提升教学技能。

应用 >

批判性思考

在教学实践中，每位教师的教学语言风格可能略有不同，例如，有的文采飞扬，有的朴实无华，有的幽默风趣，有的严谨深刻。教师是否应该形成自己的教学语言风格？独特的教学语言风格与一般的教学语言要求之间是什么关系？

✎ 体验练习 ||||||||||||||||||||||||||||||||||||||||||||||||||||||||||||||||||||||||||||||||||||||||||||||||||

运用恰当的体态语配合口语表述下列内容：

（1）远远望去，群山连绵不绝。

（2）瓜园里的西瓜长势很凶，个个都像篮球那么大。

（3）世上无难事，只怕有心人。只要我们努力去创造机会、把握机会，成功一定会属于我们。

（4）这些战争带给我们的不仅是一串串触目惊心的伤亡数字，还有对和平与人性的思考。

（5）欢快的腰鼓打起来，轻快的舞步跳起来，社区腰鼓队的阿姨们个个精神抖擞、热情高涨，脸上洋溢着幸福的笑容。

🔍 案例研究 ||||||||||||||||||||||||||||||||||||||||||||||||||||||||||||||||||||||||||||||||||||||||||||||||||

从优秀课例中选择一个教学片段，观察和分析教师的体态语与口语。思考：从中能获得哪些借鉴或启示？

📝 教学一线纪事 ||||||||||||||||||||||||||||||||||||||||||||||||||||||||||||||||||||||||||||||||||||||||||

观看自己的教学录像。反思：自身的教学口语和体态语运用是否恰当、有效？

拓展 >

☕ 补充读物 |||||||||||||||||||||||||||||||||||||||||||||||||||||||||||||||||||||||||||||||||||||||||||||||||

1　程培元．教师口语教程．北京：高等教育出版社，2004

　　该书系统介绍了教师口语的训练方法。全书共八章：教师口语概说、一般口语交际训练、教学口语训练、教育口语训练、交际口语训练、教师口语的综合训练、教师口语问题分析及纠正、教师口语风格。

2　陈昕，屠国平．教师口语艺术．北京：高等教育出版社，2012

　　本书包括教师口语艺术概说、教师口语发音基础、教师口语基础技能、教师口语基本技能、教学口语训练、教育口语艺术、教师口语风格等七章内容，有丰富生动的口语实例，并安排了丰富多彩的训练设计。

3　王伟．教师口语学．开封：河南大学出版社，2007

　　该书分为三篇。基础篇论述教师口语学的相关基础理论；技能篇论述与教师口语表达关系密切的必备技能；职业篇侧重教师职业需要的专业口语研究。在相关章节安排了有针对性的训练、普通话水平测试、教师口语撷英等内容。

4　李振村．教师的体态语言．北京：教育科学出版社，2011

　　该书综合国内外相关研究成果，分析了教师体态语言的基本特点，对教师体态语言分类并介绍了各类体态语言的作用和使用要领。书中包含丰富、生动的实践案例。

在线学习资源

《教师口语》精品课程2　http：//jpkc.hnfnu.edu.cn/2010_teachers_language

第九章

画龙点睛的板书

本章概述

　　本章主要介绍板书的含义与功能；板书设计的原则、类型以及板书的书写方法；梳理教师在板书过程中容易出现的问题；提炼板书设计的技能与方法。

结构图

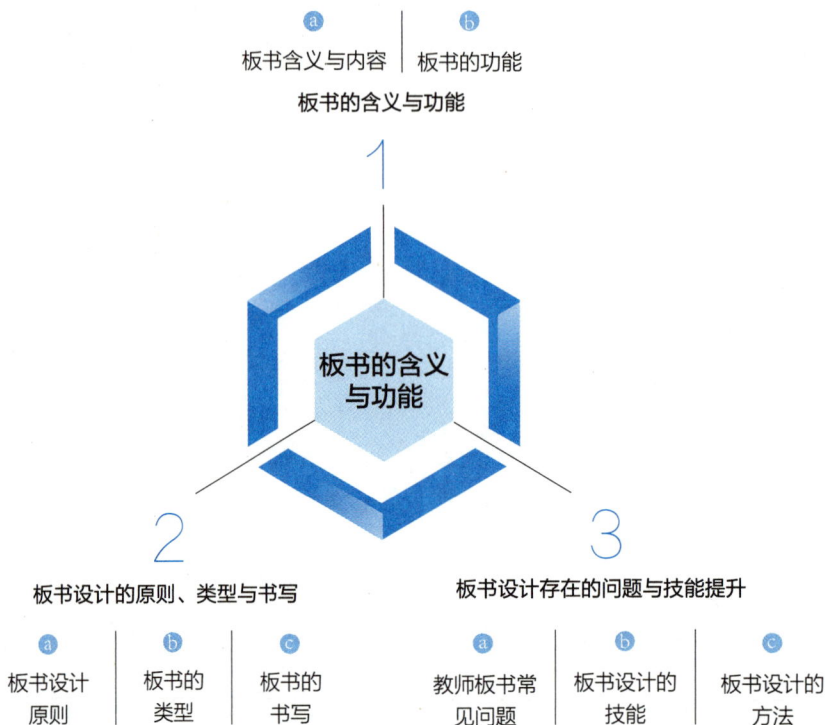

板书含义与内容 ⓐ　ⓑ 板书的功能

板书的含义与功能

板书的含义与功能 1

2 板书设计的原则、类型与书写

3 板书设计存在的问题与技能提升

ⓐ 板书设计原则　ⓑ 板书的类型　ⓒ 板书的书写

ⓐ 教师板书常见问题　ⓑ 板书设计的技能　ⓒ 板书设计的方法

学习目标

1. 了解板书的含义与功能；
2. 理解板书设计的原则、类型书写的基本技能；
3. 帮助教师梳理在板书过程中常见的一些问题，使教师尽量避免经常出现的板书错误；
4. 掌握板书设计的技能与方法。

读前反思

　　板书是教师向学生传递教学信息，促进学生掌握知识的重要手段，也是教师必须掌握的一项基本教学技能，它同教师的语言相辅相成。传统的板书主要是通过黑板、粉笔书写。随着信息技术的发展，教师在课堂上呈现课程的形式已经越来越多样，但是与多媒体技术、电子交互式白板等技术相比，板书仍然有着自身不可替代的优势。因此想要成为一名优秀教师，板书的设计与书写是必须修炼的基本功。

第一节
板书的含义与功能

🎯 **学习目标**

通过本节内容的学习，学习者能够理解板书的含义，板书应当包括的基本内容；同时理解板书对于教师教和学生学的意义。

我国在1862年清代京师同文馆最早开始进行班级授课，教学板书也就出现，距今近150年。自黑板出现后，从事教育工作的研究人员及广大教师不断改进教学板书的形式内容，探索研究教学板书的艺术，这为我们提供了许多"教学板书"学习与研究的基础材料。

一、板书的含义及内容

1. 板书的含义

板书是一种用粉笔书写在黑板上的汉字，是以黑板为载体的语言文字符号系统。它是教师课前经过深入钻研教材，根据教学目的反复推敲、精心设计，然后运用文字、符号、图表等形式在黑板上呈现出来的教学要点和讲课提纲，是对教学内容所作的文图解释或解题示范，是教师在课堂上根据随机问题进行针对讲解的途径。[1]板书是课程知识的高度概括，它通过锤炼词语、巧用线条、符号及图表，把文章的思路重点和中心联系起来，简练地构成全文的主题框架，显示出知识的纲目、层次和内在联系，使师生能够更重视直观、系统地展开教与学的双边教学。

从静态角度讲，板书是教师为完成教学任务写在黑板或其他教学板上的文字、符号、图画、表格等的总称。从动态角度讲，板书是复杂、运动的系统过程，在这个过程中，教师（主体）、教材（客体）、媒体（载体）、学生（受体）四要素起决定作用。教师是板书的设计者，教材是板书的反映对象，媒体是板书的形式，学生是板书的受众，彼此联系、相互影响。板书是课堂教学过程中，教师通过在黑板、白板或其他教学板上书写文字、符号等向学生传递教学信息的教学行为方式。[2]

2. 板书的内容

板书的内容应当反映教学内容的系统、重点和层次，也就是说板书的过程就是教学内容深

---

1 郑美一. 板书教学：给思考多些咀嚼. 环球时报，2013-06-07
2 王彦才. 现代教师教学技能. 北京：北京师范大学出版社，2010

入发展的过程。具体地说，板书包括以下几个方面：教学的提纲，即大、中、小标题；教学的要点，尤其是一些教学的重点和难点内容；公式及其推导过程；例题及解题过程；必要的图表、图解和图画；结论。这些都是一个好的板书所需要反映的内容。当然，由于每门学科都有其自身的特点，加之每堂课的教学内容不同，板书的内容也不尽一致，不能一概而论，应该根据具体的情况而定。但不管怎么样，较好而完整的板书，应能概括一节课的主要内容。

二、板书的功能

随着科学技术的发展，许多现代化的教学手段已经走入课堂，但是板书在教学中仍起着不可替代的作用。板书是课堂教学重要的组成部分，是教师完成教学任务的必要手段之一。教师在传授知识时，单凭生动的语言、形象的手势和丰富的表情是难以完成教学任务的。在教学中，更需要直观、形象的板书来表现教材的内容和形式、教师的教学意图和思路、学者的学习途径和方法。因此，好的板书不仅有利于教师的教，而且有利于学生的学，引发学生的思考启迪智慧。

1. 优化理解内容

在课堂上学生接受知识信息的渠道基本有两个：一是视觉；二是听觉。板书是使学生通过视觉而获得知识信息。在学生接受信息的两个渠道中，通过视觉获得信息的记忆时间比从听觉获得信息的时间要长几倍。合理的板书设计可以帮助学生强化视觉效果，理解学习内容。每门学科都有一定的体系，表现为特定的知识结构形式。板书是教材内容的高度浓缩，对教学起着提纲挈领的作业，能使学生把握教材内容部分与部分之间、整体与部分之间的关系。板书便于学生巩固知识，因而能提高教学效果。好的板书是一篇文章浓缩了的精华，是直观的教学方法，是课堂教学中师生双边活动的缩影，能直观形象地反映课堂教学的全过程。板书不仅体现了课文的重难点，体现了本课的知识体系，帮助学生构建知识结构，也使学生从板书上较直观地看到了课文的主要内容，浏览板书就可以回忆起本课的内容，便于理解和掌握知识，利于学生记忆。如果离开了板书的直观感知，一些教学活动实施起来可能就无法让学生理解。比如，数学教学中有关平角的概念（一个角的两边互为相反的延长线叫平角）单凭文字表述，学生很难想象和理解接受这个定义），假如采取边讲解边板书的方式，先在黑板上画O—B射线，然后将白色细绳钉在O点，使O—A成活动射线，再将OA-OB的夹角分别构成锐角、直角、钝角最后移为平角，教师一边演示，一边让学生观察，在这种感性认识的基础上，学生便会自然得出平角的定义，学生通过板书的呈现，也能辨认出平角和直线的本质区别和联系。

2. 引发学生思考，启迪智慧

有人说"板书是微型教案"，好的板书设计既是教学内容恰到好处的体现，又是一种落实教学要求的艺术再创造。它渗透着教师对教学目标的深思熟虑，对教学重点的研磨提炼，对课堂教学重心的整体把握。板书是师生在课堂上最简单的视觉交流信息的渠道，学生可以对问题表述自己的思维过程，教师也可以和学生一边讨论，一边以板书的形式逐一呈现分析过程，能做到及时反馈，及时纠正，师生关系也会显得非常亲切，课堂气氛会更加轻松，教学更体现人性化，有利于师生在课堂上的互动和师生感情的培养。[1]因而，我们的板书也逐步由教师一人所书，转向师生合作，共同设计。板书通常能记录教学内容的逻辑层次和教学过程的进行程序，教学知识转化为动态的信息传递流程，对学生的思路有着指引、调节和导向的作用。

3. 加深理解，巩固记忆

教学过程中，虽然是学生"听课"，但不能单纯要求学生听，更重要的还是应充分发挥视觉作用，去感知新信息、新材料，调动多种器官了解一节课的知识内容和逻辑系统，使学生获得清晰的概念，并在大脑中留下深刻的印象。不难想象，一个盲童和视力正常的儿童们同时在一个教室中接受同样的课堂教学，其效果会有多么大的差异。经过提炼选择最准确、最形象的语句作为板书内容，往往能突出教材重点，揭示难点，如果再配以适当色彩，则易于引起学生的注意，从而提高学生的记忆效果。

🔍 案例1

有位语文教师在教学鲁迅先生的《孔乙己》时，根据开头的一句话（"酒店的格局是和别处不同的都是当街放着一个曲尺形的柜台"）教师写了如下的板书：

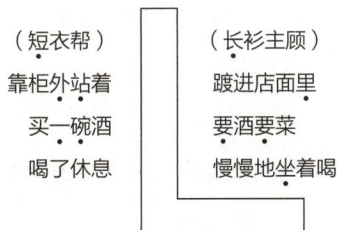

教师先在黑板上画一个木工的曲尺，然后再启发学生回答下列问题（常到酒店喝酒的有哪两种人）这两种人的服装、举止和喝酒的时间、数量、方式有什么不同），根据学生的回答，在曲尺柜台内外，分别填上长衫主顾和短衣帮的不同表现，通过一短一长、一里一外、一站一坐、只"买"一碗酒和要酒要菜的板书，鲜明地揭示出封建社会里阶级的对立和等级

1　柴亚军. 多媒体教学中不能忽视传统板书的功能. 中国现代教育装备，2009

的悬殊。

4. 直观示范，增强教学趣味性

学生从板书当中清晰获得知识结构、迁移技巧，教师通过绘制具有艺术性、简明化的符号头图，来吸引学生的注意，争抢教学的趣味性。在上课时用实物进行讲解，对学生来讲是非常直观的。如在讲英语单词"cow"时，我们牵一头小牛，然后指着它，大喊一声"cow"，这非常直观，学生也容易记住。我们嫌它不雅观，可在黑板上画一个或用多媒体放映都可以。实物和多媒体虽然直观，但它少了学生的思维。如果我们在讲"牛"时，在黑板上写一个"牛"字，学生看到这个字，大脑会通过间接的思维与"牛"的实物联系起来，即明白了单词的意思。在化学课上，我们用实验的方法讲解两种液体混合后的变化时，学生可以很直观地看到。利用板书把它们的原理讲解出来时，学生也会通过思维，抽象而直观地感受到两种液体的变化。作为教师应培养学生的思维能力，而板书也担当了这种责任。

直观形象的板书，如果能配以简单的图形，不但可以化抽象为具体、增强板书的美感，而且可以减小学生接受知识的坡度和思维的难度，甚至是学生的思维过程在复习等学习活动中得到再现，到达帮助记忆再现和巩固旧知识的效果；直观、形象的板书，可以使学生通过对具体事物的回忆展开联想，从而引起对所需概念、方法的回忆和知识体系的形成。

5. 提高课堂教学效果

板书是教学过程中的直观表达语言，它可以使学生通过视觉促进大脑活动。它在激发学生学习兴趣的同时，集中学生注意力，调动了学生的思维积极性，促进了学生的各种记忆，培养了学生的综合能力及形象思维和逻辑概括能力。一幅既美观又实用的板书，也为学生的理解能力、审美能力、创新能力的提高提供了契机。同时，板书教学的长期实践，也将不断地感染、培养和教育学生，有助于学生良好学习品质的形成。

🔊 名家语录

在平时的教学工作中，不要被电脑代替，应该更多地拿起笔写汉字，回归"板书时代"。

——于丹

第二节
板书设计的原则、类型与书写

学习目标

通过本节内容的学习，使学习者明确板书设计的基本原则，能够了解板书设计的基本类型，掌握板书书写的基本技巧。

板书设计是教学设计的一部分，主要是教师依据教学目标和教学内容对学习内容进行统筹、规划安排，达到帮助学生理解，提高教学效果的目的。

一、板书设计原则

大凡有经验的教师，所设计的板书都不是随心所欲的涂抹，而是按照板书教学的原理，遵循板书设计的原则，精心构思而成。这就是说，板书设计要书之有效，就必须书之有方。所谓书之有方，就是要书之有用，书之有据、书之有度、书之有条、书之有时、书之有择。板书必须具有鲜明的目的性、针对性、条理性、计划性、灵活性。因此板书的设计需要遵循以下原则：

1. 科学性原则

首先，板书的语言内容要科学。板书语言是教师教学口语中的极少部分，但是也是最重要的部分。因此板书语言一定要能够将一堂课的核心知识要点记录下来，具有高度的概括性。而且出现在板书中的词语、图标、公式等必须准确、规范、科学。板书仅仅围绕着教学的中心内容设计，画龙点睛，着重突出教学的重点和难点。通过板书增加信息传输的通道，对重点内容起到了加强作用。

其次，板书的字迹要清晰。粉笔和黑板质量的好坏以及书写用力程度，直接影响板书的着色，即清晰度。

2. 艺术性原则

板书不仅体现了科学性，还要体现出艺术性。好的板书不仅能帮助学生学习，学生学的思路，同时能够给人以美感，不仅能体现出中用，还要中看。好的板书一定会给学生留下难忘的印象。因此板书的艺术性能够引起学生的学习兴趣，帮助学生集中注意力。而经过精心设计的板书，往往更能够增强教师教学设计的创造性和趣味性。审美性原则应该做到：

（1）字体书写的美

首先教师的粉笔字一定要工整、规范、字距、行距要合理美观。教育部明确提出对师范院校的学生必须进行"三笔字"（粉笔、毛笔、钢笔）书写训练。在"三笔字"中，粉笔字占据首要位置，有着其他书法所不能替代的作用，是教师职业的"第一书体"，是教师必须具备的基本素质和基本技能。写粉笔字与钢笔字、毛笔字除了工具不同，姿态上通常也很不一样。粉笔字是立式书写，书写的版面与人是平行的，所以最初操作起来不如钢笔字、毛笔字书写那么习惯。粉笔字的书写工具粉笔没有笔锋（笔尖），运行起来不方便，这也给粉笔字的书写带来了特殊困难。教师在书写粉笔字时应该注意执笔、运笔、用笔以及书体等。如果教师能够写一首好字，形成自己的写字风格，必定会吸引学生的注意力，对学生养成良好的书写习惯能起到示范作用。

（2）板书设计要美观

高尔基说："人都是艺术家。他无论在什么地方，总是希望把美带到他的生活中去。"美观的板书能给学生留下难以磨灭的印象。板书的设计包括标题的设计，板书形式的选择，板书内容出现的先后次序以及各部分之间的呼应和联系，文字的详略大小、颜色以及特殊符号的运用等，这些基本要素如果运用得好，板书设计就会具有无穷的变化。科学而优美的板书是对原文内容的艺术再创造，应精心设计，严谨布局，决不可满板乱画，使板书杂乱无章。

教学板书造型依据学科特点、教材特色、教学情境、学生实际、教师个性，要求做到直观、新颖、优美。所谓直观是指板书造型具体可感、形式可视，富有趣味性。所谓新颖是指板书造型新鲜别致、独特新奇，富有创造性。所谓优美是指板书造型符合美学规律、审美原理，符合心理审美取向，富有强烈的艺术感。

（3）保持一致的行距和字体

行列不直的原因大体上有三个方面：一是意识的错位，主要表现是意识范围狭窄和意识分散；二是习惯动作的偏差；三是视区的狭小。如何才能使行列写直？ 一是让自主意识参与调节；二是养成正确的书写习惯；三是不断调整和正确使用最佳书写区。

3. 计划性原则

板书设计属于教学设计的一部分，板书要从教材内容出发，根据教学目的和教学对象的特点来确定板书设计的主题和结构。教学目的指导板书设计的主题和结构，甚至影响着板书的语言。因此在教学之前，教师需要对板书有精心设计。当然对于学生的一些课堂互动，也要注意在教学过程中生成板书。这样即满足学生的学习兴趣，同时注重教学设计的创新和独特。计划性要求板书的全过程必须充分考虑五个方面：内容的取舍、字体的选用、符号的安排、造型的艺术、演示的程序。因此教师在设计板书时应该有具体的计划，黑板上要写什么，写在哪个地方，教师都要做到心中有数。从板书的内容、形式、布局等方面全面考虑。布局安排要合理，字体的大小、字体的颜色，哪些板书的内容需要重点突出等，要做到胸有成竹。

4. 简洁性原则

古人说：少则得，多则惑。板书内容应该是教学内容的高度概括，要化繁为简，突出重点。因此板书不能过多，或者过于详细，否则课堂上教师会将大量时间用在板书的书写上，学生也会因为板书内容的重要而奋笔疾书，忽略了教学内容本身的学习。结果自然会导致教师和学生之间的正面沟通减少，学生忙于记笔记，教师忙于写板书，这样的教学效果肯定是不理想的。因此应该使板书尽量简洁，但也并非越少越好。

　　无论是内容还是语言，板书都应该具有高度的概括性，首先板书内容精要，教师设计板书，要在"吃透"教材的基础上，根据一定的教学要求，对课文内容做精选、浓缩、提炼的工作；其次板书语言精炼，板书语言不等于课文语言，教师设计板书，在不损害课文内容表现的前提下，一般要对课文语言进行加工，如删减、增补、改换、概括、归纳等。

🔍　**案例2**

《会摇尾巴的狼》板书的设计：[1]

《会摇尾巴的狼》是人教版小学语文教材第五册第四单元的一篇精读课文，板书设计：

会摇尾巴的狼	老山羊
伪善：善良的狗	看：观察
狡猾：狼狗	想：分析
凶残：凶恶的狼	说：判断

　　这一板书设计就具有高度的简洁性，表现在从狼的话中精选出反映其本性的语词，再从中概括出狼的本性；从课文内容中精选出能变现老山羊对狼的本性的思维过程的语词，再从中概括出老山羊对狼的本性的思维过程。

5. 灵活性原则

　　教学需要预设，同时也要注意生成。同样板书设计也要即体现预设，也离不开生成。在师生互动的教学过程中，很可能有意外情况的发生，不少老师喜欢通过提问，引发学生思考，并将学生的答案写在黑板上，但是有时学生的回答不尽人意，与教师的预设存在差距。这个时候就需要教师根据具体情况灵活修改板书的内容，同时又要照顾到学生的心理感受，为他们留下创造的空间。板书应该是在教师和学生一起为板书的完成画上圆满句号，但这并不意味着板书的书写可以随意，有的老师喜欢在黑板上随着自己的思路"信马由缰"、"龙飞凤舞"，使学生很困惑，到底如何记笔记，笔记的重点在哪里。

　　教学无法，教无定法，贵在得法，如何设计和书写板书，教师在掌握了板书规范基本功的前提下，要结合所教学科特点以及课程内容本身进行再设计。同一课程内容，不同的教师设计出来的板书各不相同，就是因为每位教师对教学目标、课程内容、学生水平等的理解存

1　蒋如美. 板书设计的原则. 教育革新，2002（2）

在差异，因此并不存在放之四海而皆准的板书设计模版。

二、板书的类型

板书设计没有固定的形式，它要从实际出发，根据教材和学生的实际出发，不同的文章由于结构特点和写作方法的不同，板书设计自然也不会一样。即使同一篇文章，由于教师教学的着眼点不同，板书设计也不会完全相同。

1. 主板书和副板书

一般来讲，根据教学板书的重要性和详略程度，可将教学板书划分为两类：一类是系统板书，也叫基本板书、主板书。其特点是能体现教学目标与教学内容内在联系的重点、难点，能够表现教学中心内容的基本事实、基本思想，有利于学生对基本知识、脉络的记忆和理解，系统板书构成了整个课堂板书的骨架，一般保留于课堂教学的全过程。另一类是辅助板书，又称附属板书或副板书。其特点是能反映教学内容中有关诠释性、延伸性信息，能提示有关零散的知识。辅助板书是对基本板书的具体补充或辅助说明，一般随教学进程的发展随写随擦或择要保留。正板书往往写在黑板正中，占黑板面积的二分之一至四分之三。副板书通常写在黑板的最右边。往往写在黑板的两侧。下面以语文课为例：

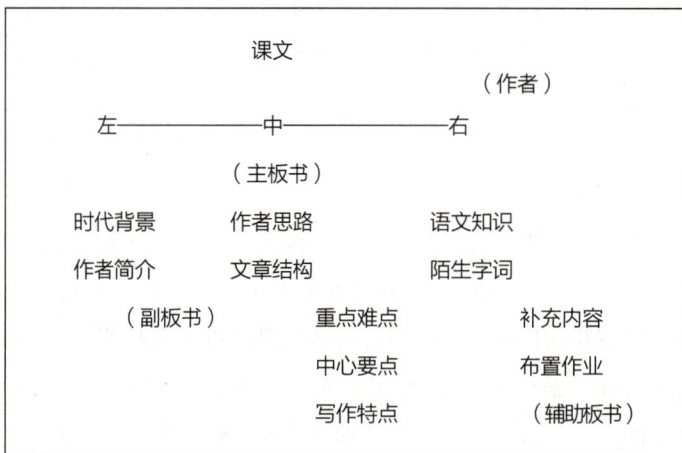

```
                           课文
                                        （作者）

              左————————中————————右
                         （主板书）

       时代背景        作者思路          语文知识
       作者简介        文章结构          陌生字词
       （副板书）         重点难点           补充内容
                         中心要点           布置作业
                         写作特点          （辅助板书）
```

2. 表格式板书

表格式板书是根据教学内容可以明显分类的特点而设计的，教师事先设计好表格，将分散的内容进行归类填入表格中，即具有归类、比较、总结等功能，它形式简明，内容扼要，对比性强。表格式板书比语言更具有直观性，学生可以在老师的指导下主动学习。对于教材内容比较复杂，而事物或区域之间有明显差异性特征时，用表格式板书可以提高课堂效率，同时培养学生的归纳、比较能力。有助于学生掌握某些具有一定联系的概念、规律和事物性质。如复习课用此类板书，较系统地总结复习。

🔍 **案例3**

七年级上册《历史与社会》第一单元"经线与纬线的知识"板书：

比较项目	经　线	纬　线
定义	连接南北两极与纬线垂直相交的线	与地轴垂直且环绕地球一周的线
圆弧状况	半　圆	圆
长度	相　等	不等，赤道最长，两极为0
指示方向	南北方向	东西方向
相互关系	两线互相交织成经纬网，可用经纬度来确定地球上某点的位置	

　　表格式板式往往需要教师先列出表格的栏目，然后引导学生看书、读书、讨论，并用简洁的语言文字归纳出栏目中应填的内容。这种情况下若采用小组合作探究学习方法，效果可能会更好。这样不仅有利于学生逐一掌握经线和纬线的不同点，而且在填表的过程中培养了学生看书读图、分析归纳的学习能力，可谓一举两得。

3. 提纲式板书

　　提纲式板书是以讲授内容的内在联系为线索，以大小不同的标号，按教学内容本身的层次含义标出相应的语句，以此体现教学信息的结构体系。这种板书的特点是层次分明、内容系统，便于学生提纲挈领地掌握知识。这是最经常使用的形式。它以文字表述为主，归纳概念、理论要点，概括本节课的主要内容，体现教学的重点和关键。简单明了，条理清晰，便于记录与复习。提纲式板书主要有：摘要型（摘取其中核心字句为突破口）；概括型（简明扼要地揭示本质与规律）；显微型（对某主题内涵与外延作逐级解剖）；设疑型（纲目以问题形式导入，解决问题时形成提纲）等。

🔍 **案例4**

人教版语文高一年级上册的《荷塘月色》概括型板书设计：

1. 独游荷塘的时间、地点和缘由。

2. 通往荷塘的小路、树木、月色。

3. 行在小路时的感受。

4. 月下荷塘。

5．荷塘月色。

6．荷塘四周的景物。

7．联想江南采莲的旧俗、月下遐思。

8．在思乡与遐想中踱回家门。

此外，《荷塘月色》部分板书设计也可以采用摘要型：

1．月夜出门

缘由：心情颇不宁静（情感基调，下文不断揭示和照应）

目的：看月下荷塘

2．漫步小路 总写荷塘月色

小路：曲折、幽僻、寂寞

树：蓊蓊郁郁

月光：淡淡（景物色调）

心情：淡淡的哀愁

4. 图示式板书

图示式板书是用文字、线条、符号、框图等表达的板书。结合具体的科目呈现不同的图形。采用边讲边书写的形式，特点是形象直观的展示教学内容，通过图示，许多难以用语言解释的事物能一目了然地呈现在学生面前，具有保持注意，激发学生兴趣的作用。特别是自然科学课程，如生物课绘图讲解，数学、物理、化学课的图示讲解，几乎可以说，在这些课程中，如果没有图示式板书来"画"出现象的状态，就不能很好地讲解有关的概念和原理。因此图示式板书非常形象直观，易于学生掌握。比如语文课《硕鼠》漫画式板书：

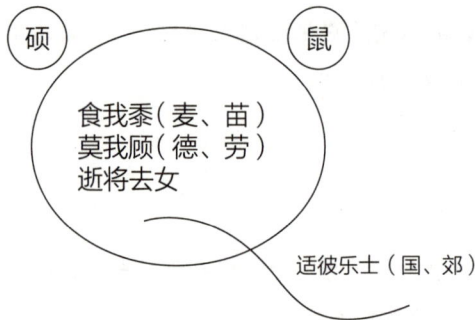

5. 提问式板书

板书设计中也可以通过一系列的提问形成，即教学的重点内容以多重问题的形式呈现在黑板上。这种板书能较好的反映教师授课的过程，学生带着问题看教材，在有的放矢中寻找问题的答案，这本身就是一种问题自主探索的学习。

🔍 **案例5**

人教版中的《罗斯福新政》提问式板书

提问式板书设计——记者采访：

1. 你好老太太，请问你把选票投给了谁，罗斯福还是胡佛？为什么？

2. 假如你是罗斯福总统，用什么药方来救治病入膏肓的美国经济？

3. 请问总统先生，为什么先从金融部门开始整顿？ 金融秩序如何恢复的 ？

4. 请问总统先生，你认为以工代赈和直接救济哪种救济方式更适当些？

5. 新政主要"新"在何处？有"新"就有"旧"，"旧"指的什么？

6. 新政前后，美国发生哪些新的变化？

7. 罗斯福是马克思主义者吗？请说明理由。

8. 你认为罗斯福是怎样的一位历史人物？你最佩服他的是什么？

发现问题、提出有价值的问题是课堂思维活动中最重要的环节，没有问题的思维和学习是肤浅的。此板书教师根据课堂教学的实际需要，以一个记者的身份来采访社会群众、总统先生、在野党等，提8道问题，这些新颖独到的质疑其实就是教师的引导和点拨，有利于对历史知识的强化、理解、传递。

6. 流程式板书

将教材提供的时间、地点、人物、情节等以流程图的形式展现出来。这种板书特别适合在记叙文中使用，能够给学生呈现非常清晰的理解学习内容的思路。如人教版小学六年级上册的《月光曲》一课，可以进行这样的设计：

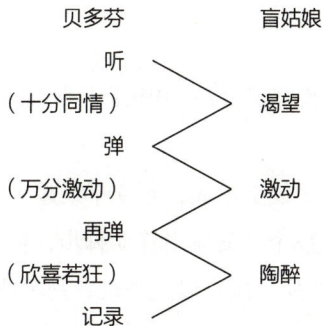

```
贝多芬              盲姑娘
   听
 （十分同情）  >  渴望
   弹
 （万分激动）  >  激动
   再弹
 （欣喜若狂）  >  陶醉
   记录
```

这种板书遵循事物发生、发展的顺序，能使学生了解事物发生发展的前因后果，对内容有较全面的理解。

三、板书的书写

1. 书写格式

标题的位置可以居中，代表鲜明集中，统率整个教学内容。或者靠黑板的左侧，代表从头开始，明确内容的顺序和过程。正确的标题序号是内容层次结构的反映，表现出各部分的关系及条理性。一般来说，标题序号顺序是：一、；（一）；1；（1）；A；a等。

2. 粉笔字书写的方法

（1）执笔方法

写板书可以采用捏、挡和指实、掌虚的三指执笔法，倾全身之力于笔端。捏，是用拇指、食指第一关节的指肚捏住粉笔下压；挡，是用中指指肚侧上内。由于粉笔质脆容易折断，执笔位置距离粉笔前端不要太远，约1厘米左右处即可，笔平卧于掌心，粉笔与黑板保持30°～60°的夹角。指实是切实要捏住，便于用力，避免字迹不清。掌虚保证手腕灵活，运笔自如。

（2）书写姿势

头平：是面部与黑板始终保持平行，以保证视线齐平，写出的字才能横平竖直，行款整齐。否则，写出的字迹也可能变形。

身正：是身体要保持直正，不要左右偏斜。由于黑板是固定不动的，不但要保持身正，身体还要随着书写不断平移，保证每一行字即不"上楼梯"，也不"坐滑梯"。

臂曲：是手臂自然弯曲，使臂、肘、腕、指力量均匀达到笔端。左手或拿书本，或空手下垂，或请按黑板。

足稳：两脚要分开站稳，若两脚平行，可与肩同宽；如果两脚前后分开，步幅的大小要视能否站稳而定。要站稳，身体距离黑板一尺左右较好。太紧，容易后仰，失去重心，太远，容易前倾，站立不稳。

（3）字的大小

在一半的标准教室内，每个粉笔字写7×10厘米大小为宜，以保证后排学生能清晰辨认。

（4）书写区域

最佳书写区的宽度只能在视平线上最大，距视平线越远，其宽度愈窄。书写时，在视平线上每行最多只能写8个字，超过8个字就应当移动脚步，移动时两脚距离仍然保持不变。在视平线之外两行，每写6个字就要换一次；以此类推，视平线之外三行，则每写4个字就要换步一次。有经验的教师在板书时，很注意时时换步，使自己始终在最佳书写区内书写，动作准确合理，有条不紊，带明显的程式化的特点，这正是教师应该具备的基本功。

第三节
板书设计存在的问题与技能提升

通过本节内容的学习，使学习者了解教师在板书时经常出现的一些问题，同时，掌握板书设计的技能和基本方法。

一、教师板书常见问题

教师在板书时常常因为各种原因，达不到理想效果，尤其是一些初任教师，对板书技能不够熟练，让容易出现下列常见问题。

1. 丢三落四，缺少系统性

有的教师几乎没有什么板书，一堂课上下来，黑板上只有零零落落几个字；条理不清楚，不能把学生理解和掌握的教学内容组合成富有特点和便于记忆的基本框架，因而学生看了板书还是很难一下子理解和掌握教学内容。

2. 喧宾夺主，过于详细

有的教师不是把板书当做课堂教学的辅助形式，而是倒过来把口头语言讲授当做板书的辅助形式，用一堂课的大部分时间在黑板上写，未能把"纲"和"领"提挈出来，要求学生不停地抄，学生抓不住要点，头脑里"糊里糊涂"。

3. 书写不端正、不规范

有的教师为了省时，写下来的字过于潦草，"龙飞凤舞"的字让学生辨认起来十分吃力，很难收到良好的表达效果，看起来"龙飞凤舞"的字书写有速度，殊不知，学生尤其是小学生是极需要榜样和示范的，他们受教师潦草字的影响，忽视各种笔画、笔顺、间架结构的规范训练，日子一长，笔下的字也会"飞"起来。由此可见，有速度首先得有质量。有的教师写时心不在焉，错别字、异体字时有出现——这样的板书不仅浪费了不少宝贵的教学时间，影响了课堂教学活动的顺利进行，而且更为严重的是不利于形成严谨的学风。

4. 过于认真，速度太慢

有的教师板书时过于注重字迹端正，横平竖直，书写速度太慢——这样的板书不仅无端地耗费了不少应用于口头语言讲授的教学时间，而且会影响到课堂教学秩序。由于教师背对学生专心板书的时间过长，有些好动的学生会因"闲着无事"而"无事生非"。

二、板书设计的技能

1. 锤炼语言

语言文字是板书构成最常见的要素，尤其是在文科教学中更为突出。板书的文字通常来源于教材，但又不是教材内容的简单抄写，它精炼、简洁、高度概括。作为教师的书面语言，一定要追求文字的正确、清楚、美观，语言的尽善尽美。文字即汉字、数字及其他国家文字，是板书语言的主要形式，是板书的工具、媒介。教材的内容、教师的意图，都通过这一工具、媒介来表达。因此，板书文字要做到正确规范，即不写错字，不写繁体字、异体字、被废的简化字。要做到端正清楚，不潦草难辨，影响学生学习。要做到漂亮优美，给人以艺术享受。叶圣陶说："实用的写字，除了首先求其正确外，还须求其清楚匀整，放在眼前觉得舒服，至少也须不觉得难看。"教学板书的语言应做到：准确，语言能表情达意、没有病句、精练，板书语言要言而不繁，具有高度的概括性。在板书中为了追求简练，经常使用"简称""缩略语"等；生动，教学板书语言要求整齐、对称、流畅、富有乐感，表现语言的音乐美。锤炼语言时，可使用对偶、排比、押韵、比喻等修辞手法，以期形象、生动。[1]

2. 借用符号

文字是完整而系统的符号。除此之外，教学板书还可使用标点符合、数学运算符号、气象符号、速写符号、批改符号、箭头符号、外文字母、商标、代号、记号等。比如省略号、大括号、小括号，因为（∵）、所以（∴）。

3. 运用线条

线条独具审美价值。教学板书常常运用线条与文字、符号、图形配合，借以表情达意、教书育人。线条有直线、曲线，有实线、虚线，有横线、竖线、斜线，有单线、复线等。常用的曲线式板书，其曲线包括开放式曲线：如不规则曲线、波纹线、抛物线、螺旋线、圆柱螺线；封闭式曲线，即圆和椭圆，包括辐射式、聚辐式、包孕式、相切式、相离式等。

4. 制作表格

表格分竖表和横表两种，其特点是概括精要、简单明了、整齐端正、内涵丰富、对比强烈，给人一目了然之感。可以说，表格几乎适用于每篇文章和每个章节。使用表格板书可以介绍知识、说明事物、叙述情节、解图结构、表现人物、揭示主题、显现特点等。

5. 创造图形

科学试验证明：形象帮助记忆、直观加深印象。教学板书中使用图形示意，因其形象生动会取得良好的教学效果。板书中常用的图形包括示意图、简笔画、板画、板贴等。有学者把板画划分为平面图、剖面图、立体图、全息图、地形图、解剖图、示意图、综合图，这有一定的参考价值。教学板书的图形，是指板书形式的安排，是体现板书形式美、外在美的主要手段。它要求板书图示的排列和组合，在准确体现内容的前提下，力求生动活泼，给人以形式上的美感。板书图形依据学科特点、教材特色、教学情境、学生实际、教师个性，要求做到直观、新颖、优美。所谓直观，是指板书造型具体可感、形式可视，富有趣味性。所谓

---

1 彭小明. 教学板书设计论. 教育评论，2005（6）

新颖，是指板书造型新鲜别致、独特新奇，富有创造性。所谓优美，是指板书造型符合美学规律、审美原理，符合审美取向，富有强烈的艺术感。

6. 调谐色彩

心理学研究表明，色彩能引起知觉，唤起味觉，兴奋大脑皮层，促进神经活动和谐心理发展。因此，板书设计应追求色彩合理搭配，尽量做到恰当、蕴藉、和谐。恰当，是指板书色彩搭配合理。板书有强调作用，白色外施加其他颜色可以突出重点、难点、疑点、要点、特点。蕴藉，是指板书色彩含义深刻，富有象征意味，起表情达意作用。和谐，是指板书色彩搭配谐调，有审美价值。色彩使用要以白色为主，和谐配以其他颜色，做到浓淡相间、色彩相宜、主次分明。板书按颜色分有单色（白色）、多色板书。使用不同色彩，可以构成一幅幅多姿多彩的艺术图画而独具审美价值，因色彩本身有表情达意作用而独具强调意义、辅助功能。实践证明，板书用多种色彩呈现会给孩子的感官以强烈的、多方面的刺激，强化了直观形象，由此产生了积极的教学效果。儿童的思维是感性的、情趣的、形象的、富有想象的、富有创造。因此板书设计要尊重儿童的天性，体现儿童视野，站在儿童立场上，以儿童的视角来设计考量，增强板书的生活性、趣味性、动态性。[1]

三、板书设计的方法

板书作为教学的工具必须具有鲜明的目的，板书设计是整个课堂教学的有机组成部分，任何一则好的板书都是为一定的教学目的服务的。通常来说，备课研究教材要经历三个阶段：初读教材，了解概况；精读各节，把握要点；复读教材，总结归纳。做到明要求、顾全局、抓重点。板书的目的要明确、集中、合理。明确是指板书为什么服务、为谁服务、怎样服务、具体明确、正确鲜明；集中是指板书目的单一，"高度集中"的为一个目标服务；合理是指板书目的定位合理、方向明确，符合教学总目标、总要求，不游离于整体教学，书之有理。

板书设计往往有这样几种方法：摘录提纲法、概括归纳法、图形示意法、板画赋形法、表格解释法、比较对照法等。

1. 摘录提纲法

提纲摘录法就是根据教学内容的内在逻辑联系或故事情节的发展或时空转换的顺序等，摘录提纲就是摘录教材富有标志性的中心句、段中主句或关键词句而形成"提纲式板书"的方法。提纲式板书设计最能体现板书设计所应普遍遵循的学科性、合理性、完整性的原则，这种方法简便易行，但要基于教材自身内容的准确性、结构的条理性。

1　张文全，周华宇. 提问技能·板书技能. 长春：东北师范大学出版社，1999

2. 概括归纳法

教学板书是教师钻研教材、概括课文的产物，是中小学教师创造性思维的结晶。教科书中的内容大多较为复杂，板书却要简洁精练。因此，我们常常使用"概括归纳法"设计板书。所谓"概括归纳法"，就是用简洁的语言抽象教材内容、归纳教材知识的方法。"概括归纳法"类似学术论文前的"摘要"写法，在归纳教材内容、知识的基础上，要进行抽象、升华、深化，这样板书才有深度。这种板书设计方法，基于教师对教材的研究、分析及自身的概括能力。高度的概括能力，是抽象思维的良好品质，这种方法对培养学生的抽象思维能力也有较好作用。

3. 图形示意法

教材是知识信息有意义有规律的排列组合，往往抽象而深刻，学生难以理解，中小学教师就有责任帮助他们"解读"教材和课文。一个简单的方法就是用板书"图形示意"，即用符号、线条、图形，配以简要文字示意教材内容，变抽象为具体、变深奥为浅显。这种方法，基于教师对教材认真的钻研、高度的概括、独到的表达，反映教师的兴趣爱好、个性特长、技艺技能及审美情趣。

4. 板画赋形法

板书就宏观来分有板书与板画。"板书"以文字为主，有时配以线条符号；"板画"以图画为主，一般不配文字。板画，又称简笔画、黑板画，是教师在课堂上以简练的线条，在较短的时间内高度概括勾勒出各种景物、事物、人物等形象的一种绘画。以板画（简笔画）为板书的方法，由于形象直观，也称"赋形法"或"描状法"。板画赋形法是中小学教师，特别是低年级教师常用的形象化的艺术教学方法。由于生动有趣，有利于集中学生注意力，激发学习兴趣，增强记忆效果，从而提高教学质量。赋形板画渗透了中小学教师的艺术情趣，有助于学生审美能力的形成和提高。

5. 表格解释法

表格是常见的教学板书形式，它几乎可以服务于任何文章和教材章节的教学，还适用于一组文章和知识信息的比较。表格不仅适用于传统的文字式板书，而且适用于电化教学演示。许多青年教师都喜欢使用多媒体进行教学，表格式板书为之提供了较好的选择。表格式板书最大的特点是信息量大、条理清楚，简约明了，有整齐、对称、均匀、清晰、简洁之美。

6. 比较对照法

比较是人们认识事物、分析事物的思维过程，是抽象思维的一种思维形式。准确地讲，比较就是运用对比的手段确定事物异同关系的思维过程的方法。如果把这一对比方法运用到教学板书上，就叫比较式板书。比较能起到深化、强化的作用，可以收到"不言而喻"的艺术效果。比较有许多方法，从性质上分有求同法、求异法、纵比法、横比法、定性法、定量法、综合法、专题法；从内容上分有知识比较、中心比较、人物比较、结构比较、语言比较、情节比较、文体比较、作者比较、背景比较、手法比较、风格比较、情境比较等，用在总结、复习、单元教学上，效果更好。

　　教师不仅要具备一定的粉笔字书写能力，更应对板书内容进行精心设计，使其达到科学、精炼、好懂、易记的要求。对每堂课的板书内容设计，应根据教材的内容、教师的设计技巧和学生的适应程度而定，难以作统一的规定。因为即使同一教学内容，不同的教师、不同的对象，可以设计出不同的板书内容。

本章小结

　　板书是教学的一种基本手段，板书的科学与艺术体现了教学的科学性与艺术性。一个精心设计的板书应该体现出教学目标和教学内容，简明扼要、关键点突出、拥有良好逻辑系统结构，使教学内容条理化、系统化、具体化的板书。设计合理的板书能够优化理解内容；引发学生思考，启迪智慧；加深理解，巩固记忆；直观示范，增强教学趣味性；提高课堂教学效果。板书设计的原则包括：科学性原则、艺术性原则、计划性原则、简洁性原则。常用的板书设计类型包括：主板书和副板书，表格式板书、提纲式板书、图示式板书、提问式板书、流程式板书等。尽量避免教师在板书时常出现的问题，掌握板书设计的技能与方法。

总结 >

Aa 关键术语

板书	板书设计
blackboard writing	blackboard writing design

章节链接

　　本章主要介绍了板书的含义与功能；板书设计的原则、类型和技能等，与第二章《有的放矢的备课》中教案的撰写和评价标准的内容有密切联系。

应用 >

批判性思考

　　1. 在使用多媒体课件参与课堂教学时，板书应该如何设计？

✏️ **体验练习** ||||||||||||||||||||||||||||||||||||||||||||||||||||||||||||||||||||||||||||

1. 阐述现代教育背景下板书的含义以及带来的教育意义。

2. 举例说明板书设计的原则。

3. 板书的分类有哪些?

4. 教师应当如何提高板书设计的技能?

5. 结合个人教授的科目,说一说怎样设计一个科学、合理的板书。

拓展 >

☕ **补充阅读** ||||||||||||||||||||||||||||||||||||||||||||||||||||||||||||||||||||||||

1   王彦财,郭翠菊.现代教师教学技能.北京:北京师范大学出版社,2010

　　　　本书针对每一位真正关心和研究教学并期望上好课、能够更好地为学生服务的教师或准教师,介绍了教学理论与教学实践技能的训练。全书共分12个章节,具体内容包括导课技能、组织教学技能、结课与作业设计技能、师生沟通技能等,第五章主要介绍了板书技能。

2   李涛.教师常用教学技能训练.北京:中国轻工业出版社,2014

　　　　本书详细阐述了板书的定义说明,通过大量来自一线教师的教学案例分析板书技能要素的体现。基于对板书技能的分解,确立了具体评价标准,并对评价的三个水平"良好、尚可和需努力"分别给出了具体的指标描述。

3   吴萍.新编教师教学技能训练教程.北京:北京师范大学出版社,2011

　　　　本书以教育理论研究的最新研究成果为理论支撑,以基础教育课程改革的新理念为导向,以课程改革对教师素养的要求为基础,内容上力图实现教育理论与课程内容、专业素养与基础教育课程改革的主动对接,针对导入技能、提问技能、板书技能等课堂教学实施技能进行了分析和介绍。

4   刘显国.板书艺术.北京:中国林业出版社,1999

　　　　本书系统介绍了板书设计的造型艺术、空白艺术和设计原理,并从美学、教育学、心理学、系统论角度阐明板书艺术。同时就语文、数学、政治、物理等具体学科的板书进行案例评析,能够对一线教师的板书技能提升提供较全面的指导。

本章概述

本章的目的在于帮助学习者: 1. 了解课堂教学管理的内涵和外延、课堂教学管理与课堂管理和课堂教学的关系; 2. 课堂教学管理观念的转变,传统课堂教学管理的问题,并构建了现代课堂教学管理体系,以学生的健康成长为中心任务,以和谐的人际关系为基础,以有归属感的环境为保障,以高效的课堂教学为目标; 3. 现代课堂教学管理的策略,包括促进学生健康成长的策略,促进和谐沟通的策略,创设有归属感的课堂环境的策略以及提高教学效率的课堂教学管理策略。

结构图

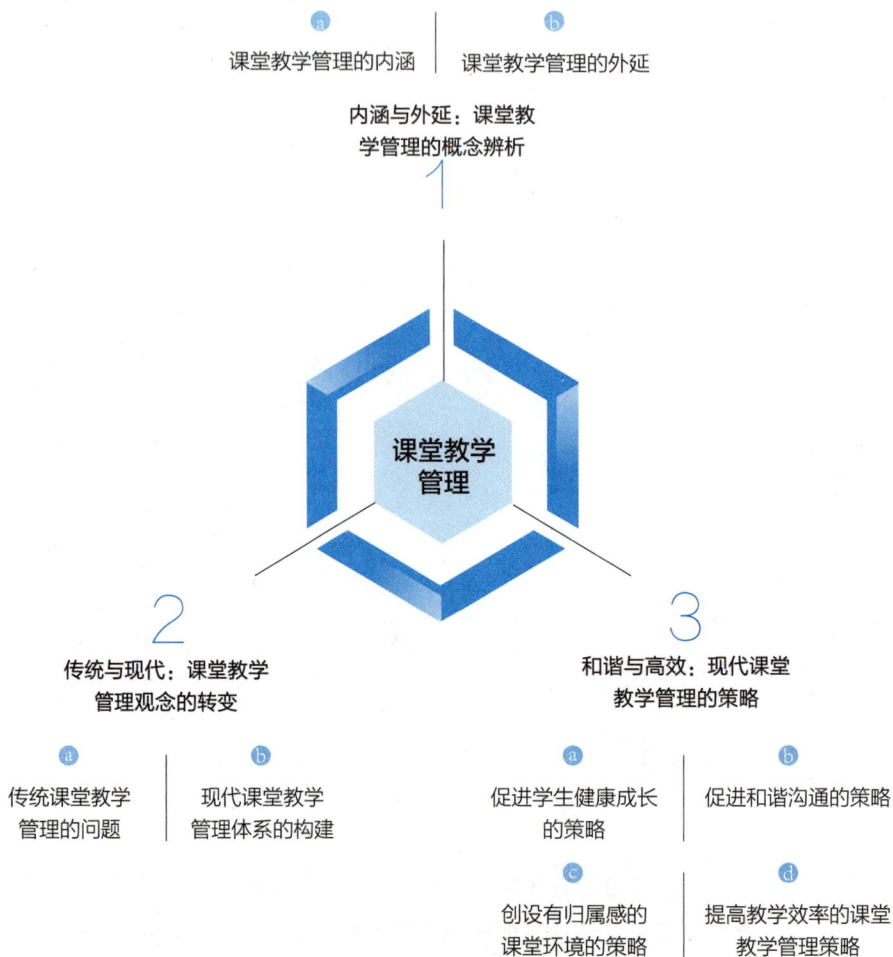

课堂教学管理的内涵 ⓐ | 课堂教学管理的外延 ⓑ

内涵与外延：课堂教学管理的概念辨析 1

课堂教学管理

传统与现代：课堂教学管理观念的转变 2

和谐与高效：现代课堂教学管理的策略 3

传统课堂教学管理的问题 ⓐ | 现代课堂教学管理体系的构建 ⓑ

促进学生健康成长的策略 ⓐ | 促进和谐沟通的策略 ⓑ

创设有归属感的课堂环境的策略 ⓒ | 提高教学效率的课堂教学管理策略 ⓓ

学习目标

1. 厘清课堂教学管理的概念；
2. 了解现代课堂教学管理的体系；
3. 掌握课堂教学管理的策略。

读前反思

1. 为什么要学习课堂教学管理？
2. 有哪些有效的课堂教学管理方法？

第一节
内涵与外延：课堂教学管理的概念辨析

课程教学是一项复杂的、具有挑战性的工作。作为教师，必须接受这样的事实，课堂上可能会出现各种突发情况，教学计划随时可能被这些突发事件打乱。教师要思考的不仅是如何教学的问题，更要处理好学生的问题行为。所以，教师在课堂中有两个主要的工作，一个是教学，一个就是管理，而管理是为教学服务的，是教学的前提和保障。

因此，我们有必要来讨论教师应该如何进行课堂管理或者课堂教学管理。首先，我们需要澄清什么是课堂教学管理，课堂教学管理与课堂管理是什么关系，然后我们会讨论课堂教学管理的价值和意义，在第二节中，我们将探讨传统课堂教学管理的问题，以及如何构建新型的课堂教学管理模式。在第三节中，我们将详细说明该课堂教学管理模式的具体策略。

一、课堂教学管理的内涵

🔍 **案例1[1]**

"我们学校有四个金刚，上课时只要有一个金刚，这堂课就实在难以上下去了。"

"我们班的某某，上课不听讲，一心一意看漫画书，你让他出去，他拔腿就往外走，这对他来说，真是求之不得呢！"

"这位学生还只是自己玩自己的，我们班的某某那才可恨呢，居然将课本放在自己的头顶上转圈，引得全班呵呵大笑，整堂课没法上了。"

……

由此可见，没有良好的课堂环境和课堂秩序，教师根本不可能将课上好，那么什么是课堂管理或者课堂教学管理呢?

---

1 宗敏. 课堂管理中的潜规则——80-15-5法则. 中国教师，2005（10）：39

（一）课堂管理的内涵

约翰逊（（L.V Johnson，1970）等人指出："课堂管理是建立和维持课堂群体，以达成教育目标的历程。"古德（C.V Good，1973）提出："课堂管理是为了实现教育目标而处理或指导课堂活动所涉及的问题，如课堂纪律、民主方式、教学质量、环境布置及学生社会关系等。"莱蒙齐（Lemlech，1987）主张，"课堂管理是一种提供能够挖掘学生潜在能力和促进学生学习进步的良好课堂生活，使其发挥最大效能的活动"。薛夫雷兹（Shafritz，1987）认为："课堂管理是教师运用组织和程序，把课堂建设成为一个有效学习环境的一种先期活动和策略"。（转引自，陈时见，2002）

田慧生（1996）认为课堂管理是教师通过协调课堂内的各种教学因素而有效地实现预定的教学目标的过程；陈琦等（1997）认为课堂管理是鼓励课堂学习的教师行为和活动。他们主要是从教学目标和课堂行为的两方面考虑课堂管理的含义。

台湾的学者对课堂管理的看法比较多元，有的人认为课堂管理就是教室管理，是教师和学生共同处理课堂中的人、事、物等因素，使教室成为最适合学习的环境；有的人认为课堂管理是教师管理教学情境，掌握并指导学生学习行为，控制教学过程，并达成教学目标的技术或艺术等（吴清山，1990）。

总之，不同的学者对于"课堂管理"有着不同的理解。总的来说，可以包括如下的看法（陈时见，2002）：

课堂管理是教师对课堂纪律或秩序的维持。

课堂管理是教师对学生行为的控制。

课堂管理是建设有效课堂环境的过程。

课堂管理是促进课堂教学效率的策略。

课堂管理是师生共同建构课堂生活的活动。

课堂管理是促进学生潜能发展的运作模式。

课堂管理是促进课堂生长的历程。

人们对于课堂管理的认识可以分为三种取向，也就是功能性取向、行为改变取向和人际互动取向（陈时见，2002）。功能性取向着眼于管理的标准，有选择地为教师寻找能帮助达到这些标准的行为规范，侧重于计划与规范，重视个体对环境的适应性。行为改变取向注重运用强化和惩罚等手段来建立、维持或消除一些具体的行为，偏重行为的控制和纪律的维持。人际互动取向多以心理学理论为基础，重视个人的主观感受，注重教师行为对学生情意方面的影响。如教师对学生的尊重及师生在课堂中的有效交流可以促进学生自我意识、自我调节和责任感方面的发展。教师对学生情意方面的影响会促进学生情感的变化，促进课堂自组织的形成，从而产生更有效的课堂管理。

陈时见（2002）在人际互动取向的基础上提出引导激励取向，这一取向强调教师的引导和激励，注重课堂管理的有效性，旨在促进课堂及其成员的成长，坚持以学生为主体，强调师生共同构建课堂生活意义，共同完成课堂生长的目标。因此，他认为课堂管理是建立适宜课堂环境、保持课堂互动、促进课堂生长的历程。其中，建立适宜课堂环境是课堂管理的基本前提，保持课堂互动是课堂管理的衡量尺度，促进课堂生长是课堂管理的最终目标。

而杜萍（2008）更强调课堂管理对教学的影响。她认为课堂管理是指在课堂教学过程中所进行的管理，即在课堂教学中教师与学生遵循一定的规则，有效地处理课堂上影响教学的诸因素及其之间的关系，使课堂教学顺利进行，提高教学效益，促进学生发展，实现教学目标的过程。

👁 思维拓展

课堂管理的本质不仅是一种结果（实现教学目标），而且是一种过程（运用各种策略）。

课堂管理的目标在于遵循一定的规则，提高教学效率和效能，促进学生发展，实现教学目标。

课堂管理的方式要求必须遵循一定的规则，而这规则反映了教师的教育理念和教育哲学观，符合教育的原则。

课堂管理的范围涵盖了影响课堂教学的诸因素及其之间的关系，如师生之间的关系、教室情境、教学中所发生的一切活动等。

课堂管理中的决策应由教师与学生共同参与决定。

——杜萍. 有效课堂管理：方法与策略. 北京：教育科学出版社，2008：27

在本章中，我们强调课堂管理对教学的服务功能，则使用课堂教学管理这一概念，在分析这个概念之前，我们先讨论一下课堂教学与课堂管理之间的关系。

（二）课堂教学与课堂管理的关系

斯滕伯格、威廉姆斯（2003）认为"课堂教学协调课堂内的各种教学因素而有效地实现预定的教学目标的过程"。

刘家访（2003）指出课堂教学与课堂管理是教师课堂行为中的两个重要方面，课堂教学是教师的主要行为，其目的是保证教学目标的达成，保证学生按照教师的预期在行为、思想、知识、能力等方面有所变化，它是学校教育的主要行为与活动。而课堂管理始终围绕着课堂教学进行，是课堂教学得以顺利实施的手段和保障。二者在同一时间和地点同时发生。就二者关系而言，表现为相互依赖、相互制约。一方面，好的课堂教学的前提是有好的课堂管理技术和师生关系，是学生的自我控制能力与水平发展到一定阶段的有力保障；另一方面，好的课堂教学也有利于课堂管理的实施，课堂中问题行为的频繁出现，不仅会影响到师生关系，也会使课堂教学无法按正常的秩序开展，相反，教师有高超的课堂教学艺术，不仅能吸引学生的注意力，也会使学生对教学的内容与过程产生浓厚的兴趣。课堂教学与课堂管理有时是难以区分的。第一，从课堂管理的目标与结果看，课堂管理始终围绕教学开展，其最终的目的是教学目标的达成，即提高教学的质量、促进学生的发展，这也正是课堂教学的目标所应达到的结果。第二，从教师在课堂中使用的手段看，有时也难以区分出课堂教学手段和课堂管理手段，甚至，我们常常可以将教师在课堂中所使用的某些手段既看做是课堂教学的手段，也可以看做是课堂管理的手段，比如，教师在课堂上演示一个有趣的物理实验，这是教学中经常使用的教学手段，而这样的教学手段，可以吸引学生的注意力，使学生的行为能够集中于教师的演示上，这本身也可以看做是课堂管理的手段。第三，从课堂教学的内容看，对教学内容的有效组织和艺术加工，可以使一些学生难以理解的教学内容在加上"糖衣"以后为学生所理解与接受，并为有效课堂管理奠定良好的基础。

教师、学生、课堂环境三个因素共同构成课堂管理行为的内部的要素，课堂有效管理注重课堂中环境的建构，注重对各种因素的教育学处理，其最终的目的是促进学生的全面发展，这就是对有效课堂管理的本质认识（刘家访，2002；杜萍，2008）。

有效的课堂管理的范围十分广泛，涉及课堂教学的方方面面，贯穿教学的整个过程，主要包括以下三个方面的内容：建立课堂常规、处理课堂问题行为、创建良好的课堂教学环境（杜萍，2008）。

因此，在本文中，我们会使用课堂教学管理来突出课堂管理与课堂教学的关系，突出课堂管理对于教学的维持和促进功能。

（三）课堂教学管理的内涵

李秉德（2000）指出："教学管理是以教学的全过程为对象，遵循教学活动的客观规律，运用现代科学管理的理论、原则和方法，对教学工作进行决策、计划、组织、实施、检查、指导、总结和提高，最大限度地调动教师和学生的积极性，以保证教育学教学目标实现的活动。这一定义包含宏观层面上的教学管理，同时也影射出了课堂教学管理的内涵。

有学者认为，课堂教学管理是指通过决策、确定目标、制订计划、组织实施、检查督促、总体评价一系列过程来实现课堂教学的目标、完成课堂教学任务。"它的根本任务是通过协调、理顺和调整好教学过程中的各种关系，保证教育教学的目标顺利实现"。"课堂教学管理，不仅要管理课内的常规教学，而且要管理延伸性的教学"（王德清，2005）。

　　"课堂教学"是一种有组织的教学形式，是一种特殊的交往活动。"课堂教学管理"是对这一特殊交往活动的组织、协调、保障和促进的一系列活动。一般意义上讲，课堂教学管理是指教师为了保证课堂教学秩序和效益，协调课堂中人与事、时间和空间等各种因素及其关系的过程（施良方、崔允漷，1998）。

　　刘家访（2003）认为课堂教学与课堂管理是教师课堂行为中的两个重要方面，课堂教学是教师的主要行为，其目的是保证教学目标的达成，保证学生按照教师的预期在行为、思想、知识、能力等方面有所变化，它是学校教育的主要行为与活动。而课堂管理始终围绕着课堂教学进行，是课堂教学得以顺利实施的手段和保障。很显然，从内涵上讲，他将课堂管理直接等同于课堂教学管理。

　　马会梅（2009）认为课堂教学管理具有维持正常的教学秩序和教学活动的功能，具有促进学生积极学习行为和争取成就行为的功能，它是实施课堂教学活动完成教学任务必不可少的重要组成部分。

　　"课堂教学管理是在课堂教学的长期实践过程中提出、其本质为通过建立一种有序的、规范化的制度要求，维持教学活动的规范、有序化。"（李保强，2001）

　　从人际关系的角度出发可将课堂教学管理定义为"课堂教学管理是教师通过协调课堂内的各种人际关系，有效地实现预定教学目标的过程。"（向延华，2002）

　　美国教育家布罗菲认为："课堂教学管理不仅将影响课堂教学活动的不良行为降低到最低程度，还要求课堂教学活动的管理者能够通过影响教学活动的多方因素及时采取有效的管理手段，提前规避此类行为的发生。"（Jones & Jones，2002）

　　上述定义虽各有所异，但都强调了对课堂教学各因素的管理。教学过程中的因素虽然众多，但最为重要的三个因素应当是：学生、教师以及教学内容，当然影响三者有效交互的其他因素也同样重要。

　　总体来说，课堂教学管理和课堂管理在早期的概念上并没有进行实质上的区分，即使目前，很多研究者仍然将二者概念的内涵视为一致。由于课堂教学的管理可以说是源于课堂管理，课堂管理在概念上就包含了课堂教学管理，课堂上最重要的事务就是教学，因此，目前为止，课堂教学管理还在一些研究中将二者混同。

　　课堂教学管理与课堂教学是同生共轨的，但它们又不能彼此包容，不能相互替代。因为它们是两个不同的实践范畴。课堂教学是一个特定的时空教学概念。课堂教学的本质特征在于使课堂教学有序化、规范化。课堂教学管理的根本任务就是要通过协调、整合、重组、理顺和调整好教学过程的各种关系（主要是教与学的关系、师与生的关系、学科之间的关系、课内与课外的关系），保证教育教学目标在课堂教学过程中得到贯彻落实。课堂教学管理注重如何创设一个和谐的课堂环境，建立合理的课堂教学活动规则，营造良好的课堂教学气氛，调动学生的主观能动性，以取得尽可能大的课堂教学效果。因此，课堂教学管理是适应课堂教学需要产生的，它直接关系到课堂教学目标的实现；课堂教学管理是同课堂教学发展共生的，也是在长期课堂教学发展过程中逐步形成和完善的一种保证课堂教学实践有序进行的机制（向延华，2002）。

而课堂教学管理则强调课堂管理对于教师的教和学生的学的促进和激励作用。二者并不是截然分开的，也不完全是包含关系，课堂教学管理只不过更强调课堂管理与课堂教学的关系。课堂教学管理不仅是课堂教学顺利进行的基本保证，是提高课堂教学效率和课堂教学质量的有效途径，而且是实现新课程标准下素质教育的重要手段（蔡娜，2008）。

二、课堂教学管理的外延

广义的课堂教学管理，指管理者对课堂教学的准备、实施、成果巩固及目的、内容、方法进行控制、协调、评价等一系列的管理活动过程。狭义的课堂教学管理则指教师为了保证课堂教学的秩序和效益，协调课堂中人与事、时间与空间等各种因素及其关系的过程。蔡娜（2008）认为课堂教学管理的内容主要包括课堂教学目标、课堂教学对象、课堂教学内容、课堂教学流程、课堂教学手段、课堂教学环境、课堂教学评价等一系列要素。陈时见（2002）认为课堂管理包括常规事务的安排、课堂环境的建设，课堂秩序的维持、课堂活动的推进等。

吴清山（1990）认为课堂管理的功能可以归纳为如下六个方面：维持良好的课堂秩序，提供良好的学习环境，提高学生的学习效果，培养学生的自治能力，增进师生情感交流，促进学生的人格成长。

也就是说，课堂教学管理主要包括创设良好的学习环境，预防学生的问题行为，及时处理突发事件，在有限的时间内合理安排教学活动，培养和谐的课堂人际关系等。

（一）创设有归属感的学习环境

这里的学习环境主要是指班级的物理环境。教师为了收到更好的教学效果，应有意识地安排适合学生学习、激发学生的学习兴趣的班级的物理环境，比如，学生的个人作品展示、图书角、墙报的建设等。为了促进学生的合作和彼此的关系，在班级环境布置中加入"我们是一家人""彼此关心""专注"等理念的渗透，这些都是班级物理环境的建设。同时，老师在进行班级环境建设的时候，应该多征求同学的意见，让大家共同参与，并和大家商量每个区域的功能，在每个区域应该注意的事项等。比如，某学校在墙上贴上了音量表，并告诉学生在参与不同活动的时候应该使用几级的音量，这样学生们就有章可循，减少混乱。另外，在学习环境的创设过程中，教师应该注重关注到每个学生，比如，在展示学生作品的时候，应该让每个学生的作品都能够展示出来，突出个性，而不是评比。并且注重班级集体精神的创设，可以将班级的集体活动的照片放在展示区，提升学生的归属感。

（二）建立稳定一致的课堂常规

当学生走进一个班级的时候，他们往往头几节课是很安静的，他们在观察这个班级的老师是什么风格的，严厉的，还是慈祥的，这个班级的同学是什么样的，友爱的，还是自私的。所以，刚刚组建一个班级的时候，学生有一种不安全感、不确定感，他们需要一个引导者、介绍者，让他们知道自己身处的是一个什么样的环境。所以，一个有经验的老师，首先，应该将这个班级的目标、规则告诉学生，让大家知道老师的期望是什么，界限在哪里。

学校或者班级通常也会有一些规则，比如《小学生守则》，但是这些守则的要求都过于宏观、模糊，不具有真正的指导意义。所以，建立学生能够听懂、容易执行的课堂规则或者班级守则很重要。而且一个重要的原则是要稳定而一致，也就是说，这个规则一旦拟定了，就不要轻易变化，而且在任何课堂上都应该是比较一致的。所以要求老师们来共同遵守这个规则。另外，这些常规应该是对学生一生发展都有好处的，而不是临时性，为了教师的个人喜好而制定的。比如，"用完图书请放回原来的位置上"就是一个对学生终身有用的规则，而"迟到要在门口喊'报告'"就不是一个好的课堂常规。

同时建立稳定规范的学习常规，能够培养学生良好的学习习惯，有利于进行课堂管理，也在很大程度上提高了教学效率。我们在教学过程中要注重培养学生各种学习习惯，如记忆的习惯、读书的习惯、写作的习惯、预习的习惯、建立"错题集"的习惯等。让学生在教学过程中逐步地学会专注认真、自学积累、修正改错，不断规范自身的学习习惯，一方面有利于学生的永久的发展；另一方面也有助于课堂秩序的维持、课堂教学效率的提高。

（三）及时有效地处理课堂突发事件

尽管教师在课前进行了充分准备，课堂突发事件也几乎是不可避免的，学生提出一个老师没有想到的问题，两个学生在下面聊天，突然飞进来一只蝴蝶，一个学生身体不舒服等。面对课堂突发事件，教师不仅应该有心理准备，也应该做一些其他方面的准备，比如，准备好急救药箱，学习急救的知识，以及全班同学的防震演习等。当老师和同学做了充分的准备的时候，一旦发生突发事件，就会比较少出现手足无措的情况。另外，教师应该充分利用课堂突发事件，作为有价值的课程资源。比如，班级突然飞进来一只蝴蝶，语文老师可以让同学们描述蝴蝶的状态，激发学生对动物的情感，而数学老师可以让同学们观察蝴蝶的对称性，发现大自然的奇妙……

教学本身存在很大的复杂性、不确定性和偶然性，教学情境是不断变化的。教师在面对教学过程中的突发事件、特殊情况时敏感、迅速、准确地做出判断，急中生智地化解处理教学危机，这就要求教师面对特殊情境产生教学智慧和在教学过程中不断养成教学智慧。如陈桂生（2004）所说的："面对学生的怪问题、怪答案、怪动作、怪要求、个别学生的差错或迟钝、教师的差错或疏忽、突发事件或情况，提出了相应的策略：转移话题、转移看问题的视角、转移学生的注意力、冷处理、让学生歪打正着、把尴尬事化作善意的笑谈等。"教师在教学过程中对意想不到的情境进行崭新的塑造、转换、调节课堂气氛，将教学活动中的所谓的小事变得有意义，这样的课堂就会给学生留下深刻的印象，就有可能出现教学的奇迹。

🔍 案例2

陶行知的"四颗糖果"

有一天，陶行知先生看到学生王友用泥块砸同学，当即制止，让他放学后到校长室。陶行知来到校长室时，王友已经等在门口准备接受挨训了。没想到校长却给他一颗糖，并说："这颗糖是奖励给你的，因为你很准时，我却迟到。"王友很吃惊，陶行知先生又掏出第二颗糖对王友说，"这第二颗糖也是奖给你的，因为我不让你打人时，你即时停止了。"接着陶行知又掏出第三颗糖说："我调查过了，你砸的那些男生欺负女生，是因为他们不遵守游戏规则，你砸他们说明你很善良，且有跟坏人作斗争的勇气，应该奖励你！"王友感动极了哭着说："陶校长，你打我两下吧，我错了，我砸的不是坏人，是自己的同学……"陶行知这时笑了，他立马掏出第四颗糖说"为你正确的认识错误，我再奖你一颗糖……"

——王鉴. 课堂研究概述. 北京：人民教育出版社，2007

在处理突发事件时，老师也应该把握一些基本的原则，首先，爱的原则，无论发生什么事情，不能只从自己或者教学的角度考虑，而更应该考虑学生的感受，给学生充分的尊重；其次，灵活的原则，有一些事情是可以等到下课处理的，但是有一些紧急的事件发生，教师必须停下讲课，来处理这个突发的事件，教师需要判断事件的轻重缓急，做好调整。

（四）合理安排教学活动及教学时间

课堂教学管理是为课堂教学服务的，课堂教学的目的也不只是完成知识的传递，更需要激发学生的好奇心，鼓励学生的参与，使学习的效果最大化，因此，教学活动的安排，以及活动之间的衔接就显得非常重要。这些教学活动既要考虑内容的特殊性，也要考虑学生的心理和生理发展水平。比如，某小学教师在教学《长方形的面积公式》一课之前，对学生有关面积的知识进行了调查，发现班级将近一半的学生知道这个公式，还有一半的学生完全不知道这个公式，而知道这个公式的学生也不清楚这个公式是怎么来的。这为这位教师进行教学设计提供了非常宝贵的资源，她就将教学的重点放在对面积的公式的意义理解上，安排了学生在长方形中摆单位面积的教学活动。

除了安排恰当的教学活动之外，老师也应该注意活动之间的衔接，以及活动方式的差异，教师要了解不同的内容适合什么样的教学活动，以及学生喜欢什么样的活动，把握教学的最佳时机，知道在什么时间安排什么样的教学活动比较合适，并且要了解学生的个体差异，让不同层次的学生在有限的学习时间内都有收获。

（五）培养和谐的人际关系

课堂教学管理包括教师使用恰当的语言（包括口头语言和肢体语言）、活动形式等鼓励学生表达自己的看法，促进同学之间的合作，以及建立和谐的师生关系。课堂不是老师一个人的独角戏，而是师生共同的舞台，在这个舞台上，教师和学生有着不同的角色，老师是引导者、协调者、组织者，而学生是真正的主角，他们和老师、同学之间的互动，老师恰当的鼓励、肯定、引导能够激励学生的思考、增进他们对知识的理解，帮助他们发现自己的价值。同时，课堂应该是一个温馨和谐的空间，而不是一个充满嫉妒、竞争和压力的地方，所以，老师应该通过各种方式来营造一个和谐的氛围，让学生知道他们软弱的时候，有人会关心他们；他们失败的时候，有人愿意帮助他们；他们成功的时候，有人和他们一起喜悦。在这个地方，他们是被信任的、被欣赏的，他们是这个班级的主人，他们是这个舞台的主角，他们任何的表现都不会被嘲笑，他们任何一点的进步都会被肯定。

思维拓展

佐藤学认为，课堂的变化目标是"创建润泽的课堂"，即"教师和学生都不受主体性神话的束缚，大家安心地、轻松自如地建构人与人之间的关系，建构一种信赖关系。在这种关系中，即使耸耸肩，拿不出自己的意见来，每个人的存在也能够得到大家的尊重，得到承认。"润泽的课堂"给人的感觉是课堂里的每个人的呼吸和节律都那么的柔和。在面临着重重困境，冲突与妥协的不断循环往复，建立一种稳定的和谐的人际关系也存在很大的挑战。

——【日】佐藤学著．静悄悄的革命——创造活动、合作、反思的综合学习课程．李季湄译．长春：长春出版社，2003：26

第二节
传统与现代：课堂教学管理观念的转变

🎯 **学习目标**

传统的课堂教学管理的含义和特点，以及存在的问题；明晰传统到现代，课堂教学管理观念的转变以及现代课堂教学管理的特点。

一、传统课堂教学管理的问题

传统教学模式是指以教师为中心，教师利用各种教学手段和教学方法向学生传授科学文化知识；而学生则是被动的接受教师传授的科学文化知识；教学内容则是教师向学生灌输的主要内容。这样的教学体系在教学认识上强调以知识为本位，注重知识的传承。在教学操作上，它强调教学过程的标准化、程序化、规范化和精确化。也就是说，传统教学模式本质上是以教师为中心、以教学课堂为中心、以教学内容为中心的一种教学模式，传统教学模式下中学课堂教学管理中主要存在以下四个问题：过分关注纪律控制、过分强调教师权威、忽视学生个性的发展以及师生关系的培养。

（一）过分关注纪律控制，忽视学生主动参与和承担责任

传统的课堂教学管理常常被理解为课堂秩序的维持，而这种课堂教学管理的目标是建立整齐划一、安静服从的课堂秩序（郭子楹，2013）。遵守纪律成为好学生的重要指标，在这种课堂中，不允许学生打断教师的教学，不允许学生有自己独特的想法，学生被排斥在管理之外，学生只能在课堂中坐着听讲，无论是否认同，学生必须在表面上完全赞同老师的做法，没有人会考虑到学生的需求，一旦学生表现出不服从，立刻会被扣上"坏学生""捣蛋分子"的称号。在这种课堂中，学生慢慢习惯了被动接受，而不去主动思考；习惯遵守纪律，而不是负责任。所以，他们不会质疑、不会思考、不敢挑战权威，没有创新精神。

传统的课堂教学管理由于过分强调纪律控制功能，而忽视了对学生学习兴趣的激发，只是试图将违纪行为降到最低程度，过分强调外在的奖励或者惩罚对问题行为的控制，而忽视了对内在动机的激发，不能很好的培养学生的责任感，使得学生过分依赖教师的监督，而不能进行自我调节和控制，使得学生一旦离开了教师和家长的监管，就开始散漫，而失去了方向。一些学生考上了大学以后，由于离开了家长的监督，也没有高中的严格控制，就开始上网成瘾、旷课、考试不及格，而被大学退学就是非常好的传统纪律模式的弊端的明证。

（二）过分强调教师权威，忽视和谐师生关系的建立

儒家文化有着"尊师重教"的传统，甚至将教师与"天、地、君、亲"并列，可见，教

师的地位之高。学生尊重老师是理所当然的事情，但是教师为了维护自己的权威，甚至"面子"而进行控制式的课堂教学和管理则非常不恰当。在传统的课堂中，教师不但是知识的权威，也是课堂的权威，课堂中只允许有老师一种声音，必须都得服从教师的命令，当学生对这种管理方式稍有不满或有抵触情绪时，教师就将学生的行为表现归因于"故意捣乱、不尊重教师"，是对教师管理权威的挑战。有的教师为巩固管理权威，对学生的反抗情绪、问题行为往往进行粗暴式干预甚至采取强制性手段予以制止，不深入思考学生这种抵触情绪与问题行为的深层原因，而盲目使用语言暴力、批评、责斥学生，甚至惩罚学生，以求重新恢复安静顺服的课堂秩序。即使在当今的课堂中，我们还是会看到很多教师打学生耳光、体罚学生的报道。

教师的权威不是自己去维护的，而是学生或者这个社会赋予的，教师不需要努力去保住自己的"面子"，而应该学会放下"架子"。只有弯下腰来，和学生平等的对话，尊重学生的意见，坦承自己的不完美，才能得到真正的尊重，建立和谐平等的师生关系。

🔍 案例3

某学校一名二年级语文老师在教学过程中，将血的拼音标注为（xuě），本应读作（xiě和xuè）学生指出错误，然后教师承认错误并按照原有的课堂规则，将错字注音并大声朗读三遍，并将"血"字记录到自己的改错本上，同时对发现错误的同学进行表扬，鼓励学生在日常生活中要敢于发现，敢于指正，敢于追求真理。同时这名教师以身作则维护了课堂规则，给学生树立了榜样。

（三）过分强调竞争，忽视生生之间的合作

传统的课堂教学管理，鼓励学生之间的竞争，无论是在班级环境的布置（评比栏）上，还是老师的日常评价语言（公布考试成绩、排行榜等）方面，都会有意无意的鼓励学生之间的竞争。所以，很多学生成为学校教育的失败者，他们一进入学校就失去了信心，他们不愿意参与集体活动，不愿意和他人合作，因为他们觉得自己没有价值。而且这种管理方式，也培养了一些自私自利的学生，尽管他们学习成绩很好，但是他们骄傲，不懂得关心别人，只看重成绩。结果自然是，学生之间很难建立良好的关系，没有合作。他们可能会物以类聚，交到一些好朋友，但是他们也不懂得分享，因为他们要提防自己的"朋友"有一天要超过自己。这种只强调竞争关系的管理方式，甚至影响了学生的自我评价，很多学生只能通过周围人的评价或者自己的成功来判断自己的价值，一旦失败，则认为自己一无是处，结果导致他们承受压力和挫折的能力非常低。很多高中生、大学生轻生，不珍惜自己的生命，不能说，

与这样的管理方式无关。

（四）过分强调统一，忽视学生的个体差异

传统的课堂教学管理，比较强调班级的整体划一，而不是百花齐放。所以，每个学校都让学生穿校服，上课的时候，学生的坐姿、写字的姿势都有统一的规定和要求，甚至有的学生连学生的头型也有统一的规定。所以，在这样的课堂里，学生的个性化的表现是被排斥的，学生不允许有自己的审美观点，不允许有自己的意见，不允许特立独行，而必须和大家统一意见。所以，学生要学习同样的教学内容、参与同样的教学活动、有着统一的课程表，参加一样的考试。但是我们知道由于遗传、环境等因素的差异，每个学生又是那么的不同，一个学生可能对数学感兴趣，另一个学生可能在体育方面更有优势；一个学生善于视觉学习，另一个学生可能更擅长动作学习。所以，当我们面对这么多，智力、能力、爱好各异的学生，却采用统一的教学方法，对他们有同样的要求，这很显然是不恰当的。

同样的，在课堂教学管理方面，由于每个学生有着不同的个性特点、家庭环境，我们也不应该用统一的要求，同样的标准去要求每一个学生，而应该尊重学生的差异，在学生差异的基础上，去发展适合不同学生的沟通方式，促进学生朝着适合自己的方向前进。

二、现代课堂教学管理体系的构建

首先，现代课堂教学管理应该体现现代教育的理念，应该体现人本性，也就是关注学生的进步和发展，注意培养学生自控能力和责任感，尊重教师和学生的特点和需要；其次，现代课堂教学管理应该具有教育性，课堂教学管理不但要提高教学质量，促进师生共同完成教学任务，更要时时刻刻关注课堂管理行为的教育价值；最后，现代课堂教学管理应该关注师生关系、生生关系的和谐发展，而不应该形成对立的、竞争的人际关系。所以，现代课堂教学管理围绕学生、教师、环境，以及教学四个主要的因素来展开，以学生的健康成长为中心任务，以和谐的人际关系为基础，以有归属感的课堂环境为保障，以高效的课堂教学为目标。

（一）以学生的健康成长为中心任务

一个学生每天有五六个小时在学校中，因此，课堂成了他们成长的重要环境。学生的成长不仅包括在知识方面的成长，更包括能力、品德、身体、心理等多方面的成长，而班级的物理环境、氛围、人际关系、老师的教学等都是影响学生成长的隐性课程。所以，这里面提到的不只是让学生在短暂的课堂时间内能够有效的学习知识，提高能力，更是指教师在教学管理的时候，应该以学生的全面发展、健康成长为核心，让学生在课堂中学会学习、学会做

人、学会自我管理。课堂教学管理不应只关注课堂规则、秩序，更应关注教学过程，教师应时时刻刻把学生全面、个性化发展的观念渗透到教学设计之中，准确把握不同类型的课型特征，挖掘出教材知识背后所蕴含的思维方式、方法，通过各种形式巩固和训练，最终促进学生的成长（蔡娜，2008）。

（二）以和谐的人际关系为基础

现代课堂教学管理鼓励教师和学生要建立一种新的关系，要进行必要的角色转换，教师要从"独奏者"的角色过渡到"伴奏者"角色，教师的不再只是知识的传授者，而应该帮助学生去发现、组织和管理知识，引导他们发现自己的兴趣，探索知识，而非塑造他们达到成人的期望（联合国科教文组织总部，2010）。教师还要重视学生需要，了解学生的个性特征和差异，充分利用学生之间的差异，帮助同学之间建立信任、友好、合作的关系。教师在课堂教学管理中，应有意识的创设同学共同参与、师生共同讨论的机会，让学生体会到教师对自己的尊重，让学生逐步建立起自我管理的责任意识。教师也应该转变以"控制"和"压制"为主的管理模式，而逐渐使用"和谐沟通""满足需要"等现代课堂管理方式，减少师生之间的对立和冲突，将一些矛盾和冲突当作促进师生沟通、彼此了解的机会。

（三）以有归属感的环境为保障

现代课堂教学管理要求教师明确班级环境的目的不是为了评比和竞争，而是为了让学生有一种"家"的感觉。由于现代生活节奏的加快，社会生活的变迁，很多孩子面临着孤独、抑郁等多种心理问题，他们或者是独生子女，是家庭的中心和"小太阳"，或者是留守儿童，家庭贫困、生活艰辛，感受不到父母的爱，或者被祖父母照顾，忙碌的父母很少和他们进行心灵的沟通。我们的学校里，班级里大量这样的孩子，他们需要一个家，一个让他们感觉到温暖，而又有规则和秩序的地方，在这里，他们学习如何和成人、同龄人相处，他们感受到自己的价值。所以，教师肩负着一个很重要的责任，让学生对这个班级有归属感，老师一方面可以在班级的布置方面进行一些改善；另一方面，也可以组织一些活动，形成一些仪式和传统，让学生体会到自己的不同和价值。在这样被尊重、被爱的环境中，学生更有可能发表自己的意见，自由的探索，控制自己的行为，体会发现知识的乐趣。

（四）以高效的课堂教学为目标

学生在学校的时间是有限的，如何能够在有限的时间里给学生更多的思考时间，更多的自我参与机会，是有效的课堂教学管理必须要考虑的事情。因此，教师要明确每堂课的教学目标与一个单元、一个学期，甚至整个教育阶段的教育目的之间的关系，要围绕这个教学目标，安排有价值的、对学生发展有利的课堂活动，建立有效的课堂问题行为的预防机制，并尽可能用最短的时间、最少的精力解决课堂中出现的突发情况，减少容易引起学生注意力分散的情况，促进学生更好的参与学习、经历发现问题、解决问题、发现结论的过程。另外，教师应该通过课堂教学管理激励学生的自我学习，提高学生的自主学习、自我管理、自我调节的能力，为学生的终身学习打下坚实的基础。

第三节
和谐与高效：现代课堂教学管理的策略

🎯 **学习目标**

掌握现代课堂教学管理的策略，创设和谐高效的课堂教学环境；尝试将课堂教学管理策略运用到教学实践，实现理论与实践的有机结合。

根据前面所构建的"学生、教师、环境、教学"现代课堂教学管理体系，我们的课堂教学管理策略也从这几个方面来展开说明。

一、促进学生健康成长的策略

（一）提供道德理由

很多教师在课堂教学管理时，只会简单的告诉学生，"不许大声喧哗""不许在走廊跑跳""不许迟到"……却不去解释为什么不能大声喧哗，为什么不能跑跳、为什么不能迟到。所以，当老师不在旁边的时候，他们又会做这些事情，除了老师在之外，他们找不到要遵守这些规则的理由。因此，尤其对于低年级的学生，老师应该提供一些简单的道德理由，让他们知道这样做的意义。比如，让他们铭记一个道德金律"你愿意别人怎样待你，你就怎样待人"，当学生发生冲突的时候，提醒用这个金律来调整自己的行为，这会对他们有很大的帮助。

但在提供道德理由的时候，切忌长篇大论、反复唠叨。再充分的理由，如果变成了唐僧的"紧箍咒"，也是很让人不喜欢的。所以，老师应该和同学一起讨论，遇到这类问题的时候，我们应该怎么做，为什么做，然后给学生一些时间来实践，并好的行为给予肯定和鼓励，对于不恰当的行为，则要及时的关注，并给学生时间来调整。

（二）关注学生的个体差异

加德纳的多元智能理论认为，人的智能至少可以分为语文智能、逻辑数学智能、空间智能、音乐智能、肢体动觉智能、人际智能、内省智能、自然观察智能。根据加德纳的理论，老师在培养学生时，要留意学生在哪些方面的智能特别突出，当学生未能在一些方面追上进度时，要引导学生发展其强项，而不是因此受到责罚。除了智能的因素之外，学生的个性、心理特征也都有着巨大的差异，有的学生内向、有的外向；有的积极、有的消极；有的冲动、有的稳重；有的是场依存型，有的是场独立型，而且他们的家庭背景也有巨大的差异。面对这些有着不同个性特征、智能类型、家庭背景的学生，教师在进行教学管理的时候，决定不能千篇一律，用一刀切的方式来管理，而应该在遵循一定原则的基础上，考虑每个学生的个体需要和个性差异，有针对性的进行人文化、灵活的课堂教学管理。

（三）促进家长参与

学生的成长从来都不是学校单方面的责任，必须由家长的配合才能有效果。所以，教师在充分了解学生的基础上，应该及时和家长沟通，了解学生的家庭情况，在征得家长同意的情况下，共同制订学生成长的促进方案。教师在和家长沟通的时候，一定要记住如下一些原则：

尽可能多的夸奖学生，没有哪个家长喜欢听到别人批评自己的孩子；

多找机会将学生进步的情况报告给家长，让家长知道老师对自己孩子的关心，也了解孩子在学校的情况；

在通报学生的问题时，一定要在一开始传递正面信息，然后在有策略的说明他的孩子在哪些方面需要帮助。

所以，在教师充分尊重家长、爱孩子的前提下，大部分家长是愿意积极配合老师来促进自己孩子的成长的。老师可以建议家长看哪类的电视节目，孩子做作业的时候，家长可以怎样帮助等，并请家长记下孩子进步的情况，鼓励家长与孩子沟通等。

二、促进和谐沟通的策略

和谐沟通理论（Effective Communication Theory）是著名临床心理学家高尔顿20世纪70年代提出的教师效能训练理论，该理论的基础是人本主义心理学家罗杰斯提出的"儿童天生具有理性潜能，这一理性潜能要在温暖、接纳、支持的环境中才能发展，对于问题可以通过语言沟通达到合理解决"。高尔顿认为，良好的师生关系具备以下五个特征：坦白、关心、相互依赖、独立、满足需求（2002）。和谐沟通理论认为，课堂中的问题可以分为两类，一类是属于学生的问题；另一类是属于老师的问题。属于学生的问题，老师可以用"积极的倾听"的方式来协助学生解决问题；属于老师的问题，老师应该用"我信息"的方式来表达自己的需求；当师生发生冲突的时候，老师应该用"双赢"的方式来解决冲突，促进师生关系的和谐发展。

（一）倾听学生的心声

倾听可以分为四个水平，被动的听（沉默）；赞同性的听（用行为、表情暗示对方继续讲）；鼓励的听（问一些开放性的问题）；积极的倾听或主动性的倾听。积极的倾听要求不但要用赞同性的表情来鼓励对方表达，还需要有反馈。有的时候，反馈的信息可能并没有命中目标，但是无论如何已经开始了交流。

积极的倾听要求教师对学生有坚定的信心，接受学生所表达的感情，为学生解决问题提供时间，理解学生很少能够一开始就涉及真正的问题。积极的聆听的技巧主要包括专注行为（以语言或者非语言的形式来表达教师愿意聆听以及接纳对方，专心的与他同在，促使对方与自己建立信任感）；简述语意（用简洁及扼要的语言把对方的主要观点和对它们的理解简要的、概括的复述出来，让对方感觉自己是被接纳的）；善于提问（提问的目的是为了帮助教师从更全面的角度去了解学生，给学生一个自我了解和内省的启发，这种提问应该尽可能开放，而且应该给学生一定的时间来组织语言），以及用简洁具体的语言来回应（教师的回应不仅应该表达对学生的理解和赞同，也应该简单和清楚，避免啰嗦、含糊不清、转移话题等）（屠荣生、唐思群，2007）。高尔顿（2002）认为面对属于学生的问题，教师能够提供的最大帮助就是不要接管这些情感和问题的所有权，运用主动的倾听去促进学生解决他们内心的冲突，让学生学会独立和自我负责，以及处理负面的情感。

（二）表达自己的需求

当学生在课堂上的行为真实的干扰教师的教学，教师感受到被干涉或者被伤害的时候，教师通常有两种表达方式，一种是推卸责任的"你信息"；另外一种则是承担责任的"我信息"。"我信息"通常包括三个部分：学生的行为、该行为对老师造成的具体的影响，以及老师的内心感受。比如，一个学生上课总是迟到，老师用"我信息"表达自己的感受，可以这样说，"你连续几次迟到，打断了我讲课的思路，我很难静下心来继续上课"。"我信息"一方面为自己的内心状态承担责任，也承担着对学生坦诚，表达自我批评的责任；另一方面，也让学生对自己的行为负责，却避免了"你信息"的消极影响，让学生主动的体贴和帮助他人，而非对抗和生气。在使用"我信息"向学生表达自己的需求的时候，应该注意的是，首先，要描述事实，而不是指责对方；其次，要学会表达自己的感受，应该尽量少用"生气"，而使用"难过""伤心""孤独""不被尊重"等第一感受；再次，教会学生使用"我信息"和"积极的倾听"的方式进行沟通；最后，当个别学生有问题时，尽量在私底下沟通，给学生充分的尊重，而且书面沟通有的时候，也是一种非常好的沟通方式。

（三）双赢的方法来处理冲突

冲突在人类关系中在所难免，在师生关系中也不例外，比如，老师希望学生保持班级的卫生，可是每次放学的时候，班级还是很乱等。师生摩擦或冲突发生的背景往往是一方的行为干涉了另一方自我需求的满足，而且双方的价值观无法协调。此刻单纯地使用"我信息"和"积极的倾听"是无效的，因为双方的需求太过强烈，谁都不愿意被改变或者让步。高尔顿认为教师应该从非输即赢的角度走出来，使用双赢的方法来解决冲突。所谓"双赢"，就是教师和学生在彼此尊重的基础上，进行沟通和交流，找到双方都能接受的方法。该方法主要包括六个步骤：界定问题；找出所有可能的解决方法；评价这些解决方法；选定最好的解决方法；决定办法的实施方式；评估这一办法的实施效果。但是使用"双赢"方法的先决条件是必须培养教师积极倾听的能力，而且要学会使用得体的"我信息"。这种方法的优点是强调合作而非竞争，而且充分发挥参与者的创造性，而且在这种方法中，冲突被看成是教师和学生生活中健康的、非毁灭性的、自然的师生，通过解决冲突的过程更能加强师生关系，师生也会比以前更愿意承担问题，而不是掩盖问题。

另外，在师生沟通过程中，教师还需要注意的是，让自己成为一个好榜样，成为学生的顾问，而不是一个一直在旁边唠叨的老古董，而是一个关心学生、愿意改变的"年轻人"。

三、创设有归属感的课堂环境的策略

（一）温馨的班级环境

中国绝大部分学生都没有实行走班制，所以一个学生一旦进入一个班级，他一般要在这个班级完成大部分课程的学习，他有一个固定的座位，有一些固定的同学和老师。因此，班级环境就显得非常重要，因为这几乎仅次于家庭的第二个场所。班级物理环境包括教室内的环境，也包括教室外的环境。教师应该充分利用各种资源，让自己的班级成为学生喜爱的家园。教室可以划分成几个区域，每个区域有什么不同的用途，班级的建设要体现什么样的价值观，教师提倡哪种道德品质，全班最近在学习什么内容都可以在班级中体现出来。因此，教师应该和校长争取布置班级，甚至走廊的一些自由，结合班级最近学习的内容来进行班级的布置。曾经见到一个加拿大的小学班级里，黑板上方一圈是每个同学自己装饰的大头照以及自己给自己起的名字（比如，玛利亚女王，等等），而另一个班级的走廊上，则展示的学生制作的原始人的劳动工具。班级的物理环境的布置还应该常常更换，让学生常常可以看到不同的作品，这也是一种学习和交流。

（二）适合小组学习的座位安排

座位安排在中国是一个比较头疼的话题，因为很多学校的班级都是人满为患。这与教育资源分配不均有很大关系。无论如何，我认为一个80人的班级的学习效果是非常有限的。因此，在可能的情况下，应该限制每个班级的人数，并且给班级一些学生座位以外的区域，这样班级就可以有活动区或者图书角之类的空间。座位的安排一方面要适合学生听老师讲课，一方面也应该适合小组合作，并且方便教师快速的走到每一个学生身边。

（三）建立激动人心奖励机制

任何一个学生都需要鼓励，但是我们的老师却常常在这方面不太擅长。我们不太愿意表达对学生的鼓励和肯定，而且我们肯定往往都是学生的学业方面的优点，似乎除此之外，他们一无是处。所以，我们要学习对每一个学生都给予肯定，让他们发现自己的优势，建立信心。同时，我们的奖励应该是真正的具有教育价值的奖励，比如，一节艺术欣赏课，看电影，参观博物馆等，这些具有教育价值的奖励，能够激励他们追求进一步的学习，发现自己的兴趣。同时，这些奖励不应该促进同学之间的竞争，而应该增加他们之间的相互了解和欣赏。比如，琼斯建议给学生一些点心时间，也就是当学生遵守一些规则的时候，奖励给全班同学的一些时间，同学们可以用这个时间来自由活动，看书，做手工等。但是如果有的学生没有遵守规则，则会扣掉全班的点心时间，让学生感受到集体的压力，同时，也能增进学生的团体精神。

四、提高教学效率的课堂教学管理策略

课堂教学管理是为了课堂教学来服务的。提高课堂教学的效率，让学生更好的学习，促进学生积极的参与和思考是课堂教学管理的中心任务。

（一）清晰明了的教学

为了提高课堂教学的效率，教师应该制定清晰的课堂教学目标，安排合适的课堂教学活动，并且应该让学生知道每节课的目的和任务，琼斯建议给学生提供生动的教具（比如模型和图表等），让学生可以参考（金树人，1994）。一些教师会在黑板上写清楚课题，以及这节课学习的主要的内容或方法。近年来，在中小学流行的导学案或者学习任务卡，也是很好的呈现教学重点的方式。除了提供明确的教学目标和任务之外，老师还应该注意保持教学活动之间的流畅性、连贯性，让学生明白教师每一个教学设计背后的意义，这能够增加学生对课程内容的理解。尽管现在多媒体教学可以提供大量生动的案例，但是也不应该过度依赖多媒体，让学生更多的动手操作而不只是观看，更能帮助学生积累学习经验。老师也应该采取一些管理策略来帮助学生集中注意力，提高学生的参与程度，比如，随机点名、随机检查、变化活动的形式等。为了帮助学生更好的理解教师所教授的知识，让学生自己制作思维导图也是一种有效的方法，在制作思维导图的过程中，学生更能建立起知识之间的联系，增进对知识的理解。

👁 **思维拓展**

鲍里奇认为，有效的教学包括以下五种至关重要的行为。

（1）清晰授课——教师在授课过程中口齿清楚不含糊、使要点明确而易于理解，能够清晰的解释概念。

（2）多样化教学——教师能多样性的灵活的呈现教学内容。

（3）任务导向——把多少课堂时间用于教授教学任务规定的学术性学科。

（4）引导学生投入学习过程——让学生参与学习过程的关键不在于学生而在于教师，教师能否让学生参与教学是有效教学的一个指标。

（5）确保学生成功率——学生理解和准确完成练习和任务的准确率高。

——[美]加里·D·鲍里奇. 有效教学方法. 易东平译. 南京：江苏教育出版社，2002：8-14

（二）学会使用肢体语言

课堂教学管理中，肢体语言是一种非常有效的课堂管理方式。肢体语言是指人们用以传达自己感情的各种面部表情和身体动作，如手势、动作、表情、眼神等。有效的使用肢体语言，不但可以解决减少课堂行为问题的出现，也可以提高教学的效率和效果。琼斯认为教师在处理不良行为上浪费了将近一半的教学时间，而且这些不良行为其实主要是随便说话和一般的懒散行为，而这些行为，只有使用有效的肢体语言就能够解决，比如，眼神接触、身体接近、身体姿势、面部表情以及不同含义的手势等。使用肢体语言可以节省很大一部分由于沟通而浪费的时间，又可以避免冲突。老师也可以使用肢体语言促进学生的学习，比如，在课堂上使用高音来引起学生的注意，通过声音的起伏来帮助学生理解情节的变化，通过站立的姿势和表情来表达情感等。甚至一些教师会使用肢体语言来帮助学生记住一些特定的符号，比如，用胳膊做成波浪状来表示约等号等。

（三）快速解决学生的困惑

学生的困惑可能来自很多方面，但这里主要指的是学生在学习上的困惑。琼斯认为教师的个别帮助往往是低效的，浪费了很多时间，而学生在等待过程中又出现了更多的问题行为。他认为教师可以通过三个步骤来完成对学生的帮助：首先，重新安排教室中的座位，使教师很容易走到学生身边；其次，使用生动清楚的教具来提供清楚的范例和指导；最后，学会用最短的时间来帮助学生。怎样用最短的时间来帮助学生呢？1. 赶快发现任何做对的地方并好意的提出。2. 给予直接暗示或建议使其继续下去，比如参考范例中的第二步。3. 立即离开。琼斯认为使用这种方式可以在20秒之内完成对有需要的学生的帮助，而教师应该节省时间来关注那些没有寻求帮助的学生，看他们是不是也有需要。

本章小结

　　传统课堂教学管理过分关注纪律控制、教师权威、强调竞争和统一，本章试图构建以学生的健康成长为中心任务，以和谐的人际关系为基础，以有归属感的环境为保障，以高效的课堂教学为目标的现代课堂教学管理体系。本章从学生成长、师生关系、课堂环境以及教学效率的四个角度来阐述现代课堂教学管理中应该采取的有效策略。

总结 >

Aa 关键术语

课堂管理	课堂教学	课堂教学管理
classroom management	classroom teaching	classroom teaching management

章节链接

　　本章试图说明教师如何能够提高课堂教学的效率，因此，教师需要了解学生的学习方式，并有较好的语言表达和沟通能力，与第四章《多元的课堂学习方式》第六章《智慧启迪的提问》和第八章《声形并茂的语言》的部分内容都有所联系。

应用 >

体验练习

　　1. 课堂教学管理与课堂管理的关系是什么？课堂教学管理包括哪些方面的内容？

　　2. 与传统课堂教学管理相比，现代课堂教学管理有哪些不同的特点？

　　3. 基于现代课堂教学管理的理念，请你结合实例来分析还有哪些策略可以有效促进课堂的和谐和效率？

拓展 >

补充读物

1　杜萍. 有效课堂管理：方法与策略. 北京：教育科学出版社，2008

　　本书将课堂管理作为研究的视角，结合中小学课堂管理的实践，对课堂管理的理论和实践进行了阐述，对"有效课堂管理的策略"进行了研究。通过丰富的课堂管理案例，在分析课堂管理现状的基础上，阐述了有效课堂管理的特点和内容，并结合课堂管理的几个重要环节：课堂常规管理、课堂问题行为管理、课堂情境管理等，有针对性地对提出有效的管理方法和策略，致力于帮助教师在借鉴不同的课堂管理理论的基础上，构建符合自身发展和学生发展特点的有效课堂系统。

2　陈时见. 课堂管理论. 南宁：广西大学出版社，2002

　　本书立足于对现有的课堂的观察和反思，旨在为建构新型的课堂提出一种指引。新型的课堂模式强调课堂互动、基于课堂的交往，打破了原有的对课堂秩序的认识，课堂秩序有了新的内涵与形态。本书的基本线索：课堂的学习——课堂模式——课堂秩序——课堂管理——课堂评价，对上述影响课堂质量的重要因素进行了系统的研究。由此确定为《课堂学习论》《课堂模式论》《课堂秩序论》《课堂管理论》《课堂评价论》五册。本书以实证为基本特点，对现实状况进行了实证性的分析和反思；以变革为基本取向，对未来走向进行了充分的分析说明。本书对于改变人们对课堂的认识和理解、促进现有课堂的变革和新型课堂的建构会有很大益处。

在线学习资源

西南师范大学《课堂教学管理》视频　http://video.1kejian.com/university/yuancheng/27152/

本章概述

本章主要教学目的在于：1．熟悉教学反馈的概念。2．了解教学反馈的基本特征。3．熟练掌握教学反馈的途径与方法。4．知晓教学反馈的分类。5．掌握教学评价的含义和功能。6．熟悉教学评价的类型。7．掌握教学评价的基本方法。

本章的教学内容包括：1．反馈是教学环节的基本组成部分，它直接影响课堂教学的质量，反馈具有准确性、导向性、精确性、多样性等特征。2．教师需要掌握必要的反馈的方法和技能，这些技能包括教学前反馈、观察、提问反馈、学习指导等，这些方法对于教师提供有效反馈尤为必要。3．教学评价是评价者对评价对象相关行为评定判断的一种方法，教学评价具有诊断、激励和改进功能。4．教学评价类型多种多样。无论什么样类型的评价，作为教师必须掌握必要的评价方法，这些方法包括观察、形成性评价和档案袋评价等。

结构图

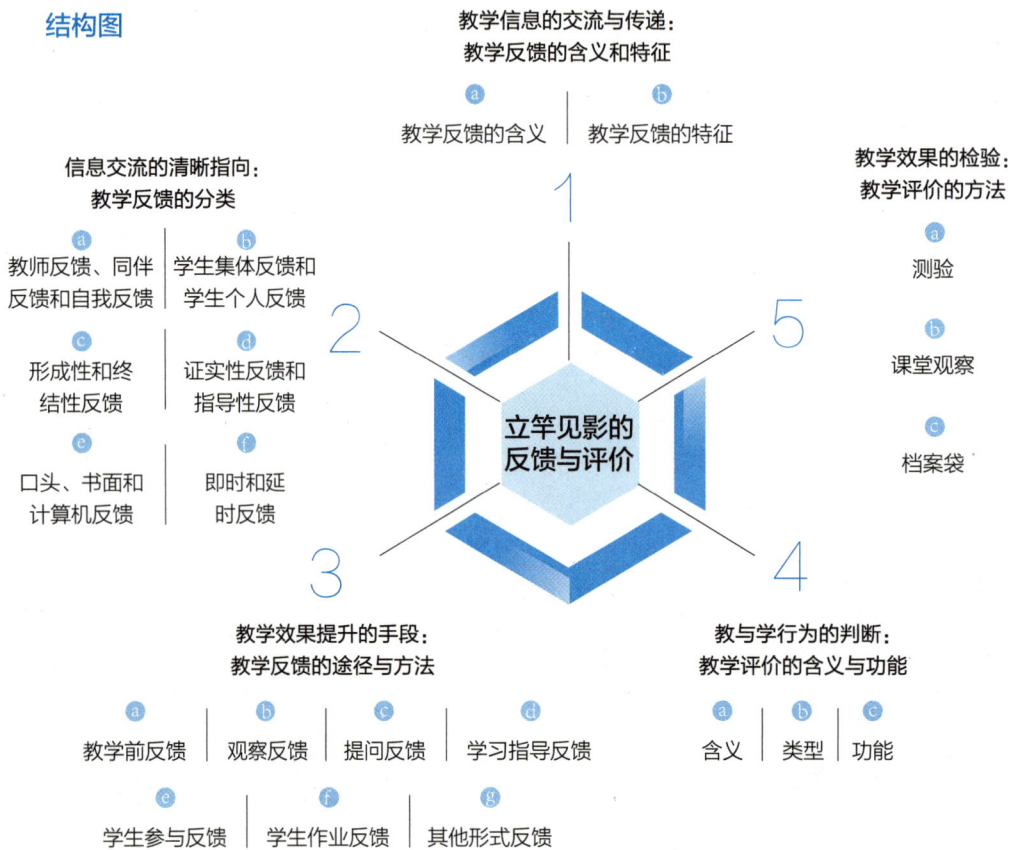

教学信息的交流与传递：
教学反馈的含义和特征
ⓐ 教学反馈的含义　ⓑ 教学反馈的特征

信息交流的清晰指向：
教学反馈的分类
ⓐ 教师反馈、同伴反馈和自我反馈　ⓑ 学生集体反馈和学生个人反馈
ⓒ 形成性和终结性反馈　ⓓ 证实性反馈和指导性反馈
ⓔ 口头、书面和计算机反馈　ⓕ 即时和延时反馈

教学效果的检验：
教学评价的方法
ⓐ 测验
ⓑ 课堂观察
ⓒ 档案袋

立竿见影的
反馈与评价

教学效果提升的手段：
教学反馈的途径与方法
ⓐ 教学前反馈　ⓑ 观察反馈　ⓒ 提问反馈　ⓓ 学习指导反馈
ⓔ 学生参与反馈　ⓕ 学生作业反馈　ⓖ 其他形式反馈

教与学行为的判断：
教学评价的含义与功能
ⓐ 含义　ⓑ 类型　ⓒ 功能

学习目标

1. 掌握教学反馈的含义和特征；
2. 知晓教学反馈的分类；
3. 了解和运用教学反馈的方法；
4. 熟悉教学评价的含义和功能；
5. 掌握教学评价的基本方法。

读前反思

教学反馈和评价是教师获得相关信息、提高课堂效率、实现教与学平衡的重要手段。由于教师对教学反馈与评价缺乏足够的认识，导致反馈和评价低效或者无效。教学活动中"展示型"反馈，"一对一"式的简单反馈，缺乏目的性和层次性的反馈以及单一化的教学评价，使得反馈和评价的功能弱化，甚至背离原有的意图，失去其应有的作用。作为工作在实践一线的教师必须思考：什么是有效的反馈？新课程理念下教学评价的基本理念是什么？哪些评价方法有效？本章将带领学习者正确理解教学反馈与评价的涵义，掌握教学反馈与评价的基本方法。

　　课堂教学活动是复杂的系统，在这个系统中教师借助各种教学手段把信息传递给学生。在系统中，教师既是信息的传递者也是信息反馈的接受者，是整个教学系统的控制中枢。在教学信息传递的环节中，反馈发挥两个方面的作用。第一，指向学生学习。学生不是简单的信息接受者，他要根据自己内在的需要对信息进行加工处理，并将信息传递给教师。学习是一个动态、积极的过程，其间学生通过与学习内容、教师以及同学之间的意义交互来构建和内化知识，学习过程中来自以上要素的信息反馈是推动学生进步的重要因素。[1]第二，指向教师的教学。教师通过反馈信息对自己教学活动情况作出修正和调整，使之更有利于学生的学习。因此，教师正确的反馈行为将会优化教学过程，创设更加生动的课堂教学。[2]因为教学反馈贯穿教学全过程，影响课堂教学的质量，所以教师必须掌握课堂教学反馈技能。

🔍 **案例1**

学生是井底之蛙吗？

　　有位教师让学生根据《坐井观天》的课文内容展开想象，以"青蛙跳出井口"为题，进行说话训练。学生们一个接一个地讲着，内容大多是表述"外面的世界真精彩"的观点。可是，有一位学生却说："青蛙从井里跳出来，到外面看了看，觉得还是井里好，又跳回井里。"话音刚落，同学们便报以大笑，教师也随口笑道："我看你也是一只青蛙，坐井观天。"面对大家的反应，这位处境尴尬的学生红着脸，低着头坐下了。后来她在日记中写出了自己的心声。"青蛙跳出井后，来到一条河边，想喝水，突然，它听到旁边一只老青蛙的警告：'不要喝，水里有毒。'紧接着，它又听到老青蛙被人用钢叉刺死的惨叫声……"多么震撼人心的表达啊！让青蛙跳回井里又有什么不好呢？可是，教师在课堂上却没有给她一个发表自己观点的机会，还在全班同学的面前给她戴上了一顶"井底之蛙"的帽子。

　　在课堂教学活动中，教师要对学生学习活动给予必要的反馈。适当反馈可以促进学生发展，激发学生的学习动机。在本案例中，教师本可以在追问学生真实想法后，再给予反馈。但是，教师恰恰忽略这一点，导致反馈信息出现偏差。通过这个案例，我们会思考什么是有效的教学反馈？教师还需要掌握哪些反馈方法？

　　——耿宏丽. 课堂反馈：现实偏差及矫正. 教育测量与评价，2009（10）

1　史立英，张润. 课堂评价中的信息反馈：形式、问题与实施策略. 黑龙江教育（高教研究与评估），2012（7）
2　叶立君，彭金萍. 教师课堂教学反馈行为存在的问题及化解策略. 当代教育科学，2012（4）

第一节
教学信息的交流与传递：教学反馈的含义和特征

🎯 学习目标

掌握教学反馈的含义；熟悉教学含义的基本特征。

一、教学反馈的含义

反馈一词语来源于控制论，"就是把系统输出量的全部或一部分，经过一定的转换，再送回输入端，从而对系统的输入和再输出施加影响的过程"。[1]而后，反馈理论被应用到多个学科，在不同学科中具有不同含义。管理学视角下的反馈"是关于实际水平和参考水平之间差距的信息，这一信息被用来改变行为。"[2]心理学主要探讨反馈对学习的影响机制：反馈帮助学生明确现有水平和目标水平之间的差距；缓解学生的认知负担；反馈可以纠正不恰当的教学策略或学生的错误认知。

与其他领域不同，教学活动不是简单的师生活动过程，而是师生之间复杂互动的过程。互动效果依赖于课堂教学中反馈活动。从这个意义上说，教学反馈是影响教学效果的重要的手段和条件。根据课堂反馈研究的进展，结合课堂反馈在教学过程中的定位，我们认为课堂反馈是学生在教师的指导下，领会学习目标、掌握学习方法和自主活动后，师生就学习结果的信息进行的交流活动。[3]反馈技能是一种教学行为，是教师在教学中针对学生学习采取的促进和增强学生反应、保持学习方向的活动。

二、教学反馈的特征

根据相关学者的研究，教学反馈具有如下特征：

1. 准确性

教学反馈是信息流动的过程。这种流动指向两个环节：其一，信息由教师流向学生。信息由教师流向学生，指的是学生从教师那里获得学习的信息，这种信息会帮助学生调节自己的学习行为，进而提高学习效果。其二，信息由学生流向教师。当信息由学生流向教师时，教师可以适时关注与教学相关的信息，调整自己的教学行为，提高教学质量。无论教学信息怎样流动，有效教学反馈的一个重要的条件是信息准确性。要保证反馈信息的准确性，教师应该注意以下方面：（1）反馈行为清晰，指令明确。反馈信息能被学生很好地理解的前提是，教师必须使学生能理解自己需要做什么、怎么做。在课堂上，由于

1 郑君. 课堂教学反馈行为类型及其实施原则. 当代教学科学，2010（6）
2 黄显涵，李子建. 建构有效教学的策略：反馈理论. 教育发展研究，2011（4）
3 胡定荣. 课堂反馈的学习理论视角与综合分类. 上海教育科研，2013（3）

老师反馈"不清楚""不准确""不平衡"，使学习者有的仅对错误进行小改动，有的忽视教师反馈熟视无睹，有的甚至对教师反馈抱有敌对的态度。[1]（2）注意学生的个别差异。由于学生存在着个性差异，教师在反馈过程中需要采用不同的方式和方法。如果在教学过程中，过分追求统一，忽视学生的个性，教学反馈就不能发挥其应有的作用，甚至会适得其反。（3）教师要有反馈的意识和能力。对于教师来说，从学生获得的信息准确与否，主要取决于教师的反馈意识和能力。如果没有这种意识和能力，反馈也就无从谈起，因为在教学中有价值的反馈会被看做是"无效的信息"被筛除。教师不能从学生中获得必要的、及时的反馈，教学反馈的调节功能也就成了一句空话。（4）保证教与学理解的一致性。在教学反馈过程中，反馈主体之间的相互理解和认同是保证信息准确的关键因素。教育实践表明，由于教与学双方对有关反馈信息缺乏理解上的一致性，往往不可避免地会发生对反馈信息的不正确或不恰当的反应，结果便直接导致后继教学中的教与学不协调，甚至混乱状况。[2]

2. 针对性

教学要完成的一定的目的和任务，教学反馈能保证教学任务的顺利完成，因此反馈必须具有针对性。在教学活动中，反馈的针对性主要指向两个层面：宏观的教学目的和任务层面，微观层面的教学过程层面。在宏观层面，教师要依据教学目的和任务，有目的、有意识地提供相关的反馈。在微观的教学过程层面，反馈的针对性主要表现为：（1）针对学生学习方法、思维训练的目的与要求，提供相关的反馈信息。（2）针对学生的个别特点，教师提供的反馈信息要体现因材施教的思想。因为"不正确的反馈行为，会导致学生自尊感受损，出现自卑、冷漠等行为的反应，甚至会出现自暴自弃或逆反的行为反应"。[3]（3）针对不同的教学情境，教师提供的反馈信息要有差别。在个别化教学情境中，教师提供反馈信息往往带有明显的"个性化"特点，而集体教学情境要求教师提供的反馈信息具有"共性"的特征。（4）针对不同的教学环节。如果我们把教学环节划分为教学前、教学中和教学后的话，那么教师在不同环节中提供反馈信息也是不同的。在教学前强调准备反馈信息，教学中提供学习状况的反馈，在教学后关注学习结果的反馈。教师只有针对不同的对象、内容、情境和教学的不同过程形成不同的教学反馈，才能保证教学过程的畅通进行并取得预期的教学效果。没有针对性的教学反馈是低效甚至是无效的。[4]

3. 导向性

教学过程作为一个系统，是由教师、学生、教材等诸多子系统组成的，而连接并促使各

1　叶立军，彭金萍. 教师课堂教学反馈行为存在的问题及化解策略. 当代教育科学，2012（4）
2　彭豪祥. 有效教学反馈的主要特征. 中国教育学刊，2009（4）
3　叶立军，彭金萍. 教师课堂教学反馈行为存在的问题及化解策略. 当代教育科学，2012（4）
4　彭豪祥. 有效教学反馈的主要特征. 中国教育学刊，2009（4）

子系统之间相互作用的手段是信息的传递与反馈，它使教学处于不停顿的运动状态，从平衡到不平衡，再取得新的平衡，周而复始，从而使教学系统不断地达到动态平衡。[1]要保持教学系统动态的平衡，就需要借助一定的反馈调节，使教与学双方表现出有效的行为反应。反馈导向性功能对教师教学行为偏差具有一定的纠正作用，当来自于学生反馈为教师所接收，教师根据自己的判断，依据当前的教学目的和任务，及时调节自己的行为，保证教学能顺利进行。反馈的导向性也会对学生的学习行为产生制约作用，通过来自教师的信息反馈，学生会调节自己的学习行为，避免出现不必要或者不适当的反应，从此减少不当或者错误的行为。教学反馈的导向功能为教与学双方划定了一个可以调节的、许可的安全范围，保证双方能在一定范围内进行动态的调整。具体来说，教学反馈的导向性是以教学目的和任务为主线，教与学双方既围绕主线动态波动，又不能偏离其所主导的范围，发挥制约双方行为的功能。正是由于反馈的导向性作用，保证了教师和学生在教学活动中都能按照既定的要求进行。反馈导向性的实现依赖于教与学双方的感受性、自觉性和自制性，自我调节能力。感受是有效反馈的首要环节，因为"要想形成有效的教学反馈首先需要教与学双方能够表现出灵敏的感受性，即善于在复杂多变的教学活动中及时发现与捕捉一些对改进自己教或学有价值的反馈信息"。[2]教师没有灵敏的感受性，就很难捕捉在教学活动中那些需要反馈的信息。学生缺乏感受性，就很难从教师那里获得关于学习方式方面的有价值的信息。此外，教与学双方的自觉性、自制性和自我调节能力也是十分重要的，它是教师和学生有效利用反馈信息，并将其作为自觉行为的基础。

4. 激励性

教学反馈的主要目的不是评判教与学双方的优劣，而是为双方提供一种信息，这种信息具有激发教与学双方动机的作用，从而促使双方积极改进自身的行为。在教学活动中，由于教师提供反馈的内容、方式不同，反馈的效果也会有差异。如果反馈信息强调的是个体的进步和对任务的掌握情况，提供的是有关积极自我效能感的信息，那么反馈对成绩的提高就会产生积极的作用。但是，如果反馈信息过分强调外界的要求和期望，如告诉个体必须达到什么样的标准和水平，就会使人产生被控制感，进而降低对任务的内在兴趣。[3]因此，在教学反馈中教师要运用恰当的反馈形式，发挥反馈的激励性作用。在教学活动中，要想发挥反馈激励性特点，教师需要关注以下方面：（1）尽量提供积极的反馈信息。在教学活动中，学生不可避免具有这种或者那种不恰当的行为，在提供反馈信息时，教师应该掌握信息反馈的方式，尝试把负面的信息变成推动学生改进的动力，而不是一味指责学生的不是。因为，对于评价来说，学习反馈更关注于评价任务的本质、学习者的反应，告诉学习者高质量作品的特

---

1 耿宏丽. 课堂反馈：现实偏差及矫正. 教育测量与评价, 2009（10）

2 谭平，彭豪祥. 有效教学反馈形成的基本心理条件. 当代教育科学, 2011（23）

3 黄文博. 促进学生学习：开发有效的课堂反馈技术. 当代教育科学, 2001（8）

征，对自身学习进步的欣赏，以及达成高标准所需的策略。这种以发挥学生评价责任，激发学生学习动机，从而让学生获得高质量的学业成就的学习反馈，就是发展性学习反馈的核心内涵。[1]（2）尊重学生。教师的课堂教学反馈要以尊重学生为前提，在尊重学生、合理认识的基础上提供相关的反馈信息。不正确的反馈行为，会导致学生自尊心受到伤害，使学生丧失学习的信心，影响学生学习的效果。（3）教师学会正确面对反馈信息。在教学过程中，一些教师或者对课堂上学生的不良反应无所适从，或者因为成绩不理想而恼怒万分，甚至怀疑自己的能力，失去了信心。作为教师来说，重要的不是关注反馈的结果，而是充分利用反馈的导向性，寻找正确归因，采取积极措施改进自己的教学行为。

5. 适时性

反馈信息的适时性主要指教师要根据教学活动的不同内容和类型及时给学生提供反馈信息。我们之所以强调反馈的实时性，是因为在教学活动还存在延时反馈行为，如学生的作业反馈。美国心理学家罗斯通过实验发现，在教学中教师及时提供反馈，可增强学生的学习动机，使学生自觉或不自觉地追求成功带来的愉快体验，避免失败带来的不愉快体验，同时还会使学生确认和扩展自己认识中的正确部分，纠正错误部分，因而教师的反馈在教学中既具有激励功能，又具有校正功能。一般而言，反馈耽误的时间越久，成绩改进就越慢。在教学活动中，强调反馈的适时性出于以下方面的考虑。（1）教学具有一定的情境性。教学活动总是在特定情境中进行，在特定情境中会形成某些特定的行为。教师在特定的情境中，根据需要，及时把信息反馈给学生，或者及时获得信息，更有利于改进教学。（2）教学是有序的活动。在教学活动中，如果教师没有针对相应的环节提供反馈信息，导致学生形成错误或者不适当的行为，就会影响整个教学活动的进行。因此，教师提供事实的反馈信息，可以促使学生改正错误，保证教学活动顺利进行。（3）学生学习的延续性。学生的学习是一个连续的过程，如果学生学习没有获得正确反馈信息，学生错误的观念和行为往往得不到矫正，就会影响学生后续的学习。教师如果不能够做到及时地提供必要的反馈信息，反馈的滞后会使学生取得最佳成绩难上加难，而且一般地说会造成学生摇摆不定的行为。[2]

6. 多样性

教学往往因其影响因素多样性和教学情境、环节的变化性而使整个活动显得极其复杂，而要想充分利用一切有益于教学的因素和条件，顺利而有效地完成其活动任务，需要师生双方从多种途径获取各种反馈信息。在内容上包括知识性结果的反馈、方法性策略的反馈和思想鼓励性反馈；从形式来看，有言语、非言语、操作性反馈；从其反馈的进程看，有即时反馈和延时反馈。这些都是反馈多样性的表现。在教学反馈中，对学生反馈的途径也是多模式

1　黄文博. 促进学生学习：开发有效的课堂反馈技术. 当代教育科学，2001（8）
2　勒尔·克雷格. 策略性思维. 黄远振译. 沈阳：辽宁教育出版社，2002：241

化的，学习反馈可以来自于教师，也可以来自家长或同伴，或者来自于学习目标，也可以是学生自主反馈。因此，最有效的反馈应该是来自不同人群（包括来自自身）的即时、具体、多模式、多渠道的反馈。[1]有效的教学反馈应该体现在师生双方能根据实际的教与学活动的需要，有效地利用好各种获取反馈信息的方法，从对方那里获取更多的有助于改进教与学的方式，有益于取得最好教学成效的各种反馈信息，而狭隘与单一的反馈是不能够真正满足教学活动的需要的，这样的教学反馈往往是低效或无效的；只有具备了多样性的反馈，才能更好更有效地适应复杂多变的教学活动的需要，才是有效的反馈。[2]

第二节
信息交流的清晰指向：教学反馈的分类

🎯 **学习目标**

了解教学反馈的分类；在课堂教学实践中学会理解和运用不同的分类。

在教学活动中，根据课堂教学信息交流活动的要素，我们一般把教学反馈分为如下几类：

一、教师反馈、同伴反馈和自我反馈

在教学活动中，反馈的主体是多元的，因此，依据反馈的主体我们把反馈分为教师反馈、同伴反馈和自我反馈。不同反馈主体扮演的角色不同，发挥的功能也会有一定的差别。由教师提供的反馈具有权威性，但容易压制学生的主动性，导致学生被动接受教师的反馈信息；由同伴提供的反馈容易为学生理解和接受，但在学习结果出错的情况下，会让学生感到自尊心受到威胁；由学生自己提供的反馈能调动学习主动性，但学生的能力有差异，低成绩的学生往往难以发现学习结果存在的问题和原因，提不出有针对性的改进措施。[3]

二、学生集体反馈和学生个人反馈

课堂教学信息交流活动是由主体流向客体，而在教学活动中课堂反馈信息的接受者一般指

---

1 黄文博. 促进学生学习：开发有效的课堂反馈技术. 当代教育科学，2001（8）
2 有彭豪祥. 有效教学反馈的主要特征. 中国教育学刊，2009（4）
3 胡定荣. 课堂反馈的学习理论视角与综合分类. 上海教育科研，2013（3）

学生集体和学生个人。教师可以面向学生群体提供有效的课堂反馈信息，这种信息是一种共性的信息，有助于全班同学了解，其致命缺陷在于缺乏针对性，忽视个别差异。当教师面对学生个体，为其提供反馈时，教学反馈就体现了"个人化"的特点，它可以顾及学生的个别差异，针对性比较强。但是，针对学生个人反馈最大的缺陷在于增加教学负担，影响整体教学进度。

三、形成性反馈和终结性反馈

教学反馈带有明显的目的性，根据反馈的结果指向，人们把教学反馈分为形成性反馈和终结性反馈。形成性反馈主要关注学生的学习过程，强调在过程中给学生提供反馈信息，并改进学习者学习的过程。形成性反馈具有确定性和精致性的特征。形成性反馈一方面可以促进教师及时调整和改进教学；另一方面可以有效地帮助学习者强化正确、改正错误、找出问题所在、改进学习方法，促进学生的自我提高。终结性反馈，主要依据学习结果对学生进行分类，确定学生的位置和名次，带有明显的"筛选"意味。终结性反馈的优势在于：教师能很好了解学生集体学习情况，以便采取措施对学生分类和矫正。

四、证实性反馈和指导性反馈

反馈总要指向一定的内容，按照反馈的具体内容可以把反馈分为证实性反馈和指导性反馈。证实性反馈是一种关注结果正误的反馈，由教师直接给学生提供相关信息。证实性反馈简单明了，没有烦琐的说明，有助于提高反馈的效率。但是，由于证实性反馈提供的信息有限，不利于学生改进和矫正。指导性反馈除了给予学生正误的信息外，还注重说明学生产生错误的原因以及具体的改进措施。指导性反馈提供了相应的信息，但是由于信息过多，需要学生认真辨识，这样难免增加学生的认知负担。

五、口头反馈、书面反馈和计算机反馈

依据课堂反馈信息的交流手段，我们可以把反馈分为口头反馈、书面反馈和计算机反馈。口头反馈是教师直接把反馈信息提供给全班学生和个别学生。口头反馈能很好地发挥教师口语的作用，容易为学生接受，在课堂上不受条件的限制，容易发挥师生互动交流作用。口头反馈具有即时性的特点，信息不易保留，反馈结果受学生理解和记忆能力的影响，存在主观性。书面反馈和计算机反馈，是教师通过作业、计算机直接把信息反馈给学生。与口头反馈相比，书面反馈和计算机反馈便于学生保留信息，因为是延时反馈，所以在某种程度上能提高反馈的客观性。但是，书面反馈和计算机反馈的最大缺陷是师生缺乏互动性，不利于教师和学生进行深入的交流。

六、即时反馈和延时反馈

　　根据教学反馈的时间，我们可以把教学反馈分为即时反馈和延时反馈。所谓即时反馈就是当学习者的行为呈现后，立即给予学生反馈。及时反馈的作用在于：学生能及时了解自己的学习状况，减轻认知负担，增强信心。即时反馈能保持知识映象的连续性，增加调节的精度，有利于学生思维灵活性的培养。[1]但是如果及时性反馈运用不当，或者反馈信息不正确，及时性反馈就会干扰学生的学习活动。延时反馈是学习者完成一定的任务，教师在一段时间内再给予信息反馈。延时反馈要有计划性，因为有计划地采取延时反馈，有利于学生思维完整性的发展。但是，延时反馈的时间过长，且难于与当时情境相结合，学生的学习得不到及时的反馈，这在一定程度上造成学生学习困难，影响学生的后续学习。

第三节
教学效果提升的手段：教学反馈的途径与方法

学习目标

掌握教学反馈的基本途径与方法；明晰教学反馈的基本方法，并在教学实践中加以运用。

　　真正运行良好的课堂教学反馈机制不是外部规定的结果，而是教师个体出于改良教学、实践其教学理想的强烈愿望，进而积极主动建构的结果。基于此，对教学和学生发展具有责任心的教师不是被动地从学生的学业成绩和同行的例行评价中获取反馈信息，而是积极地多方寻求包括学生、同事以及专家学者在内的其他各类群体对自身课堂教学的评价，并且在日常的教学行为中敏感地关注学生的发展需求及学生对教学的反应与感受，进而从中提取改进教学的反馈信息。[2]要做到这一点，教师必须掌握教学反馈途径与方法。

一、教学前反馈

　　教学前反馈就是教师在教学活动前做好学生相关信息收集工作，以便在后续的教学中进行适当的处理，把差错消灭在萌芽中。教学前反馈的形式有两种：备课和教学前准备。在备

1　冷岳峰，赵丽娟. 教学反馈信息的功能与利用. 辽宁工程技术大学学报（社会科学版），2011（7）
2　王凤春. 课堂教学的即时性反馈与反思：教师专业成长的有效途径. 教育科学研究，2007（4）

课过程中，要对学生的情况有充分的了解，在课程设计时采取相应的措施。因此，备课中进行的反馈带有明显的预设性质。教学前的反馈是教师在教学前通过提问、导入等环节对相关问题进行收集，并进行仔细分析，在教学过程中注意问题的反馈情况，并及时作出处理。教学前反馈能防患于未然，是提高系统运行稳定度的好办法，但运用时需要丰富的经验。[1]

🔍 案例2

一个炎热的下午，教师走上讲台后。

班长喊："起立。"

同学们一起说："老师好。"

老师说："同学们好。"

（声音洪亮，语气加强，沉默一会的同时，眼光敏锐地从教室的左边扫到右边，再从右边扫到左边；从教室的前边扫到后边，再从后边扫到前边，目的是看看同学们学习的精神状态如何，结果依然发现许多同学由于天气燥热，注意力不能集中。）

老师："同学们，全体再次起立，两脚与肩同宽，双手自然垂落，两眼微闭，再深呼吸，……"

（依据获取的有效反馈信息，采取了补救措施）

直至他认为学生注意力能较好集中了，才让学生坐下，开始讲课。

——张海珠. 教学技能. 北京：北京师范大学出版社，2013

二、观察反馈

课堂是一个充满活力的场域，在这个场域中，由于主体从事的活动、内容、形式和主体个性的差异，主体在教学中的反应也会不同。课堂观察是教学反馈的重要途径之一。因此在观察反馈中，教师要观察的内容主要有：

1. 学生的表情

学生的眼神包含很多信息。眼神是心灵的窗户，学生内心衷情、心中隐秘总会自觉不自觉地在自己复杂多变的眼睛中流露出来，学生眼神的一送一返一顾一盼都传递着相当丰富的信息内容。[2]当学生在回答问题的时候，学生在交流时，学生在认真听课的时候，学生的眼神都会表达丰富的信息。教师要学会从学生的眼神中获得必要的信息，及时调整教学，提高

1　吴中江. 试论教学反馈的概念及其分类. 华南师范大学学报（社会科学版），1989（2）
2　李永东，胡淑珍. 教学信息反馈试探. 湖南师范大学社会科学学报，1995（2）

课堂教学质量。学生在听课过程中表情也会给教师很多的信息：学生情绪饱满，专心致志时，表明师生思维同步；若学生表情困惑时，说明思维受阻，教师应及时作出矫正处理。因此，课堂中看似随意的反馈交流，其实蕴含教师极大的教学智慧。[1]

2. 学生的体态

学生的体态身势语如姿态、手势、动作等传递重要的反馈信息。教师要善于发掘学生体态身姿语与教学效果的内在联系。如学生眼神处于游离状态，或者表现出疲劳行为，很可能源于教师的教学缺乏吸引力，或者学生思想不集中。教师如果善于捕捉这些教学活动中的潜在信息，就能将自己的教学升华到另一境界。

3. 学生的声响

学生的声响也能从不同程度上反映学生的学习状况。学生在课堂上往往因为听不懂教师讲授的而处境不自然时，常会发出这样或那样的声响来调整自己的心理。教师应该随堂加强对学生声响的反馈与控制。一般说来，当学生认真听讲时，课堂内鸦雀无声；当学生积极参与时，或是一片轻松笑声；学生听不懂、不耐烦、或者遇到障碍时，常会低声耳语、摆弄书、笔或碰撞移动桌椅而发出声响。所以，教师要善于从这些音响中获取有效的信息，并及时作出反馈。

采用观察反馈，教师必须掌握一定的技巧。首先，教师要掌握观察的方法。一般而言，教师在课堂观察中采用的方法主要有环视、点视和虚视法。其次，运用体态语和有声语言及时给予学生反馈。教师的表情、眼神、动作、手势等态势语言无不蕴含特殊的意义，教学过程中运用恰当，此时无声胜有声的效果便应运而生。[2]有声语言在给予学生的教学反馈的同时也发挥重要作用，教师用简洁的语言赞扬、鼓励，对学生来说都是一种极佳的反馈方式。教师在教学活动中，通过察言观色，通过行为的关注，及时给予学生反馈，更好地促进学生的学习和发展。

三、提问反馈

课堂提问是教师了解学生、获得相关反馈信息的一种有效方式。对学生回答的反馈直接关系到提问目的是否达到，教学任务是否完成。从某种意义上说这种反馈是一种即时的、现场的评价，比起其他的评价方式，它能即时地让学生认识、了解、提高和发展自己。[3]教师在利用课堂提问时，应该掌握具体的提问方法，教师最常用方法是直接提问。提问反馈活动中教师学会正确的理答，给予学生积极的反馈或者强化。在提问活动中，教师一般会采取如下策略：

第一，提示。学生回答问题错误或者所问非所答时，可以采用提示策略。提示策略包括重复（或者探问），激励，追问，转问，归谬等。当学生对题目理解不清楚或者没有回答正确

---

1 王远庸. 有效课堂还需有效反馈. 教学与管理，2011（3）

2 李锡琴. 学习反馈类型举隅. 中小学教师培训（小学版），1997（5）

3 蒋丽. 课堂提问反馈艺术. 教学与管理，2008（1）

问题后，教师可以采用重复或者探问策略，降低问题难度，分解问题，为学生提供可以回答问题的线索。如果学生对题目理解有误，或思路不清晰，教师可通过适当提示和鼓励性的话语，从已知确定的问题，帮助学生理清思路，一步步将其引向正确的答案。[1]转问是学生回答问题后，教师将同一个问题转问其他学生。追问是学生回答问题后，对学生进行深入的提问。

第二，补充策略。当教师提问，学生回答不完整时，教师往往采用补充策略。补充策略，包括续接、转引和探究。续接是在学生语言表达有障碍时，教师可以通过提示关键词，接通学生思路，帮助其补充完善回答。转引是学生回答不上问题时，通过其他同学介入，共同解决问题。探究要求学生提供更为详尽的信息。探究具有以下优点：[2]① 可避免学生仅做表面回答，浅尝辄止，将低层次的问题升级为高层次的问题。② 鼓励学生挖掘题目背后的含义，扩充学生知识面，促进学生多维思维的发展。③ 能够发展学生的迁移能力，建构知识，促进知识的系统综合。④ 探究使教师了解学生的思维过程，帮助诊断学生的学习困难，采取针对性补救措施。

第三，等待。在课堂提问过程中，教师要给予学生等待时间：第一等待时和第二等待时。罗尔发现在大多数的课堂中教师的等待时间不足一秒。增加等待时间3秒，会产生如下影响：学生回答问题的长度增加，正确性上升；特别对那些反应慢的学生，不能回答的情况减少；主动、自发的回答增加；参与问题讨论的积极性提高；交流增加。停顿的时间与问题的难度成正比，对知识、理解、应用等低层次的问题，停顿时间可稍短；而对于分析、综合、评价等高层次的问题，停顿时间可稍长。[3]

第四，评价。评价是教师在学生回答问题时，应该给予积极的回应。在评价时，教师形成一个等级系列，尝试要学生学会自我评价，提供拓展材料以及采用引用式表扬方式。评价要尽量避免简单的对错评价方式。教师向学生提供恰当的反馈能够帮助学生明确自己的学习状态，促使学生及时调整或改变自己的学习方法和策略。恰当地反馈对提高学生的学习能力，促使学生学会学习有着重要的意义。[4]

教师在对学生提问反馈中还要具备一种机智的敏感性，机智使得"一个真正的老师知道如何去"看"孩子——注意一个害羞的表情、一种情绪的流露、一次期待的渴望。真正的'看'不仅仅是用眼睛……"[5]

1　蒋丽. 课堂提问反馈艺术. 教学与管理，2008（1）
2　同上
3　同上
4　刘冬，高峰. 课堂反馈：走出简单评价的困境. 现代中小学教育，2008（4）
5　蒋丽. 课堂提问反馈艺术. 教学与管理，2008（1）

四、学习指导反馈

学习指导反馈是教师通过反馈加强对学生学习的指导。教师在教学过程中，针对学生学习的状况，观察得到的学生信息，对学生学习给予必要的指导。运用学习指导反馈时，教师要关注以下方面：注意信息的准确性；分析和研究反馈信息；提高信息的深刻性和针对性；及时反馈。

五、学生参与反馈

在课堂教学活动，学生参与状况直接影响教学效果。学生参与反馈就是在教学活动中，教师要调动学习的积极性和主动，使学生自觉参与到学习过程中，主动向教师提供反馈信息。在学生参与反馈中，教师首先，要调动学生学习的积极性；其次，帮助学生改进学习方法；最后，及时引导。

六、课堂作业反馈

作业反馈是课后的一种教师行为，是教师对学生学习后完成作业的一种评价，更是对学生前期学习的评价，还会影响到学生的后继学习。[1]作业是检验学生课堂学习效果的一项重要的活动。在教学活动中要重视课堂作业反馈。在作业反馈中教师要对作业给予正确的评价，在作业反馈中，要尽量避免简单对错和或者分数的评价。作业反馈要通过恰当的书面语言，使学生明确作业好在哪里，有什么缺点，这样才能发挥作业反馈的功能。在作业反馈过程中，教师要及时反馈，对存在共性的问题进行集体反馈。

七、其他方式

教学反馈还可以采用修正、概括、转移、辅导答疑反馈，教学环节反馈，多种活动反馈。当然，课堂总是千变万化的，不存在一种固定的反馈策略能适应各种课堂状况。但是，只要教师对课堂反馈有清楚的认识，并重视发挥课堂反馈的作用，就可以根据实际情况灵活运用策略，走出简单评价的困境，最大限度地实现课堂反馈的意义和作用。[2]

1　王婷婷. 关注作业反馈，促进有效学习. 现代中小学教育，2012（3）
2　刘冬，高峰. 课堂反馈：走出简单评价的困境. 现代中小学教育，2008（4）

第四节
教与学行为的判断：教学评价的含义与功能

一、教学评价的含义

所谓的教学评价是评价者根据一定的目的和指标对教学过程及其结果做出的判断。在新课程理念下，教学评价价值观发生了根本的转变。即传统知识和能力本位的价值观转向以人格和谐发展为主的文化价值观。在新的价值观的指导下，教学评价在三个方面展现自己的特征[1]：首先，在对学生的评价上，现代教学理论努力构建旨在促进学生素质全面发展的发展性评价体系。它不仅对通过语言、数理逻辑等学习活动表现出来的理性精神能力仍给以极大的关注，而且通过建立新的评价指标和改革评价方法，发现、发展通过艺术、活动等途径展现出来的其他方面的潜能。其次，在对教师的评价上，以发展性教学观为指导，以促进教师的教学水平不断改进为目的，强化教师对自己的教学行为的自我分析和改进，建立以教师自评为主，同时有学校领导、教师、学生、家长共同参与评价教师的制度及与之相应的评价体系。最后，在对教学活动的评价上，以充分调动教学双方的主动性与积极性为原则，力求为教学双方在教学活动中展现自身潜质提供时空条件，构建与之相应的评价体系和方法。因此，新课程理念下的教学评价对象指向教与学，也就是在评价活动中既要考查教师教的效果，又要关注学生学习的结果。所以，评价应该考虑三个方面的内容：1. 价值标准；2. 信息收集；3. 评价方法。

增值评价

传统测验主要通过学生的考试分数来评价学生的学习水平，也用于检验学校和教师的教学质量。但是，影响学习成绩的因素是多方面的，目前得到认同的有学生/个人及家庭背景变量，例如，性别、年龄、是否转学、特殊教育需求、父母文化程度、家庭经济条件等；学校背景变量，例如生源特点（贫困学生的比例，低学业成就学生比例等）、办学条件、教育投入、学校管理等。这些因素是测验无法衡量和考虑的，因此田纳西州立大学的威廉·桑德斯教授在20世纪80年代后期研究提出增值评价，试图加以克服。

增值评价要求通过具有较高信度和效度的测验，收集每年全校所有年级、所有学生的相关测验分数；要求每次成绩测验的题目必须是新的且没有冗余，而且，每次测验题目必须具

1　李定仁，刘旭东．教学评价的世纪反思与前瞻．教育研究，2001（2）

有同等难度和良好的区分度，即区分高学业成绩学生与低学业成绩学生。

增值评价是以学生的测验分数为基础，比较数据库里几年的测验结果，用来预测学生的进步分数，于是每位学生之前的学业进步情况就成为其未来成长的比较标准。新的考试成绩同学生前几年的测验分数综合起来，在班级、学校和学区范围内进行分析。教师任教班级学生的平均进步分数，和学校、学区、全州及全国平均进步分数的比较，可以判断教师的效绩。

——王维臣主编. 现代教学——理论与实践. 上海：上海教育出版社，2012

二、教学评价的类型

在教学评价中，由于分类的标准不同，评价的类型也不同，常用的评价类型有：

1. 依据主体分类

在教学评价中，教师、学生、同行、学校管理人员和家长都可以作为主体积极参与评价活动。依据主体不同，我们把评价分为教师评价、学生评价和同行评价。教师评价是教师作为评价的主体对评价对象学习行为判断评价的一种方式。因为教师在课堂教学中扮演参与者、组织者的角色，所以教师对学习者的学习行为有比较深入的了解，搜集的信息较多，评价的准确性相对较高。但是当我们把教师作为唯一的主体时，教师评价也存在主观臆断、缺乏全面性的危险。学生评价是学生作为主体对评价对象进行判断的一种的方式。学生评价的对象可以指向自己，也可以指向教师。学生参与评价，能激发学生学习的积极性，能使是学生更好发现自身的不足，从而主动改进学习。同时学生对教师评价，也可以作为衡量教师教学水平的参考。同行评价是指教师同行和学生同伴共同作为评价的主体对评价对象进行判断的一种方式。同行评价，有助于促进和改善彼此之间的关系，更有利于教师和学生社会性的发展；同行评价可以弥补教师评价和学生评价的不足，使教学评价的结果更加客观公正。

2. 依据性质分类

在教学评价过程中，根据人们持有的方法论，评价分为科学主义取向和人文主义取向。持有不同取向的人采用不同的评价方法。一般而言，持有科学主义取向者多采用量化评价，而秉持人文取向的评价者会采用质性评价。量化评价是对评价对象定量分析后，制订出量化标准，并按照标准进行价值判断的一种方法。量化评价重视实验方法，要求评价的参与者保持价值中立，主张搜集分数等定量的材料。质性评价是在自然情境中，评价者和评价对象进行互动，搜集相关信息，进而进行评价的一种方法。与量化评价相比，质性评价关注的具体情境，尤其是自然的情境，主张评价者与实际情境的交互作用，重视定性的材料的搜集。

3. 依据不同参照标准的分类

根据评价的参照物，教学评价可以分为相对评价、绝对评价和个体内差异评价。相对评价是评价者在个体内部寻找评价的标准，将个体与之比较得出个体相对位置，分出优劣。绝对评价是评价者在团体以外确定评价的标准，并以此标准对评价对象进行评价。个体内差异评价是将个体的过去与现在做比较，或者比较个体的不同层面。三种评价方式各有优劣，相对评价可以是学生认清群体的位置，但是等级划分容易导致学生产生焦虑感，丧失信心。绝对评价的目的性、操作性和实用性强，但是重视成果，忽视过程。个体内差异评价能使评价对象对自己有充分的了解，但是客观性难于把握。

4. 依据教学阶段分类

根据评价在不同阶段的位置不同，教学评价可以分为诊断性评价、形成性评价和终结性评价。诊断性评价是在就教学活动开始前对有关情况的评价，它可以为教师教学活动做好充分的准备，可以看做是教学活动的前奏。形成性评价是一种过程性评价，它关注教育教学活动过程，通过对活动过程检查，为学习的改进和完善提供反馈。总结性评价是教学活动结束后进行的一种评价，是对最终结果做出的价值判断。

三、教学评价的功能

1. 教学评价的诊断功能

尽管教学评价的类型多种多样，评价的侧重点有所不同，但是其主要目的是查找教学活动中的问题，寻找相关的原因，更有利于改进教师的教和学生的学习。教学评价的诊断功能体现以下两个层面：第一，为个体提供参照。在教学活动中，不同主体从事的活动不同，相关的要求也就不同。教学评价可以为个体行为提供必要的参照。对于教师来说，通过评价可以找出自身在教学活动中的不足，以改进教学；对学生来说，通过学习评价找出自身存在的差距，积极主动调节自己的学习行为。第二，为教学过程高效、有序进行提供参考。教学是有序的活动，每个环节都有着紧密的联系。教学评价活动，通过对教学过程的评价，诊断教学过程中存在问题，督促教师进行调整，以保障教学活动能有效进行。

2. 教学评价的改进功能

在新课程理念下，发展性评价认为："评价的根本目的在于促进评价对象的发展，克服评价过于强调甄别与选拔功能的倾向，它立足现在，回顾过去面向未来，主张根据过去的基础，现在的状况，确定评价对象发展的可能目标需求"。[1]在发展性评价看来，教学评价必须发挥改进功能。教学评价的结果不仅为教师了解教学状况提供了大量的反馈信息，使教师根据反馈信息对原来的教学设计作出必要的、适当的、及时的调节，以取得最佳的教学效果；而且为学员了解自己的情况、自己和别人的差距等提供了直接的反馈信息，学员就可以根据反馈信息自觉地、有意识地进行反思，对自己的学习态度、学习方法等进行自我调节、自我

---

1 周智慧. 发展性教学评价的内涵及其理论基础. 内蒙古师范大学学报（教育科学版），2004（8）

完善，以便达到自己的预定目标。[1]

3. 教学评价的激励功能

　　合理有效的教学评价能激发评价对象的内在动力，促进评价对象的发展。马斯洛认为人的需要是划分为不同的层次，其中自我实现需要对个体来说至关重要。在教学活动中，无论是教师还是学生，都渴望获得他人的认同，实现自我价值，获得成功的体验，具有自我成就感。评价使被评价者看到得失与成败、成功欢乐能增加被评价者的努力和信心，而失败的教训更能帮助他们明确改进方向，激发出更旺盛的斗志。[2]在评价活动中，被评价值者对评价的结果会有不同的感受。对学生来说，肯定的评价会使学生具有成就感，从而更加努力学习。而否定的评价也可以使学生认清自身存在的问题，将其转化为学习的动力。对教师而言，积极的评价是对教师自身工作价值的肯定，否定的评价使教师进行科学反思，进而改进自己的教学。因此，教学评价要发挥激励作用，必须在肯定和否定之间保持必要张力，以保证评价发挥积极的作用。

第五节
教学效果的检验：教学评价的方法

🎯 学习目标

熟悉教学评价的基本方法；能熟练掌握几种常见的评价方法，并在教学中加以运用。

一、测验

　　测验是教学评价最常用的方法，测验的类型主要包括：口头测验、纸笔测验、操作测验和标准化测验。测验最为关键的是测试题的编制。一般来说测试题类型可以分为主观题和客观题。主观题有自由应答型和部分限制型。自由应答型一般包括论述、作文、翻译、计算、作图题。部分限制型包括简答、填空题、画图、改错。客观性题目包括选择题、是非题目和匹配题。在试题编制过程中教师需要注意几点：第一，把握好编制原则，不同的类型有不同的编制原则。第二，知晓编制程序。试题编制的一般程序为：评价目的——确定目标——编制双向细目表——编写和修订试题。第三，做好试题分析。试题分析的具体操作程序为：[3] 1. 制作、分析班级总体数据分布表；2. 制作、分析每道题目数据

1　王凤，刘勇．论现代教学评价的功能与特点．西南农业大学学报（社会科学版），2005（2）
2　王维臣．现代教学——理论与实践，上海：上海教育出版社，2012：114
3　彭小明，郑东辉．课堂教学技能训练．北京：高等教育出版社，2012：189-190

分布图表；3．分析不同群体在某一突出问题上的总体得分情况；4．比较学生的典型表现与题目要求。第四，正确认识测验。在测验中，客观题能检验学生对事实知识的掌握程度，不足在于编制量大，难以充分体现学生的能力。主观题的优势在于能很好检测学生的高水平的能力，试题编写花费时间少，其缺陷是覆盖面小，检测结果受学生掌握程度和评分者主观因素的影响。

表11-1 试题类型的比较

分类 知识再现方式	主观性试题	客观性试题
知识再现形式	再现型	再认型
问答方式	自由应答	固定应答
内容与效度	题量小，覆盖面小 内容效度较低	题量大，覆盖面较广，内容效度高
适用范围	能测量高层次认知目标，有利于特殊人才的发现和个性培养，能测量应试者的独到见解和对问题创新探讨	效度较高，适用于测量知识，理解、应用、分析几个较低层次分明的认知目标，不易测量高层次目标，如发散思维，独创精神、文字表达等
命题难易	较简便，省时省力	难度较大，技术、专业性强，耗时费力
影响结果的因素	应试者的文字表达能力	不受文字表达能力的影响，试题标准明确
所能反应的信息量	能教清晰反应解题过程，能鉴别应试者对于问题的解决程度	看不出应试者解决问题的具体思路，只看结论，掩盖了会与不会的界限
试题及评分标准	试题标准教复杂，评分不易客观一致，易受主观因素干扰	评分客观
阅卷效率	评阅者专业要求高，不能用机器阅卷，工效低	可以用机器或者非专业人员评卷，工效高
可猜测性	没有猜答案的机会	有猜答案的机会

资料来源： 施良方，崔允漷．课堂教学的原理、策略与研究．上海：华东师范大学出版社，1999

二、课堂观察

所谓课堂观察是指研究者或观察者带着明确的目的，凭借自身感官（如眼、耳等）以及有关辅助工具（观察表、录音录像设备等）直接或间接（主要是直接）从课堂情境中收集资料，并依据资料作相应研究的一种教育科学研究方法。它引入了定量观察的理论与技术，对课堂教学开展相对科学的定性与定量的评价。[1]课堂观察具有实践性、互动性、模仿性和互动

1　周兴文，高华，朱行建．课堂教学评价：基于课堂观察的视角．天津市教科院学报，2011（4）

性特征。课堂观察改变传统的听、评为主的评价方式，使得教师对课堂教学的评价更全面，更真实。课堂观察不仅有助可住课堂文化建设，提升教学品位，而且有助于实现教师间的知识共享，提高教学水平。课堂观察包括三个环节：课前会议，主要任务是熟悉课堂情况，分配任务；课中观察，主要是感受情境，诊断教学效果；课后会议，汇集经验，提升智慧。

三、档案袋评价

表现性评价

表现性评价通常要求学生在某种特定的真实或模拟情境中，运用先前所获得的知识完成某项任务或解决某个问题，以考察学生知识与技能的掌握程度，或者问题解决、交流合作和批判性思考等多种复杂能力的发展状况。表现性评价认为，学习活动的价值既可以通过现实情境来表现。概括起来说，表现性评价的具有如下特点：1．强调任务的真实性和实际性；2．重视评价学生的实际操作和解决问题的能力；3．重视学生学习的个性；4．促进学生自我决策、自我负责；5．评价主体多元；6．强化沟通与合作学习能力；7．对学习结果和学习过程并重。任务在表现性学习中扮演重要的角色。表现性任务是围绕学习目标而设计的复杂的作业或者活动，一般分为限制性表现性任务和扩展性的表现性任务。在任务设计时一般遵守下列原则：与认知学习技能目标匹配；综合应用知识和技能；清晰展现过程与结果；任务应该是真实的。表现性评价的具体步骤为：确定目标——确定评价重点——确定可能形式——提供适当情境。表现性评价的优势不仅在于自然真实，而且也能实现纸笔测验无法完成的复杂学习结果，并且可以完成对学习过程的考查。其不足在于教师很难形成一致的标准，耗费时间，需要精心设计。

——赵德成，卢慕稚．新课程与学生评价．北京：高等教育出版社，2004

档案袋评价是通过有目的的收集教师和学生在教学、学习活动中的各种具有代表性的作品，对教师和学生成就或者成长过程进行记录，并进行相关评价的一种方式。档案袋评价是一种质性的评价，它比较关注过程，重视个性，着重强调过程对被评价者的价值。档案袋评价类型可以分为成果型、过程型和综合型。档案袋评价使用领域非常广，它既可以适用于学科领域，也可以运用于学科整合领域，还可以运用于社会实践领域。一般而言，教师在制作和使用档案袋时，应考虑以下问题：1．教师在要求学生制作档案袋之前，需要考虑教学目标与评价之间的联系。2．教师在使用档案袋评价方法时，需要考虑基于档案袋评价的基本方法和理念是什么。3．在制作档案袋之前，教师要研究课程目标，再把相应课程目标具体转化为档案袋评价的目标要素，以界定重要的表现或学生需要达成的学习目标。4．制作结构性较强的学习档案袋，还要把评价目标要素转换成档案项目。5．制定档案袋评价标准、设计评价单。为了追求教育评价信度和效度，教育人员可事先制定档案袋评价标准。档案袋评价虽然有很多的优点，但是它也有一定的局限性。这种局限性表现在：投入的人力和物力比较多，需要花费教师大量的时间和精力，增加教师的工作负担；学生对档案袋的兴趣很难保持长久；标准化程度低，很难保证效度。因此，教师在运用档案袋进行评价时，应该对其有正确的认识，合理使用，发挥其最佳效益。

　　积极有效的教学不仅要促进学生知识水平的提高和认知结构的完善，即掌握知识的"量"和"质"的同时提高，还要促进学生在掌握知识过程中实现内在精神生活的充盈、情感体验的丰富和价值观的确立。[1]在教学活动过程中，教师要善于利用反馈和评价技能，提高课堂教学质量，促进学生发展，提升教师的实践智慧。

本章小结

　　反馈技能是一种教学行为，是教师在教学中针对学生学习而采取的促进和增强学生反应，保持学习方向的活动。有效的教学反馈能为师生提供清晰的信息，具有明确的指向性和针对性，体现激励师生的功能，提供适时的信息，有助于教师从多个方面获得信息。依据不同的划分标准，教学反馈具有不同的分类。按照主体可以分为教师反馈和学生反馈，依据信息接受者可以分为学生集体和学生个人，按照结果可以分为形成性反馈和终结性反馈、按照具体内容可以分为证实性反馈和指导性反馈，按照手段可以分为口头、书面和计算机反馈，按照反馈时间可以分为即时反馈和延时反馈。在教学活动中，教师常用的反馈方法有教学前的反馈、课堂观察、学习指导反馈、学生参与反馈、课堂作业反馈等。只要教师对课堂反馈有清楚的认识，并充分发挥课堂反馈的作用，就可以根据实际情况灵活运用策略，走出简单评价的困境，最大限度地发挥课堂反馈的作用。

　　教学评价是对教学过程积极结果作出的判断。根据不同的标准，我们可以把评价划分为不同的类型。按照主体分为教师评价、学生评价和同行评价，按照性质可以分为科学主义和人文主义，依据不同的评价标准可以分为相对评价、绝对评价和个体内差异评价，依据教学阶段可以分为诊断性评价、形成性评价和终结性评价。尽管教学评价的类型不同，但是他们在教学活动中都发挥诊断、改进和激励功能。教学评价的方法很多，常用的有测验、课堂观察和档案袋评价。这几种常用的方法，充分体现了发展性评价的基本理念。

1　孙玲. 学习性评价：一种有效的教学反馈机制. 中小学教师培训，2009（12）

总结 >

Aa 关键术语 ....

教学反馈　　　　　　｜教学评价

the teaching feedback　｜instructional evaluation

章节链接 ....

　　本章第四节教学反馈的途径与方法，同时与本书的第四章《多元的课堂学习方式》、第六章《启迪智慧的提问》以及第十二章《兴趣盎然的作业》中的部分内容有联系。

应用 >

体验练习 ....

1. 请简述反馈的基本含义。
2. 请联系教学实际谈谈反馈的功能。
3. 请结合个人教学生活实际，选择适合的反馈途径，谈谈个人的具体感受。
4. 简述教学评价的含义和功能。
5. 选择一种教学评价方法，进行相关设计并在教学中进行尝试。

拓展 >

补充读物 ....

1　李素敏．课堂教学常见的处理技能强化训练．北京：中国林业出版社，2011

　　本书主要内容包括：导论、课堂导入环节常见问题及处理技能、课堂讲授环节常见问题及处理技能、课堂提问环节常见问题及处理技能、课堂参与式教学常见问题及处理技能、课堂反馈环节常见问题及处理技能、课堂教学情境创设环节常见问题及处理技能、课堂小结环节常见问题及处理技能等。

2　彭小明．课堂教学技能训练．北京：高等教育出版社，2012

　　本书依据《教师教育课程标准》精神，贴近基础教育改革要求，注重将教育理论和教学实践相结合，旨在提高教师教育教学水平和人才培养质量。本书共分为十四章，从不同方面阐述了教师必须具备的基本技能。

3　邵光华．小学课堂教学技能训练．北京：高等教育出版社，2011

　　本书内容包括小学课堂教学十项重要技能：课堂教学准备与教案编制技能、课堂教学导入与情境创设技能、课堂提问技能、课堂教学讲析技能、课堂教学视觉呈示技能，课堂教学组织与管理技能、课堂教学变化和强化技能、练习反馈与课尾设计技能、作业设计与评阅讲评技能以及教学反思技能。每项教学技能分别从技能的含义、作用、方式、要求及策略等方面进行了细致探讨，同时精选了大量的技能运用典型案例供学习者理解和参考。

4　张孔义．语文课堂教学技能与微格教学．杭州：浙江大学出版社，2011

　　本书系统介绍了语文课堂教学技能和方法，并在每章配有几个微格训练的案例，方便教师掌握理论知识、提升实践技能。本书适合作为新教师的入职培训教材，也适用于师范生作为实践训练的教材。

💻 在线学习资源

中国教育学会基础教育评价专业委员会　http://www.pceec.cn/

第十二章

兴趣盎然的作业

本章概述

　　本章主要介绍和讨论"什么是作业""作业的主要功能""作业的主要类型""作业设计的基本原则"以及"作业的批改和讲评应注意的问题"等。这几个问题涉及作业的本质、功能、类型、设计四个方面。

结构图

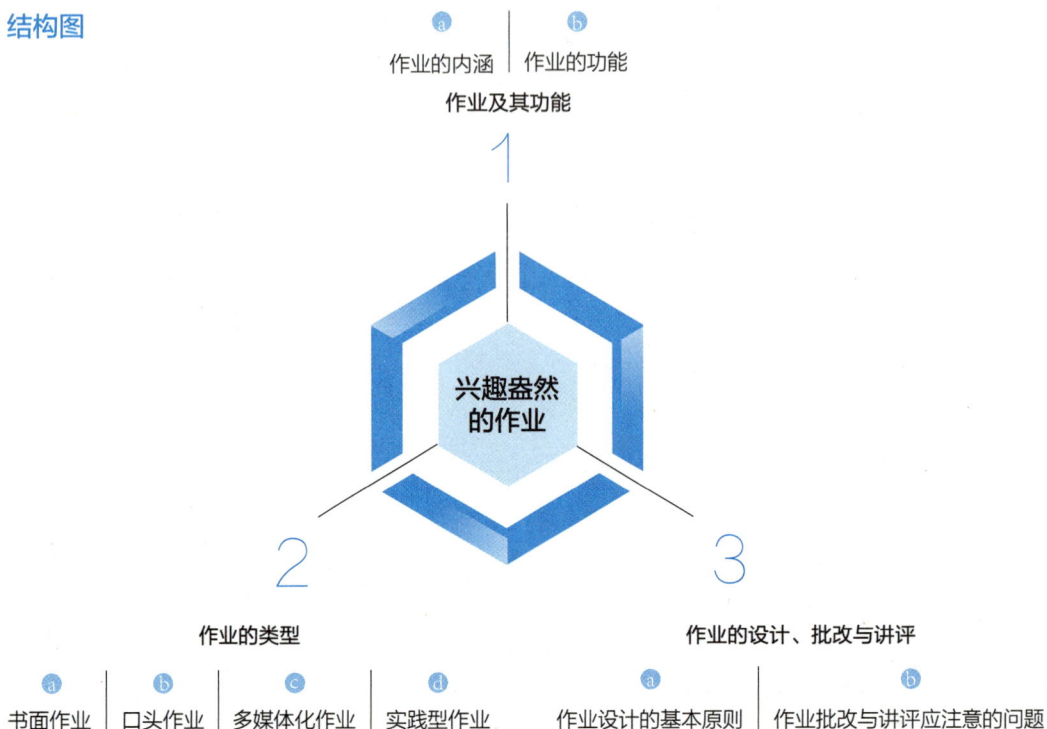

作业及其功能
- ⓐ 作业的内涵
- ⓑ 作业的功能

兴趣盎然
的作业

作业的类型
- ⓐ 书面作业
- ⓑ 口头作业
- ⓒ 多媒体化作业
- ⓓ 实践型作业

作业的设计、批改与讲评
- ⓐ 作业设计的基本原则
- ⓑ 作业批改与讲评应注意的问题

学习
目标

1. 了解什么是"作业"，区别广义的作业和狭义的作业。理解作业的主要功能；
2. 了解作业的基本类型，能够在作业设计中根据实际情况，合理使用各种作业类型；
3. 掌握作业设计的基本原则；
4. 熟悉并注意作业批改和讲评应注意的问题。

读前
反思

　　在国家大力减轻学生学习负担的背景下，尤其是《小学生减负十条规定》的出台，提出"不留作业。小学不留书面式家庭作业，可布置一些适合小学生特点的体验式作业。"作业似乎成了一个敏感的词汇，作业多了被认为剥夺了学生的自由时间，加重了学习负担；作业少了被认为不能很好地为学生的学习服务，学生学习成绩下降，家长不干了。作业似乎处在一个尴尬的境地！与此同时，一谈到作业很多人都会以欧美国家为例，认为欧美国家的学生都没有中国学生如此之多的作业，可事实并不如此。据报道，美国很多地区都遵守"10分钟规则"，即一年级学生每天留10分钟的作业，以后每升一级，就增加10分钟的家庭作业，五年级学生每天有50分钟的作业，以此类推。可见，大家对作业都有误解，因此，我们需要对作业进行重新认识，认清其本质与功能，明确作业的类型、设计与批改，这是教师一项非常重要的技能。

第一节
作业及其功能

🎯 **学习目标**

了解什么是"作业"，区别广义的作业和狭义的作业；理解作业的主要功能。

关于作业的讨论其实20世纪90年代末就引起了全社会的关注，1997年《北京文学》杂志第11期刊发了一篇文章《女儿的作业》（作者：邹静之），由此引起了对作业的声讨，尤其是对语文教育的声讨。讨论中有许多真知灼见，但也存在泥沙俱下，认为作业根本没有必要，太多太烂，出现这种局面根本原因在于我们没有认识清楚作业的本质及其重要价值。

一、作业的内涵

（一）广义的作业

什么是作业？似乎是一个大家都知道但又很难言说的事物。《辞海》中对作业的解释是："为完成生产学习等方面的既定任务而进行的活动。"《教育大辞典》把"作业"分为"课堂作业"和"课外作业"两大类，"课堂作业"指"教师在上课时布置学生当堂进行操练的各种类型练习"；"课外作业"指"根据教师要求，学生在课外时间独立进行的学习活动。"[1]可见，简单来理解，作业就是活动。为了更全面地理解，我们看看其他定义：

美国著名学者哈里斯·库帕认为作业是"教师布置给学生的要在非学校时间完成的任务。"[2]我国学者朱仲敏认为作业"是教师设计的、由学生在家里完成的一种学习任务。它是课堂教学的补充和延续，对于巩固课堂教学、提高学生的学业成绩起着重要的作用。"[3]

由此看来，国内外研究都存在把作业认同为非学校时间（或家庭）完成的任务，这是我们下文将要谈到的对作业的狭义的理解。从广义上理解，作业就是为达成一定学习目标而进行的各种活动。

（二）狭义的作业

从已有的资料和研究成果来看，我们平时所指的作业，更多的是狭义的理解，即把作业等同于家庭作业。国内关于家庭作业的定义繁多，概括起来，主要有四种：

一是"知识中心说"，顾明远先生认为，家庭作业是"教学工作的有机组成部分，从根

1　顾明远. 教育大辞典. 上海：上海教育出版社，1990：378
2　[美]哈里斯·库帕. 美国中小学家庭作业研究. 王建军，林明，译. 上海教育科研，1995（6）
3　朱仲敏. 美国中小学家庭作业目的定位研究. 外国中小学教育，2003（3）

本上具有以独立作业的方法来巩固学生的知识，并使学生的技能和技巧完善化的使命。"[1]

二是"教师中心说"，《简明国际教育百科全书》中认为"家庭作业是教师给学生布置的，要求学生在课堂以外的时间完成的学习任务。"[2]

三是"教学延伸说"，王本陆教授认为"家庭作业是课堂教学的延伸，是教学的有机组成部分。"[3]

四是："学习创造说"，陈龙安先生认为"家庭作业是学生在家中进行的创造性的学习过程。"[4]

四种不同的定义，反映了研究者对家庭作业的目的、功能、内容等不同的认识，概括起来，家庭作业即学生在非学校时间为达成一定的学习目标，促进自身全面发展而进行的学习活动。

无论是广义的作业，还是狭义的作业，本身都是一种活动，在本书中，我们指的是广义的作业。

二、作业的功能

有关作业的功能，其实早有研究，有研究者总结作业的十个功能，即提高练习机会、做好课堂准备、参与实践活动、发展学生个性、改善亲子关系、加强家校交流、促进同伴互动、执行有关政策、树立学校形象、惩罚问题学生等。[5]美国著名学者库帕对作业的功能进行了更详细的报告，认为"其正面功能包括：可以增强记忆；使学生对所学知识更深入地理解；有利于批判性思维的发展、概念的形成及信息的加工；丰富课程；改善学生对学校的态度；鼓励学生在课余时间学习；有助于家长对教育的更多参与等。其负面影响包括：使学生对知识性材料失去兴趣；造成学生身心疲惫；使学生不能参加一些课余活动或社区活动；造成父母与教师的指导相冲突；扩大低收入家庭学生与高收入家庭学生学习成绩的差距。"[6]我国学者陈建华也指出"作业既有正功能又有负功能。正功能：提高学生的学习技能；培养学生的求知欲；巩固所学知识，扩大知识领域，并且产生知识迁移；培养学生的独立性和责任心；让学生明白学习既没有时间限制，又没有空间限制，以培养学生良好的学习习惯。负功能：作业过多或者形式单一使学生产生厌烦；作业过多使学生产生心理负担；布置超量作业，漠视学生享受闲暇的权利；家

---

1 顾明远. 教育大辞典. 上海：上海教育出版社，1990：212

2 中央教育科学研究所比较教育研究室. 简明国际教育百科全书：教学（下册）. 北京：教育科学出版社，1990：441

3 黄甫全，王本陆. 现代教学论学程. 北京：教育科学出版社，1998：314

4 陈龙安. 创造性思维与教学. 北京：中国轻工业出版社，1999：267

5 同2

6 任宝贵. 国外家庭作业研究综述. 上海教育科研，2007（3）

长过多参与变成对学校正常教育活动的干扰；增加家长的心理和经济负担；引发学生的欺骗行为，助长学生的不良品德，作业'偏科'影响学生学习质量的全面提高，影响学生的全面发展；单一性课后作业反馈时间长，教师不能由此纠正自己的教学行为、检测学生的学习效果等。"[1]由此可见，作业既有正面功能，也有负面功能。作业之所以出现负面功能是因为没有很好地利用作业的正面价值，因此这里我们着重认识作业的正面功能，举其要者如下：

（一）巩固与拓展功能

巩固和拓展功能是作业最为基本的功能。德国心理学家艾宾浩斯的遗忘曲线告诉我们，人的记忆有瞬时记忆和长时记忆两种。新学习过的材料，只进入人的瞬时记忆，如果不及时复习，这些记住的东西就会遗忘；而经过及时的整理和复习，这些瞬时记忆就会成为人的一种长时记忆，从而在人的大脑中保存较长时间。作业就是帮助人们把瞬时记忆的内容存储到长时记忆的重要途径。作业一方面可以帮助学生进行知识的获取，及时复习和理解，结构化、系统化，巩固所学；另一方面可以帮助学生突破重点和难点，帮助学生实现知识的重构和创新，并向能力转化，转化的过程即是学生亲身体验的过程。从这个方面来看，学生知识的掌握，能力的形成都离不开作业这一重要的活动，换句话说，作业是不可或缺的，理论上似乎作业越多越能起到巩固和拓展的作用。但考虑学生的实际承受能力和学习内容本身的特点，发挥作业巩固和拓展的功能应注意考虑量的问题。

（二）激发与磨炼功能

以往人们更多地看到作业对于知识学习的重要作用，实际上作业对学生的非智力因素发展也具有十分重要的作用。首先，有时作业可以激发学生的学习热情和兴趣，或者对某一问题的关注，比如，完成一份社会调查的作业，有学生到幼儿园调查儿童的同伴交往情况，调查过程中感觉幼师的职业非常伟大，儿童非常纯真、可爱，之后逐渐开始关注学前教育，并立志以后要成为一名幼师。其次，作业可以磨炼人的意志。作业的完成通常不是一蹴而就，往往需要经过一定的尝试和努力，甚至克服种种困难，在这个过程中，学生的意志力得到锤炼。最后，作业可以培养学生的责任感。认真完成作业是学生的分内工作，是学生的使命使然，每天按时、保质保量完成作业是学生的天职所在，因此作业也能培养学生的责任感和使命感。此外，在做作业的过程中，还能培养学生的良好习惯，比如，遵时守约、勤学多练等好习惯。

（三）评价与管理功能

作业是评价教师教学效果、学生学习效果的重要依据，因此具有重要的评价与管理功

1　陈建华. 对新课程背景下中小学作业改革的探讨. 教育科学研究，2006（1）

能。对于自己的教学活动成效如何，教师可以从对学生的作业完成情况和批改过程中加以考察，一方面教师可以总结经验，总结成功与不足之处，反思教学方法与形式；另一方面可以在后续的教学过程中开展拓展性教学或补偿性教学，增强教学的针对性。对于学生来说，作业完成的情况同样具有两方面的作用，一是检查自己对已学知识的掌握情况，评价自己过去的学习，如期完成目标则能进一步坚定自己的信心，如不能则可发现自己的不足，以便查漏补缺。二是可以积累经验，调节学习活动。作业完成的过程即经验的积累过程，学生可以发现和总结一类作业的完成步骤和方法，可以归纳在遇到某一类型作业时应注意的问题。在今后遇到同类作业的时候，学生可以轻而易举地予以解决，甚至把类似作业舍弃，调节自己的学习活动，减轻自己的学习负担，提高学习效率。

（四）沟通与交流功能

作业是沟通教师和学生的桥梁，因此可以说是联系师生的一条重要纽带，尤其在班级授课制模式下，作业对于师生的沟通作用尤为关键。当前，我们的学校班级人数均在40人左右，如此大的规模教师无法与每个学生每天进行个别交流，而通过作业则可以得到弥补。当学生拿到教师评阅过的作业时，能够感觉到教师的关爱和鼓励、帮助与指引，完成情感的碰撞和沟通，增进师生之间的感情。如此良性发展，学生对作业将是一种期待，而不是厌烦，也能提高作业的价值和效果。

总之，作业具有以上四种最为重要的功能，教师在日常的教育活动中要充分发挥作业的功用。当然，要想完美地发挥作业的功用，还必须考虑作业的量、难度、信度以及效度等问题，这是一项复杂的工作。

第二节
作业的类型

🎯 **学习目标**

了解作业的基本类型；能够在作业设计中根据实际情况，合理使用各种作业类型。

从不同的视角出发，可以对作业进行不同的分类。当然，分类本身不是目的，而是让我们知道作业是丰富多彩的，在布置作业的过程中，应灵活选择，而不应局限于某一种或几种类型的作业。

前面我们提到《教育大辞典》把作业分为课堂作业和课外作业两大类，还有一种最为简单的分类是把作业分为口头作业和纸笔作业。这些都是泛泛地来谈作业的分类，实际上研究者在这方面已经有许多探索，如利和皮瑞特通过研究把教师布置给学生的作业分为四类：一是练习型，帮助学生掌握特殊技能和巩固课堂上学过的教学内容；二是准备型，为学生学习新课作准备；三是扩展型，学生超出课堂上获得的知识信息，将新技能和观念迁移到新情境中；四是创造型，给学生批判性思考和解决问题的机会。[1]我国学者余本祜也把作业分为四类：即阅读作业，如阅读教科书、参考书和各种课外读物等；口头作业，如口头问答、复述、朗读、背诵、解释等；书面作业，如书面问答、演算习题、作文、绘制图表等；实际作业，如实验、实地测量、社会调查、各种技能的训练等。[2]吸收已有的研究成果，依据作业完成的路径，我们把作业也分为四种类型：

一、书面作业

书面作业是最为常见和重要的作业类型。作业之所以遭到诟病，在很大程度上也由于学生的书面作业太多，这从一个侧面也证明了书面作业的重要性。书面作业最终成果往往通过书面文字得以呈现，但实际上在完成书面作业的过程中，需要眼、耳、口、鼻、手等感觉器官综合运用，带有综合练习的性质。因此，书面作业这一形式备受教师的青睐，因为其可评价学生的综合素质。

书面作业还有一个重要特点即是其成果具体可见，方便教师评阅，能及时发现学生学习过程中存在的问题，同时其任务完成一般不是太难，易于操作，因此，书面作业在所有的作业类型当中最为常见和流行。

书面作业的积极作用备受肯定，但也由于大量、泛滥的书面作业使书面作业备受非议，很多地区和学校已经明确规定，小学低年级不得布置书面作业。这告诉我们应正确认识书面作业，不能把书面作业当成唯一的作业形式。

二、口头作业

口头作业与书面作业相对，一般要求学生以口头回答的形式来完成，如朗读、背诵、复述等练习。口头作业多见于教师课堂教学过程中，但有时也常见于教师布置的课外作业中。

口头作业主要目的在于培养学生的思维能力和口语表达能力。人的一个重要属性即社会性，需要与人交往，而交往过程中最重要的即为口语表达，口头作业是为培养学生的口语表达能力服务的。

1　姚利民. 有效的家庭作业策略. 湖南师范大学学报（教育科学版），2003（6）
2　余本祜. 中学教育学. 北京：中国科学技术大学出版社，1995：301

口头作业事实上也非常容易操作，但由于作业完成作品即消逝，不能很好地保存和固化，如评价不及时则不能很好地发挥其价值。如我们经常在课堂上看见教师让学生朗读课文、背诵课文、复述课文，由于课时的限定，教师一般都是简单地评价"很好""读得不错""有感情"，但究竟好在哪里，亮点在哪里有时很难抓住，因此有人认为口头作业价值不大。

要想真正发挥口头作业的价值，一方面要提高口头作业任务本身的质量，这包括选择适合口头完成的内容和形式，让学生能够畅所欲言，敢于表达，并能言之有理；另一方面要注重口头作业的评价，评价具有反馈的功能，同时评价还具有重要的引导和激励功能，通过评价能进一步激发学生完成口头作业的兴趣。

三、多媒体化作业

多媒体化作业是指通过视听、声像等载体来完成任务的作业类型。传统的书面作业和口头作业很难吸引学生的兴趣，同时随着信息技术、网络技术的发达，作业也应该与时俱进，实现多媒体化。

作业可以借助视听、声像媒体吸引学生参与，比如，听广播、看电视、看电影、看视频等多种途径。传统教育观念常把观看多媒体资源视为不务正业，而实际只要引导得当，这种多媒体形式的资源能够丰富学生的视野，为学生提供示范和参考。多媒体素材的作业能提供大量的信息，会促发学生进行思考，开动脑筋，从而使学生从丰富多彩的信息中汲取营养。有研究表明，小学生进行理解性阅读还有一定的困难，他们在说话、朗诵时缺少语调、面部表情和手势。这时，适当提供一些电视节目不仅可以为小学生学习、练习有感情地说话、朗诵提供优秀的示范，还可以为学生提供说话的素材。可见，多媒体化作业对学生的发展亦有非常重要的促进作用。尤其我们今天处在这样一个多媒体化的时代，各种媒体充斥我们的视野，我们更应该合理利用各种媒体，为学生的发展服务，而不应该拒绝多媒体，陷入传统作业的孤立境地。

总之，多媒体化作业把现代技术有效地运用于学习活动中，使教师能利用多种教学手段进行教学，提高教学质量，减轻学生学习负担，增加学生学习乐趣，学生学习效果自然得到明显转变。

四、实践型作业

一项我国义务教育阶段学生的课外作业形式调查表明："教师布置的作业大多是书面习题与阅读教科书，而较少布置诸如观察、制作、实验、读课外书、查资料以及社会调查这一类的实践性作业。对学生进行前一天课外作业形式的调查发现，除个别项目外，实践性作业的比例一般不到 20%。对城市学生数据分析，初中年级各项实践性作业的比例比小学更少。"[1]正因为如此，教育部在2013年8月颁布的《小学生减负十条规定》中明确指出："小学不留书面式家庭作业，可布置一些适合小学生特点的体验式作业。积极与家长、社会资源单位联动，在确保安全的前提下，因地制宜地安排学生参观博物馆、图书馆、文化馆等社会设施，组织参加力所能及的手工劳动、农业劳动。"这里的体验式作业，实际指的就是实践型作业，鼓励学生亲身参与，积极实践，在实践活动中提升自己。

实践型作业其本质特征在于促使学生参与，动手操作，人的全面发展只有在活动中、实践中才能得以全面实现。当前学校教育出于安全目的的需要，许多实践型作业都无法开展，导致学生"四体不勤五谷不分"，这实在是教育的悲哀，教育本身是一项实践活动，但现在更多地异化为简单的课堂知识的传递与复制，教师讲知识，学生背知识，考试考知识，学习变成了知识的克隆。学生的能力并没有得到发展。

案例1

韩国学生的作业

韩国小学生在校期间的课业负担已经明显减轻，周一至周五每天6节课，从上午9:00开始，下午2:30结束，每节课40分钟。在小学低年级阶段，教师很少布置家庭作业，直至高年级阶段的五、六年级，语文、数学、社会/道德课才开始布置一些家庭作业，其中语文、数学、英语等科目的作业大体上与中国类似，以背诵、造句、仿写、练习题为主，学生完成后由教师进行批改和点评。

韩国的初中作业大致有"课后练习题""动手作业（如画画、手工制作、表演舞台剧等）""阅读或写作""调查、探究、撰写报告"等类型。教师往往会给学生1周的时间完成作业，或者在下节课之前完成，具体情况按作业量而定。

——李昕.韩国作业负担来自哪里?.上海教育，2014（17）

分析：由以上材料可知，韩国小学生的作业类型丰富多样，不同学段呈现不一样的特点，如小学语文、数学、英语等科目的作业大体上与中国类似，以背诵、造句、仿写、练习题为主；初中作业则以动手作业为主，即实践性作业为主。注重培养学生的实践能力。

以上从作业完成的载体形式把作业分成了书面、口头、多媒体化、实践型四大类，这只是一种分类，我们还可以从其他角度对作业进行划分。比如，从学习的时间进程划分，可以

1 施良方，崔允漷.教学理论：课堂教学的原理、策略与研究.上海：华东师范大学出版社，1999：363

把作业分为预习作业、课堂作业和课后作业；从作业的设计目的分，可以分为知识积累型、理解型、应用型、拓展创新型等。不一而足，这里不再赘述。

第三节
作业的设计、批改与讲评

🎯 **学习目标**

掌握作业设计的基本原则；熟知作业批改和讲评应注意的问题，避免在实践中出现类似问题。

了解了作业的内涵、功能与类型，最为重要的就是为学生设计合适的作业，但由于学习的内容，以及面对的学生个体不同，很难找到普遍适用的作业设计步骤与方法，这里我们只是大致讲讲作业设计的一般原则、批改及讲评应注意的问题。

一、作业设计的基本原则

作业是为学生的学习而设计的活动和任务，是为学生发展服务的，因此作业设计从根本上讲应以学生为中心，尊重学生的主体性，具体来说，应坚持趣味性、实践性、自主性、多样性、创造性等原则。

（一）趣味性

兴趣是最好的老师，因此，作业设计首先应考虑的是趣味性，应能吸引学生注意，激发学生参与完成的动力。教育学家乌申斯基曾说"没有丝毫兴趣的强制学习，将会扼杀学生探求真理的欲望"，因此兴趣对于学习来说至关重要，能够激起学生兴趣的作业将能激发学生学习的主动性。

首先，趣味性要求作业能够生活化，只有学生熟悉的、富有生活情趣的作业才能抓住学生学习的专注力；其次，趣味性要求作业要具有可选择性。学生是千差万别的，我们不能用一个标准去评判所以学生，而应做到因材施教，因此应给学生布置具有层次性、差异性的作业，让学生可以自由选择，只有给予充分选择的权力，学生学习的内驱力才能被激发。最后，趣味性还要求作业要有开放性。传统的作业往往通过书面形式完成，且往往有固定答案，或者是重复的练习，学生感受不到作业带来的新鲜感和挑战性，因此作业的设计不应落入俗套，而应给学生自由发挥的空间，激发学生探求的欲望。

（二）实践性

学习本身是实践性非常强的活动，但在教育过程中学习活动很多时候被异化为灌输性的活动，缺乏学生的亲身实践。第八次基础教育课程改革以后，在许多科目的课程标准或指导纲要中都明确提出应注重学科的实践性特征。如语文课程标准指出，"语文是实践性很强的课程，应着重培养学生的语文实践能力。"新增加的综合实践活动课程，更为显著地突出学习活动的实践性特征，综合实践活动课程包括研究性学习、社区服务与社会实践、劳动与技术教育、信息技术教育四大模块，这些课程内容的完成在本质上都要求学生亲身参与实践。

首先，实践性要求教师布置的作业应促使学生动脑。只有大脑活动，学生的学习才算真正开始，才能卓有成效；其次，实践性要求教师布置的作业最好能让学生"动眼""动口"或"动手"。"动眼"主要是培养学生的观察能力，在细致的观察当中培养学生各方面的能力。如语文可以让学生写观察作文，观察场面、观察动植物等，在具体的观察实践中学生的作业完成才会饶有情趣，言之有物。"动口"主要是培养学生语文文字感受能力和表达能力。语言是人类交际最为重要的工具，因此，语文文字的训练与运用至关重要，尤其是口语表达，这是我们长期以来比较忽视的方面。"动手"主要是培养学生的操作能力和创新能力。而且动手做、从做中学符合中小学生的年龄特点和思维特点，尤其对于处在直观动作思维阶段的小学生来说，需要借助动作来思考，"动手"的意义就更为明显。实际上实践性作业最好布置和开展，诸如读一读、写一写、画一画、看一看、查一查、做一做都属于实践性作业，关键在于调动学生参与和体验。

（三）自主性

我们常说教是为了不教，这其实是强调要培养学生的自主学习能力。而作业亦是培养学生学习自主性的重要途径和形式，教师的作业设计应注重培养学生的自主学习、独立思考的能力。新的课程改革旗帜鲜明地倡导学习方式的改革，即实施自主学习、合作学习和探究学习，这其中自主学习是基础，合作学习是形式，探究学习是目的，离开了自主学习，其他学习只能流于形式。因此培养学生学习的自主性至关重要。

培养自主性首先第一个要给予学生充分的自主权，表现在作业方面，可以给学生选择做作业的权力，实施弹性作业。学生可以根据自己的能力与水平，自主选择作业完成的内容和形式。其次教师在布置作业时可尝试让学生自主来进行设计，让学生自己参与作业的设计过程中，这能极大地提高学生的积极性和成就感。此外，教师还可以采取一些激励措施来保护学生的学习自主性，如对于作业完成较好、富有特色的同学，可采取奖励或减免作业等方式鼓励学生积极主动、高效地完成作业。

🔍 **案例2**

自主选择的作业

下面是蔡海老师上《向中国人脱帽致敬》一课时布置的三选一作业：

1. 解读文中"我"第三次答话的话外音。

2. 选择文中你认为"我"最精彩的一次回答，用150字写出"我"的心理活动。

3. 写出自己曾与他人的一次记忆深刻的对话，200字左右。

分析：让不同基础层次的学生选作自己能力所及的作业，这样才是从实际出发的训练。尊重学生的个体差异，不应将学生都定在同一个起跑线上。分层选择型作业要求教师布置作业要注意分层次要求，对学习困难的学生，除降低作业难度外，还可减少作业量；对学习优秀的学生则相反，可以适当渗透课外知识，使每个学生都能得到不同程度的提高。本作业第1题适合基础较差同学，因为上课时已经涉及；第2题适合中等同学，继续体验文本，玩味"我"的心声；第3题适合较好同学，是联系自己生活的课外写作。

——曾宪一. 作业设计的典型案例及其借鉴. 语文教学通讯，2008（26）

（四）多样性

多样性主要是从作业的类型来说，教师的作业布置应避免形式单一，而应走向灵活多样。多样化作业设计的依据主要依据多元智能理论，因为每个个体的潜能是不一致的，是有差异的，教育应关注学生的个体差异，提供适切的资源帮助其成长。多样性的作业即为实现这一目标服务。

多样性的作业主要表现为作业设计的层次性和多样化。所谓层次性，即教师的作业设计考虑学生的学习能力和年龄特征，尽量设计多层次的弹性作业以满足不同层次的需要。简单来说，教师应设计难易不等、简繁不同的各种层级的作业，满足差异化需求。所谓多样化，即教师的作业设计类型应灵活多样，要调动学生的多种感官。如前文所说，作业应让学生全身心动起来，而不只是动笔、动口即可，不能只局限在教室、家里，而更应该到广阔的社会空间，教育与生活不应该割裂，更应该主张教育即生活，社会即学校。活学活用，学以致用。

🔍 **案例3**

分层多样化作业

下面是本人给《藏羚羊跪拜》一课设计的作业：

1. 用下面的成语各造一个句子。

凤毛麟角：

忐忑不安：

2．揣摩老猎人在埋掉藏羚羊和权子枪时的心理，如果这时他对藏羚羊或权子枪说话，会说什么呢？请写出来。

3．写出你对老猎人的看法，并阐明理由，100个字左右。

分析：本作业设计分三个层次。第一个是语文学习的基础层次——成语积累，第二个是口语交际的沉浸文本阅读层次，第三个是综合评价表达的写作层次。三个层次体现了由浅入深的递进关系，覆盖了语文学科元素的最核心训练模块内容。第1题是基础知识作业——两个重要的常用成语。检测学生是否理解并是否会使用。第2题是口语交际作业，既是揣摩文本中人物的心理、沉浸课文，检查学生深入理解课文情节的作业，也是锻炼学生推断、联想能力的作业。第3题是随笔写作，检查学生解读主人公老猎人形象的深刻度，也锻炼了学生评价人物的能力。

——曾宪一．作业设计的典型案例及其借鉴．语文教学通讯，2008（26）

（五）创造性

作业不只是简单的重复已经学过的知识和内容，更应该引导学生总结经验、开拓思路，寻求解决类似问题的路径和方法。创造性即要求作业应培养学生的创新意识和创造能力。以往的作业之所以备受诟病，主要在于我们重复训练、机械训练、死记硬背的作业太多，不能激发学生的积极性和创造性。

创造性的作业首先要求教师的作业设计应具有拓展延伸性，不能仅局限于所学知识的简单重复，更应培养学生的知识应用能力和迁移能力。许多时候学生对课本中的练习都能掌握，但换了一个情境就无法顺利完成，这欠缺的就是应用能力和迁移能力。其次创造性作业要求教师的作业设计应具有开放性。开放性又表现在多个方面，可以使作业内容和形式的多种多样，也可以使作业评价标准的丰富多彩，尤其应注重评价标准的丰富多彩。知识并不是确定不便的，情境化、具体化的知识更有价值，因此对于学生的作业来说，也应视具体情况予以评价，不能以单一的标准进行评判。

总之，趣味性、实践性、自主性、多样性、创造性等原则均是作业设计的必然要求，只有考虑了以上几个要素，作业的设计才能科学有效。

🔊 名家语录

语文作业的设计，应注意突出重点，落实教学目的；应具有启发性，避免抑制学生的创造性的机械操练；应重视素质教育，不要进入片面应对考试的误区；应形式多样，力求开发学生智力；应具备弹性，使学情不同的学生都能分别得到提高；应数量适当，避免学生过重负担。

——于漪

——于漪. 于漪文集（第六卷）教师自我修养自我发展. 济南：山东教育出版社，2001：21

二、作业批改、讲评应注意的问题

日常教学中，教师都会布置作业，但对作业的批改和讲评则稍有忽视，实际上，批改和讲评是整个作业过程非常重要的一个环节，教师应该予以重视。以下我们主要谈谈作业批改和讲评需要注意的问题。

（一）作业批改应注意的问题

作业批改需要注意的问题较多，其中需要重点关注的方面如下：

1. 更新作业批改的理念

更新理念首先应把作业批改视为作业活动的一个重要过程和环节，作业批改不能流于形式或者干脆不予批改；其次要吸收多元主体参与作业的批改过程，传统的作业批改只强调教师的批改，忽略了学生和家长的参与，应吸收多元主体参与作业批改的过程；最后作业的批改应以发展性、激励性评价为主。传统的作业批改更多地表现为判断正误，只批不改，缺乏相应的评价语，这不利于发挥作业的积极价值。

2. 革新作业批改的方式

传统作业批改均被认为是教师课后的重要工作，也正因为此，教师被陷入堆积如山的作业桎梏中。因此，需要变革这种传统的方式，首先可以尝试作业当堂批改的模式，及时的作业批改可以吸收学生参与，同时由于反馈及时更能起到良好的效果。其次可批改学生的典型作业。以为教师对于学生的作业往往是全批全改，或者是精批精改，教师苦不堪言，任务繁重，因此教师可以选取个别学生有代表性的作业，作为典型予以评价，在典型作业的讲评过程中，学生通过讨论和反思，受到潜移默化的影响。

3. 实施多样化的作业批改形式

作业批改形式多种多样，简单地来说，有自批、互批、师批、家长批四种类型。其中自批主要是在教师的指导和监督下，发挥学生自己的主观能动性，学生对自身的作业做出判断，认真检查，并予以纠正。互批是发挥学习小组的重要作用，可以是同桌之间的交换评价，也可以是小组成员之间的相互评价，亦或者全班同学的集体评价。互批与自批比较，更能提高学生的评价能力，以及责任心和树立公平、公正的信念。师批即传统的教师评价，这是最为主要的作业批改形式。家长批主要是吸收家长参与到学生的学习过程管理中，以便更好地实行家校合作。

定义：面批

作业面批，是指师生面对面、互动合作研讨——共同捕捉作业亮点、寻找作业问题——剖析作业问题根源（即教师的教和学生的学的问题）——研讨谋求解决问题对策、进一步优化教师教与学生学的民主、平等的双向反思、双向促进的作业批改方式。

作业面批，需要教师放下权威评判架子，由原来单一的学生作业评判者发展成为学生作业的欣赏者、聆听者、激励者、献策者、促进者。

——瞿剑宛. 有效进行作业面批. 上海教育，2007（19）

4. 采取灵活的批改手段

作业的批改手段即作业批改所借助的工具，传统的作业批改教师更多地使用"√""×"等符号。这些符号简单好用，但也显得非常单调，长期使用学生容易变得麻木，而且纯碎地使用"√""×"等符号并不能使学生明确到底哪里正确或者错误，因此，一方面作业批改要采用多种符号并用，比如错误使用"□"或"＼"，遗漏之处使用"……"，精彩或创造性用法使用"☆""▲"。多样化的符号可以增添作业批改的乐趣，也可以使作业批改更为细致，引导学生重点关注。除了使用多元化符号以外，教师的作业批改还可以借助微型评语，短小精悍、针对性强的评语能够使学生清楚地认识自己的优缺点，能够调动学习的热情和积极性，同时也能加强师生之间的沟通和交流。

总之，作业批改是作业活动的重要一环，需要注意批改理念、方式、形式、手段等方面的革新。

（二）作业讲评应注意的问题

作业评讲是教师一项重要的工作，也是学生学习的重要环节，因此值得教师关注。在作业批改完成以后，教师的讲评需要注意的是：

1. 注意反馈的及时性和针对性

作业批改完成以后教师往往能够总结作业的成功之处，以及需要弥补的薄弱环节等，如果这时教师能够趁热打铁，及时反馈和讲评，对于学生的进一步学习和查漏补缺大有裨益。若不能及时反馈，则由于时间的淡忘而容易遗忘，时间拖得越长，讲评的效果则会越差。与此同时，讲评还需要注意针对性，不能泛泛地讲评，否则会失去讲评的意义。讲评必须抓住学生作业的薄弱环节和典型问题，针对性越强对于学生学习的帮助越大。

2. 讲评的形式灵活多样

讲评并不只是教师一个人的表演，可有多种形式综合利用。具体来说，可有欣赏式讲评，选择优秀学生的作业，引导学生围绕"为什么能够完成得如此之好?""好在哪里?"展开讨论，从而培养学生的作业能力。也可以采取挑剔性讲评，选择典型的样本，让学生挑刺，从而使作业更为完美。还可以采取对比性讲评，引导学生选择不同的作业类型，在比较中分析、鉴别、提高。其他形式不一而足。

3. 注意讲评是师生、生生互动

作业讲评并不是教师一个人的独角戏，应注意师生、生生之间的互动。讲评是教学活动的一个重要环节，需要充分发挥教学主体的积极性，尤其是学生的主体性。在讲评的过程中，通过学生的质疑、讨论和交流，能够更大地激发学生的积极性，引导学生思考，从而激活学生的思维。同时，在互动中还能锻炼学生的胆量和语言表达能力，培养学生的自信心。

4. 讲评以激励为主

许多时候作业讲评课，演变成了作业"批斗"课，我们教育的目的是"为了每一位学生的发展"，坚持"发展性评价"，因此在作业讲评的时候，也应该坚持发展性评价为主，对于学生的作业多鼓励少批评。这需要避免两种倾向，一种是一味地批评，这很可能打击学生完成作业的兴趣和自信心;另一种是一味地表扬，这很可能造成学生盲目地自信，或者对作业不重视。因此，作业的讲评需要对存在问题明确指出，同时要注重引导、鼓励学生认真完成，以鼓励为主。

总之，作业讲评应从实际出发，发挥作业讲评的实际效果。

本章小结

作业是为达成一定学习目标而进行的各种活动。作业既有正面功能，也有负面功能。但之所以出现负面功能是因为没有很好地利用作业的正面价值。作业的正面价值包括巩固与拓展功能、激发与磨炼功能、评价与管理功能、沟通与交流功能等。

依据作业完成的路径，可以把作业分为四种类型。即书面作业、口头作业、多媒体化作业和实践型作业。这只是一种分类，我们还可以从学习的时间进程划分，可以把作业分为预习作业、课堂作业和课后作业;从作业的设计目的分，可以分为知识积累型、理解型、应用型、拓展创新型等。

作业是为学生的学习而设计的活动和任务，从根本上讲应以学生为中心，尊重学生的主体性，具体来说，应坚持趣味性、实践性、自主性、多样性、创造性等原则。作业批改是作业活动的重要一环，需要注意批改理念、方式、形式、手段等方面的革新。作业讲评应从实际出发，注意反馈的及时性和针对性，讲评的形式灵活多样，注意师生、生生互动，以激励为主，发挥作业讲评的实际效果。

总结 >

Aa　关键术语

作业

practice

🔗　章节链接

　　本章主要介绍了作业及其功能，作业的类型、设计、批改与讲评等。与第二章《如何备好一堂课》、第四章《多元的课堂学习方式》，以及第七章《事半功倍的学习策略》相关内容有着紧密的联系。

应用 >

⚡　批判性思考

　　对于以上综合性学习作业设计，你有怎样的评价，如果让你进行设计，你打算如何设计？

✏️　体验练习

　　1．请结合某门具体学科的作业，以举例的方式谈谈作业对于学生发展的主要功能。

　　2．当前教材均实行一纲多本，不同的教材可能会选择同一教学内容，如语文教材多个版本均有选择《爱莲说》，请比较不同版本教材《爱莲说》一文后的作业设计，比较其异同及优缺点。

　　3．结合自身的见习和实习经历，以自己所任教学科内容为例，尝试设计不同类型的作业。

　　4．在实习过程中，完整体验一次作业批改和讲评活动，写成教学反思。

🔍　案例研究

一道出人意料的作业

材料：

周末上午，突然电话铃声大作，来电显示上是一个陌生的号码。我拿起听筒，里面传来一个稚嫩的声音："早上好，请问您有时间听我给您讲解一道数学题吗？"

"听你讲数学题？""是的，女士。我叫珍妮，现在上五年级。这是我这周末的作业。我要向三个陌生人讲解一道数学题，用不了多长时间，您愿意听吗？"小家伙怯生生地问。"好的，不过我数学很糟糕，可不一定能听得懂啊。"我半开玩笑地说。珍妮倒是当真了，诚恳地说："请让我试一试，如果第一次不行我们还可以尝试别的讲法。即使您最后还是不明白也没关系，您就把它当成一次有趣的经历好了！"看来她事前早就准备好了台词来应对各种情况，显然这也是作业的一部分。

征得同意以后，珍妮开始一板一眼地讲起课来。

小老师讲解的过程中，我故作听不懂，问了好几个问题。珍妮非常耐心，回答得也不错，看样子是早有准备。最后我说听懂了，问她怎么向老师证明作业完成了。"我要写一个报告，详细记录我给每个人打电话的过程。结束之前，我也要问您一个问题：您对我的讲解满意吗，您认为我有哪些地方需要改进？"我一听，不由得佩服起珍妮的数学老师来，这道作业题有交流，有反馈，设计得又全面，又实际。

（摘自2007年4月11日《环球时报》，作者王悦）

思考：这位数学老师设计的数学作业合理吗？这样的作业设计具有哪些价值？

分析：

对于以上作业设计的价值可从如下方面来认识：

1. 注重口语表达，提高了口语交际能力，会做题不等于能把题目讲明白；能把题目讲明白的，肯定会做这个题目了。

2. 要留和日常生活紧密结合的"活"作业，作业不能只停留在学科"会"的层面，要会在生活中"用"，作业要能锻炼人成长需要的综合素质。

3. 锻炼了学生和陌生人沟通、交往的勇气和能力。

4. 锻炼了学生随机应变的能力。

5. 锻炼了学生当"小老师"的能力。

6. 学生学到了实处，记忆也较为深刻。

……

可见，好的作业既能激发学生思维，巩固所学知识，又能锻炼学生的应用能力。

——曾宪一. 作业设计的典型案例及其借鉴. 语文教学通讯，2008（26）

📔 **教学一线纪事** //

　　语文八年级下册第一单元综合性学习"献给母亲的歌"有"道不尽的母爱""多角度看母亲"等主题活动设计。一位教师在课堂上布置当堂作业：让学生自由发言，向同学们介绍自己的母亲，感恩母亲。出发点虽然不错，但意外的情况出现了，由于缺乏充分的课前准备，有的学生支支吾吾说不出所以然，有的学生吞吞吐吐不肯讲话，甚至有的学生抱怨家长对自己的苛刻要求，整个课堂变成"抱怨""诉苦"的场所，混乱无序。

拓展 >

☕ **补充读物** //

1　于永正. 个性化作业设计经验：语文卷. 北京：教育科学出版社，2007

　　　本书从大量的教学案例中选出许多具有个性特点的案例，这既是一种教学技术的借鉴，可以把这些东西运用到教学过程中去，又是一种教学思维上的启迪，提醒教师寻找自己的教学个性。

2　华应龙. 个性化作业设计经验：数学卷. 北京：教育科学出版社，2007

　　　本书由我国著名小学数学特级教师华应龙主编，集合了诸位优秀的数学教师深入浅出地把自己的作业设计心得呈现给读者。

3　肖川. 名师作业设计经验：语文卷. 北京：教育科学出版社，2007

　　　本书就作业设计相关问题进行了深入的研究，试图从多角度展示新课改作业设计的应有之意，是许多名师、专家实践智慧的结晶。

4　肖川. 名师作业设计经验：数学卷. 北京：教育科学出版社，2007

　　　本书摒弃了以往陈旧的作业观，特别注重学生学习的主体性地位，突出了作业设计的开放性、合作性和探究性等，提供了数十位教师不同的数学作业设计范例。

5　黄根初，任升录. 数学作业的设计与评价. 上海：华东师范大学出版社，2009

　　　本书从我国中小学数学作业的现状出发，结合案例，对数学作业的各个环节进行了分析。具体包括设计、布置、批改、管理、讲评五部分。

6　[美]科恩. 项慧龄，译. 家庭作业的迷思. 北京：首都师范大学出版社，2010

　　　本书被誉为"是这个国家的每位老师和校长都应该阅读的书"。该书系统审视了人们对家庭作业的通常辩解，比如提升成绩、巩固知识、训练学习技巧和责任感等。告诉我们，应该反思孩子在学校及放学后的时间安排，以拯救我们的家庭及孩子对学习的热爱。

在线学习资源

1. 新思考　http://chinese.cersp.com/

2. 义务教育课程网　http://www.kecheng.net/

3. 一起作业　http://www.17zuoye.com/

第十三章

余味无穷的结课

本章概述

　　本章的目的在于帮助学习者：1. 准确把握"结课"的概念，能够正确理解结课在课堂教学中的地位和作用；能够对"结课"有一个整体的认识，树立课堂教学的"结课"意识；2. 理解结课的不同类型并能够结合案例进行相应的分析；3. 全面理解主要的结课方式以及选择要求，并能根据教学情况选择恰当的结课方式；4. 正确对待当前课堂教学过程中出现的结课"病态"现象，避免结课"病态"现象发生。

　　本章主要介绍了"什么是结课""结课类型""结课方式及择用要求"三个问题，并就现实的"结课'病态'现象"进行了分析。这些内容主要是从结课的理论表征和现实表现两个方面来阐释的。

结构图

@ 重视知识归纳的结课

ⓑ 重视技能训练的结课

ⓒ 重视生活实用的结课

ⓓ 重视理性追求的结课

ⓔ 重视个性成长的结课

结课类型

1

余味无穷的结课

2

结课方式及择用要求

@ 十种结课方式

ⓑ 四项择用要求

3

结课"病例"

@ "时间把控不准"的结课

ⓑ "首尾照顾不周"的结课

ⓒ "陈旧无趣泛滥"的结课

学习目标

学习本章，你应该能够：

1. 认识结课的涵义与基本类型；

2. 掌握结课方式及其择用要求；

3. 了解结课过程中存在的"病例"表现。

读前反思

1. 请根据自己的教学实践，谈谈结课类型的适用范围？

2. 你在教学过程中常使用哪些结课方式？其效果如何？

　　"出其不意"的结尾往往会给学生留下余味无穷的思考空间。有味的结尾与良好的开端一样重要。它可以给学生以启发、引导，让学生的思维能处于积极的思考状态，主动地探求知识的真谛。否则，若一堂课仅仅有引人入胜的开头，而缺乏耐人寻味的结尾，会直接影响教学的效果，降低学生的学习质量。因此，每一位教师都应在课堂即将结束时"慎终如始"，精心设计结语，创设一种"言有尽而意无穷，余言尽在不言中"的教学意境。

🔍 案例1

　　课已接近尾声，距离下课还有不到5分钟的时间。我带领学生进行课后回顾小结，着重强调了乘方公式的重要性和它的使用条件，并让学生用语言来叙述公式 $(ab)^n = a^n b^n$。大部分学生都叙述为："积的乘方等于积的每个因式分别乘方，再把所得的幂相乘"，这时，一位学生高高地举起了小手，大声地说："我和大家的叙述不一样。应该是同指数幂等于每个幂的底数的积的乘方。"

　　我认真地将这个大胆的叙述写在了黑板上，请学生们发表意见。学生们顿时哗然，有的同学说："那怎么行呢？课本上都是这样写的。"又有的同学说："既然这个公式叫'积的乘方公式'，就应该先说积后说乘方，所以还应该按书上那样叙述为'积的乘方等于……'而不应该叙述为'幂的积等于……'。"

　　我看学生们没有注意到两种叙述之间的联系，就问："你们想一想这位同学为什么要这样想？"

　　不一会儿，学生们发现了："他是在从公式的右边叙述到公式的左边"，"是在逆用公式"，"从右边讲到左边也可以的。"

　　这时，我因势利导，强调了公式的三用："正用、逆用、变形用"，也表扬了这位同学爱思考，不人云亦云，求真理，不迷信权威，敢于向课本挑战。

　　下课的铃声响了，但有的学生还在相互讨论："积的乘方公式是不是需要改名字？""为什么课本把这个公式叫做乘方公式呢？肯定有道理，那为什么……"学生的思考还在延续，我的思考也在延续。

（北京市十四中分校　安彩凰）

　　这样的结课可以调动学生思维，激发学习兴趣，有助于提高教学效果。

　　那么，什么是结课呢？所谓结课，也称结束技能或结题，顾名思义就是结束课堂教学。具体来说，它就是指根据课堂教学计划，在完成一定的教学内容或教学活动后，教师引导学生对知识、技能和其他教学内容进行总结提炼、练习强化、拓展延伸等，使学生对所学的科学文化知识形成系统认识、理解，并转化为自己行为、态度的活动。

　　我们知道，讲课如同写文章一样，结构布局非常重要。我国古人作文讲究"凤头、猪肚、豹尾"。这里的"豹尾",就是要求:在文章的结束部分,既要短,还要有力,达到一种高超的艺术境界。明朝人谢榛也在《四溟诗话》:"凡起句当如爆竹,骤响易彻;结句当如撞钟,清音有余。"用现代人的话说就是,文章开头要响亮,使人为之一震;结尾要有韵味,使人觉得余音绕梁,不绝于耳,从而使文章产生耐人寻味的效果。这些古人评论文章创作结构的言论,与课堂教学的结构设计极为相似。有教学经验的教师都懂得:就一堂成功课堂教学设计而言,每一位教师应该设计一个余味无穷的结尾,而不仅仅是设计良好的开头和环环相扣的中间部分。这是因为,当一堂课临近尾声的时候,学生学习精力耗费过大,学生的学习兴趣已经减弱,若结尾不能给学生更强的兴奋刺激,学生的思维将会滑落低谷,只能成为一节"狗尾续貂"的课。

　　余味无穷的课堂教学结束,可以说是教学科学性和艺术性的融合。一堂成功的课堂教学,其结束时,一方面可以系统梳理知识点,概括教学内容,有助于提高课堂教学效率,这体现了课堂结束的科学性;另一方面可以通过开展多种多样的教学活动,激发学生强烈的求知欲和浓厚的学习兴趣,甚至对学生的人生发展产生重要影响,这体现了课堂结束的艺术性。课堂教学结尾是科学性与艺术性相融合的一个重要环节。

第一节
画龙点睛的结课类型

🎯 **学习目标**

本节主要介绍五种结课类型:重视知识归纳的结课;重视技能训练的结课;重视生活实用的结课;重视理性追求的结课;重视个性成长的结课。教师应该清楚把握不同结课类型的基本特征,然后能够根据学生需要和文本特点选择恰当的结课类型。

　　就一节精彩的课堂教学而言,教师可以根据不同的教学需要选择不同的结课类型。作为课堂教学的一个重要环节——结课,其作用与导课不同,主要是保持学生学习兴趣,提高课堂教学效率,甚至激活学生今后持续发展的内在学习动力。因此,在课堂教学实践中,根据特定教学需要,每位教师可采用不同的结课类型来结束课堂教学。

　　在课堂教学实践中,基于教学任务、教师特长和学生特点等不同的教学需要,不同教师结课时会选择不同的结课类型;不同的结课类型体现出不同的课堂教学价值取向。所谓课堂教学价值取向,是基于对课堂教学的总的看法和认识,教师在制定和选择教学目标以及进行教学活动、教学评价时所表现出来的一种倾向性。根据不同的课堂教学价值取向。结课的类型主要存在:重视知识归纳、重视技能训练、重视生活实用、重视理性追求、重视个性成长等五种价值取向的结课类型。无论教师在课堂教学实践中选择哪种结课类型，都应该起到画龙点睛的作用，正如特级教师于漪所认为的"用点睛之笔，把文章的精髓鲜明地突现在学生眼前。"只有这样，教学才能突破时空，在有限中追求无限，让学生在课后咀嚼回味，展开丰富的想象。

一、重视知识归纳的结课

知识归纳型结课，是指在课堂行将结束时，为了让学生对当堂所学内容有一个完整而深刻的印象，教师用简单明了、准确凝练的语言或图表等手段，对所学的内容进行概括总结，从而归纳出知识的结构和脉络，明确重难点，强化关键，使学生所学的知识条理化、系统化。这种结课类型强调知识的重要性。知识，尤其是科学文化知识，是人类长期积累起来的，是学生认识世界或能动地改造世界的基础。教学的价值在于引导学生掌握这些科学文化知识。在课堂教学实践中，教学目标主要体现为知识点的掌握，教学知识结构的明晰，这些内容会明显影响到学生理解的深度、广度和方向。因此，在课堂教学结束时，教师应该用简洁明了、准确精练的语言或图表等方法，对课堂教学的知识进行梳理概括，归纳出知识的结构脉络和线索，使其条理化、系统化，强化学生对知识点的记忆。

🔍 案例2

有的历史教师在讲《第一次世界大战》后的结语是："这一节课简单地说可以小结为一、二、三、四、五。

一个原因：帝国主义为重新瓜分世界争夺霸权的斗争。

两个侵略集团：三国同盟和三国协约。

三条战线：西线、东线、南线。

四大战役：马恩河、凡尔登、索姆河和日德兰海战。

五个年头：从1914年到1918年。"[1]

在这段结束文字中，教师巧妙地利用一、二、三、四、五五个数字对第一次世界大战的历史知识进行了归纳总结，用语简练，提纲挈领，使学生对当堂所学的教学内容进行了概括总结，形成一条知识线索，学生在课堂学习后能在自己头脑中留下清晰、整体的记忆，有助于学生减轻知识记忆的难度。

1　许高厚. 课堂教学技艺. 北京：北京师范大学出版社，1997：231

🔍 案例3

数学活动课"线性规划问题"

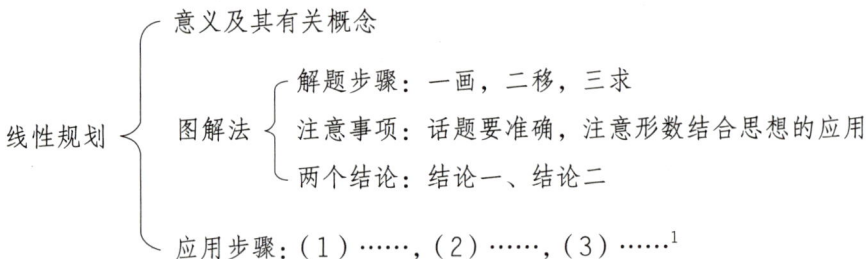

线性规划 ┤ 意义及其有关概念
　　　　　图解法 ┤ 解题步骤：一画，二移，三求
　　　　　　　　　 注意事项：话题要准确，注意形数结合思想的应用
　　　　　　　　　 两个结论：结论一、结论二
　　　　　应用步骤：（1）……，（2）……，（3）……[1]

在这个数学活动课的知识图表中，教师非常清楚地对知识的结构和脉络进行了梳理和归纳，学生对课堂所学的知识结构关系有了一个清晰的思路，对整堂课的知识体系有了一个完整而深刻的印象。

二、重视技能训练的结课

技能训练型结课，是指在课堂教学行将结束时，为了使学生在巩固课堂知识的基础上，把知识转化为初步的技能、技巧，教师可根据课堂教学内容组织学生当堂进行一定教学实践活动。如知识竞赛、观察制作、操作比赛、小组讨论、小测验以及完成课堂作业等方式，使学生通过动手操作、口头表达和手写表达的方式，对所学的内容进行练习，从而牢固地掌握课堂所学内容。这种结课类型，其目的不在于获得学习的知识点，而要培养学生学习的历程和获得知识的方法。官能心理学认为，人类的心灵原有若干独立的官能。如果教学能训练学生的各种官能，那么这种教学就可能成功。而且，这种能力可以具有"迁移"的特性。"迁移"，是指通过提供与教材内容相仿的训练材料让学生举一反三，在新的训练中巩固所学知识，并促使知识向技能、技巧的转化。因此，在课堂教学即将结束时，教师应该用适当的材料使人的各种官能，如看、听、说、记、想、思和注意等接受训练，培养人的基本能力，促进个体的发展。技能训练型结课有助于学生把课堂所学知识通过练习、操作、语言等活动转变为初步的技巧、技能，从而牢固地掌握所学知识，形成初步的实践技能。

如学习烷烃系统命名法新知识的结束，可简要概括命名的要领，如"选多碳，定主链，称某烷，做母体"；"靠支点，选起点，编号数，定支位"；"支名前，母名后；支名同，要

1　王秋海. 数学课堂教学技能训练. 上海：华东师范大学出版社，2008：51

合并；支名异，简在前"。然后，安排烷烃命名的联系。[1]

在这个案例中，教师通过讲解"烷烃系统命名法"的化学知识，然后通过课堂练习的方法让学生熟练地掌握化学"烷烃系统命名法"的知识，形成了初步为化学概念名称命名的技巧，提高了学生的化学概念命名的技能。

三、重视生活实用的结课

生活实用型结课，是在课堂教学行将结束时，为了使学生将课堂所学知识与现实生活或其他学科相联系，学会初步运用知识进行社会实践的能力，教师在总结归纳当堂所学知识的基础上，将所学知识向其他学科延伸，拓宽学生的知识面，并能用所学的知识分析现实生活现象，引起学生进一步探求的兴趣，培养学生探究问题的能力。这种结课类型重视经验的作用。经验，产生于有机体与环境的相互作用，有机体与环境是双向互动的，是作用与反作用的。这种经验来自于活动，活动在认识过程中起着重要作用。因此，在课堂教学中，教师应重视学生的经验，重视学生的兴趣、主动性，重视学生与学生之间合作等内容。这就要求：在课堂教学结束时，教师在总结归纳所学知识的基础上，应将所学知识向其他方面延伸，并可以用所学的知识来分析现实生活现象，引起学生的探求兴趣，培养学生的探究问题的意识，从而达到使学生将课堂所学的知识与其他学科、现实生活紧密联系的目的。

🔍 **案例4**

某教师在引导学生共同探讨"叶序"以后，出示盆栽的天竺葵，稍倾斜着花盆对学生说："你们可以看到，天竺葵相邻两节的叶片总是互不遮盖的。在植物界中，无论叶在茎上着生的次序属于互生、对生还是轮生的都是这样，这叫叶镶嵌。这种排列方式可以使植物能获得更多的阳光"。接着教师又说"研究植物的结构和功能是非常有趣的，模仿生物来设计新型建筑物，在今天应用得很广泛。例如，数学家研究了车前草的叶，发现它的叶子是按照对数螺旋线有规律地排列的。这样的排列，每片叶子都有机会得到充足的阳光来进行光合作用。对数螺旋线也是采光面积最大的排列。根据车前草调节日光辐射的原理，有人设计了几十层的大厦，使每个房间都能达到温暖、明亮的阳光。同学们下课后查阅一下，我们人类还有哪些根据植物的构造和功能进行仿生研究的成果。"[2]

1　朱嘉泰. 中学化学微格教学教程. 北京：科学出版社，1999：186
2　卫建国，张海珠. 教学技能导论. 北京：北京师范大学出版社，2012：49

在这个案例中，教师将学生课堂所学的生物学知识"叶镶嵌"及其排列方式的原理拓展到数学学科的对数螺旋线的排列方式，进而延伸到新型建筑物设计和功能等现实生活现象，拓展了学生的知识面，激发了学生的探求兴趣，进而培养了学生的探究精神。

四、重视理性追求的结课

理性追求型结课，是在课堂教学行将结束时，为了让学生对所学内容的本质特征有一个明确的认识，教师可采用提问、列表等方法，将新知识的各个部分，以及新知识与原有知识进行比较分析，明确他们的内在关系，找出它们各自不同的本质，以达到更准确、更深刻地理解知识的作用。在这种结课类型中，教师的价值取向是教学、是为了生活做准备，追求教学的永恒价值。坚持真理是普遍的、共有的，在每一个地方都一样。因此，在课程教学结束时，教师可采用提问、列表等方法，将新学的知识的各个部分以及新知识与旧有知识进行比较分析，明确他们之间的相同点，找到它们之间的不同点，以便准确、深刻地理解知识，从而对课堂所学内容的本质特征有一个明确的认识、深刻理解知识的本质。

🔍 **案例5**

地理学科中的"地球自转与公转比较表"[1]：

		地球自转	地球公转
特点	定义	绕轴运动	绕日运动
	方向	自西向东	自西向东
	围绕中心	地轴	太阳
	周期	23时56分4秒	365天5时48分46秒
	速度	每小时15度	每天向东推进约59分
产生的地理意义		（1）产生昼夜更替现象 （2）不同经度的地方出现时间上的差异 （3）水平运动的物体方向发生偏转 （4）对地球形状有影响	（1）正午太阳高度角的变化 （2）昼夜长短的变化 （3）四季的更替

在这个案例中，教师通过地球自转和地球公转的特点和产生的地理意义两个方面进行列表对比，使学生对地球自转和地球公转的内在联系和各自不同的特征有一个更清楚、更明确

1　刘恭祥. 地理微格教学. 厦门：厦门大学出版社，2007：155

的理解，从而深化对地球自转、地球公转的特点和地理意义有进一步的认知和理解。

五、重视个性成长的结课

个性成长型结课，是在课堂教学行将结束时，为了使学生对所学内容留下一个深刻印象，或为他们下一节课甚至于今后的发展有所帮助，教师可以结合教学内容设计一些必要的悬念，留下一些富有启发价值的问题，让学生课后去思考，激发他们进一步获取新知识的欲望，促进他们的个性成长。这种结课类型，是尊重生命自身的价值，承认生命的内在的力量。其目的主张发展人的个性、创造性，重视人的自我生成。因此，在课堂教学即将结束时，个别教师可模仿中国古代章回小说的说书方式——"欲知后事如何，且听下回分解"，为学生设计一些有关教学内容的悬念，留下一些富有启发性的问题，使他们对教学内容产生一种"言犹尽而意无穷"的感觉，从而达到学生对所学内容产生难以割舍的情愫，并为下一次课埋下一个伏笔，或促进学生今后的个性发展。

🔍 **案例6**

在讲解《我能行》一课后，教师讲了一则寓言故事，使学生获益匪浅：

一只新的小钟摆在两只已经"退休"的旧钟之间准备开始工作了。左边的一只旧钟向它诉苦说："唉，我每年都要摆够3153万多次，太辛苦了！""天呀！"小钟惧怕了，"那么多，我能行吗？"右边的那只旧钟生气地反驳道："别听它胡说，你只要每秒摆动一下就行了。我工作了一辈子，每天都在轻松中度过。"小钟将信将疑，"天下真有这样简单的事？那我就试试吧。"于是它开始工作了，每秒摆动一次，一年过去了，它摆动了3153万多次，确实不觉得辛苦。[1]

这个短小案例的结尾是：教师的讲解完《我能行》一文后，通过一个寓言故事引起学生对自己的亲身实践作用的深刻思考，为学生对待人生的抉择时候，起到了"言有尽而意无穷"的妙用，进而加深学生个人的体验，促进其个性发展。

1　吴渝，马若义. 微格教学实训教程. 合肥：合肥工业大学出版社，2007：122

第二节
恰到好处的结课方式及择用要求

本节主要介绍十种不同的结课方式：归纳总结式，概括中心式，练习巩固式，活动操作式，谈话交流式，激发感情式，对比分析式，图表演示式，发散思维式，提炼升华式等内容，其中重点在于掌握选择每种结课方式的基本要求。

每一位教师在课堂教学即将结束时，应该避免"行百里者半九十"的结果。在一定程度上，可以说，结尾比开头更重要。这是因为开头和中间都有机会进行补救，但从时间上看，结尾时候再没有任何时间可以补救。因而，从这个意义上讲，只有教师选用恰到好处的结尾才可算生成一节真正完整的、精彩的课。基于此，在课堂教学实践中，教师必须知道各种具体的结课方式的优势和不足，以及选择恰当结课方式的依据。

一、结课基本方式和而不同

课堂教学的结束方式多种多样。不同的教学任务有不同的结课方式，可以概括地讲，结课方式不同，但却是互补的，构成了一种和而不同的"大观园"。

（一）归纳总结式

归纳总结式是教师引导学生以准确、凝练的语言，对课堂所讲的知识进行归纳，梳理课堂所讲的内容，理清知识的脉络，突出重点、难点，归纳出一般知识结构、规律和方法等结课。依据教育心理学家的研究，课堂及时回忆要比6小时后回忆其效率高出4倍。知识的再次重复、深化，会加深记忆。因此，在学科知识讲解的课堂教学结束时，多采用归纳总结式。

🔍 **案例7**

对"奴隶主阶级和奴隶阶级的出现"这一内容的教学进行归纳总结式结尾：通过本课的学习，我们知道了随着生产力水平的提高，剩余产品的出现，人剥削人有了可能；而氏族贵族拥有大量生产资料，仅靠自己成员难以照料，这使人剥削人成为客观需要。这样，奴隶和奴隶主慢慢出现了。战俘是奴隶的最初和最主要的来源，还不起债的穷人是奴隶的另一个来源。氏族贵族成了最初的奴隶主。奴隶主阶级和奴隶阶级的两大根本对立阶级，阶级就是在一定生产关系中处于不同地位的各种集团。[1]

　　在这个结尾片段中，教师不是对教学知识点的平铺直叙，而是抓住阶级产生的原因、奴隶主阶级和奴隶阶级的来源、意义进行了总结归纳，强化了教学重点，突出了教学的主题。

🔍 **案例8**

　　"天气与气候"一节新课结束后可以这样总结：影响天气变化的主要因素是气团和锋面。影响我国天气的主要气团，冬季是形成于西伯利亚、蒙古一带的极地大陆气团，在它影响下，天气寒冷、干燥；夏季给我国带来丰沛水汽的是来自副热带太平洋的热带海洋气团及来自印度洋的赤道气团。我国处于中纬地区，锋面、气旋活动频繁，快行冷锋造成我国北方夏季的暴雨，冬春大风、沙尘暴天气及冬季寒潮，夏初长江中下游的梅雨，冬半年贵阳的阴雨天气是准静止锋的影响结果。[2]

　　在这里，教师将所讲过得内容简要地归纳重复一遍，对影响气候的主要因素是气团和锋面，气团和锋面对我国的影响进行及时归纳总结，使学生对所学的内容："气团和锋面是影响天气变化的主要因素及其对我国的现实作用"有一个完整的深刻的印象，突出了主题，升华了认识。

（二）概括中心式

　　概括中心式，是在课堂教学将要结束时，教师引导学生用几句简练的话把一堂课所讲的知识中心或主题思想概括出来，以帮助学生删繁就简、去粗取精、把握中心、明确主题。这样的结尾方式，在人文学科里进行提炼归纳中心、主题时常用。这不仅有利于学生集中精力更深刻地理解和记忆知识，而且有助于学生更合理地理解知识，受到更深刻的教育。

🔍 **案例9**

　　《掌声》第二课时教学实录的结束语：

　　"1. 英子为什么会有这么大的变化？聋哑人为什么能演《千手观音》这样精彩的节目？再次回味《千手观音》精彩片段。这掌声包含着什么？仅仅是掌声吗？（关爱、友情……）

　　2. 小结：人人都需要关爱，特别是当一个人身处困境的时候，我们就要毫不吝啬地把

1　孙菊如，陈春荣，谢云，邹花香. 课堂教学艺术. 北京：北京大学出版社，2006：167
2　刘恭祥. 地理微格教学. 厦门：厦门大学出版社，2007：154

自己的爱心送给别人。让我们用世界行动把爱表达出来。"[1]

在这个案例里，教师通过提问的方式，引导学生自己归纳出课文的中心——关爱和友情。人人需要关爱，爱心分享，从而有利于学生更准确地把握中心、明确主题，心灵受到深刻的洗礼。

（三）练习巩固式

练习巩固式，是为了使学生巩固课堂所学的知识，变知识为初步的技巧，在结课时，教师根据教材目标的需要和教学内容的实际情况，精心设计一些口头或书面思考题，并提出相应要求，让学生当堂思考或课后思考、回答来结束教学的一种结课方式。有关知识理解的思维方法训练要求的课堂教学将要结束时候，教师可根据教学内容中阐明的原理、原则、规律和方法等布置练习与作业来复习、巩固所学知识，并形成学习技能或技巧。

🔍 案例10

学了同分母分数加减法后，可设计"用同分母分数加减法的知识把得数用加法、减法算式表示"的联系。此练习课依次用加法、减法、连加法、减法混合和思维练习等有梯度的算式进行，让学生牢固地掌握并巩固所学知识。[2]

这种结课的练习题，通过混合多种变式同分母分数加减法分解为用加法、减法的方式转换来进行数学运算，训练学生数学不同算式的解题技能，培养了学生应用能力。

🔍 案例11

物理性质、化学性质、物理变化、化学变化

为了帮助学生理解本节所学的概念：物理性质、化学性质、物理变化、化学变化，设计应用性练习题比让学生背诵概念要明智的多：

在通常情况下，氢气是没有颜色、没有气味的气体，它难溶于水，密度约为空气的1/14。纯净的氢气能在空气中安静地燃烧，生成水，并放出大量的热。氢气通过灼热的黑色的氧化铜粉末，黑色的氧化铜还原为红色光亮的金属铜粉末。从这些事实可以知道：氢气

---

1 周群英. 资料来源http://xiao.ruiwen.com小学语文教学资源网，2006-05-17
2 许高厚. 课堂教学技艺. 北京：北京师范大学出版社，1997：235

具有的物理性质是＿＿＿＿＿＿＿＿＿＿＿；题中有关氢气变化的论述中，属于化学变化的是＿＿＿＿＿＿＿＿＿＿＿，说明氢气所具有的化学性质是＿＿＿＿＿＿＿＿＿＿＿。[1]

在这个案例里，通过给氢气的物理性质、化学性质和化学变化填空的练习方式，来巩固教师课堂上所讲授的知识，提高学生对物理性质、化学性质、物理变化、化学变化的理解能力。

（四）活动操作式

活动操作式，是指为了巩固和应用课内所学的知识，激发学生的学习兴趣和求知欲望，培养他们的各种能力，在课堂教学结束时，也可采用多种多样的活动操作方式进行。有的采用歌诀的方式结课，有的采用实际操作的方式结课。

案例12

教师在讲完《公民要自觉守法》这一内容后，在结束时将所学的重点内容概括为两句话、48个字：

"知法为守法，守法要依法；培养好习惯，自觉遵守法。"
"法律规定要做到，法律禁止绝不干；阻止违法是责任，自觉守法记心间。"[2]

这种结课方式采用精练、简洁的歌诀的方式对所学的知识进行总结，学生易读、易记，兴趣被激发，能加深对所学内容的理解。

案例13

讲到"生态系统和食物链"的内容时，结课可以设计成让学生去校园观察一个生态系统或让学生寻找一个生态系统，说出其组成部分、食物链的构成情况。[3]

该课例中，教师指导学生运用所学知识"生态系统"，然后观察具体生活中生态系统、食物链等自然现象，培养了学生的观察能力、联想能力等。

1 杨承印. 化学教学设计与技能实践. 北京：科学出版社，2007：265
2 吴渝，马若义. 微格教学实训教程. 合肥：合肥工业大学大学出版社，2007：150
3 刘恭祥. 地理微格教学. 厦门：厦门大学出版社，2007：157

（五）谈话交流式

谈话交流式，是在课堂教学中，教师与学生采用提问、回答等进行谈话来总结全文，归纳思想，提高认识，是结束课程所常用的一种方式。这种结课方式在多数学科中都采用。

🔍 案例14

三角函数在求最值中应用：

T：在上面的问题中选取半径与矩形的一边（或平行线段）所成 θ 为变量，容易沟通图形中的一些边角关系，从而易于建立目标函数，获得问题的解答，这是解决这类问题的有效方法，体现了用三角函数在求解最值问题的工具性。

这节课我们利用三角函数解决了引言中的实际问题，解决实际问题的一般步骤有哪些？

S：一般有四个步骤：（1）仔细阅读题目，弄清题意背景及数量关系；（2）建立目标函数；（3）应用已知的数学知识解决问题；（4）根据实际做出解答。

T：今天我们利用变更问题的条件的手法将问题进行了变式，而解题时却是将新问题化为已解问题来认识。这里的"化未知为已知"是数学中常用的思想方法，在前面的解题中大家用的很多，也体会了它的功效。[1]

在这个教学实例中，通过教师与学生的问答的方式，激发了学生的思维，提高了学生的认识，从而达到了启发思考、巩固小结，结束课堂教学。

（六）激发感情式

激发感情式，是在课堂教学结束时，教师可根据教学内容的特点，用充满热情而又具有鼓舞性、激励性的语言把学生的情感激发出来，或用含蓄深沉的话语催人深思，耐人寻味，使学生从思想收到启发，进而成为推动学生探求新知识的动力。这种结课方式在语文、音乐等人文学科的课堂教学结束中常用。

🔍 案例15

教师在讲述《锻炼意志》时，为了激发学生战胜困难、战胜挫折的勇气，正确面对失败和失意，他是这样结课的：

1　王秋海. 数学课堂教学技能训练. 上海：华东师范大学出版社，2008：50

"在人生道路上，每个人都渴望成功与喜悦，但是在不经意中的失意却往往悄然而至。失意能使人消沉，失意能使人振作，关键是我们采取什么样的态度去对待它。面对失意，最重要的是要学会心理上的自我调节，并树立坚强意志。失意是人生五线谱上的音符，只要我们的心是乐观的、坚强的，它就会发出最强音；失意是为成熟的青橄榄，它很苦涩，但是，只要我们善于用心血去浇灌，就一定会有所收获。同学们，在人生旅途上，失意总是不期而至，但并不可怕，如果有一天你失意了，愿你失意不失志。"[1]

这样的结课方式，既紧扣课堂，又联系学生实际，激励学生，对学生的正确的世界观和人生观的形成有积极作用。这种方式结课可以使学生受益匪浅，有时甚至会对学生的一生都产生深远的影响。

（七）对比分析式

对比分析式，是在课堂教学结束时，教师通过将课堂中学习的不同知识进行比较、分析等对比的方式来明辨事物的异同，从而获得其本质的认识以结束全课。在教学总结阶段的分析比较中，教师应该紧紧围绕教学目标、重难点与关键，引导学生抓准从哪些方面作比较，然后逐项分析，确定共同点、不同点以及相互间的联系。为了加强分析比较的效果和方便记忆，往往要辅以精当、鲜明的板书或概括、凝练的语言。这种结课方式在知识容易混淆的许多学科中常用。

如电解和电离的分析比较：[2]

		电离	电解
概念的定义		电解质溶解于水或受热熔化时，离解成自由移动的离子的过程，叫做电离	使电流通过电解质溶液而在阴阳两极引起氧化—还原反应的过程叫做电解。
相同点		电解质发生的变化	电解质发生的变化
不同点	变化条件	水或热（至熔化）	直流电
	变化实质	电解质分子或晶体中化学键发生变化，最终化学键断裂，离子变为自由运动状态	自由移动离子在电流作用下不断移向两极，分别在电极上发生氧化反应、还原反应
	变化产物	自由移动的离子	新物质的分子、原子或离子
联系		电离是电解的前提条件；电解不是电离的必然结果	

在"电解的原理"结课案例中，教师将电解和电离两个概念列表进行了比较，概括出"一同、三不同、一条联系"：变化的内因相同，都是电解质的变化；条件不同、实质不同、产物不同；电解是在电离的直流电产生的变化。通过对比分析，学生明确了电解和电离的异

---

1 吴渝，马若义. 微格教学实训教程. 合肥：合肥工业大学出版社，2007：124
2 朱嘉泰. 中学化学微格教学教程. 北京：科学出版社，1999：189

同，深化了认识。

（八）图表演示式

图表演示式，是在课堂教学的结束时，根据某些学科的特点，教师可根据教学的内容及其相关联系，展示预先准备的图表，引导学生讨论小结。这种结课方式，对知识的温故知新，密切知识的联系以及知识系统化有着重要的意义。这种结课方式与对比分析式的区别在于知识图表是在课前预先准备还是在课堂教学过程中自然生成的。

🔍 案例16

一位历史教师在讲述《收复台湾和抗击沙俄对黑龙江流域的侵略》一课的结尾时，挂出自制图表，然后讨论小结。图表如下：[1]

	台湾自古以来是中国的领土		黑龙江流域、乌苏里江流域自古以来是中国的领土
三国	吴派卫温到台湾	唐朝	设黑水都督府
隋朝	隋炀帝三次派人到台湾	元朝	设辽阳行省
元朝	设澎湖巡检司加强对台湾、澎湖的管理	明朝	设奴儿干都司
清朝	1662年郑成功收复台湾 1684年清设台湾府	清朝	中俄《尼布楚条约》明确规定这一带是中国领土

这个结课方式的案例，有利于知识的温故知新，密切知识的联系，使知识系统化，引导学生对课堂教学中的部分内容的回忆。

（九）发散思维式

发散思维式，是指课堂结束前，教师在总结课堂教学内容的基础上，依据教学要求和教学内容的特点，设计富有启发性的问题，引导学生从事物的深度和广度上去思考，激发他们的求知欲望。这种结课方式常用于历史、语文以及数学等学科里应用。

🔍 案例17

一位历史教师在讲《洋务运动》一课的小结时提出了一个问题："为什么在洋务运动时期，洋务派向外国资本主义国家购买了机器，引进近代的生产技术，却没有使中国走上了富强的道路？"当学生作出回答后，教师又提出一个问题："当前我国为实现四个现代化的需

---

1 许高厚. 课堂教学技艺. 北京：北京师范大学出版社，1997：234

要，也引进外国的生产技术，但为什么却有利于四化建设呢？"[1]

在这个结课方式案例中，这种鲜明的引导设计所引起学生深入思考，不仅深化了教材的中心思想，而且受到了良好的思想教益。它对发掘学生对知识理解的深度，培养他们的发散性思维具有重要意义。

🔍 案例18

一位数学教师在《圆的认识和周长》的结束时，提出了一个思考题：

有一棵大树，怎样量出树干的半径呢？

（学生提出多种方法接单，可比较哪种方法最准确、合理）

有的说，在树干上的正中点打一个洞量出它的半径。

有的说，同样打一个洞量出它的直径，再除以2，就得半径。

有的说，用木条做一个活动的卡尺，量出直径，再除以2，就得半径。

有的说，用皮尺量出树干的周长，再除以2π，就得半径。

通过比较，一致认为，前两种方法损坏树木，测量也不准，方法不合理。

方法三比较简洁、合理、准确，而且还能运用所学的知识解决实际问题。也可以用第四种方法，这是新学知识的具体应用。[2]

在这个案例中，教师不仅让学生认识到圆和周长的概念和二者之间的关系，更为重要的是，拓展了学生的思维，让学生对认识到圆和周长二者之间的关系在解决现实问题中的应用，拓展了知识应用的广度，有助于培养学生的发散思维能力。

（十）提炼升华式

如果说归纳总结式和概括中心式是对课堂讲授内容进行归纳、概括总结的话，那么提炼升华式，是在此基础上对讲授内容进行整理、挖掘和提炼，以点明课的精华所在，解释其深刻的内涵。这不仅可以帮助学生理解课堂教学内容的深刻含义，而且可以一语破的，起到画龙点睛的作用。

1 许高厚. 课堂教学技艺. 北京：北京师范大学出版社，1997：234
2 顾汝佐. 名师授课录（小学数学）. 上海：上海教育出版社，1994：436

🔍 **案例19**

在"坚持唯物辩证法，反对形而上学"一节课尾，教师可向学生讲一段故事：1964年北京召开科学讨论会期间，毛主席读了日本物理学家坂田昌一写的关于基本粒子的对话的一篇文章后，请了我国两名科学家到家里进行讨论，谈到了宇宙的无穷大和物质的无限可分。毛主席说："宇宙从大方面看来，是无限的；宇宙从小的方面来看，也是无限的。不但原子可以分，原子核也可以分，电子也可以分，而且可以无线地分割下去。庄子将'一尺之锤，日取其半，万世不竭'这是对的。因此我们对世界的认识也是无穷无尽的……"几年后，我国物理学家提出了"层自模型"理论，"层子"也就是后来各国科学家所称的"夸克"。至今人们已认识到410多种基本粒子。1977年在夏威夷举行的第七届粒子物理专题会议上，美国物理学家、诺贝尔奖获得者格拉肖建议，将现在称为"层子"或"夸克"或"部分子"等的这一物质层次的组成部分，命名为"毛粒子"。他说："因为这与中国的毛泽东主席有关系。按照他的哲学思想，自然界有无限的层次，在这些层次内一个比一个更小的东西无穷地存在着。"故事讲完，可加上一句总结的话：同学们，把基本粒子命名为"毛粒子"说明了什么？这是辩证法的胜利。[1]

在这个案例，通过介绍"毛粒子"这个物理学名称的来源，说明哲学在宏观理论上的指导意义。从一个小故事升华为辩证法问题。在这个案例的结尾时，教师不仅可以深刻理解物理概念命名的知识，还进一步认识到物理概念命名背后蕴含的辩证法的的深刻道理，在整个教学过程中，这种结语可以起到画龙点睛的作用。

二、结课方式择用要求

精彩的课堂教学结束，不仅对教学内容或教学活动起到系统概括、画龙点睛和提炼升华的作用，而且能拓宽延伸教学内容，激发学生旺盛的求知欲望和浓厚的学习兴趣，对直接提高课堂教学效率，甚至影响到学生今后的学习追求。搞好课堂教学的结束，必须遵循其基本要求。

（一）内容妥帖　顺其自然

从内容角度看，在课堂教学时，教师应按照课前设计的教学计划，由前而后、有目的性地调节课堂教学节奏，有意识地完成课堂教学结课。这种结课使课堂教学有一种顺其自然、适时妥帖之感。善于按照事先制订的教学计划讲课，是一位教师应具备的基本功。为

1　孙菊如，陈春荣，谢云，邹花香. 课堂教学艺术. 北京：北京大学出版社，2006：172

此，每一位教师应充分备课，周密安排课堂教学活动，适时调节调节教学容量，善于根据教学的客观需要和现实状况改变教学过程，避免前紧后松或前松后紧，甚至于"超负荷"的现象发生。

　　课堂教学结束内容妥帖、顺其自然。这既符合课堂教学内容的客观要求，又是体现课堂教学科学性的必然结果，有助于避免课堂教学结束一些不合理的做法，如"提前结课"和"讲课拖堂"的发生。

（二）结构完整　前后照应

　　从形式角度看，课堂教学结束作为课堂教学的一个不可缺少重要环节，教师应充分考虑并发挥结课的作用，使课堂教学成为完成一定教学任务的完整体。因此，为了实现一定的教学任务，教师应该首先加强前后内容的联系，保证课堂教学结构的完整性；其次教师的结课要适当照应开头，使学生将零散的知识如同一颗颗珍珠一样串联起来，形成完整的知识结构，首尾照应。

　　课堂教学结束的结构完整、前后呼应，这符合客观教学规律。依据教学的客观规律，课堂教学是一个由开头、讲解和结尾几个环节组成的一个完整的结构体。切忌在现实教学结束时，发生有头无尾、头大尾小、头小尾大或首尾无关，更不能发生前后矛盾等问题。

（三）表达精练　紧扣主题

　　从语言角度看，课堂结束表达用的语言一定要少而精，紧扣当堂课的教学主题，梳理知识、总结要点、形成知识网络结构。干净利索的结束用语，可以是学生在对教学内容深化理解的同时，让学生的认识产生一种质的飞跃。因此，其结束语言要求应是高度浓缩、一语破的。这就要求，在结课时，教师应以简练的语言使教学主题得以归纳、升华，使学生对课堂所学内容有一个清晰完整、主题鲜明的认识。

　　课堂教学结束的表达精练、紧扣主题是对课堂教学结束语的基本要求。结束语是课堂结束不可缺少的手段，有格言说："没有结束语的结尾平乏无力，可是没完没了的结尾令人生畏"。因此，教师的结束表达应切忌冗长，或者拖泥带水。

（四）时空沟通　立疑拓宽

　　从时空角度看，课堂教学的结束，不应仅局限于课堂本身，应注意课堂内外的沟通，学科课程与活动课程的沟通，本学科课程与其他学科课程沟通。只有这样，才有助于拓宽学生的知识面、掌握完整的知识。教学是一个不断质疑——释疑——再质疑的过程，应该留给学生有余的时空，让学生积极思维，培养学生的创造性思维能力。

　　目前，随着终身学习理念的影响，moocs操作平台的使用，学生的知识、思维有个极大的拓展空间。课堂教学是学校教学的一种基本组织形式，而不再是唯一的组织形式，因此，在课堂结束时，教师应避免平淡无奇、陈旧老套结课现象发生。

第三节
结课的"病态"表现

学习目标

本节主要是介绍几种"病态"的结课方式：时空把控不准，首尾照顾不周，陈旧无趣泛滥等表现。通过这些案例的分析，认识不良结课的具体表现。

从结课的理论角度，学术界已经做了较多的思考。那么结课的现实情况如何呢？其实，要想课堂教学的结课取得好的教学效果，除了知道理论的"应然"状态，更应该从实践的"实然"状态分析。也就是说，除了必须知道结课"应该怎样做"外，更应该知道结课"不应该怎样做"。只有从正、反两个方面思考才能确保生成一种高质量的结课方式。

案例20

结课是课堂教学的一个重要环节：结课是在课堂教学内容全部完成之后，教师利用2~3分钟的时间对整个教学进行归纳、梳理和延伸的过程。在实际课堂教学过程中，有很多老师忽视了这一环节，往往讲到下课铃声响起就直接下课；有些教师在结课时，往往草草收兵，无话可说；还有一些教师讲完课堂教学内容后就以让学生做练习的方式结课。这些结课的方式都有值得改进的地方。

（摘自江苏省某中学教研小组的教研活动记录）[1]

通过对现实结课方式的现状的考察，结果可谓良莠不齐，具体主要包括以下几种现象。

一、"时间把控不准"的结课现象

"时间把控不准"的结课现象，主要包括"结课冗长"和"结课拖堂"等。"常行于所

---

1 李家清. 新理念地理教学技能训练. 北京：北京大学出版社，2010：78

当行，止于所不可不止"，就是讲课应该适可而止，应养成准时上课、下课的习惯，不可提前，结尾冗长；也不可延迟，造成拖堂。否则，结课环节势必会出现喧宾夺主的现象，引起学生的反感，直接影响教学效果。

"结课冗长"主要表现是：课堂教学节奏过快，较早地讲授完课堂教学的主要内容，实践了课堂教学的主要环节，这就给结课留的时间过多，结果学生无事可做，教师只好胡讲乱扯，布置一些不必要的作业，搪塞过去。这严重影响课堂教学结构的完整性，妨碍了课堂教学精彩结束应发挥的作用。因此，在课堂教学时，结束所用的时间不宜过长。一般情况下，综合练习与发散迁移可以稍长一点，但也要控制在10分钟之内，其他的结束时间一般不超过3分钟。"结课拖堂"的主要表现是：下课铃响了，有的教师还在不停地讲，主观愿望是想使学生多学一点，但客观效果却恰恰相反。为了形式上体现课堂教学的完整性，最后只好三言两语仓促结束教学，学生既无法总结可课堂所学的知识，更无法消化理解。不仅如此，讲解拖堂，势必加重学生大脑的负担，影响良好思维效果的发挥和下一节课的学习效果。因此，教师应根据课堂教学的实际适当调整设计好的结束方式。当然，课堂教学现实状况瞬息万变，课堂可能出现种种难以估计的情况，这很有可能造成课堂教学出现拖延，留给结束时间所剩无几的状况。作为一名有经验的教师应灵活应变，恰当调整自己预设的结束方法，缩短拖堂时间，以免引起学生的反感。

二、"首尾照顾不周"的结课现象

"收尾照顾不周"的结课现象，主要包括包括结课"虎头蛇尾"和"画蛇添足"现象。在课堂教学实践中，"虎头蛇尾"现象主要表现为：有的教师比较重视开端，但到了结尾时，由于时间不够，往往显得较为匆忙，连最基本的归纳小结也来不及做，就直接下课了。这样，整个教学过程就会显得善始不善终，学生课后对上课时的教学内容缺少整体的把握，无所适从。"画蛇添足"现象主要表现为：有的教师在结课时或小题大做，或故弄玄虚，把本应该自然结束的硬是讲个不停，其本意是是将教学内容细大不捐地教给学生，而实际结果确实与良好的愿望相反，造成学生精神的厌烦，思维的负担。

三、"陈旧无趣泛滥"的结课现象

"陈旧无趣泛滥"的结课现象，主要包括结课"平淡无奇"和"陈旧老套"现象。"平淡无奇"表现为：有的教师备课时未加精心设计如何结课，因此造成结课时重点内容不突出，有点走过场的味道，以致造成学生产生抵触的心理，弱化了学生的学习兴趣，不利于课后的自我反思和自学能力的培养。这是因为，与导课相比，有的教师认为：结束无关大局，可有可无，有时间就搞个像样的结束；如果时间来不及，一句话就下课。的确，现实的课堂教学有许多不确定的因素，强调以学生为主，结果造成了在解决问题的过程中控制不了时间，于是只好匆忙结束，这是经常发生的事情。但是，问题在于：教师要重视课堂教学的结束，要给予其应有的地位，哪怕时间真的来不及，教师也应对整堂课成有个交代，如三言两语、提纲挈领地结束，最好留给学生一定的思考时间。"陈旧老套"表现为：有的教师结课落入俗套，陈旧老套。他们认为：结束的好坏不影响课堂教学的效果；甚至个别教师认为，怎么结束是教师的事情，不用学生参与。事实上，现在很多学生也认为：即使让学生来总结，也只能限于教师设定的范围之内。如果超出，教师就会干预。说到底，这是一个课堂教学观念的问题。只有真正把学生看作是学习的主人，教师在课堂上所做的一切都是为了学生，才可能走出结课俗套、老套的误区。我们知道：一堂好课，其各个环节要仔细斟酌，精心设计的导入要有发人深省的结束来呼应。

本章小结

结课是一节课的最后一个环节。了解结课的内涵、把握结课类型是认识结课方式的基础。只有在此基础上才能根据学生需要和文本特点选择恰当的结课方式，避免"病态"的结课方式的出现。结课的好坏，关系着课堂教学的质量水平的高低。教师要不断地改进自己的结课方式，提高自己的结课水平。

总结 >

Aa 关键术语

结课	结课类型	结课方式
Class closing	type of class closing	approach of class closing

章节链接

本章主要介绍了结课涵义、结课类型和方式等，与第三章《引人入境的导入》、第五章《展现教师魅力的讲授》、第六章《智慧启迪的提问》中的内容都是关注课堂教学过程的具体教学技能，它们之间存在着密切的联系；此外，与第九章《画龙点睛的板书》、第十二章《兴趣盎然的作业》的部分内容也有一定联系。

应用 >

✏️ 体验练习

1. 教学"分数除以整数"后，教师问：哪位通过能以"通过学习我懂得了……为头，帮助老师小结一下这节课的内容。"有的说，通过学习我懂得了分数除以整数，可以用原分数的分子除以整数的商作为分子，分母不变。有的说，分数除以整数（0除外）可以用分数乘以整数的倒数……也有的合二为一。请结合本章学过的内容，谈谈这位教师使用的结课类型是什么？该教师选择的结课类型有哪些独特之处，有什么作用？

2. 教授《边城》一文时，有学生对课文的结尾产生疑问："傩送到底回来没有？"教师说："这个问题提得好，他到底回来不会来？如果说他会回来，为什么？如果他不会回来，又是为什么？请同学们再精读原著的全部，然后我们再择时进行讨论。"请结合本章学过的内容，谈谈您认为该结尾运用了哪种结课方式，有什么好处？若你还有更好的概括这个结尾方式，请您谈谈这种结课方式应该如何命名，为什么？

拓展 >

☕ 补充读物

1　肖锋. 学会教学——课堂教技能的理论与实践（第二版）. 杭州：浙江大学出版社，2004

　　本书从课堂结束的功能、课堂结束的类型、课堂结束的方式、课堂结束的原则的几个方面对课堂结束技能进行理论上的阐述和论证。

2　李如密. 教学艺术论. 济南：山东教育出版社，1995

　　本书从美学的角度提出了关于教学结课艺术的原则要求、教学结课艺术的形式与方法的独特见解。

💻 在线学习资源

1. 中学语文教学资源网　http://www.ruiwen.com

2. 中学数学网　http://www.zx98.com

3. 小学语文教学网　http://www.505080.com/yuwen

4. 小学数学教学网　http://www.xxsx.cn/mainmenu.aspx

第十四章

成就专家的教学反思

本章概述

　　本章的目的在于帮助学习者：1. 正确理解"反思"的含义、教学反思的概念。2. 知晓教学反思的特征。3. 熟悉教学反思的分类。4. 熟练掌握教学反思的基本途径，为专家型教师奠定基础。

　　本章主要介绍和讨论"什么是教学反思的含义""教学反思特征和水平""教学反思的途径"这三个问题。厘清这三个问题，将有助教师向反思型教师转变。

结构图

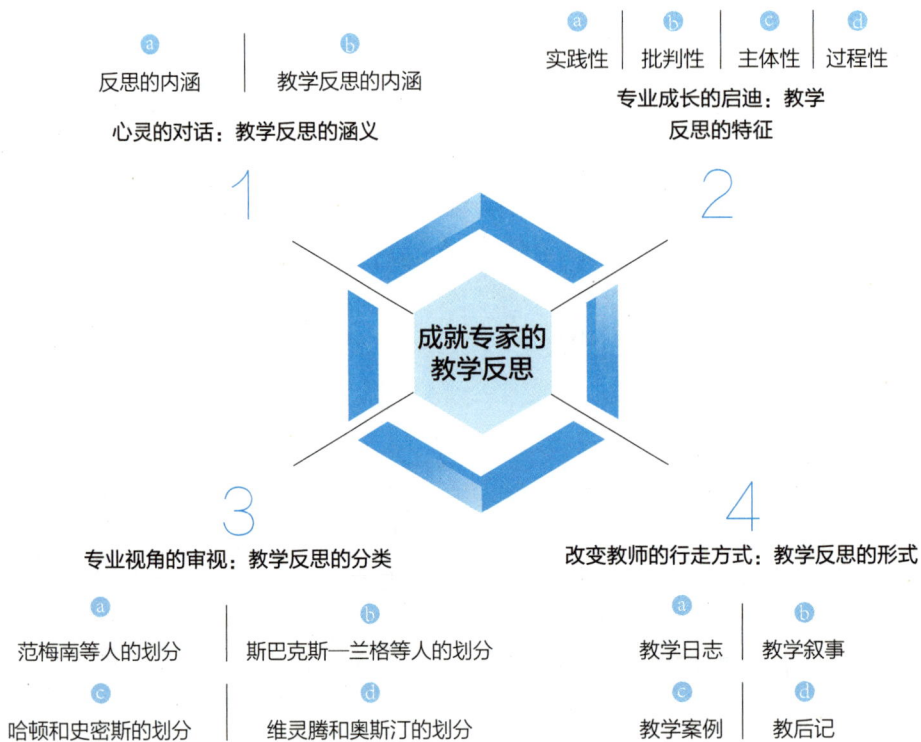

反思的内涵 ⓐ　　教学反思的内涵 ⓑ

心灵的对话：教学反思的涵义

实践性 ⓐ｜批判性 ⓑ｜主体性 ⓒ｜过程性 ⓓ

专业成长的启迪：教学
反思的特征

**成就专家的
教学反思**

1

2

3

4

专业视角的审视：教学反思的分类

范梅南等人的划分 ⓐ　　斯巴克斯—兰格等人的划分 ⓑ

哈顿和史密斯的划分 ⓒ　　维灵腾和奥斯汀的划分 ⓓ

改变教师的行走方式：教学反思的形式

教学日志 ⓐ｜教学叙事 ⓑ

教学案例 ⓒ｜教后记 ⓓ

**学习
目标**

1. 掌握教学反思的内涵；
2. 熟悉教学反思的特征；
3. 了解教学反思的分类；
4. 熟悉和掌握教学反思的方法。

**读前
反思**

　　教学反思本质上是一种对教学的认知活动，是教师对已完成教学工作的理性总结。这种反思是教师以亲历者的身份，对自身行动意义的探索，以"在教学中""通过教学""为了教学"为基本理念，目的是提高自身的专业素质，改进教学质量。从这个意义上说，教师专业成长就是不断总结经验、反思实践的过程。教师成为反思的实践者已经成为人们的共识。要进行教学反思，教师必须对教学反思有清晰的认识，了解和正确运用教学反思的方法。本章将引导学习者熟悉和了解教学反思的特征，掌握最基本的教学反思的方法，并在实践中加以运用。

第一节
心灵的对话：教学反思的涵义

🎯 **学习目标**

掌握反思和教学反思的概念，从教师专业行为和专业两个方面深入理解其内涵。

　　教学是一项复杂的活动，它一方面要求教师以"参与者"的身份，依据自身能力和水平顺利完成工作；另一方面教师也要以"旁观者"的身份，对教学活动冷静地观察、分析、批判和总结。教师要实现"参与者"和"旁观者"身份的统一，必须具备教学反思技能。

🔍 **案例1**

　　问题学生成了我的心病，有时为了教育他们，不得不停下课，想学的学生深受影响，我觉得很愧疚。真的没有出路了，这两天我常在想，是不是我不适合做教师，一想到那些不听话的学生，就感到自己末路来临。每个老师都想教好学生，可是现实与理想的差距太大。面对他们，我真的没救了。

　　以前，我可能太看重、甚至是太计较这些学生身上的"问题"了，就没有更多地考虑与此相关的问题……问题的存在也不是偶然的。它有着多方面的原因，首先，我要把他们真正当做一个"人"去处了，再把他们当做个案进行全方位的研究。

　　问题学生常常是教师最为头痛的问题。在本案例中，教师被问题学生折磨得精神疲惫，甚至丧失了自我成就感。是什么使教师前后的反差如此强烈？又是什么改变了教师的观念？是什么把问题学生"变废为宝"？是教学反思，是教师与心理的对话，使教师找到了解决的出路，逐渐走上专家型教师的旅途。

　　——孟春国，刘学惠．反思的力量：三位农村英语教师成长的故事．全球教育展望，2007（7）

一、反思的内涵

　　在日常生活中，反思是大家非常熟悉的概念。在我国儒家思想主张反思，亦即通过自我反省和关照，对自己的行为和思想及时修正，以期进一步提高。西方对反思的理解有两个视角：第一，反思即内省。持有这种观点的人认为，反思是主体通过对思想、观念、心理感受的思考、描述或者理解自己体验的东西。第二，反思是特殊问题解决的一种特殊方式。这种观点的代表性人物是杜威。杜威认为，反思是思维的一种形式，是个体在头脑中对问题进行反复、严肃、执着的沉思。[1]在杜威看来，反思就是人们用来解决问题的一种特殊的方式。为此，杜威界定了反思型思维的含义：[2]"对任何信念或假定形式的知识，根据其支持理由和倾向得出的进一步结论而进行的积极主动的、坚持不懈和细致的思考。"在教学中，教师需要具备反思型思维。因为教育的根本目的就在于帮助人们获得反思习惯，即对任何信念或假定都进行批判性分析，进行谨慎细致、周到缜密的思考，以便从事理智行动。[3]从西方学者对反思的理解中，我们可以看到，无论是倾向于内省还是问题解决，反思都没有脱离心理学的元认知范畴。今天，对反思我们可以理解为思考。反思的本质"大致说来，反思既强调清楚连贯、系统有序，也关注含蓄与直觉的一面。"[4]

二、教学反思的内涵

教学反思是教师专业自主发展的重要方式，是教师自主对专业生活赋予意义的过程。由于人们理解的视角不同，对教学反思的内涵理解也不同。

1. 国外理解的视角

从国外研究来看，国外学者对教学反思研究的视角有以下几个：（1）反思与行动结合的视角。舍恩（D.A.Schon）认为反思是问题重构、解决问题的过程。在此过程中反思和行动相互结合，强调行动中反思和行动后反思。在舍恩看来，行动中的反思比行动后反思更为重要，因为"行动中反思就是个体有意识地或潜意识地不断地对与他以往经验不符合的、未曾预料的问题情境的重新建构"。[5]舍恩的另一个重要的贡献是行动中的知识或者缄默的知识。在舍恩看来，专业知识包括接受性知识和经历性知识，接受性知识主要来源是"学中知"，而经历性知识主要依靠"做中知"和反思。"从做中知"即是从实践中获得的知识，专业人员每天的工作主要依靠实践所知，而非既得的理论。"反思"则是对"从做中知"的东西进行有意识地继续发展，它不仅要回忆或回顾已有的活动，而且要找到其中的问题以及答案。[6]反思也是对行动中知识或者缄默知识的梳理和回顾，进而改进教师教学。（2）教学技能分析的视角。这种观点认为，教学反思就是分析教学技能，深思教学活动，促使教师经常将研究结果和理论应用于实践。持有该观点的人还乐观地认为，教师反思能控制和指导教学实践。（3）反思教学观的视角。这种观点认为反思的主要的内容是优秀教学观，教师对其深入思考做出相应的选择。（4）教学经验重构的视角。在该观点下，反思被看做是教师理解评价教学

1　刘加霞，申继亮．国外教学反思内涵研究述评．比较教育研究，2003（10）
2　李玉荣．元认知与反思型教师的培养．大连教育学院学报，2001（9）
3　李玉荣．元认知与反思型教师的培养．大连教育学院学报，2001（9）
4　陶志琼．反思型教师的哲学思考．有色金属高教研究，2001（1）
5　刘加霞，申继亮．国外教学反思内涵研究述评．比较教育研究，2003（10）
6　杨涤．教师专业教育模式：以理论与实践的关系为中心．外国教育研究，2000（6）

实践的一种手段。反思是教师对教学经验的重构，进而达成三个目的：[1]（1）对各种教学活动的背景有新的理解；（2）对自身作为教师和教学活动的文化环境有新的理解；（3）对关于教学的一些想当然的假设有新的理解。

2. 国内理解的视角

国内学者对教学反思一般从两个方面来界定教学反思。第一，从教学视角。这种视角下，研究者认为教学反思就是反思性教学。人们之所以会把教学反思与反思性教学联系在一起，是因为在我国教学反思是随着反思性教学而兴起的。因而，人们往往认为教学反思与反思性教学是一回事。如熊川武认为，教学反思即教学主体借助于行动研究，不断探究与解决自身和教学目的以及教学工具等方面的问题，将"学会教学"与"学会学习"统一起来，努力提升教学实践合理性，使自己成为学者型（科研型）教师的过程。[2]第二，教师视角。有些学者认为教学反思和反思教学不是同一回事，教学反思的重点是教师对自身教学的思考，而反思性教学更像是一种理论、一种具体操作模式，两者存在一定的差异。因此一些学者主张从教师视角界定教学反思。如王映学、赵兴奎认为，教学反思是指教师在教学过程中通过教学监控、教学体验等方式，辩证地否定（即扬弃）主体的教学观念、教学经验、教学行为的一种积极的认知加工过程。[3]这种视角认为反思的主体是教师，教师反思是教师有目的、有意识进行思维的过程，从而获得对教学新的理解。

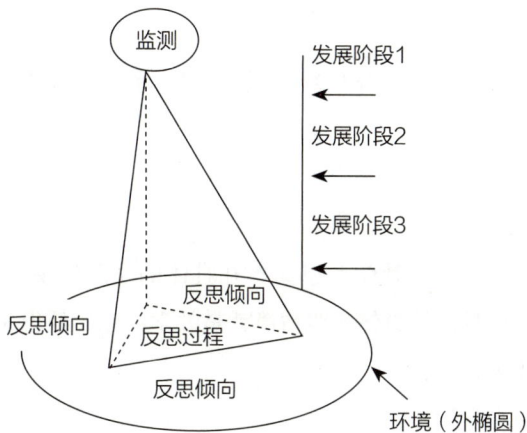

教学反思的心理结构。教学反思的心理结构包括：反思内容、反思水平、反思方式、反思倾向、反思发展阶段。

——申继亮. 教学反思与行动研究，北京：北京师范大学出版社，2010

1　刘加霞，申继亮. 国外教学反思内涵研究述评. 比较教育研究，2003（10）
2　熊川武. 反思性教学. 教育研究，2002（7）
3　王映学，赵兴奎. 教学反思：概念、意义及其途径. 教育理论与实践，2006（2）

综合国内外相关的研究，我们认为教学反思的含义是：教师为了实现有效的教育、教学，对已经发生或正在发生的教育、教学活动以及这些活动背后的理论、假设，进行积极、持续、周密、深入、自我调节性的思考，而且在思考过程中，能够发现清晰表征所遇到的教育、教学问题，并积极寻求多种方法来解决问题的过程。[1]在教学过程中，教学反思指向两个层面：一是指向教师专业行为的结果。教师专业行为结果包含两个方面：教师教学结果和学生学习的结果。教师在教学过程中，批评性考察自身主体行为和依据，通过回顾、论断等方式，对相关的内容或者支持，或者否定，寻找"问题"所在，从而不断改进自己教学，促进自身的专业发展，增长教育智慧。从学生角度看，教师也要对学生的学习效果进行反思，找出"成功"或者"失败"的原因，从而采取措施，改进教学，更好促进学生学习。一是指向教师专业发展的过程。它把教师的专业发展作为对象，引发教师对目前自我专业发展状况和发展水平的思考，促使教师更加明晰自己今后的专业发展方向。[2]

第二节
专业成长的启迪：教学反思的特征

🎯 **学习目标**

了解教学反思的特征，针对实践问题进行分析。

综合有关学者的研究，教学反思具有如下几个特征：

一、实践性

教学反思离不开具体的实践情境，是在具体的操作中进行一种行动性的反思。这种具体的具体实践情境就是教学活动，反思是贯穿于教学活动始终。教学反思实践性特征体现在：

（1）反思的场域在学校

教学反思追求的是教师行动意义的探索，强调在教学中，通过教学和为了教学。教师反思的场域是在学校，是在教学活动中。教师不可能脱离学校场域在真空中进行反思，学校场域影响着教师的习性，指引着教师反思的动机、方向和节奏，使教师的反思表现出学校的特有属性。[3]尽管教师反思的场域是学校，但是反思是教师"个人化"的行动，教学反思强调

1 刘加霞，申继亮. 国外教学反思内涵研究述评. 比较教育研究，2003（10）
2 陈征. 教学反思的内涵、实质和途径. 教育与考试，2008（6）
3 赵明仁，黄显华，袁晓峰. 场域——习性理论视角下影响教师教学反思的因素分析. 课程·教材·教法，2009（6）

教师的能动性，反思充满个人意义。

（2）问题的真实性

教学反思立足于教师在教学过程中遇到的真实的问题，这些问题是在教学中"生发"出来，对于教师有所触动，经过教师深思熟虑后，通过教师反思，成为可以解决的问题，而不是虚假或者编造的问题。教师提出相关的问题后，寻找问题产生的原因和产生的后果，为持续的改进创造条件。教师通过这种反思，可以澄清和改变教师的主观理论，探寻主观理论的"漏洞"。从这个意义上说，反思使"教师置身于持续的使用理论和宣称理论互动的张力之中，不断考察和辨析实践活动中各种现象之间所存在的矛盾性、对立点和不合理之处，探讨相互关系和原因，借此使原本对立、矛盾和冲突的现象，得以协调统整在一个有机且动态发展的平衡体系之中，并且使原来教育问题或现象所涉及的本质，如教育的理想、价值、隐含的意识形态等，能更清楚的呈现出来"。[1]

（3）反思的成果要经过实践检验

反思不是一个事件，而是一个过程。教师教学反思不是仅仅停留在观念层面，也是自身理论观念的完善。更为重要的是，教学反思后改进的成果要经过教学实践活动的检验，最终实现提高教学质量的目的。况且经过反思后教学要达到两种效果：其一，实现教师观念的变革。教师进行的教学反思，不仅仅意味着教师理论程度的改变，而且是实质性转变。这就意味着，教师反思不是简单的加减关系，而是在观念上的重组。教师的转变表现出三种情形：[2]（1）若教师认识到自己教学活动中的不足，并进而发现是因为支配其活动的使用理论不当时，就会形成"要改变使用理论"的需求，以期在后续的活动中能够尝试地改进教学。（2）如果教师发现教学中意外的惊奇，并找到活动背后的使用理论时，就会有"要改变宣称理论"的想法，希望在以后的教学改变原有的教学理念，以沿用好的做法。（3）假如教师在教学前有清晰的改变教学活动的理念，并且在教学后产生预期的结果，她们在反思中经过检验教学行为、后果及其背后使用理论之后，就会确认宣称理论在实践中的有效性和与使用理论。其二，改进教学行为。教师通过反思，采用行动研究，通过反思——实践——反思不断改进自身癌变的教学行为，从而达到提高教学质量的目的。无论是教师观念更新，还是行为的概念，最终都要通过教学实践来检验。

二、批判性

所谓批判，指教学反思已达到了对学校教育、教学行为背后的更广泛的社会、历史、伦

1　赵明仁，黄显华. 从教学反思的过程看教师专业成长——基于新课程实施中4位老师的个案研究. 教育研究与实验，2007（4）

2　同上

理、道德意义的思考，真正实现了教育与社会生活相统一的思维。[1]批判性是教师教学反思的一般前提之一。反思型教师具有批判反思意识，这种批判反思意识要求教师首先打破思维定式，即要求教师在反思过程中，不按照常规方式思考问题，而是另辟蹊径。其次教师要打破终极思维的限制。教学反思是一个持续的过程，每一反思终结，都是下一次反思的开端。当某一教学活动告一段落后，在一定的理念指导下，用"不满"的心态，对教学进行冷静的思考、分析，去发现和研究教学过程中存在的问题，或者对有效的经验进行理性化的总结与提升。[2]反思型教师会把批判性看作是一种改变自我的学习方式，并将其融入到日常的教学生活，成为培育教学智慧的一种手段。"当一个人透过批判性的自我反思来修正就有的或发展全新的假设、信念或者观看世界的方式时，质变的学习发生了。质变之后，学习者不再是原来的自我，而是学习者的思想意识、角色、气质等方面的显著变化，类似于蝴蝶或丑小鸭变天鹅的过程。"[3]

三、主体性

教师是教学反思的主体。长期以来教师承担知识传授者的角色，缺乏教学反思，教师专业发展处于一种被动的状态。在新课程理念下，要求教师从他人领导下的反思，变成自主的反思，学会用自主自觉的态度进行反思。反思教学成了教师职业内在的需求，而不是外在强加的任务。因为教师并非是被学校机构机械地推来扯去的"粒子"，相反，他们具有一种使他们积极踊跃地行动的倾向。[4]在教学反思中，教师必须确立主体意识。反思不能由他人来代替，而是教师积极参与的结果。教学反思的主体是教师，反思的客体是教育教学活动。对教师而言，教学反思体现了主体与对象认知的统一性。教师主体价值的实现是主体对对象的不断反思，获得一定的体验，实现知识和经验的重组的过程。从"我"的角度来看，教学反思可以使教师超越实证材料与方法，使思想的自由度、探索性与创造程度得到拓展与提升，从而谋求和品味到理性沉思所带来的幸福。[5]正是由于主体的幸福体验，反过来又会成为教师不断提升自我、超越自我，以更多精力投身教学活动的动力。因为"他们出于对教学的"责任感"，往往采取开放性的态度来对待自己的教学，他们不仅注重总结经验，更为重要的是他们对"教学理论或教学实践经验不采取迷信的态度"，他们注意到，为了让学生成功，不同的学生需要不同的学习条件和不同的刺激，需要采取不同的教学策略，他们欢迎每一种新的观念，但保持质疑的心态，分析它是否有价值以及怎样使它适应自己的需要"。[6]

1　张务农. 论反思型教师的特征. 平顶山师专学报，2004（8）
2　陈征. 教学反思的内涵、实质和途径. 教育与考试，2008（6）
3　姚远峰. 论反思与成人学习研究. 河北师范大学学报（教育科学版），2009（5）
4　赵明仁，黄显华，袁晓峰. 场域——习性理论视角下影响教师教学反思的因素分析. 课程·教材·教法，2009（6）
5　李长吉，张雅君. 教师的教学反思. 课程·教材·教法，2006（2）
6　彭华茂，王凯荣，申继亮. 小学骨干教师反思意识的调查与分析. 西北师大学报，2002（9）

四、过程性

教学反思是一个过程，具有过程性的特点。这就意味着教学反思不是一蹴而就的，而是经过意识期、思索期和修正期。在意识期，教师能够对教学活动的相关事件有所察觉，能意识到问题的所在。在意识期，教师所做的最重要的事情是能识别问题。识别问题需要教师具有问题识别意识和能力，这种意识和能力是教师在从事教育教学活动长期思考的结果。问题有时是清晰的，有时相对模糊。在某些时候问题可以表现为一种有感而发的感触，在有些时候呈现为需要解决的疑难。但是无论如何，这些都是意识期教师所经历的。在思索期，教师会把意识上的问题，通过语言进行清晰的描述。换句话说，教师用自己的语言来描述具体的教学活动，能使教师以不寻常的方式再次经历日常经验，从而对所发生的故事，以及故事所处的特殊环境有深入的理解。[1]在描述的基础上，通过对照相关的理论，通过个人化的反思，教师能找出问题的所在，并着手进行相关的改进工作。在修正期，教师通过使用的理论进行反思，对照宣称的理论，进而完成分析和重构过程。在修正的过程中，要求教师能够创造性解决问题。因为在教学活动过程中，由于教学情境的多样性，教师个人经历和体验不同，跟人反思的结果会有差异，反思后进行的修正也会有差异。如果教师在修正期没有创造性，就根本不可能使反思发挥应有的作用。因此，从"得过且过"到"胜任为本"到"精益求精"，是教学过程的不同境界，而有无教学反思或者教学反思的效果怎样，是教学境界不断提升的关键性因素。[2]

五、研究性

反思不是一般意义上的回顾，而是反省、探究解决教育教学过程中的问题，提升教师的实践理性，提高教学质量的过程。从这个意义上说，教学反思是教师进行教育研究的一种方式。教学反思的研究性主要表现在：第一，教师是研究者。在教学反思中，教师参与教学活动，同时又以研究者的身份对自己的教学进行研究，教师集参与者和研究者为一体。作为研究者，教学反思指向几个方面：[3]课堂教学；学生发展指向；教师发展指向；教育改革指向；人际关系指向。教师通过对上述几个方面的反思，履行研究者的角色。第二，反思活动本身就是一种研究活动。教学反思中包含两个理念："在实践中学习"和"实践者成为研究者"。在实践中学习意味着教师的教学反思是基于教学实践，从实践中通过反思，汲取教师专业成长的营养，在促进教师专业发展的同时，提高教学质量。而实践者成为研究者，旨在表明我

1 赵明仁，黄显华. 从教学反思的过程看教师专业成长——基于新课程实施中4位老师的个案研究. 教育研究与实验，2007（4）

2 王彦才，郭翠菊. 现代教师教学技能. 北京：北京师范大学出版社，2010：322

3 申继亮. 教学反思与行动研究. 北京：北京师范大学出版社，2010：76-77

们对教师观念的转变。长期以来，我们一直把教师看作是从事一线工作的实践者，却剥夺了教师参与研究的权力。而恰恰是教师自身独有的优势，才使得教师能承担实践者和研究者的重任，使二者合为一体，在教学上发挥重要的作用。教学反思正好实现上述两个功能，既能提高教师素质，又体现了对研究者身份的认同。教学反思能帮助实践者更好理解他们所知道和所做的事情，教学反思通过找出疑难，然后解决问题而使人发展新的理解。[1]

第三节
专业视角的审视：教学反思的分类

🎯 **学习目标**

从专业的视角了解国外不同专家和学者对教学反思的分类。

反思的理论基础：哈贝马斯的认知兴趣理论

哈贝马斯作为法兰克福的第二代的主要代表人物，并没有对前辈的社会批判理论进行简单地的复述，而是根据自己的观点对社会批判理论进行重构。哈贝马斯的重构主要建立在"认知兴趣结构"的理论上。根据哈贝马斯的解释，所谓"兴趣"实际指人的乐趣，是我们求得满足的乐趣，而在传统的哲学中，兴趣被排除在认识论的范畴之外。与之相反，哈贝马斯把兴趣看作是"认识的重要因素"。他根据康德的观点，也把兴趣分两类：其一是"经验的兴趣"，这类兴趣来自需要，受功利目的的支配；其二是"理性的兴趣"或"纯粹的兴趣"，这类兴趣醒悟超越了使用功利之目的，它不是来自于需要，而是唤起需要。理性的兴趣正是认识的基础，也只有理性的兴趣才是指导认识的兴趣。哈贝马斯根据独特对象领域，把理性兴趣分为三种不同的类型：技术的认识兴趣涉及对象领域是"关于事物和事件现象的领域"，引导出"经验分析的科学"——自然科学；实践的认识兴趣涉及的对象领域是"关于人及其表现的对象领域"，它引导出"历史的解释的科学"；第三种兴趣是"解放的认识兴趣"，它是以自我解放为目的，其主要作用在于产生自我反思。为了防止前两种理性兴趣相互僭越，使它们各按其责顺利进行，只有借助自我反思的解放力量。跟解放认识兴趣相对应的领域是"反思批判的科学"，主要指心理分析和意识形态科学等理论。

——靳玉乐主编. 反思教学. 成都：四川教育出版社，2006

1　赵明仁. 教学反思与教师专业发展. 北京：北京师范大学出版社，2009：27

教师是可以通过多种途径成为一名反思型教师的，但不同的培养模式和培养方法必然反映不同的期待、标准、哲学观，反映对于教师教育的宗旨和性质的不同理解。[1]根据上述理解，国内学者把反思的价值取向分为以下几种：学术性、社会效能、发展主义和社会重构主义。依据反思的内容不同指向，教学反思的具体水平如下：

一、范梅南等人关于反思水平的划分

以范梅南为代表的学者在哈贝马斯认识兴趣的基础上，把反思水平划分为：技术合理性水平、实际行动水平和批判反思水平。在技术水平反思中，对手段的精雕细琢远远超过对结果的价值追问，假设运用技术理性为认识论所产生的一系列理论、原则、方法和技术就能促进课程发展，达到预定的课程目标。[2]技术合理性反思水平关注的焦点是反思的途径和手段，目的是否合理在他们看来并不重要。由于这个层次的反思只重视手段，忽略结果。所以有学者评价是"处于这种水平的教师只注意到了教学知识和基本课堂规则的应用以获得良好的结果，而看不到教学结果与课堂、学校及社会中的问题。[3]正是从这种视角考虑，范梅南将其界定为最低水平的反思。在实际行动水平的反思中，反思的对象不再指向如何策略运用相应的手段和途径，而是关注反思者对自己教学实践的理解和诠释。在这里，反思者需要运用相关理论，对照相关的信念，对教学实践进行反思。反思主体以观念为基础，对教学实践的解释以他们的主观知觉为基础，而不是对客观结果的一种描述。实际行动水平反思比技术合理性反思更高一个层次，因为这种反思已经触及到反思者的内在信念，引起反思者的共鸣。批判反思水平是反思最高层次。批判性思考主张教学反思在检视和诠释所依据的价值系统基础上，反思主体具有批判性的意识，并将其付诸于实际行动，切实改进教学活动。在这里，反思的权威不再外在于主体，实践者具有自主性。

挪威的翰多尔和拉瓦斯（Handal&Lauvas）依据范梅南的反思水平提出了三个划分水平：行动水平、分析行动背后的实践和理论原因水平以及对行为进行伦理辩护水平。

也有研究者综合了哈贝马斯和范梅南的观点，提出了具体化的教学反思水平：（1）反思作为行动的调节工具，把反思作为引导教育理论和研究发现付诸实践的过程。（2）反思作为对不同教学观点在特定背景下的慎思，外部权威依然是知识的来源之一，但是确实需要经过实际教学环境的调节。（3）实践者通过对行动情境，对自己作为教师的意象和对习以为常教学假设的重建来进行经验的重建。[4]

1　王春光，张贵新. 反思的价值取向与反思型教师的培养. 比较教育研究，2006（5）
2　赵明仁. 教学反思与教师专业发展. 北京：北京师范大学出版社，2009：47
3　申继亮. 教学反思与行动研究. 北京：北京师范大学出版社，2010：76-77
4　赵明仁. 教学反思与教师专业发展. 北京：北京师范大学出版社，2009：47

二、斯巴克斯–兰格等人对教学反思水平的划分

斯巴克斯—兰格等人（sparks–langer et.al）依据作为主体的教师对教学事件的描述方式、解释的方法和准则将教学反思水平划分为七个：

（1）无描述。教师对事件没有描述，也不会对教学事件做出解释；

（2）简单描述。教师用非专业的语言对教学事件进行描述。处于本水平的教师基本上属于门外汉。

（3）贴标签式的描述。这种水平的教学反思，倾向于用教育学术语给事件贴标签，并把标签作为一种理论框架来解释教学事件。

（4）个人倾向性描述。教师除了能运用相关的术语贴标签之外，还会根据个人偏好的语言对教学事件作出解释和说明。

（5）理论描述。处于这个水平的教师，开始用合理的教学规律或者理论来对事件进行解释。

（6）依据因素描述。因为教学是一个系统的工作，所以处于该层次的教师的会在解释的过程中考虑学生、学科和社会等相关的因素。

（7）综合性描述。教师在对教学事件做出解释的过程中，会从更加宏观的角度考虑相关问题。

斯巴克斯—兰格对教学反思水平划分具有等级层次，水平越高，教师教学反思的能力的越强。但是在教学反思过程中，教师反思并非都是按照相关层次来进行的，这也是这种层次水平划分的缺憾。

三、哈顿和史密斯反思水平的划分

哈顿和史密斯（Hatton&Smith）通过分析师范生的反思日记，提出反思水平划分的维度。

1. 描述性作品。教师对教学事件进行清晰的描述，是对相关教学事件的复写，在反思中没有尝试对事件做出解释和说明。

2. 描述性反思。在描述性反思水平，教师不仅对教学事件进行描述，而且还对事件做出相应的解释。解释带有明显个人化的特点，教师主要依据个人的经验和主观判断来进行解释。

3. 对话性反思。对话性反思主要是教师与自己心灵对话，并就事件产生的原因进行剖析和研究，反思已经触及教师的内心，变成自觉的行为，成为教师日常生活的一种方式。

4. 批判性思考。教师从更加广泛的视角对决策理由进行说明。

四、维灵腾和奥斯汀（B.Wellington & P.Austin）教学反思水平划分

维灵腾和奥斯汀回答三个方面的问题，提出教学反思划分的五种倾向。这三个问题是：[1]实践者对教学反思了吗？实践者认为教育应该是顺从还是解放？实践者是系统取向还是人本取向？根据上述问题的回答，他们将反思分为五种：

1. 即时性反思。实践者很少或者没有进行教学反思，一些观念和想法是反思者头脑中匆匆的过客。

2. 技术性的反思。在反思中，反思者认为反思受社会制度和文化的制约，反思必须系统进行，且反思的目的是获得高效的方式。

3. 慎思的反思。反思者承认反思受社会文化和制度的制约，但反思是人本取向的，重视学生的情感和态度。

4. 辩证的反思。假如实践者认为通过反思可需要对现存的环境进行批判和修正，而且主张反思是系统取向的话，相应的反思就是辩证的反思。鼓吹政治解放，消除实践环境中组织霸权，反思通过互动的探究实现。[2]

5. 超越个人的反思。如果认为现实是不公平的需要检讨，而且反思应该是人本取向的，那么所对应的反思就是超越个人的。倾向于内在导向的，由内而外的自我发展，从个人价值观和教育哲学拷问教育之目的、内容和手段，教学是个人化的和完整的。[3]

第四节
改变教师的行走方式：教学反思的形式

学习目标

掌握教学日志，教学叙事、教学案例和教后记的撰写方法和注意事项，熟练运用某一种方法进行教学反思。

教学反思的目的在于增加教师的自主性和创造性，从而使教师教学行为更富有理性，摆脱各种束缚及盲目的惯性，避免不负责任的随意性教学行为，使教师的成长始终保持一种动态、开放。[4]要达到上述目的，教师必须学会教学反思，掌握合理的反思技能。教学反思类型类型可以有不同划分方式，按照空间划

1　赵明仁. 教学反思与教师专业发展. 北京：北京师范大学出版社，2009：47
2　赵明仁. 教学反思与教师专业发展. 北京：北京师范大学出版社，2009：49-50
3　赵明仁. 教学反思与教师专业发展. 北京：北京师范大学出版社，2009：50
4　吕吉. 反思性教学生活及其培育. 中国教育学刊，2012（3）

分，课前、课中和课后；按照反思主体划分可以分为个体反思和集体反思。无论何种类型的教学反思，其基本的前提条件是教师要找到反思的切入点。换句话说，教师要知道从什么地方反思。一般认为教学反思的起点主要包括以下几个方面：教学细节；教学案例，包括有争议的案例、成功或者失败的案例；教学机智；学生学习中带有普遍性的问题等。一般而言，教师进行教学反思的途径有以下几种：

一、教学日志

1. 教学日志的含义

教学日志，也称为教育日志、研究日志、工作日志或者教师日志，是教师对自己教学实践活动教学事件进行持续的记录，并进行对其进行反思和研究的一种文本形式。教学日志不是仅仅记录、罗列教师教学生活事件，而是通过写教学日志，教师给自己提出一些问题。写日志的过程也是教师对自身教学进行反思的过程，它可以检视自身工作中的不足，从而提出解决问题的方法。[1]

2. 教学日志的特点

教学日志具有如下特点：第一，亲历性。教师日志是教师自己在教学实践中亲身经历的事件，教师是当事人，而不是旁观者。教师把亲身的经历和体验按照教学日志写作要求进行整理，以文本形式呈现出来。因此，"反思是挑自己的"刺"，是跟自己"过不去"，是主动澄清和质疑自己长期以来赖以生存的教学观念和教学信念"。[2]第二，及时性。教师日志是教师对自己行为记录，所以必须在短时间内完成。这种及时性的特点，保障教师的教学日志的鲜活性，也就是教师能把当时发生的事情真实记录下来，通过分析解释进行反思，从而达到改进教学的效果。第三，反思性。教学日志是一种记录文本，但是其真正的用意不在于记录的如何详细，语言多么优美，叙述怎样具有逻辑性，而在于是否进行反思。如果在教学日志缺乏对事件来龙去脉的探寻和本质的分析，有深刻阐述现象背后的理论，就会不利于个体理论的提升，使反思停留在技能的积累和更新上。教师只有通过对实践的反思，才能触及埋藏于思想深处的理论，引发教师对专业生活的哲学沉思，进而推动教师自身的发展。

教学反思日记报告单

授课题目 _____ 授课时间 _____ 日记记录时间

1　赵昌木. 教师在批判性教学反思中成长. 教育理论与实践, 2004（5）

2　鲁兴树, 潘莉. 试论教师进行教学反思的条件. 上海教育科研, 2004（6）

1．教学成功之处

（教学目标是什么？为什么达到了？课堂教学过程中学生的精彩回答、课堂教学中的偶发事件的精彩处理等）

……

2．教学遗憾之处

（描述事件，并对其进行分析）

……

3．自己最深的感受，最想说的一句话

……

——申继亮．教学反思与行动研究．北京：北京师范大学出版社，2010

3. 教学日志常用的形式

教学日志有两种常用的呈现方式：纸质的日志和网络日志（教育博客）。教学日志的形式是多种多样的，其常用的形式主要有：

（1）备忘录

备忘录是教师防止遗忘而做的记录，具有一定的提醒功能。教师在日常教学活动中，用简短的笔墨将教学活动中的事件简短记录下来，以便于日后对回忆，力求呈现事件当时的情景。教师撰写备忘录时，要注意以下方面：第一，要及时记录；第二，坚持自己根据回忆撰写；第三，记录要完整；第四，可以适当使用缩写符号和片语。

备忘录型教学日志

教室：8:15

语文课。七彩的课堂（每天课前5分钟）总是弥漫花的馨香、草的翠绿，小家伙们都说他们是七彩的孩子。是呀！七彩的孩子总有七彩的梦。"放飞你的希望在春天的早晨，让春姐姐……长上翅膀……"我告诉孩子们，你们的希望一定是多彩的。一会儿，孩子们的话匣子开了……

"我的梦想是全世界的闹钟都走慢一点，我的美梦就不会吵醒。"

"我希望月儿是我家的电灯。"

……

办公室：9:10

改了20本《语文伴你成长》，虽然只完成了一半，但成就感悄无声息滋生。看来，人的需求层次并不是特别的高深莫测。读了几则我和学生在作业中短信：

1．几日不见，白云姐姐和陈老师都认不出你的字了，好样的。（老师）

我也发现进步了，谢谢老师。（浩川）

2．这么棒的书法作品，为什么只给自己四颗星？（老师）

因为我觉得不够自觉，随意另一颗星跑了。（沈超）

……

大院子：9:45

这些小家伙，老是能把吃点心的盒子敲出那么刺耳的音乐来。他们笑着，挤着，好像不是等着我给他们盛点心，而是怀着天真的热忱在参加一场盛会。

孩子们玩着古老的"闯关"游戏，一会儿便笑着倒在地上，害得旁边的我心惊肉跳，好几次我都念叨着不让他们做这种"可怕"的让老师寝食难安的游戏。一个小女孩一本正经地说："老师真是的太慈祥了，我们答应您只在草地上玩。"我吃惊地发现，不知从什么时候开始，孩子们的各种游戏不再令我痴迷了，其实这是我告别童年的一个确切标志。

——黄旭主编．明日教育论坛（总第十三辑）．福州：福建教育出版社，2003

（2）描述性记录

描述性记录要求教师用尽可能详细的语言，将事件原原本本记录下来，它需要对教学活动中的事件进行深度的描述。对事件描述得越具体，越有利于日后的回忆，因为它给日后的回忆提供详尽具体的信息。描述性记录的一般特点是：重视对段落、细节的描述；关注典型事件的描述；侧重活动的描述；描述性记录要求教师观察要细致，记录及时，内容要详实。

（3）解释性记录

解释性记录除了要求尽可能"回放"教学情境中具体做法外，还要求将做法的原理和依据等放入其中。解释性记录可以体现在相关事件的叙述中，也可以在描述性之后集中进行解释。解释性记录有利于教师在记录教学事件的同时表达自己为什么"这么做"以及对"这么做"以后的理性思考和认识，这种记录方式的反思性成分比较明显。[1]

教学日志中还有网络日志（教育博客），相对于纸质的教学日志，网络日志具有开放性的特点。基于博客的教学反思是开放的，在教师之间能够形成一个开放的沟通社区，促使教师将自己的反思活动与周围的群体交流结合起来。因此，博客既被看作是支持教师个人反思的工具，同时又被看成是支持群体反思的工具。[2]无论何种形式的教学日志都应该包括事件日期和相关的脉络性资料。

4. 注意事项

教学日志在专业过程中应该注以下方面：

---

1 邵光华．小学课堂技能训练．北京：高等教育出版社，2011：316

2 王海燕，底亚楠．博客支持的成熟型教师教学反思个案研究．电化教育研究，2013（1）

（1）持之以恒

教学活动是教师日常生活中的一部分，对教师来说是再平常不过的事情了。教学每天都在进行，教师的工作也非常繁忙。但是教学日志写作不能半途而废，而是要坚持写作以此提高教师的反思意识和能力。教学日志不一定天天都写，但是至少要坚持每周二至三次。

（2）突出重点

教学每天都在进行，因此教学日志绝不是流水账，也绝不是日常琐事和相关事件的简单罗列。教学日志写作要有针对性，要突出重点，重点阐述哪些对自己有价值的，切实能够进行反思的事件进行记录。有效的反思不总是简单回顾自己教学的全部情况，而应是"一种可重复实验的具有研究意义的反思"[1]

（3）运用生活语言

教学日志是教师个人内心世界的真实反映，是教师与心灵的对话，是关于教师的所思、所做和所悟等。因此，运用生活语言既能保证作者表带自己的真实感受，又能吸引读者，使他们愿意读，同反思者共同分享反思的成果。

（4）总结升华

教学日志撰写完成后，不是将之封存起来，束之高阁，而是要定期进行阅读、整理和总结，及时修正错误。同时在于文本对话的同时，不断检视自身教育信念，发挥教学日志促进教师教学反思的意识，加快向反思型教师转化。同时，整理好的日志何以作为共享的知识，与其他教师分享交流，这样更有利于将教学中的隐性知识和现实知识结合起来，更好促进教师的专业成长。

二、教学叙事

何为叙事？一般而言，叙事的形式是用口头、符号或行为讲述、描述、陈述或告诉；叙事的内容是已发生或正在发生的事件及了解的途径，包括一系列的口头的、符号的、或行为的序列；叙事的目的是将各种经验组织成有现实意义的事件。[2]教学叙事就是课后讲述发生在课堂中上发生的真实事件和行为。教学叙事的重点是关注课堂教学上发生的事情，其中体现教师对教育教学事件的理解和体悟。教学后叙事反思是教学中教学故事的延伸与扩展，因为人们不是为了故事而讲故事，而是追求故事背后的意义。

1. 教学叙事的特点

（1）故事性

叙事顾名思义是讲述课堂中发生的故事。作为故事首先追求其完整性，故事一定要有时

1　周琳，吕晔. 反思性教学：高职院校英语教师专业发展的必由之路. 职业教育研究，2007（6）
2　冯晨旻，和学新. 教育叙事研究的研究. 学科教育，2004（6）

间、地点、人物和相关的事件，并且各种要素之间要有一定的联系。故事性是教学叙事的基本前提，如果没有故事性，教学叙事也就不存在了。

（2）真实性

教学叙事强调真实性。教学叙事的故事一定是真实的，是教师把在课堂上发生的事件，通过自己的观察、思考和探究，以叙事的方式表现自己的感受和体验。教学叙事的故事不能虚构的，而是要求教师"原汁原味"呈现故事的情节，这样才能发挥教学叙事的作用。因为只有研究者亲历，通过研究者的思维，运用叙述的方式呈现出来，叙事才有价值，才能促使教师深刻的反思。

（3）意义性

教学叙事是教师经历的有意义的事件。这种有意义意味着叙事不是单纯的叙述，而是借着叙事回味其中的体验，探究其中蕴含的意义。这就意味叙事本身对教师个人来说具有一定的意义——促进教师反思，增长智慧。而教学叙事对教师专业成长具有更重要的价值。教学叙事可以培养教师的问题意识。因为，"教学叙事不是一种放映式的故事叙述，而是要求叙事者带着一定问题进行叙事，这与教师的教学工作总结截然不同，教学叙事的过程是教学寻找教学问题、思考教学问题、解决教学问题的过程"。[1]教学叙事不仅提升教师的反思能力，而且还能促使教师向"研究者"转变，促进教师之间的合作与交流。

我的教学叙事故事

马小菊

没有一个教师不想成为好教师的，但是好教师的标准却不尽相同。做人不做女人，教书不教语文，当老师千万别当班任。这是一句教育界的大实话。然而我很不幸，竟然三样俱全，近二十年的教学生涯使我深深地体会到得到学生的尊敬和爱戴是老师一辈子也受用不尽的财富。所以我说：做人就做女人，教书要教语文。当老师一定要当班主任。

教学童话《巨人和孩子》时，学生们的兴致很高。第一课时，学生主要理解童话的故事情节，了解到巨人身上发生的巨变，他由自私而变得有爱心，使学生认识到：最美的心灵是博爱的心灵，唯有一颗博爱无私的心能给人带来快乐的生活和永恒的幸福。在第二课时，主要赏析童话的写作特色，品味生动传神的语言。在这节课上，有两个环节给我留下很深刻的印象。回顾上节课的教学内容之后，让几名学生有感情地分角色朗读课文，然后找同学评价学生的朗读情况，同学们主要从语气、语调、感情等方面进行评价，但大多数同学的发言都是只指出别人的不足，于是我告诉他们评价时要用赏识的眼光，先说优点，再委婉地指出不足，又指导学生读童话要注意读出情节，读出画面，读出人物的个性。在我的点拨下，学生

---

1 邵光华. 小学课堂技能训练. 北京：高等教育出版社，2011：316

开始学会找优点了。被评价的学生也是洗耳恭听，不时还会意地点点头。当有一名同学委婉地指出另外一名同学没有读出巨人的特点时，我问他："你能举例说明吗？"他说："比如，当巨人从妖怪朋友家回来时，看到一群孩子在他的花园里玩耍，他说：'你们在这儿干什么？'他没有读出巨人那种粗鲁、愤怒的口气。"我接着追问："那你能读一下吗？"他尴尬地笑笑说："老师，我也读不太好。"我说："没关系，试试看。"于是他读了一遍，确实读得一般，这时，我说："老师试试看。"于是，我变成了巨人，粗声粗气地吼道："你们在这儿干什么？"当时，给学生们吓了一跳，有的同学在小声说："像，像。"其实，我都不知道我的声音是怎么发出的。接着学生进行个性化的阅读，画出自己最喜欢的语句来赏析，理解童话生动传神的语言。然后全班交流，明确本文大量运用比喻、拟人的修辞方法，并运用叠词。当一名同学说，春天来临时，自私的巨人的花园却依旧是一片寒冬景象。"由于看不见孩子们，小鸟便无心唱歌，树儿也忘了开花。有一朵花儿从草中探出头来，看见那块告示后，它对孩子们的遭遇深感同情，于是又把头缩回去，继续睡觉了。"这里运用了拟人的修辞方法，说明小花也站在孩子的一边。在肯定这名同学的回答之后，我又表演了一回，我把自己假想为一朵花，做出从草中正在探出头的动作，嘴里说着："春天来了，我要欣赏一下外面的美丽景色，那是什么，'闲人莫入、违者重罚'，巨人怎么这样，没意思，回去。"于是，做出把头缩回的动作，学生又被逗笑了，有的学生说："老师，太好玩了，你真逗。"我说："老师演得不像，我只想把大家带入到童话世界。"这节课，我表演了两次，体验到表演的快乐，同时也看到了学生的投入学习的状态，这都因为，我把童话课堂当作表演童话的舞台，让童话课堂本身也具有童话色彩，让学生徜徉在充满幻想与想象的童话世界。我想：在教学中，应该根据体裁的不同，创设与课文一致的氛围和情境，激发学生学习的兴趣，使其积极有效地参与到课堂教学中来，这样会大大地提高课堂教学的效率。教研让我成为一名真正的语文教师，以前总认为语文教学课前认真备课，上课照本宣科，让学生抄写、熟读、会背重点词句，教学任务就完成了。随着学生年级的增高，讲台上的我犹如一位演讲家，滔滔不绝，学生的一张张小脸在沉默，一双双眼睛暗淡无神，感觉到我的语文教学出问题了……

　　——http://www.jxteacher.com/hanlinjian2011

2. 教学叙事的形式

教学叙事需要一定的载体，需要一种呈现方式。一般而言，教学叙事的形式主要有以下几种：

（1）顺序陈述式

顺序陈述强调按照教学事件发展的时间顺序进行陈述。这种陈述采用"白描"的手法，要求尽可能的还原事件的原貌。尽管顺序式重视事件发生发展的脉络，但是在描述中并不是要求叙事者面面俱到，而是关注实践的关键点。脱离了关键点的叙事，本身也就失去"意义性"，迷失了教学叙事的真正用意。

（2）夹叙夹议式

与顺序式陈述相比，夹叙夹议式采用的不是平铺式的叙述方式，而是在叙事中穿插反思的方式。叙事者在陈述事件的同时，把个人看法融入其中，叙评结合。这样，读者在阅读的过程中不仅对事件的来龙去脉有了解，而且能与叙事者开展心灵的对话，了解叙事者本人的观点和想法，容易引起读者的共鸣。其实施程序是:叙述教学情节—进行反思判断—找出经验教训—提炼教学意义。[1]

（3）师生共叙式

这种叙事方式转变了研究的视角，教师和学生同时被研究者、叙事者站在学生的视角陈述事件的原委。在这种叙事中，教师用学生的文化特质描述事件的细节，运用被研究对象的身份、语言等，再现事件发生的场景。这种方式在一定程度上转变了教师就是叙事者的角色，师生同叙，使人感觉翔实、具体、生动、有亲和力和感染力。[2]

（4）教后感想式[3]

教后感想式是一种在教后叙事基础上通过反思产生感想的方式。其实施程序为三步：钢笔叙事—整体反思——书写感想。钢笔叙事不是记流水帐，而是录下包含着理解在内的有选择的生动的教学经历。整体反思则是根据叙事文本的书写梳理，是对整个教学经历的反思。对整体反思的内容进行整理，写在叙事文本后面，就称为教后感想。

3. 教学叙事撰写的基本要求

叙述包括三个方面的要素：情节和情节的编排、场景和场景的多元化，事件和事件的完整性。教学叙事就是上述三个要素的有机结合，所以，它要求教师撰写叙事的过程中注意以下几个方面：

（1）选择有价值的故事

有价值的故事是教学叙事的关键。在日常教学生活中，每天都会有很多事情发生。教师要学会从司空见惯的日常教学中遴选有教育意义的问题。故事的选择秉承两条原则：第一，问题反思原则。教师在选择故事，应考虑故事的主题是否反映出一定教育教学问题，并通过梳理，引发人们的思考。第二，促进性。故事选择一定要考虑，通过教学叙事，促使教师采取相应的行动促进自身的专业发展。教学反思不是为回顾而回顾，而是要在回顾中发现问题和不足，进而修正行动方案，进行新的行动尝试。只有反思后进行行动跟进，教师才能获得

1　余国良. 叙事：教学反思的有效形式. 天津师范大学学报（基础教育版），2007（2）
2　邵光华. 小学课堂技能训练. 北京：高等教育出版社，2011：321
3　余国良. 叙事：教学反思的有效形式. 天津师范大学学报（基础教育版），2007（2）

真正的改变和成长。[1]

（2）深度描述故事情境

教学活动总是要依托一定的情境，在特定情景下，才会产生特定的教学问题，引发人们的反思。在教学叙事中，教师只有选择好典型的情境，才能解释教学过程中的矛盾，才能科学反应教育教学基本原理。因此，在撰写教学叙事时，教师一定要对当时的情境进行深度的描述，通过对细节的详细描述，为读者体会和理解故事创造条件。

（3）厘清故事情节

教学叙事中的事件可能是单一的，也可能是由多个事件构成的。对于多个事件构成的教育叙事，叙事时要考虑每个事件的背景、事件之间的联系，事件之间的过程性和复杂性，厘清这些情节，将其构成一个整体。厘清故事情节，不仅是故事本身的要求，而且也是反思的需要。

（4）突出阐明故事的意义

意义是叙事的灵魂和核心。在叙事研究者中，有意义的、鲜活的故事不过是一个承载价值和意义的载体，叙事的价值不再于故事叙述的如何，而在故事所蕴含的意义。故事中的意义能引起读者的共鸣，使读者与叙事者共同体悟、共同分享故事中的教育价值观。

三、教学案例

教学案例实际上是课后的延伸，是教师将成功或者失败的课程撰写成案例，为他人提供借鉴。所以，教学案例实质上是实践中真实发生的含有一个多个疑难的典型案例。与其他反思形式相比，教学案例具有真实性、典型性和问题性的特点。所谓真实性，教学案例一定是在课堂教学中发生的真实的教学例子，是教学情境的真实再现。典型性意味着教学案例具有一定的代表性，体现了教学活动某种观点或者倾向。问题性则反映出不是所有的教学事件都可以成为案例，能成为案例必须必须包括一个或者多个值得深思的问题。

1. 优秀教学案例的标准

什么是优秀的教学案例？有国外的学者总结出成功案例的性质：[2]一个好的案例应该讲述一个故事；一个好的案例应该把注意力放在一个有趣的论题上，它应是主动事例的再现，必须有一个中心论题；一个好的案例可以使学生对案例所涉及的人产生移情作用；一个好的案例应包括从案例反映的对象那里引述的材料，以增强案例的真实感；一个好的案例需要有对已经做出的决策的评价。

1　邵光华. 提高教师教学反思能力的对策. 教育理论与实践，2010（2）
2　邵光华. 小学课堂技能训练. 北京：高等教育出版社，2011：327

2. 教学案例的结构

一个完整的案例的结构包括：标题、引言、背景、主题和案例分析。

（1）标题

标题的主要作用是反应案例的主题，向读者提供必要的信息。标题确立的方法主要有两种：事件标题法，是以案例突出事件提取出来作为标题；主题标题法，是将事件中主题提取出来，作为案例的标题。

（2）引言

引言是对事件发生大致场景的描述，通过引言，读者对案例，尤其是情节复杂的案例有一个大致的了解。对于情节简单的案例，引言可以省略。

（3）背景

背景主要的作用主要是交代清楚事件发生的时间、地点、任务和起因等。同时，交代背景也为案例分析评判提供依据。

（4）主题

案例要有一个主题，没有主题的案例，不能称其为案例。而此主题又是体现在问题之中的，问题的呈现和解决就是主题凸现的过程。主题的写作包括问题呈现和问题解决两个过程。问题呈现过程中，作者要讲清楚问题是如何发生的？问题是什么？为什么发生这样的问题？在问题解决环节，这个部分要着力体现问题解决的过程、步骤以及问题解决中面临的困难等等，形成详细的解决问题的方案。

（5）案例分析

案例分析是案例重要组成部分。上述所有的环节都在呈现过程，案例分析呈现的是结果。案例分析通过反思和讨论进行。反思和讨论主要涉及的问题有：[1]问题解决中有哪些利弊得失？问题解决中还存在哪些新问题？问题解决中有哪些体会、启示等。

3. 教学案例步骤和写作注意事项

（1）教学案例的步骤

一般而言，教学案例的步骤包括以下几个：第一，确定主题。确定和明确主题是教学案例撰写的关键。主题是实践者亲身体会、无法解答的困扰，给教师留下深刻印象的并能引发同行共鸣。第二，收集整理资料。教学案例资料可以来源于研究者亲身经历，也可以是教学日记，录像以及作业等实物。第三，筛选分析资料。筛选和分析的主要依据是材料与主题的相关度，材料可读性。第四，布局成文。教师要列出写作提纲，按照相关的要求写成案例；第五，修改定稿。初稿完成后，作者可以采用冷却法和借力法进行修改，最后定稿。

1　邵光华. 小学课堂技能训练. 北京：高等教育出版社，2011：329

（2）撰写注意事项

在教学案例写作中，首先，作者要选择好案例。事件选择的标准是真实、典型和复杂。其次，描述客观、生动，突出主题。案例的描述要尽量避免掺杂个人主观感情色彩，案例呈现要客观，而且要有所取舍，突出相关的主题。最后，事件的分析要有理有据。事件分析要有理有据，要有针对性。

四、教后记

"教后记"是指教师课后写的对课堂教学中出现的问题及师生交流结果的回顾与反思，所以也叫"教学后记"。[1]教后记的主要内容有课堂教学出彩的地方，课堂教学中败笔，学生学习成功之处，教学机智和听课后的心得等。教后记不仅有利于教师总结经验、改进方法，而且能提高教师教学水平，促进师生共进。

教后记常用的形式主要有：[2]（1）经验归纳式，教师自我归纳总结出经验，再回归到教学实践中加以验证。（2）失误纠正式。教师将自己在教学中失误、遗漏等原因记录下来，找到解决的办法。（3）片断旁注式。教师针对教学中精彩片段，随手写下的感悟，标注在教案上。（4）案例点评式。教师奖教学中情境的设计、补救措施的落实、教育教学规律的揭示、公式定理的归纳、难题疑点的解答、难点训练的突破、教学效果的反馈、教学中的失误等，将其写成案例，给予点评。（5）困惑征解式。教师将教学中困惑记录下来，带着困惑去钻研学习。（6）阶段回顾式。阶段回顾式是对某个教学阶段回归和反思。（7）结论感悟式。教学中灵感的迸发必然伴随着心灵的震撼，伴随着新的发现和新的结论都可以写成教后记，作为教师反思的素材。

教后记的写作形式主要有：[3]1. 批注式或圈点评注式。即将自己的所感所想和教学实际情况用反色笔写在教案的相应位置，并简要评述。批注式最为简便，易于操作，也易于比较。2. 卡片式。配合教案制作专门的教学后记的卡片。卡片内容项目可简可繁，但至少应包括：成功之处、失败之处、教学效果和再教设想。卡片式操作方便，也易于保存。3. 随笔式。对课堂教学有很多感悟或有值得探讨的教学现象，需要深入阐发或研究，就可以厘清思路，全面分析，以随笔体的形式将自己的认识和体会表达出来。随笔式有它的优势：既可以完整地表达自己的教学感悟，也可以全面深入探讨某一教学现象或问题。所以它的写作要求也较高，其对教师成长的"含金量"也高。教后记写作过程中还要注意及时、持之以恒，坚持实用。

1　管宏斌. 教后记，走向教学反思的起点. 中国教育学刊，2005（3）

2　同上

3　杨勇. 教学反思常见文本的写作. 写作，2009（4）

教学反思的还有其他一些方法，如自我提问、教学诊断、对话交流、观摩分析、录音录像、行动研究、模拟游戏、成长史和自传等。但是无论什么样的形式，教学反思的宗旨是为了更好地总结教学过程中的成功经验和失败教训，逐步地从感性走向理性，从实践上升到理论，从经验上升到规律，最终达到"随心所欲不逾矩"的高智慧境界。[1]

本章小结

教师为了实现有效的教育、教学，对已经发生或正在发生的教育、教学活动以及这些活动背后的理论、假设，进行积极、持续、周密、深入、自我调节性的思考，而且在思考过程中，能够发现清晰表征所遇到的教育、教学问题，并积极寻求多种方法来解决问题的过程。教学反思具有实践性，它是在具体情境中，进行的一种行动性的反思。在具体情境中，教师以自身为主体，用批判性观点对自身教学活动进行思考和研究，进而促进自身的专业成长。教师可以通过多种途径成为一名反思型教师，但不同的培养模式和培养方法必然反映不同的期待、标准、哲学观，反映对于教师教育的宗旨和性质的不同理解。所以，任何一种水平的教学反思的划分，都是为促进教师反思服务的。在教学实践过程中，教师可以通过教学日志、教学叙事、教学案例和教后记等方式使自己成为专家型的教师。

总结 >

Aa 关键术语

教学反思	教学日志	教学叙事
Teaching reflection	Teaching log	Teaching narrative

🔗 章节链接

本章第三节教学反思的形式与本书的第十一章《立竿见影的反馈与评价》、第十五章《小型变奏的说课、听课与评课》的部分内容有联系。

---

1 仇定荣. 教学反思：提升教师教学智慧的基石. 教育理论与实践，2008（8）

应用 >

✎ 体验练习

1. 请简述教学反思的基本含义。

2. 请联系教师个人实际谈谈教学反思的特征。

3. 请结合个人教学生活实际，选择适合的教学反思途径，谈谈个人的具体感受。

拓展 >

☕ 补充读物

1　王陆，张敏霞．教学反思的技术与方法．北京：北京师范大学出版社，2012

本书在充分研究校本研修规律的基础上，突出了远程校本研修的特色，以生动而丰富的案例为主线，注重学习内容与学习活动的双重设计，以教师借助教学的反思方法与技术为核心，按照四个模块较为系统地介绍了教师个人自我反思的方法与技术、校本研修团队集体反思的方法与技术、以课堂关键事件为研究视角的教学反思方法与技术，以及反思性实践的理论基础及路线。

2　靳玉乐．反思教学．成都：四川教育出版社，2006

《反思教学》在对反思教学的理论进行深入系统分析的基础上，针对基础教育的教学实际，结合大量典型案例分析，提出了对话教学的具体实施策略和教学建议。本书适合广大教育工作者尤其是教育研究工作者参考阅读。

3　[美] Stephen d. Brookfield，张伟，译．批判反思型教师ABC．北京：中国轻工业出版社，2002

批判反思型教学是基于教师和学生最大利益的一种教学，是一种真正有效的教学。它使教学充满曲折和挑战，充满惊奇和欢乐。本书作者根据其长期的教育经历，通过丰富、有趣、详实而具有启发性的实践指导教师一步步成为一个批判反思型教师。书中的各个部分都有一些奇妙的建议和忠告让人茅塞顿开，帮助读者克服来自自身和外界的种种障碍。

4　张燕．在反思中成长．北京：北京师范大学出版社，2007

本书中呈现的案例都是活生生的真实事件，分为"走进孩子篇""教师成长篇"和"家园同心篇"三大部分。这些故事无论对于幼儿教师还是家长都有借鉴和启示作用，而且贴近生活，容易理解和效法。

5　熊川武．反思性教学．上海：华东师范大学出版社，1999

本书阐述了反思性教学合理性的相互联系的三个方面：一是反思性教学主体合理性。本书明确指出这种合理性以主体间性为基础。主体间性要求特定主体有自觉反思的意识和较强的反思能力，坚持理解、宽容、平等对话的行为。这种行为借助行动研究、叙事研究、角色扮演等再现反思性教学主体合理性。二是反思性教学目的合理性。本书指出，教学主体要明确教学目的必然受制于教育目的，反映社会成员在教育上的需要。通常，教育目的转化为教学目的，使社会需要具体化为教学主体的需要。教学目的在教学计划中恰当定位，与教学客体、教学内容、教学策略等协调一致。指导教学主体行动并转化为教学结果，从而实现自身的合理性。三是反思性教学的工具合理性。本书将教学工具分为理论工具和实践工具。

在线学习资源

1. K12教育空间 http：//www.K12.com.cn.

2. 中国教师教研网 www.jy12.net

3. 中国教师研修网 http://www.teacherclub.com.cn/

第十五章
小型变奏的说课、
听课与评课

本章概述

　　本章主要介绍和讨论什么是说课、听课和评课，以及与之相关的具体要求。听课、说课与评课三者都是重要的教研活动形式，是教师非常重要的基本教学技能。每个部分均从是什么、有什么价值、怎样操作、有哪些注意的问题这四个方面进行介绍。

结构图

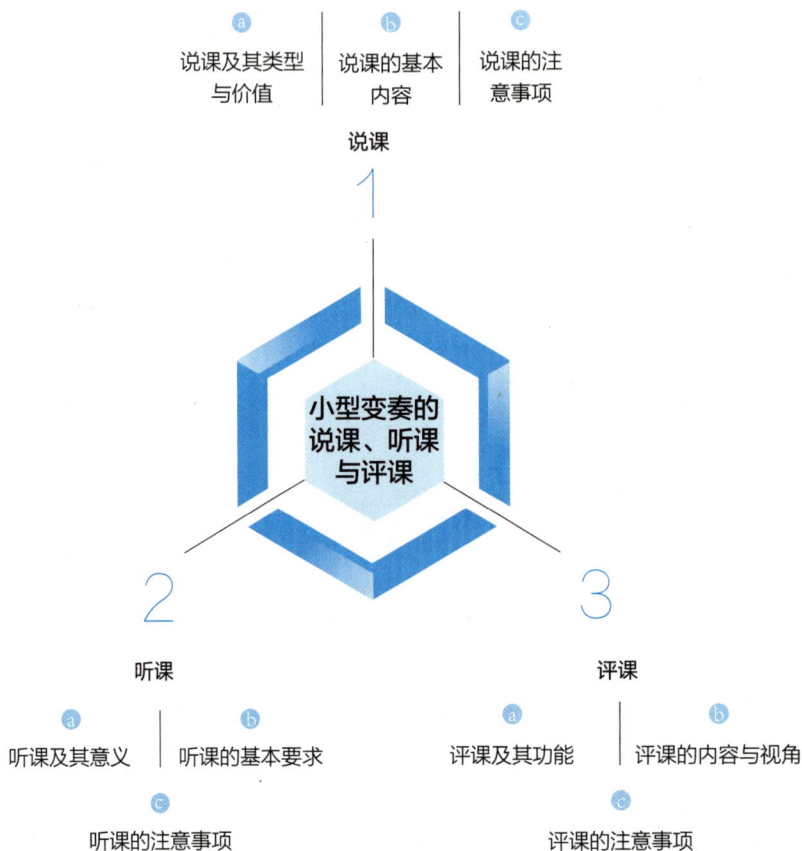

说课及其类型
与价值

说课的基本
内容

说课的注
意事项

说课

1

小型变奏的
说课、听课
与评课

2

3

听课

评课

听课及其意义

听课的基本要求

评课及其功能

评课的内容与视角

听课的注意事项

评课的注意事项

学习目标

1. 了解什么是说课，说课的基本类型及其重要功能；
2. 掌握说课的基本内容，并能运用，学会撰写说课稿；
3. 了解什么是听课，听课的重要功能；
4. 掌握听课的基本要求，并能有效进行听课记录；
5. 了解什么是评课，评课的功能；
6. 掌握评课的内容和视角，能够利用已有知识展开评课活动。

读前反思

　　说课、听课和评课是教师必备的重要专业技能。近年来，这些技能越来越受到教师和教育研究者的关注。20世纪50年代，教育刚刚恢复，为了更快发展，部分学校实行教研组"三定"（定人、定时间、定内容）的备课活动，在这个过程中，教师积极钻研教材，相互研讨，切磋教法，形成了良好的教研气氛，可谓是"说课"的源头。说课真正受到追捧和成为日常的教研活动是在新世纪初第八次基础教育课程改革以后，说课开始成为许多学校的日常教研活动，同时听评课也成为教研活动的重要形式。本章我们需要了解什么是说课、听课和评课，以及如何说课、听课和评课，有哪些值得注意的问题。

第一节
说课

说课作为当前较为流行和使用广泛的教研形式，我们首先需要明确其内涵、类型与价值，在此基础上掌握说课的基本内容，以及说课需要注意的问题。

一、说课及其类型与价值

（一）说课的内涵

说课的内涵并不复杂，是指教师在备课的基础上，在上课之前或之后，面向同行或者其他教研人员阐述自己对某一教学内容的教学设计，包括教什么、怎么教，以及为什么这么教等问题，然后与听课者共同讨论，以改进课堂教学效果、提高教学质量的教研活动。

把握说课的内容关键在于明确说课的对象主要是教师、教学研究人员；说课的内容是教什么、怎么教、为什么这么教；说课的目的是如何更好地提高课堂教学效果，其本质特征为一种教研活动。但也有研究者认为说课是一门艺术。

📢 名家语录

说课是一门艺术，是一门语言艺术。说课艺术至少包括以下三层含义：

一是说课不论内容、形式，本身就是一种创造。它是快餐式教学预演，是教师之间新型的理性话语交流。

二是说课现场是说课规范和教师表达美的形象与情境的组合，是说课者教学魅力与聪明智慧的表演舞台。

三是说课艺术不追求"虚假"、不追求"外在"，而以最终优化课堂教学、提高教学效率、提升教师素质为宗旨。

——方贤忠. 如何说课. 上海：华东师范大学出版社，2008：34

（二）说课的类型

从不同角度，可以对说课进行不同的分类，如依据说课的范围，可把说课分为单元说课和课时说课，以课时说课居多。不过通常依据说课的用途进行分类，即把说课分为研究性说课、示范性说课、评比性说课和测试性说课。

1. 研究性说课

研究性说课是最为常见的说课类型，主要以教学研究为主要目的，通常以教研组或年级组为单位，以集体备课为主要形式。研究性说课一般由一位教师主讲，事先准备好说课稿，叙述完毕以后由其他成员展开评议，进行修改，变个人智慧为集体智慧。这种说课一般一周进行一次，教研组或年级组教师轮流说课，大家集体参与，共同提高自身的业务素质和研究能力，研究性说课是普遍采用的教研形式。

2. 示范性说课

示范性说课一般以优秀教师为主要对象，优秀教师自选内容或者按照规定的内容撰写说课稿，向其他教师进行示范。有时候除了说课示范以外，示范教师还要把说课的内容付诸课堂教学，给观课教师以全面的展示，使之从说课、上课、听课、评课的完整环节中增长知识，开拓视野。示范性说课一般用于年轻教师的培养，以促进青年教师更快地成长。

3. 评比性说课

评比性说课一般用于竞赛，为了激发教师的教研热情，鞭策教师研究教学、搞好教学活动，说课比赛成为许多学校和地区常见的教学比赛形式。评比性说课一般会指定教材，指定教学内容，让参赛者在规定时间完成说课稿，并面向评委进行展示。评比性说课通常与课堂教学比赛同时进行，可在课堂教学比赛前进行，也可在课堂教学比赛后进行，目的是让大家更加全面地了解为什么这么教学。

4. 测试性说课

由于说课关注教什么、怎么教、为什么这么教，能够比较全面地反映说课者的教学理念、教学目标设计能力、教材处理能力以及教学方法选用能力等，许多考试及评价都会选用说课作为测试的方式。如目前许多地方招聘新教师、职称评定、教师资格考试都会要求应试者说课。测试性说课与评比性说课一样，通常也会规定内容和时间，有时也会把说课与上课结合起来，以全面考核应试者。

（三）说课的主要价值

1. 促进教师的素养提升和专业发展

说课作为重要的教研活动，能够较为全面地提升教师的素养，促进教师的专业发展。首先，通过说课能够让教师更为清楚地掌握学科知识，提高专业知识水平。说课要搞清楚教什么，教师自然首先要明白该教什么，从而提高教学的科学性和完整性，这对教师专业知识的发展具有促进作用。其次，通过说课可以促进教师更多地关注和研究学生。说课需要说学生、了解学情。因此教师应深入了解学生的特点，从而在教学中努力确立学生的主体地位，以达到调动学生学习积极性和主动性的目的。再次，说课可以锻炼教师的教学基本功，说课首先要通过自己的语言表达进行陈述，同时还可以配备辅助手段，如板书、多媒体课件等。很显然，说课能够锻炼教师的口语表达能力、写字能力、信息技术与课程整合的能力，这都是教师的基本功。最后，说课可以提升教师的教育教学理论素养。说课需要弄清楚为什么这么教，这就需要教师具备一定的教育教学理论素养和水平，能够说清楚教学活动为什么这样开展，学生为什么应该这样学习，寻找理论依据。这迫使教师加强理论的学习和锤炼，从而提高理论素养。总之，说课对于教师的素养提升和专业发展意义重大。

2. 丰富和深化教研活动

传统常见的教研活动，多为听评课，即组织老师进行听课，然后小范围就听课所闻展开讨论。很多时候这种教研活动只能泛泛而谈，因为听者往往不知道教者的目的是啥，为什么这么教。因为不同的学习情境，教师的教学内容选择、过程设计、方法选择都可能不一样。传统的听评课由于不能深入了解背后的原因，因此活动很多时候只能浅尝辄止。而说课活动则改变了这一局面，因为说课最为重要的方面就是解决了为什么这么教的问题，这是藏在课堂背后的思想、观念。由于了解了目标和原因，教者和听者在对话交流时就能找到共同的焦点，对话也显得言之有物，从而使双方都能够在讨论中获益。因此，说课活动能够丰富和深化教研活动。

3. 有效提高教学质量

教学质量是教育的生命线，说课对于质量的提高效果显著。首先，说课能够提高教师的备课质量。传统的备课教师虽然比较认真，但往往也只是简单地写写教什么内容，以及简单的流程，很少去思考为什么要这么做。说课则是备课得以深入，克服以往的盲目性，增强了备课的科学性。其次，说课能够提高课堂的时效性。说课对课堂教学的环节安排进行了精心设计，这能够促使课堂教学有条不紊地进行，充分利用时间。再次，说课能够提高整个课堂教学效率。说课明确了教什么，重难点了然于胸，了解了学生的学习需求，选择了合适的教学方法，设计了科学的教学流程，自然效率就高。最后，说课还能够促进教学改革，推动教学研究的深入。教学改革和研究的深入同样能够对教学质量的提升起到促进作用。

总之，说课对于教师的专业发展和教学质量的提升都具有非常重要的促进作用。

二、说课的基本内容

明确了说课的内涵、类型及重要价值，关键在于了解怎样说课，即掌握说课的基本内容。随着说课活动的兴起，大家已经基本总结出了一套成熟的说课规范，大致说来，说课的基本内容包括以下一些方面：

（一）说基本情况

说课首先要说清楚所选择教学内容的基本情况，具体来说，包括与之相关的课标、教材、学情等方面。

1. 说课标

课标是教育教学活动开展的行动指南，因此首先要全面深刻地理解课标对于所选择教学内容的具体要求，只有这样才能有的放矢。比如对于文言文的学习，课标中就有明确规定："诵读古代诗词，阅读浅易文言文，能借助注释和工具书理解基本内容。注重积累、感悟和运用，提高自己的欣赏品位。"那么在文言文说课时，应具体阐释这一要求。

2. 说教材

教材是教学内容的重要载体，教什么其实在很大程度上呈现给听众和学生就是教材内容。因此说课对于教材内容要弄清楚，说明白。这包括三个方面：一是要深刻理解教材内容。认真阅读教材，说明教材的地位、作用，对于教材中的知识背景、知识要点、能力训练重点等要充分掌握。二是要把握所选择内容在所选择单元或模块中的地位，注意了解前后知识的联系。教材内容是相互联系的，搞清楚内容之间的相互关系有利于灵活处理教材。三是说明白教材内容的选择和处理。根据课标的要求及对内容相互之间关系的把握，明确做了哪些取舍、补充工作。

3. 说学情

学情即学生的基本情况，对学情的分析是教学活动开展的前提和基础。学情分析的内容主要包括学生的年龄特征、心理特征、兴趣动机、已有经验及能力水平、认知风格等。一般这样进行介绍：说清楚所任教学生的年级，他们的知识基础和能力水平的状况，学习习惯和方法的特点，对于本次内容的学习，可能有哪些优势和不足等。

（二）说教学目标

教学目标是"教学中师生预期达到的学习结果和标准"，[1]是课灵魂，具有重要的标准、导向和制约功能。因此教师在说课中要科学地确定教学目标，并表述出来。教学目标的确定首先，需要注意的问题就是目标的主体一定是学生，而不是教师。许多时候教师都从教师要做什么的角度撰写教学目标，这是不合适的，教学活动的目的是培养学生，是要明确学生要做什么，要达到一个怎样的状态或结果。其次，要明确教学的重点、难点。一节课可以学习的内容非常丰富和庞杂，如果把所有的内容都列为目标，势必抓不住重点，显得凌乱。因此要突出重点，聚焦难点，目标明确。最后，避免贴标签式教学目标的设计。新的课程改革提

1　顾明远. 教育大辞典（增订合编本）. 上海：上海教育出版社，1998：717

出三维课程目标，即知识与能力、过程与方法、情感态度与价值观，许多设计者在陈述目标时都会说知识与能力目标是什么、过程与方法目标是什么、情感态度与价值观目标是什么。这是简单的贴标签式的目标设计和陈述，并不能帮助说课者非常清晰地把握目标设计，因为过程与方法目标、情感与态度目标并不是一个内容就能达成，同时也并不是所有的教学内容都同时需要实现这三维目标。

（三）说教法、学法

教法和学法是教学活动的一体两面，二者相辅相成、相互促进。虽然我们常说教学有法、教无定法。但在面对具体的教学内容、学情时，我们常常需要根据实际情况确定具体的教学方法和手段。常见的教学方法有讲授法、谈话法、讨论法、实验法、实习作业法、参观法以及练习法等，教师可以根据实际情况进行选择。实际情况即教学内容的特点、学情特点、教师自身的特点。说教法除了说明所使用的方法外，还需说明选择这种方法的依据。

学法是学生获取知识与能力的方法。教师要注重对学生的学法指导，在说课过程中，教师对学法的说明要重点关注三个方面：一是学法指导的重点及依据；二是学法指导的具体安排及实施途径；三是教给学生哪些学习方法，培养学生哪些能力，如何激发学生的学习兴趣、调动学生的学习积极性。[1]

（四）说教学过程

教学过程即教学活动过程中师生活动的时间安排及状态变化。通常说教学过程需要说清楚如下几个问题：

1. 整堂课的教学思路

要对整堂课的时间和顺序安排进行分配，明确各个教学环节的更迭。即"教学活动如何引发，又怎样开展，怎样结束。"[2]

2. 说明每一环节的顺序安排

教学活动的每一环节都应具体明确。整堂课都会分为几个重要环节，对每一环节的时间、顺序安排、方法选择等都要进行科学设计，从而使整堂课层次分明、环环相扣。

3. 说明板书设计及其依据

信息时代使人们对传统板书有所忽视，但板书有着不可替代的作用。一般板书都较为凝练，重点突出，能够对学生的学习起到提纲挈领的作用。因此说课时要注意呈现板书，并说明板书设计的理由。

1　刘显国，刘杰. 名师说课实录. 北京：中国林业出版社，2007：12
2　刘旭. 听课 说课 上课. 成都：四川教育出版社，2005：269

🔍 **案例1**

《桂林山水》说课稿[1]

一、说基本情况

《桂林山水》是人教版小学语文第八册第一单元第二课。在这篇课文中，作者紧紧抓住桂林的山和水，绘声绘色地描述了桂林山水的美景，整个内容都洋溢着作者喜爱桂林山水的愉悦心情。通过课堂学习，要培养学生热爱祖国大好山河的爱国主义感情。

二、说教学目标

根据语文课程标准，我确定了以下教学目标：

1．情感目标：通过文本中的图文，让学生了解桂林山水的美景，培养学生的爱国主义情感。

2．知识与能力目标：通过学习本课，逐步培养我们民族学生的观察、想象、理解、表达能力；掌握课本中生字新词，理解重点词句的意思；做到有感情地朗读课文。

3．教学重难点：了解课文中描写桂林的"山"和"水"的特点及课文中的观察和表达的写作手法。

三、说教法、学法

1．教学准备：收集图片、音乐、文字等，制作有关桂林山水的课件。

2．教与学：引导学生利用工具书通解全文生字、新词，"自主、合作、探究"学习，有感情地朗读，把学习的主动权交给学生，使学生轻松、愉快地突破学习中的重难点。

四、说教学流程

（一）充满激情，导入新课

上课开始时，我是这样提问学生的：在我们国家，有名的游览景点非常多，你们知道的都有哪些？你们去过桂林吗？桂林的山水甲天下，今天我们一起从课文中去欣赏它的美景。出示课题——桂林山水（板书）

（设计意图：激情导入，引领学生走入风光秀丽的桂林山水。教育，就是引导学生走进美丽的旅程。）

（二）初步感知课文

我利用课件出示桂林山水的风景图片，同时播放课前准备好的课文朗读录音，让学生从听觉和视觉上对课文进行初步的理解。我说：同学们，欣赏完优美的风景，你最想说的一句话是什么？（当学生回答完后，我引读文本的第一小节，然后再让学生说说自己真实的感受。）

1　万幺南杰.《桂林山水》说课稿. 学周刊，2012（10）：119

接着，我问学生：有谁能用自己的语言说说"桂林山水甲天下"的意思？（对学生回答出色的，我给予了表扬。）

（设计意图：在听朗读和教师提问的过程中，让学生欣赏桂林优美的山水风景图片，可以使他们初步领略和体会桂林山水的美。）

（三）初读课文，自学字词

在教学中，我设计了以下课堂教学活动：

1．学生用自己喜欢的方法大声诵读课文，同时，利用字典、成语字典等自主学习、合作学习，查找出课本中不懂的字、词、语。

2．要求学生在朗读时，将把不认识的生字、词语勾画出来。

3．教师检查学生的朗读效果，点名学生读课文。

（设计意图：以上一个教学小环节中，我锁定重难点，采用多种手法，引导学生多元化阅读课文，使学生在读的过程中掌握字词，读准字音，读通节奏，读顺文意。）

（四）细读课文，品味情感

1．学习描写桂林"水"的部分。我说：课文的题目突出了"山和水"。那么，在课文中哪一节是描写山的呢？哪一节是描写水的呢？（引导学生自主学习文本。）

我范读了描写桂林"水"的部分，并提问：桂林的水如此美丽，都是因为它有三个特色，请同学们在课文中找出来。（停顿3分钟。）

我检查学生的思考结果并板书水的三个特色（水：静、清、绿），然后提问学生：如果用一个词来概括呢？（提示：美。）

然后，我说：桂林的水真美啊！现在，我们再一起听听音频朗读吧，再一次感受漓江水的美。

2．进一步学习桂林"山"的部分。

我说：漓江的水太美了，但我们说到水时自然会想起山。在这篇课文中，请大家注意一下这篇课文的题目，说的是桂林的山和水，因此，我们应该去看看桂林的山又有哪些美？它的美又有什么样的特点呢？请同学们速读课文。

（设计意图：通过这些话，让学生的注意转移到桂林的山上，起着过渡作用。）

我说：我们已经学习了桂林"水"的部分，现在同学们可否自学描写桂林"山"的部分呢？（课堂教学要求：学生自学，可同桌一起学习；交流：奇、秀、险。）

课件演示桂林的"山"，让学生直观感受其特点。同时，我引导提示：这么的多奇形怪状的山排列着叫"奇峰罗列"。再让我们听读这段，感受一下"奇、秀、险"的特点。

我说：同学们，原来桂林的山也是如此之美，难怪桂林山水甲天下呀！课堂上，我引导学生读"我攀登过……却从没看见过桂林这样的山"这一句，然后提问：

难道峰峦雄伟的泰山不够壮美吗？难道红叶似的香山不够迷人吗？（出示课件，对比桂林、泰山、香山等，让学生明白：我们今天学习的是桂林的山和水，桂林的山水兼有山与水之美，当然是甲天下的。）我总结说：所以我们说，桂林山水——甲天下！

（设计意图：在这个教学环节中，既训练了学生的形象思维能力，也锻炼了学生的口头表达能力。）

（五）布置作业

1．熟练朗读课文，感受桂林山水的美。

2．收集你所知道的有关我们格尔木市的旅游景点，给同学说说我们昆仑山的美景。（设计意图：格尔木市位于昆仑山主体中。昆仑山，是我国境内众山之祖，现在国内外专家正积极对昆仑文化进行研讨、探究，并提出了其开发和利用的策略。因此，在我们的教育课堂中，我们应引导学生从小养成关注身边的生活、文化、经济，这样等他们长大后，就能为西部大开发做出更多的贡献。）

（六）板书设计：略。

三、说课的注意事项

（一）说课要突出"说"字

说课不同于上课，防止把说课当成"试教"或者"压缩式上课"。说课主要是说清楚教学设计缘由及实施措施，而上课则主要明确教学目标和任务，二者是不一样的。同时，上课的对象是学生，说课的对象是同行或者研究者。因此，要注意二者的区别，不要一说到说课，就是课堂教学的简单概括。

（二）说课要有理有据

说课的重点在于弄明白为什么这么教，因此，重视目标确立的依据，各个教学活动开展的依据等，因此说课要说论结合，理据充分。

（三）说课要注意节奏和时效

说课最好能够节奏分明，有动有静，能够与多媒体结合起来，一边讲说一边演示。另外说课的时间不宜过长，一般10分钟左右。

（四）说课要有创新

很多时候教师说课都是照搬教参，要想切实说好课，必须要有教师自身的理解和体验，融入自身的教学思想。

第二节
听课

一、听课及其意义

（一）听课的内涵

听课是最为常见的教学活动之一，指的是教师或研究者借助人体感觉器官以及有关的辅助工具，直接或间接地从课堂情境中获取教学活动相关信息的一种观摩、评价及研究活动。听课也被称为观课。

（二）听课的意义

听课作为教师经常性的活动，也是教师的职责和工作所在。其主要意义表现在以下几个方面：

1. 提高教师的能力和水平

听课可以说是教师必备的基本功，通过听课，可以了解授课教师对知识的把握和处理，教学技能与方法的运用、教学修养与研究能力等；可以了解学生的学习态度、学习方法、学习效果等。这些方面情况的把握，对教师自身教学会起到促进作用，从而提高自身的教学能力。同时听课一般是许多教师共同参与，这就有利于同行之间相互学习、相互讨论、共同提高，有利于博采众长，防止闭门造车。

2. 强化学校的教学管理和质量提升

听课通常是学校教学和研究的常规活动，一方面展示了教师教学的基本情况；另一方面给其他教师提供了学习、研讨和交流的平台。对于授课老师来说，要想上好课，必须认真准备，科学备课，积极上课，展示最佳状态；对于听课老师来说，要事先熟悉内容，了解授课教师的风格等，做到有准备听课；对于学校来说，可以了解到授课教师的知识素养、技能熟练程度、教学理念等，可以了解班级学生的班纪班风、学习状况等。因此听课是学校强化管理和提升教学质量的重要途径。

3. 总结和推广教学经验

通常安排的听课活动，一般是研讨课或者是示范课，也就是意味着授课教师一般是优秀教师或者具有独特教学经验的教师。通过听课活动能够给这些教师一个展示的平台，使他们的优秀或独特经验能够得以传播。因此，听课成为优秀教师培养和教学研讨会常见的活动方式。有些学校为了更快地促进新教师、青年教师成长，也会安排优秀教师进行公开课或示范课，这其实也是让新教师、青年教师学习优秀教师的经验，内化为自身的理解和行动，从而更快地成长。

二、听课的基本要求

听课看起来较为简单，只要深入课堂教学情境即可，可事实上要听好课，还需要有充分的准备，要认真听、记、思等。以下是听课的一些基本要求：

（一）听课准备阶段要做到"三到"

听课要做充分的准备，"一到"是要做到充分预热。要研究授课者所使用的教材，所教的内容，所上的课时；要了解听课班级的学生的特点；要了解授课教师的教学风格与特点等。"二到"是要做到课前与授课教师进行交流。与授课教师进行交流才能更为明确地掌握本课的具体目标、重难点，从而对课堂教学进行更全面的把握。"三到"是要做到"心到"。很多时候教师是为了听课而听课，为什么要听课不清楚，这其实在于很多教师不知道如何听课。所谓"心到"就是教师要有充分的理论和经验准备，能够用心、上心地去听课。

（二）听课的过程中要做到"四多"

听课的过程是听课者最为繁忙的阶段，需要做到"四多"。

1. 多看

听课看什么呢？一看教师的主导作用如何发挥。比如，教师的教态是否自然，板书是否工整、规范和清楚，教法、教具选择是否得当，课堂驾驭能力是否具备，学法指导是否科学等。二看学生主体作用的发挥。比如，课堂气氛是否活跃，学生的积极性是否调动起来，学生的学习方法是否使用恰当等。

2. 多听

听课自然以听为主。一是要听懂。要把自己当作学生，深刻理解重难点，从而反观授课者是否讲课重点突出，详略得当；二是要听全。教师的教学活动是环环相扣的，只有听全才能完整地把握教师的教学过程，才能领悟教师的教学技巧与独特个性。

3. 多想

听课的同时，需要听课者不停地思考这样一些问题：这节课的目标是什么？教师为什么这样处理教材？教学的重难点是否得以突破？教学环节的安排是否合理？板书是否科学？教态是否自然？整堂课的教学特色在哪里？……

4. 多记

好记性不如烂笔头，因此在听课的同时听课者还不要忘记多记。记的目的是备查和帮助记忆。具体来说，记什么呢？记看到的、听到的、想到的。也就是课堂教学的基本情况记录，教学过程的记录，教学亮点的记录，学生活动的记录，自己的想法与建议等（表15-1）。

表15-1　听课记录表

时　间：　年　月　日　　　第　周　　　星期　　　第　节
地　点：
记录人：

授课信息	授课者姓名： 授课者单位：	授课班级：　　级　　班 课程内容： 第　单元（章）第　课（节）	
教学过程	教师活动	学生活动	分析探讨
综合评语			
总结与反思			

　　总之，听课的过程要做到"四多"，而且看、听、想、记是结合起来的，只有四个结合才能最大限度地听得好，听得有收获。

（三）听课结束后要做到"二要"

1. 要交流

　　听课后，一方面要与任课教师进行交流，最好先听听授课者自身的授课体会，然后再说出自己的观点，或者有针对性地提出自己的疑问和困惑。另一方面要与其他听课教师展开交流，所谓兼听则明、偏信则暗，大家的观点碰撞能够使听课效果得到最大限度的彰显。

2. 要反思

　　听课者大部分本身就是教师，因此要注意把别人的课与自己的课联系起来，开动脑筋，进行反思。一方面要对照自己的教学设计，看自己的设计与他人的设计有何区别，在比较分析中提升自己。另一方面要有追求卓越的目标。听了别人的课，好在什么地方？能不能更好？有没有其他途径可以达到同样的效果？别人的课有遗憾，应该如何来弥补？如何避免再次出现这种遗憾？

三、听课的注意事项

（一）要端正听课态度

　　有些教师把听课当成一种负担，不想听课，也不愿意听课。甚至有教师认为大部分的听课活动都是作秀，不值得学习和推广。因此，应端正听课的态度，无论听什么样的课，一定有它的价值所在，应有虚心学习的态度。

（二）要关注学生的学

许多时候听课者更多地关注了教师的教，比如，教师是如何导入的，采用了哪些教学手段，组织了哪些教学活动，如何结束课的？这些方面固然重要，但教学效果直接体现在学生身上，因此要关注学生的学习状态，了解学生的收获，学生是否乐于参与、积极思考等。

（三）要做课堂教学的参与者，而不是旁观者

很多时候，听课者都是把自己定位为旁观者的角色，以第三者的身份去观摩整个课堂，这导致很多时候是带着挑剔的眼光来审视课堂。积极的听课应该是把自己当作课堂中的一员，与授课教师一起来参与整个课堂活动，这样才能感同身受，才能较为客观、公正和全面地去认识一堂课、评价一堂课。

第三节
评课

学习目标

了解什么是评课，评课的功能；掌握评课的内容和视角，能够利用已有知识展开评课活动。

评课与听课紧密相关，只有在听课的基础上才能科学地进行评课。本节内容我们首先了解什么是评课，评课的作用，接着掌握评课的内容与视角，最后谈谈评课需要注意的问题。

一、评课及其功能

（一）评课的内涵

什么是评课？评课就是依据一定的教育思想和教学理念，植根于课堂教学目标，对课堂教学活动中师生活动的成败得失及其原因做出分析和评判的活动。评课是学校教研活动常见的形式。

（二）评课的功能

1. 判断功能

判断功能是评课最为基本的功能。评课活动主要是对教师的课堂教学现状和存在问题进行比较全面的分析和评判，为授课教师提供比较深刻的教学反馈信息，对其长处和不足进行指正。从而明确课堂教学的高效与低效，成功与不足。

2. 导向功能

评课不是信口开河，必须依据一定的评价标准展开。评价标准是评课的主要工具和手段，而这个工具和手段对于授课者以及听课者来说，都具有非常重要的导向作用，以符合评课标准要求作为课堂教学的方向。

3. 反馈与激励功能

评课能够对授课者课堂教学活动的方方面面进行评价，使授课者对自己的课堂教学形成全面、清晰的认识，这种大容量的教学信息反馈对于教师的成长非常有帮助。同时评价还具有激励功能，如授课教师做得好，受到表扬会继续保持自己的特色和风格；如存在不足，则会奋起直追，努力提高自己的教育教学水平。这对其他听课者也具有重要的激励功能。

二、评课的内容与视角

知道了评课的内涵与功能，那究竟应该如何评课呢？要评哪些方面？如何展开呢？

（一）评课的内容

评课的内容涉及课堂教学的方方面面，综合已有的研究成果，评课一般关注如下一些内容：

1. 教学思想与理念。观察教师教学背后所蕴含的思想与理念，是否符合课程改革的理念和要求。

2. 教学内容。评价教学内容选取是否科学，取舍是否得当，设计是否合理。

3. 教与学方法。课堂教学中教师教和学生学的方法是否科学、适切。

4. 课堂结构。课堂教学环节是否流畅，步骤是否合理等。

5. 教学效果。目标达成度及学生学习效果的考量。

6. 教师素质。教师的教学基本功，以及教学机智。

（二）评课的视角

1. 从教学目标角度展开评价

每节课都有一定的目标追求，围绕这个目标，教师需要选择恰当的教学内容、设计合理的教学任务、提出适切的具体要求。因此从目标入手评价课堂教学，可从这三个方面展开评价。一是所选择的内容能否有效达成教学目标；二是教学任务是否具体明确；三是教学要求是否恰切。如果这三个方面都很好地实现，则说明其目标设计合理，并有效达成。

2. 从教材处理角度展开评价

教材处理实际上是教师把教材内容变为教学内容的过程。恰切的教材处理一般包括五个方面的具体要求：[1]一是认知准备充分，即为学生提供知识准备和认知发展准备的情境；二是讲授内容科学严谨；三是教学过程安排合理；四是重点难点处理得当；五是知识传授与能力培养有机结合。

3. 从教与学方法角度展开评价

教与学方法体现在教学活动过程当中，教学活动离不开方法的运用。一方面评价教师的方法选用是否恰当？是否面向全体学生？是否注意因材施教？是否注重对学生的学法指导？另一方面考察学生的学习活动是否积极主动？是否能够科学掌握学习方法，并能灵活运用？

4. 从教学效果角度展开评价

教学效果是检验课堂教学成败的关键，因此应重点关注。教学效果简单来说就是教与学活动中，学习个体或集体所发生变化的程度。教学效果良好一方面表现为教学目标达成度高；另一方面表现为学生参与度高，变化显著。

5. 从教师教学基本功角度展开评价

教师的教学基本功非常关键，包括教师的教学态度、语言表达、信息技术与课程整合的能力、教学机智等多个方面。这些与整个课堂教学的顺利开展密切相关。

总之，评课可以从多个角度入手。但是在实际评课的过程中，没有必要面面俱到，可选择一两个角度深入分析，以达到最佳的评课效果。

三、评课的注意事项

（一）一定要本着实事求是的态度

评课是一种研讨，不是颂歌会也不是批斗会，因此要本着实事求是的态度，客观、公正地评价一节课，不要轻易给任何一节课下"成功课"或"失败课"的评语。事物只有尽善尽美，没有十全十美。

（二）坚持发展性评价为主

评课主要是切磋，发现课堂教学的闪光点，因此要以肯定成绩为主，但也应根据实际情

---

1 张占亮. 师范生教育教学技能训练教程. 北京：高等教育出版社，2012：129-130

况，提出一些值得商榷的地方，鼓励创新和变革。

（三）要重点突出，切记全面开花

评课要抓住重点，锁定核心问题，不要笼统全面地评价，切忌面面俱到，泛泛而谈。

（四）最好定性与定量评价相结合

定性评价可以比较全面地对课堂教学状况进行描述，但缺乏具体的材料和数据，因此在听课前最好设计量化表格，能够对课堂教学进行量化考核，做到定性与定量相结合，有理有据（表15-2）。

表15-2　课堂教学质量评价标准

年级				讲课人				
授课内容				时间				
评级指标	权重	二级评价指标		等级分数				指标得分
教学目标	10	教学任务具体明确	5	4	2	2		
		教学要求准确恰当	5	4	2	2		
教材处理	30	教案设计编写规范、实用、科学	5	4	2	2		
		认知准备充分，教学内容科学严谨、条理充实	5	4	2	2		
		教学过程安排合理，教学内容熟练，时间分配合理	5	4	2	2		
		重点、难点处理措施得当	5	4	2	2		
		知识传授和能力培养有机结合	5	4	2	2		
		展现思维过程，发展应用意识和创新意识	5	4	2	2		
教学方法	18	因人因课制宜，选择有效的教学方法	5	4	2	2		
		贯彻启发式教学原则，关注学法，注意教书育人和能力培养	5	4	2	2		
		面向全体学生，体现学生的主体作用	5	4	2	2		
教学基本功	25	教学态度严谨，仪表端庄，教态亲切自然	5	4	2	2		
		语言表达准确，无知识性错误，讲普通话	5	4	2	2		
		板书规范、流畅、合理，有启发性，多媒体等现代化教学手段运用得当	5	4	2	2		
教学效果	12	学生参与程度高，反应活跃，探索意识强	5	4	2	2		
		教学目标达成率高	5	4	2	2		
教学特色	5	教学富有特色和创意	5	4	2	2		
合计								

资料来源：张占亮. 师范生教育教学技能训练教程. 北京：高等教育出版社，2012：135-136

本章小结

说课、听课和评课是教师必备的、重要的专业技能。

说课是指教师在备课的基础上，在上课之前或之后，面向同行或者其他教研人员阐述自己对某一教学内容的教学设计，包括教什么、怎么教，以及为什么这么教等问题，然后与听课者共同讨论，以改进课堂教学效果、提高教学质量的教研活动。从不同角度，可以对说课进行不同的分类，通常把说课分为研究性说课、示范性说课、评比性说课和测试性说课。说课的基本内容包括四个方面：一说基本情况，包括说课标、教材、学情等方面；二说教学目标；三说教法、学法；四说教学过程。在说课过程中要突出"说"字，要有理有据，注意节奏和时效，有创新。

听课指的是教师或研究者借助人体感觉器官以及有关的辅助工具，直接或间接地从课堂情境中获取教学活动相关信息的一种观摩、评价及研究活动。听课也被称为观课。听课准备阶段要做到"三到"。听课的过程中要做到"四多"，即多看、多听、多想、多记。听课结束后要做到"二要"，即要交流、要反思。

评课是依据一定的教育思想和教学理念，植根于课堂教学目标，对课堂教学活动中师生活动的成败得失及其原因作出分析和评判的活动。评课的内容涉及课堂教学的方方面面，可从教学目标、教材处理、教与学方法、教学效果、教师教学基本功等角度对课堂教学展开评价。

总结 >

Aa 关键术语

说课	听课	评课
speaking lessons	listening	evaluation of classroom teaching

章节链接

本章主要介绍了说课、听课与评课的有关内容。其中说课与第二章《如何备好一堂课》和第九章《画龙点睛的板书》等紧密联系，而听课与评课内容与本书中各章节均有关联，因为听课和评课涉及教师技能的多个方面。

应用 >

批判性思考

上述案例中教学目标设计、重难点的确定有哪些值得借鉴之处，存在哪些不足？如果让你进行设计，你准备如何修改。

体验练习

1. 根据自己所学的专业，选择相关的内容，结合课程标准的要求，试着从教学目标、教材内容、教与学方法、教学过程等方面进行说课方案撰写，并进行说课。

2. 掌握听课记录的方法，试着听一堂课，形成较为详细的记录。

3. 利用教育实习的机会，小组成员之间展开说课、听课、评课活动，并形成详细的记录。要求：

（1）能关注说课的基本内容；

（2）能有效进行听课记录；

（3）能抓住评课的内容要点，合理选择评课视角。

拓展 >

补充读物

1 周勇，赵宪宇. 新课程：说课、听课与评课. 北京：教育科学出版社，2004

本书详细介绍了说课的意义、内容、评价与形式，听课的目的与作用、类型，以及评课的内容与形式等。

2 刘旭. 听课说课上课. 成都：四川教育出版社，2005

本书作者挑出学校生活中经常"应当做"的几件事作为议题，即备课与写教案、听课与评课、说课等。

3 郑金洲. 说课的变革. 北京：教育科学出版社，2007

本书共分5个章节，分别对说课的含义、说课的作用、说课的内容、说课的类型以及新说课文化的创建作了详细的介绍。

4 刘显国，刘杰. 名师说课实录. 北京：中国林业出版社，2007

本书从课堂艺术角度切入名师说课，在实例中展示名师的开讲艺术、结尾艺术、语言艺术、结构艺术等。

5 方贤忠. 如何说课. 上海：华东师范大学出版社，2008

本书详细介绍了说课的历史发展与意义，说课的内容、模式、策略、方法、类型、艺术、评价等多个方面。并分学科进行了详细阐述。

6 张占亮．师范生教育教学技能训练教．北京：高等教育出版社，2012

本书按照教学技能训练的顺序，共分五个学习训练专题，分别是：教学设计；备课、试教、评课和说课；课堂教学基本技能和微格教学训练；教育实习指导和安排；班主任及班级管理工作。全书综合和集中了不同师范专业在教师教育方面的共性，淡化理论，强调方法、实用与创新，注重训练。

7 张广杰．小学说课设计与实施．北京：高等教育出版社，2013

本书书以说课的概述为引导，以说课的准备为基础，结合当前基础教育课程改革的理念以及小学主要学科的课程标准，重点从说教学背景、说教学目标、说教学实施、说教学收获四个方面就说课实践活动的设计、表达与训练做了阐述，同时精选大量的典型案例供学习者理解、模仿和参考。

🖥 在线学习资源

1．全国中小学教师继续教育网   http://www.teacher.com.cn/

2．山东省教师教育网   http://gpjh.qlteacher.com/

3．中国教师教育网   http://www.teacheredu.cn/

参考文献

1. [美]Vernon F. Jones and Louise S. Jones. 方彤，译. 全面课堂管理. 北京：中国轻工业出版社，2002.

2. 蔡娜. 新课标下中学课堂教学管理的创新研究——以湖南师大附中为例. 长沙：湖南师范大学出版社，2008.

3. 陈时见. 课堂管理论. 桂林：广西师范大学出版社，2002.

4. 吴清山，等. 班级经营. 台北：台湾心理出版社，1990.

5. 田慧生，等. 教学论. 石家庄：河北教育出版社，1996.

6. 陈琦，等. 当代教育心理学. 北京：北京师范大学出版社，1997.

7. 邓志伟，有宝华. 课程理论的国际对话. 教育发展研究，2000（11）.

8. 杜萍. 有效课堂管理：方法与策略. 北京：教育科学出版社，2008.

9. 郭卿. 新课程标准下中学课堂教学管理的研究. 南昌大学研究生论文，2012.

10. 郭子楹. 新课改背景下高中课堂教学管理策略探究. 海南师范大学研究生论文，2013.

11. 江绍伦，著. 邵瑞珍，等译. 教与学的心理学. 南昌：江西教育出版社，1985.

12. 金岐凤. 小学数学课堂教学管理的研究. 教育管理与评价，2005（4）.

13. 李保强. 教师课堂管理的结构性指标分析. 教学与管理，2001（9）.

14. 李秉德. 教学论. 北京：人民教育出版社，2000.

15. 李林松，巴登尼玛. 新课程教学设计原理与方法. 北京：人民教育出版社，2014.

16. 李卿慧. 肢体语言在教学中的应用. 西安邮电学院学报，2007（6）.

17. 李如密，宋立华. 课堂教学倾听艺术探微. 课程·教材·教法，2009（11）.

18. 李如密. 中学课堂教学艺术论纲. 教育学术月刊，2012（9）.

19. 联合国科教文组织总部. 教育——财富蕴藏其中. 北京：教育科学出版社，2011.

20. 刘家访. 有效课堂管理行为. 成都：四川教育出版社，2003.

21. 刘艳艳. 中小学课堂教学管理策略研究. 河南师范大学研究生论文，2011.

22. 马会梅. 课堂教学管理的心理学研究. 教育与职业，2009（2）.

23. 施良方，崔允漷. 教学理论：课堂教学的原理、策略和研究. 上海：华东师范大学出版社，1998.

24. 斯腾伯格，威廉姆斯，著. 张厚粲，译. 教育心理学. 北京：中国轻工业出版社，2003.

25. 王德清. 构建课堂教学管理学理论体系的思考. 课程·教材·教法，2005（4）.

26. 王德清. 学校管理学. 成都：四川大学出版社，2005.

27. 向延华. 论课堂教学管理. 中国教育学刊，2002（5）.

28. 于永义. 试论现代课堂教学管理. 教学组织管理，2003（2）.

29. 余文森. 试析传统课堂教学的特征及弊端. 教育研究，2001（5）.

30. 张东. 课堂教学管理创新策略研究. 重庆:
西南大学出版社, 2006.

31. 周德军. 提高课堂教学管理的创新与实践问
题研究. 中国成人教育, 2009 (6).

32. 祝静. 浅谈课堂教学管理创新策略. 中国成
人教育, 2010 (5).

33. 陈桂生. 漫话"课堂智慧". 教育科学研究,
2004 (10).

关键术语表

导入	lead-in	指教师在课堂的开始阶段，围绕教学目标和教学任务，运用简洁而行之有效的方式引起学生注意，激发学生对所要学习内容的兴趣和学习动机，引导学生进入特定的学习状态，逐步建立新旧知识间联系的教学行为方式。
有效课堂教学	effective classroom teaching	有效的课堂教学是教师通过引发学生的学习兴趣和学习动机，在学生"想学""愿学""乐学"的基础上展开的教学，教师不仅自己要明确教学目标，也要让学生清楚课堂教学的目标取向，同时，有效课堂教学的教学方式是学生易于理解和接受的。
先行组织者	advance organizer	指在学习任务之前呈献给学习者的引导性材料。
课堂教学情境	classroom teaching context	教学情境是教师在教学过程中运用各种手段和方式创设的一种适教和适学的情感氛围。建构主义认为，情境是课堂教学的基本要素，一切教学行为都包容于情境之中。
意义建构	meaning construction	意义建构理论形成于 20 世纪 60 年代。根据皮亚杰的认知发展理论，意义建构是人在与环境的相互作用中，不断建构和修正原有知识结构，形成更深层、更丰富、更灵活的认知结构的过程。
课堂导入模式	lead-in mode of classroom teaching	随着课堂导入研究与实践的发展和深入，逐渐形成的标准化、具有参照性指导作用的导入方略。
课堂导入策略	classroom teaching lead-in strategy	课堂导入策略是指教师为更好地实现教学目标，发挥导入的功能，在开展导入时所采取的教学策略。
学习方式	learning approach	学生在完成学习任务过程时基本的行为和认知的取向，因此学习方式不是指具体的学习策略和学习方法，而是学生在自主性、探究性和合作性方面的特征。
自主式学习	autonomous learning	学生自觉确定学习目标，制定学习计划，选择学习方式，调控学习过程，评价学习结果的学习。

续表

合作式学习	cooperative learning	学生在小组或团队中为了完成共同的任务,有明确的责任分工的互助性学习。
探究式学习	inquiry learning	学生在教师的指导下,通过亲身实践,探索发现新的事物以及隐藏其背后的规律的学习。
有效提问	effective questioning	教师提问作为课题教学中最重要、最常见的行为之一,是激发学生进行思考并根据所组织得材料帮助学生意义建构的教学工具之一,有效提问是有效教学的核心,是整个课堂教学的生命线。
意义建构	meaning construction	意义建构理论形成于 20 世纪 60 年代。根据皮亚杰的认知发展理论,意义建构是人在与环境的相互作用中,不断建构和修正原有知识结构,形成更深层、更丰富、更灵活的认知结构的过程。
课堂对话语境	classroom communicating context	提问作为一个过程性行为不可避免要受到周围情境的制约。作为一种语言活动,提问首先受到师生对话语境的影响,提问在适当的语境中发生。
IRE 提问模式	initiation, Response, Evaluation Pattern	课堂中的提问通常是由教师提问所主导的、并且遵循着特定的交流方式的教师提问模式,这是传统教学实践中教师常用的提问模式,该模式遵循"教师发起提问—学生回应—教师评价"的形式。
IRF 模式	initiation—Response—Follow-up Pattern	IRF 是一种"以教师为主导"的对话模式,也是学校教育中的典型提问模式,该模式主要表现为"发起提问—学生回答—后续跟进"的提问形式。
IRFRF 模式	initiation—Response—Follow-up—Response—Followup Pattern	IRFRF 模式主要包括"教师提问—学生对教师提问做出回应—教师跟进反馈—学生对问题进一步作答、回应—教师再次跟进反馈"五个阶段,是一种师生间的对话性的互动交流模式。
反思式提问模式	reflective toss pattern of questioning	该模式关注学生思维发生的变化,学生在教师提问前后都要围绕话题阐述观点,主要包括三个阶段:学生陈述—教师提问—学生详细阐述。

优质提问	quality questioning	优质的提问具有层次性、情境性、指向性、启发性，能够激发学生的好奇心，提高学生的课堂参与度，并带来期望中的学习结果。
提问策略	questioning strategies	指教师为引导学生进行有效思考，在提问时所采取的策略。
学习策略	learning strategies	学习策略是指学习者为了提高学习的效果和效率，有目的有意识地制定的有关学习过程的复杂的方案。
认知策略	cognitive strategies	认知策略是指学习者加工信息的一些方法和技术，有助于有效地从记忆中提取信息，主要包括复述、精细加工和组织策略。
元认知策略	meta-cognitive strategies	元认知策略是指学习者对自己整个学习过程的有效监视及控制的策略，主要包括计划策略、监控策略和调节策略。
资源管理策略	resource management strategies	资源管理策略是指辅助学习者管理可用环境和资源的策略，有助于学生适应环境并调节环境以适应自己的需要，对学生的动机具有重要的作用。
学习策略训练	learning strategies training	学习策略训练是指通过有计划、有步骤的辅导和培训以使受训者掌握各种学习策略的具体活动，有助于学习者更好地理解、掌握并有效地运用各种学习策略以提高学习效果和效率。
板书	blackboard writing	板书是一种用粉笔书写在黑板上的汉字，是以黑板为载体的语言文字符号系统。
板书设计	blackboard writing design	板书设计是教学设计的一部分，主要是教师依据教学目标和教学内容对学习内容进行统筹、规划安排，达到帮助学生理解，提高教学效果的目的。
课堂管理	classroom management	教师、学生、课堂环境三个因素共同构成课堂管理行为的内部的要素，课堂有效管理注重课堂中环境的建构、注重对各种因素的教育学处理，其最终的目的是促进学生的全面发展，这就是对有效课堂管理的本质认识。
课堂教学	classroom teaching	是一个特定的时空教学概念。课堂教学的本质特征在于使课堂教学有序化、规范化。

续表

课堂教学管理	classroom teaching management	课堂教学管理的根本任务就是要通过协调、整合、重组、理顺和调整好教学过程的各种关系（主要是教与学的关系、师与生的关系、学科之间的关系、课内与课外的关系），保证教育教学目标在课堂教学过程中得到贯彻落实。课堂教学管理注重如何创设一个和谐的课堂环境，建立合理的课堂教学活动规则，营造良好的课堂教学气氛，调动学生的主观能动性，以取得尽可能大的课堂教学效果。
教学反馈	the teaching feedback	课堂反馈是学生在教师指导下，领会学习目标、掌握学习方法和自主活动后，师生就学习结果的信息进行的交流活动。反馈技能是一种教学行为，是教师在教学中针对学生学习而采取的促进和增强学生反应，保持学习方向的活动。
教学评价	instructional evaluation	所谓的教学评价是评价者根据一定的目的和指标对教学过程及其结果做出的判断。
结课	Class closing	即结束课堂教学，具体指就是指根据课堂教学计划，在完成一定的教学内容或教学活动后，教师引导学生对知识、技能和其他教学内容进行总结提炼、练习强化、拓展延伸等，使学生对所学的科学文化知识形成系统认识、理解，并转化为自己行为、态度的活动。
结课类型	type of class closing	即根据课堂教学价值取向的不同而对结课所进行的分类。
结课方式	approach of class closing	即课堂教学实践中所采用的具体方法和形式。
结课评价表	estimate of class closing	即对教师在教学结束环节的评价量表。
教学反思	Teaching reflection	教师为了实现有效的教育、教学，对已经发生或正在发生的教育、教学活动以及这些活动背后的理论、假设，进行积极、持续、周密、深入、自我调节性的思考，而且在思考过程中，能够发现清晰表征所遇到的教育、教学问题，并积极寻求多种方法来解决问题的过程。
教学日志	Teaching log	是教师对自己教学实践活动教学事件进行持续的记录，并进行对其进行反思和研究的一种文本形式。
教学叙事	Teaching narrative	教学叙事就是课后讲述发生在课堂中上发生的真实事件和行为。

说课	speaking lessons	指教师在备课的基础上，在上课之前或之后，面向同行或者其他教研人员阐述自己对某一教学内容的教学设计，包括教什么、怎么教，以及为什么这么教等问题，然后与听课者共同讨论，以改进课堂教学效果、提高教学质量的教研活动。
听课	listening	指的是教师或研究者借助人体感觉器官以及有关的辅助工具，直接或间接的从课堂情境中获取教学活动相关信息的一种观摩、评价及研究活动。
评课	evaluation of classroom teaching	依据一定的教育思想和教学理念，植根于课堂教学目标，对课堂教学活动中师生活动的成败得失及其原因作出分析和评判的活动。

后 记

应对基础教育课程改革诉求，课堂教学必须摆脱机械和被动状态，从传统知识传递变为师生共同建构知识和人生的过程。要实现这样的目的，教师必须要进行教学创新，必须具备较高的教学技能。从这个意义上说，传统意义上的"雕虫小技"不仅会影响教学有效性，而且对基础教育课程改革有更为深刻的影响。基于上述认识，我们组织编写了本书。

本书在编写过程中体现如下特色：第一，理念为先。理念为先就是在本书编写过程中，把国内外对于教学技能的先进理念融入其中，使读者能站在前沿角度审视和学习教学技能。第二，问题导向。本书在编写过程中以问题为切入口，以问题解决为核心，以问题思考为着眼点。编者试图通过这种方式，提升读者的问题意识，引发对课堂教学相关问题的反思。第三，贴近实践。本书在编写时精心选择一线教师的教学案例，精选教师最迫切需要的内容，语言表述浅显易懂，充分体现了贴近实践的特色。

本书是由国内多所高校的专家学者集体编写而成，是集体智慧的结晶。各章执笔者如下：第一章、第二章，东北师范大学教育学部唐丽芳执笔；第三章、第六章，北京师范大学教育学部高潇怡执笔；第四章、第九章，江南大学教育科学学院刘径言执笔；第五章、第八章哈尔滨师范大学教育科学学院赵冬臣执笔；第七章，延边大学教育学院齐聪执笔；第十章，东北师范大学教育学部丁锐执笔；第十一章、第十四章，吉林师范大学教育科学学院李朝辉执笔；第十二章、第十五章，海南师范大学初等教育学院王标执笔；第十三章，东北师范大学教育学部陈旭远、胡洪强执笔；最后由陈旭远教授统稿和定稿。

本教材作为教师教育精品教材，可供全国高等师范院校教育学及相关专业本科生、硕士研究生使用，也是中小学教师培训和教育科研人员从事教学研究的重要参考书。

由于编者水平有限，疏漏之处，在所难免，敬请读者批评斧正。

陈旭远

2015年1月